联合国经济和社会事务部

共同协作：可持续发展目标、整合办法与机制

世界公共部门报告（2018）

联合国
纽约，2018年
Publicadministration.un.org

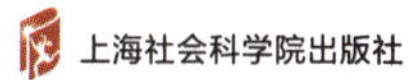

联合国经济和社会事务部的宗旨

联合国经济和社会事务部是经济、社会和环境领域的全球政策与国家行动之间的重要纽带。该部门的工作主要涉及三个相互关联的领域：(1)汇编、制作和分析范围广泛的经济、社会和环境数据与信息，供联合国成员国在审查共同问题和评价政策抉择时加以使用；(2)促进成员国在国际机构框架内就采取什么联合行动方针来应对现有或新出现的全球性挑战进行谈判；(3)就联合国各次会议和首脑峰会上制定的政策框架转化为国家方案的方式方法向有关政府提供咨询意见，并通过技术援助来协助国家能力建设。

免责声明

中文译本由上海社会科学院资助。
该文本由党齐民、李农、王兴全、侯佳嘉、李天驹、张关林、马成亮、毛志遥、冯和林、陈磊、王会会、陈新野、徐晓晖、张晔翻译。任何疑问都将由翻译人员处理，翻译人员对翻译的准确性负责。

出版号：ST/ESA/PAD/SER.E/200
ISBN: 978-92-1-123207-3
eISBN: 978-92-1-363316-8
销售号：E.18.II.H.1
建议引用：联合国，2018年，《共同协作：可持续发展目标、整合办法与机制——2018年世界公共部门报告》，经济和社会事务部公共机构和数字政府司(DPIDG)，纽约，4月。
网址：publicadministration.un.org
联合国纽约总部印刷

致谢

作者

《共同协作：可持续发展目标、整合办法与机制——世界公共部门报告（2018）》［以下简称《世界公共部门报告（2018）》］由联合国经济和社会事务部公共机构和数字政府司编写。该报告由Marion Barthélemy负责，由David Le Blanc领导的联合国工作人员小组编写。小组成员包括：Peride K. Blind，Xinxin Cai，Aranzazu Guillan Montero，Seok-Ran Kim，Wai-Min Kwok，Jan-Willem Lammens，David Lung'aho，Valentina Resta。公共机构和数字政府司实习生Guillaume Allusson，Matthew Donaghy，Xinchong Cao，Abby El-Shafei，Rafa Farooqui，Liwang Huang，Shiqi Ma，Selen Ozdogan，Natalia Pena, YuchenYang为此次报告提供了研究支持。Mary-Stacy Keith-Reibell提供了行政管理和文档支持。

各个章节的协调员是：David le Blanc（第1章），Seok-Ran Kim（第2章），Aranzazu Guillan Montero（第3章与第4章），Peride K. Blind（第5章），Wai Min Kwok（第6章），Valentina Resta（第7章）。

该报告得益于公共机构和数字政府司分别于2017年10月25日至26日（第7章）与2017年11月1日至2日（第5章）在纽约组织的两次专家组会议。

同行评审人员

第1章：Nathalie Risse（国际可持续发展研究院）。

第2章：Ernesto Soria Morales，Sara Fyson（经济合作与发展组织），Nina Hall（昆士兰大学），Fredrich Soltau（联合国经济和社会事务部）。

第3章：Felix Dodds（北卡莱罗纳大学全球事务研究院），Irena Zubcevic（联合国经济和社会事务部），Nathalie Risse（国际可持续发展研究院）。

第4章：Paul Smoke（纽约大学），Diana A. Lopez Caramazana（联合国人居署）。

第5章：Cristina Rodriguez Acosta（佛罗里达国际大学），Marla Asis（菲律宾斯嘉利布瑞妮中心），Alexandre Betts（牛津大学），Ioannis Grigoriadis（土耳其毕尔肯大学），Sabine Kuhlmann（德国波茨坦大学），Marie McAuliffe（日内瓦国际移民组织），Sonia Plaza（世界银行）。

第6章：Paulo Gadelha（奥斯瓦尔多·克鲁兹基金会），Charles Ebikeme（国际科学理事会），Wang Xingquan（上海社会科学院），世界卫生组织。

第7章：Jairo Acuna-Alfaro（联合国开发计划署），Carmen Rosa De León Escribano（可持续发展教育研究所），Peter Mae（所罗门群岛国民团结、和解与和平事务部），Fatiha Serour（包容与平等协会）；Marika Theros（国家效能研究所）。

本报告内容来自以下组织与个人。

做出贡献的组织

加泰罗尼亚政府可持续发展咨询委员会，国际预算促进会，世界审计组织，德国科学基金会，阿根廷圣达菲地方政府，RENDLE公司，经济合作与发展组织，波茨坦大学，世界城市和地方政府联盟，联合国经济和社会事务部（人口司、统计司），联合国人居署，联合国社会发展研究所。

做出贡献的个人

Jairo Acuna-Alfaro（联合国开发计划署）；Alzira Agostini Haddad（巴西圣若昂德雷市政厅）；Tarik Alami（联合国西亚经济社会委员会）；Kaisa Antikainen（联合国世界粮食计划署）；Husam Al-Sharjabi Abdulhabib Saif（也门国家全国大会决策监督机关）；Sami Areikat（联合国经济和社会事务部）；Paige Arthur（纽约大学国际合作中心）；Khalid Bahauddin（中国科协灾害风险综合研究计划工作协调委员会）；Juan Carlos Barboza Sanchez（哥斯达黎加总审计署），Begoña Benito（全球艾滋病联盟）；Alexander Betts（牛津大学）；Livia Bizikova（国际可持续发展研究院）；Julie Blocher（联合国大学）；Henk-Jan Brinkman（联合国建设和平支助办公室）；Valentina Calderón-Mejía（联合国西亚经济社会委员会）；Fernando Cant ú（联合国西亚经济社会委员会）；Youssef Chaitani（联合国西亚经济社会委员会）；Yu Ping Chan（联合国毒品和犯罪问题办公室）；and Manuel Corrales Umana（哥斯达黎加总审计署），Scarlet Cronin（滕特基金会）；Carmen Rosa De Le ó n Escribano（可持续发展教育研究所）；Dirk Druet（联合国政治事务部）；Omar El Hefnawy（乔治敦大学）；Erica Figueroa（阿根廷圣菲市）；Luiz Eduardo Fonseca（国际卫生关系中心）；Sarah Freedman（加州大学伯克利分校）；Jokin Garatea（全球艾滋病联盟）；Thomas Gass（联合国经济和社会事务部）；Peter Gluckman（新西兰首席科学顾问）；Kieran Gorman-Best（国际移民组织）；Ulrich

Graute（独立咨询顾问）；Ioannis Grigoriadis（毕尔肯大学）；Waleska Guerrero Lemus（西门子）；Nina Hall（昆士兰大学）；Kai Harbrich（波茨坦大学）；Sabine Henning（联合国经济和社会事务部）；Muhammad Hanif Uddin（孟加拉国南北大学）；Peter Hill（昆士兰大学）；Nayma Iftakhar（韩国开发研究院公共政策与管理学院）；John-Mary Kauzya（联合国经济和社会事务部）；Patrick Keuleers（联合国开发计划署）；Faheem Khan（巴基斯坦发展经济研究所）；Kemal Kirişci（布鲁金斯学会）；Amara Konneh（世界银行）；Petya Koralova（索菲亚高等交通学校）；Sabine Kuhlmann（波茨坦大学）；Mathew Kurian（联合国大学物质流量与资源综合管理研究所）；Georges Labaki（黎巴嫩国家行政学院）；Michelle Leighton（国际劳工组织）；Carlos E. Lustosa da Costa（巴西联邦审计法院）；Martina Lubyova（斯洛伐克科学院社会与心理研究中心）；Peter Mae（所罗门群岛国民团结、和解与和平事务部）；Param Maragatham（妇女主力群体）；Jeremy Marand（联合国亚太经济与社会委员会）；Erin McCandless（新学院大学）；Ruth Meinzen-Dick（国际粮食政策研究所）；Amin Mohsen（联合国维持和平行动部）；Alessandro Motter（国际议会联盟）；Jean De Dieu Musabyimana（比利时鲁汶大学）；Shteryo Nozharov（国家和世界经济大学）；Guliya Nurlibayeva（俄罗斯国民经济和公共管理学院）；Sulaiman Olnrewaju Oladokun（马来西亚登嘉楼大学）；Edoardo Ongaro（英国开放大学）；André Francisco Pilon（国际科学、卫生与生态学院）；Sonia Plaza（世界银行）；Golam Rasul（国际山地综合开发中心）；Simon Reid（昆士兰大学）；Matthias Reister（联合国经济和社会事务部）；Claudia Ringler（国际粮食政策研究所）；Nathalie Risse（国际可持续发展研究院）；Cristina Rodriguez-Acosta（佛罗里达国际大学）；Alfredo Rodriguez-Berzosa（TARAGAZA）；Liliana Rodriguez Sanchez（哥伦比亚总审计署）；Gay Rosenblum-Kumar（联合国冲突预防）；Lanre Rotimi（消除饥饿、营养不良和贫困）；Sibel Selcuk（联合国经济和社会事务部）；Jessica Serraris（联合国和平行动）；Fatiha Serour（包容与平等协会）；Ruzanna Tarverdyan（日内瓦共识基金会）；Sten Thore（德克萨斯大学）；Sunil Thawani（质量至上咨询服务）；Marika Theros（国家效能研究所）；John Wilmoth（联合国经济和社会事务部）。

摘要——致政策制定者

两年前，联合国成员国通过了《变革我们的世界：2030年可持续发展议程》(以下简称《2030年议程》)，该议程的目的，是到2030年消除贫困，实现可持续发展。议程强调了可持续发展目标互联性和整合性的重要性。想要事半功倍地实现可持续发展目标(SDGs)，那就要认清可持续发展目标和其子目标之间可能存在的协同效应与权衡关系。这个认识能加强资源的配置，能避免在某领域为了加快进展，对其他领域目标的实现产生不应有的副作用，通过确保在诸多可持续发展领域中取得更为一致的行动，从而使发展轨道更加稳健。

众所周知，要实现这些目标，国家层面至关重要。在国家层面，了解如何采用机制框架来制定整合后的政策，从而有效应对可持续发展问题之间存在的内部联系，这对于取得进展至关重要。这个认识对国家公共行政和公共服务也具有重要影响。从广义上说，促进整合，也就是意味着要设法促进那些处理密切关联问题的各级机构之间的合作，从而找到促进合作与共同应对的道路。这需要确定合适的制度措施，确定公共行政的合适做法及其机制、能力、预算安排和资源，还包括非国家利益相关方的不同形式的参与。

《世界公共部门报告(2018)》旨在敦促各国努力促进可持续发展目标的政策整合工作，同时指出公共机构和公共行政面临的挑战和机遇。报告从制度视角出发，以实例为基础，阐明如何来解决可持续发展目标之间不同的关联性。报告借此试图指出

整合的界定和测定

从广义上讲，政策整合是指“在政策制定过程中存在的交叉问题，这些问题超越了固有政策领域的框架，并且无法与各个具体机构的职责一一对应”。“整合”一词在文献中至少有三种略有不同的含义。第一种，也是最常见的一种理解方法，就是把“整合”视作一个变量或维度，因为很多政策在某些特定领域问题内的整合程度(或一致程度)有高有低。在这个含义中，整合是一个变化过程，从不一致到完全一致。第二种，整合也可以说是各种政策的思想达到了较高或最高的一致统一。第三种，整合还可以指达到高度一致性的政策理想。在文献中经常使用各种关联的概念和术语。

图E.1

政策整合的程度及相关概念

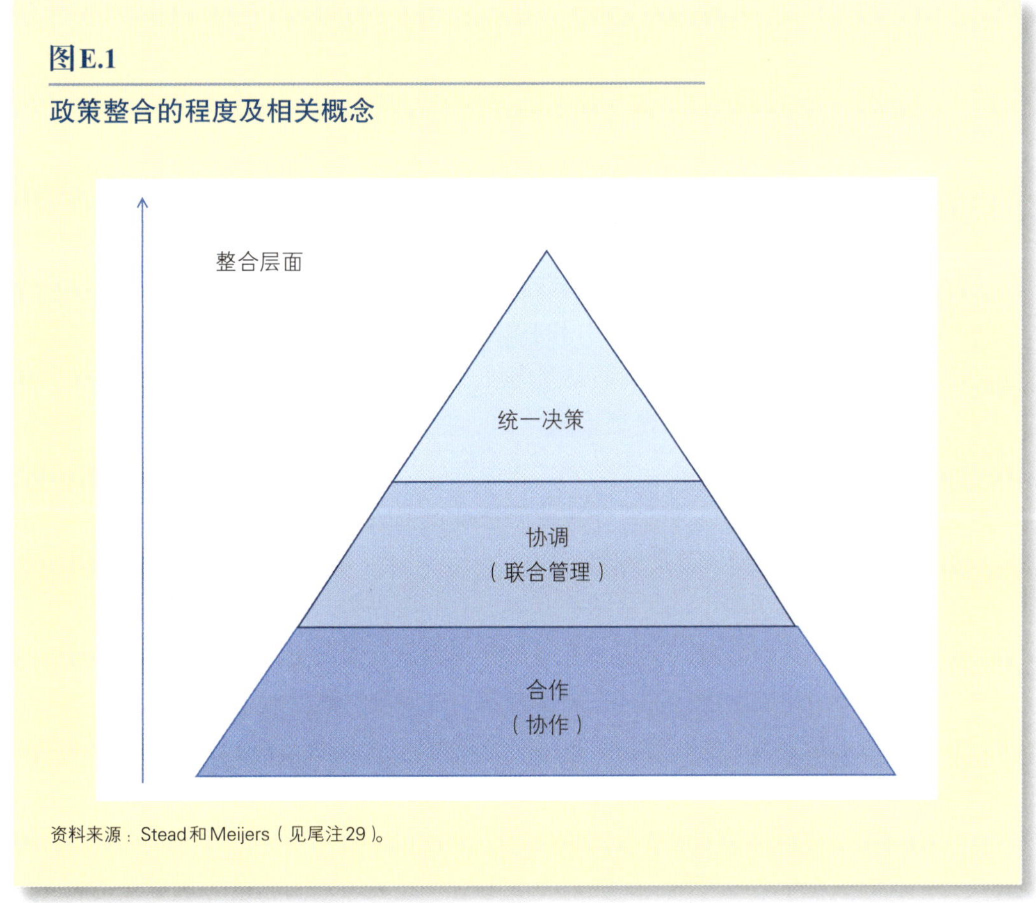

资料来源：Stead和Meijers（见尾注29）。

公共机构需要密切合作的领域，推介达到目的的工具，阐明它们对公共机构和公共服务产生的广泛影响。本报告意在帮助国家决策者以整合方式来实施可持续发展目标，尤其适合负责实施可持续发展目标机构的决策者，以及计划、金融、部委和地方政府的决策者。

在本报告中，“整合”一词是广义概念。整合性决策指下列政策过程：（1）系统地确定可持续发展目标中各问题之间重要的关联性，并在政策设计中考虑这种关联；（2）各领域实施的尺度相互一致（特别是从地方到全国）；（3）与设计、实施、监测和评估相关的利益相关方共同参与；（4）为所有相关层面的落实措施提供充足的资源。

为了从制度机构的视角来分析整合工作，本报告考虑了整合的三个标准维度：横向整合，即跨部门整合；纵向整合，即国家和地方各级政府的行动如何协调，以产生一致的结果；所有利益相关方参与实现共同的目标。这三个整合层面涵盖了文献提出的所有相关范畴，如参与、合作和一致，以及两种常用的概念：整体性政府方式和整体性社会方式。

可持续发展、整合办法和机制：我们知道些什么？

人们早就看到可持续发展问题之间的相互依存关系，相互依存也许是可持续发展概念的最基本原则。从根本上说，虽然考虑各门类之间的多重联系会使决策受到限制，但整合决策能广泛地界定问题，问题界定清楚就能扩大政策空间，能产生具有社会优势的方案，而仅仅着眼于具体部门的政策是无法发现这类方案的。整合还有其他好处，如能形成各部门、各行为者的共同愿景。

因此，整合性决策的好处是显而易见的。缺乏政策一致性的代价也是显而易见的。不过，在实践中养成整合习惯的确比较困难。许多人认为，导致现有缺点的一个主要原因，是无法在现有机构的工作中使可持续发展原则主流化，也不能使机构之间的协调达到可持续发展所要求的程度。

文献记载的众多挑战中，过去整合时遇到的主要障碍，是可持续发展缺乏作为范式的政治合法性。几十年来，可持续发展与传统发展方式及资源丰富的部门之间的竞争，是在不平等的基础上进行的。在制度方面，采用可持续发展，但又不放弃其他范式，往往产生了互不相干的制度，这些平行的制度与旧式的、着眼于业务的更强大的制度共同存在着。

尽管存在这些困难，但自地球峰会以来的25年的工作，提供了机构设置和公共行政方面的旨在促进整合和统一的丰富经验。例如，“国家可持续发展战略”（NSDS）、“国家可持续发展委员会”（NSDC）和“地方21世纪议程”，是1992年“21世纪议程”提出的促进整合的工具。在部门层面，许多部门的整合尝试也产生了整合性概念和制度实验，利用这些经验有利于顺利实施可持续发展目标。本报告打算朝这个方向迈出第一步。

《2030年议程》和整合前景

我们有理由认为，落实《2030年议程》会明显改变整合的前景，包括国家层面上的整合。简言之，《2030年议程》和可持续发展目标提高了可持续发展在国际政策议程上的地位，增强了整合视角和方法的合法性和针对性。此外，《2030年议程》的重点明确指向机制，为各国政府找到能有效支持整合方式的机制模式和公共行政方法提供了动力。对可持续发展问题之间的关联进行科学的理解，并开发出支持公共机构实现整合的分析方法、工具和信息系统，会进一步加强这种合法性和针对性。

《2030年议程》的通过可颠覆整合现状的五大原因

1. 随着《2030年议程》、可持续发展及其整合观点成为发展的主流方式，它增强了整合方法的政治目的。由于可持续发展目标具有普遍性，发达国家也包含在内。
2. 可持续发展目标为可持续发展提供了一条道路，清楚地表明目标与具体目标之间的相互依存性。
3. 自1992年以来，关于可持续发展目标之间相互联系的科学知识和证据取得了巨大进展。
4. 与其他目标一样，机构是可持续发展目标的重要组成部分，而不是事后想法或"有利环境"的一部分。
5. 支持公共机构整合手段的方法论正在开发，包括分析方法、工具和信息系统。

资料来源：作者提炼总结。

《世界公共部门报告（2018）》

本报告围绕三个大问题展开。第一，从机构角度看，在国家层面政策周期的不同阶段，政策整合有哪些挑战与机遇？第二，能孕育整合方式来推进《2030年议程》的机构和行政措施有哪些范例？第三，在不同的可持续发展目标之下，以及在与之有紧密关联的其他可持续发展领域（即相关连结领域）之中，公共机构和公共行政部门为了实行那些整合办法所要面对的机遇和挑战是什么？

《世界公共部门报告（2018）》的研究方法

本报告的重点放在国家层面，包括地方层面和地方层面。报告选择的是通用方法，可用于任何问题或部门。方法包括确定受关注问题与其他可持续发展目标之间的重要互联，评估不同国家的国家级公共机构和公共行政是如何处理这些互联的。为了以统一方式分析机构框架和管理实践，本报告及其所有章节都使用以上述三个维度（横向整合、纵向整合和参与）为基础的分析系统。本

> 报告有意采用实证方式，而不是想构建或测试政策整合的理论。本报告的目的是列出国家层面旨在整合的机构和行政安排的各种实例，并归纳出这些机构的重要特征。

正如讨论政策整合的文献中常见的，本报告描述了两个层面机构整合尝试的案例。第一层面是系统层面，即“全议程”层面。它指的是为落实“议程”和可持续发展目标而进行的制度的和公共行政的安排。这类高层次的安排，是各国在审视《2030年议程》及其后继工作的背景下，在联合国正式递交的文件中最受关注的内容。第二层面涉及特定部门、特定议题和特定领域的整合措施。该层次包括了那些本身就“具备”属于其自己的可持续发展目标，如健康目标和教育目标；还有一些层次低于大目标的子目标，如淡水管理等（这些子目标在可持续发展目标的第六大目标中的具体几个指标里有详尽阐述）；以及其他一些存在交叉问题的目标，比如移民问题和青年问题。在许多部门和领域之中，上述各个层级的整合措施已经在许多部门和领域中被试验，并被纳入地方法律。这些立法甚至常常升级为国家法律或国际法律。

本报告第1章介绍了整合情况和方法论框架。接下来的三章每章主要阐述整合分析的一个方面：横向整合、纵向整合和参与。报告的第二部分把这个框架用于与落实《2030年议程》有关的三个当前挑战：国际移民的整合方式，保健的整合方式，后冲突环境中和平、安全和发展的整合。最后一章总结了报告中涉及决策的经验教训。图E.2揭示了本报告的结构。

图E.2

《世界公共部门报告（2018）》结构

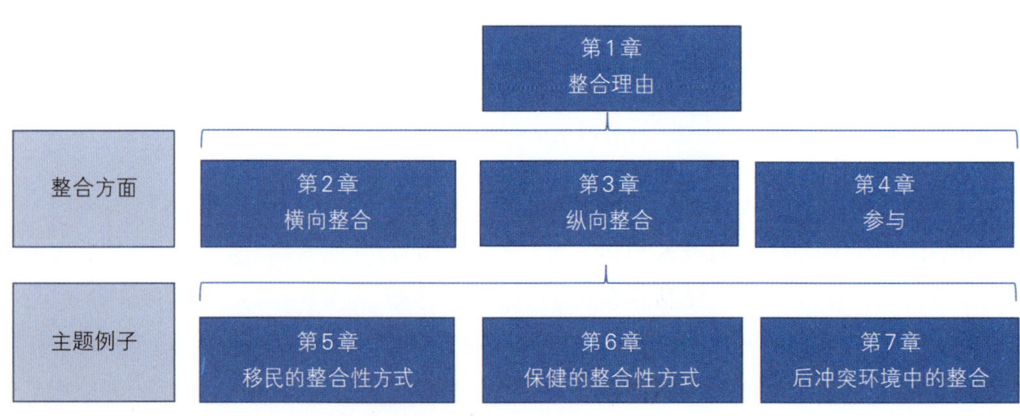

资料来源：作者提炼总结。

落实可持续发展目标背景下的横向整合

第2章探讨实施可持续发展目标的横向整合。有效的跨部门横向整合，对解决可持续发展目标的相互关联性至关重要，包括解决不同目标之间的协同和权衡问题。但人们充分认识到，克服部门边界来实现横向整合，仍然是个难题。不过，各国政府有很多机会来促进结构和过程的整合，本报告将介绍一些横向整合的机会。

全球越来越多的国家将可持续发展目标纳入国家政策，并出台了制度框架。有些国家对现有机制赋予了新的任务，有的建立新的协调机构和机制来实施可持续发展目标（如高级别的委员会）。目前正在做出安排来确保对可持续发展目标落实的持续性领导，领导可以来自国家和政府首脑，也可以来自职能部委。

在涵盖60个国家的样本中，27个国家为落实可持续发展目标建立了新结构（包括17个新的跨部门实体）。可持续发展目标的实施由27个国家的首脑来主持、协调或领导。通常认为最高层来领导有助于成功实施国家政策，有许多国家表达了对落实可持续发展目标的承诺。这一章考察的60个国家中，有32个国家为跨部门落实可持续发展目标做出了制度安排。这表明，各国有兴趣解决可持续发展目标的整合性问题，并决定把政府各部门聚集在可持续发展目标周围。

单一的体制创新方式，不太可能脱离国家环境来独立促进整合。调整可持续发展目标，使之适应国家环境，同时确保政府内外各利益相关方的参与，是一项很仔细的政治任务。影响机构安排选择的因素，除了加强跨部门整合和提高效率的明确要求外，还包括该国的权力和资源的动态平衡，以及占主导的政治和制度体系。

除了机构安排之外，政府还可以利用其他工具来加强整合。本报告探讨了五种工具：国家可持续发展战略、预算程序、公共机构内部激励机制、监测和评价框架以及监督机构的作用。

国家的战略和计划提出了长期愿景，是整合方式的通用参照。这个通用参照能够使各部门对政府广泛的政策目标形成共同理解。能够使政府各部门看到不同的干预措施是如何共同促进、落实可持续发展目标的。许多国家把可持续发展目标同国家发展战略进行配合拟定，其中多数国家，尤其是发展中国家，明确地把发展战略和可持续发展目标结合了起来。塞拉利昂的“2013—2018年繁荣议程”的整合战略，详细地揭示了这种做法。这个做法需要考虑到可持续发展目标的目的和整合性。

预算过程可以帮助落实项目和活动层面的国家战略，而跨部门优先的预算分配，可以促进与可持续发展目标一致的项目。可利用预算来跟踪特定目标，发现调整的机会，鼓励项目与可持续发展目标保持一致，并与之整合。墨西哥和挪威的案例显示了利用预算过程推进跨部门整合、推进《2030年议程》的过程。

落实国家战略和计划、在日常实施中起重要作用的，是公共服务部门。因此，公

图E.3

协调与领导可持续发展目标实施的国家机构安排

	现有安排（全部国家：33）	新建安排（全部国家：27）
类型1 国家和政府首脑领导的部委内部的实体	不丹 爱沙尼亚 德国 委内瑞拉（4）	澳大利亚，奥地利，阿塞拜疆，孟加拉国，巴西，哥伦比亚，哥斯达黎加，萨尔瓦多，日本，利比里亚，马达加斯加，马来西亚，马尔代夫，墨西哥，尼泊尔，巴基斯坦，菲律宾（17）
类型2 部委领导的部委内部实体	比利时，丹麦，葡萄牙，土耳其（4）	博茨瓦纳，智利，中国，埃及，加纳，萨摩亚，斯洛文尼亚（7）
类型3 国家或政府办事处首脑	匈牙利，摩尔多瓦，斯洛伐克，特立尼达和多巴哥，瓦努阿图（5）	牙买加（1）
类型4 特定部委	伯利兹，柬埔寨，塞浦路斯，多米尼加，埃塞俄比亚，法国，毛里求斯，荷兰，挪威，巴布亚新几内亚，卡塔尔，韩国，圣卢西亚，塞拉利昂，新加坡，瑞典，塔吉克斯坦，英国，乌干达，越南（20）	贝宁，斯里兰卡（2）

职人员必须有实施可持续发展目标的理解力、动力和授权。根据本报告的调研，尽管公共行政部门是部委间委员会的组成部分，但很少国家围绕可持续发展目标来系统动员国家公务员。就是说，有一些做法可以为加强整合提供激励，比如以横向措施为基础来发放绩效工资，比如规定让公务员在一定时间内跨部门流动。

定期监测、评估和审查可持续发展目标的进展，有助于及早调整，防止偏离轨道。这是整合的关键，必须成为可持续发展目标实施战略的一部分。监测和评估不应被视为写报告时的官样文章，而应视为有利于在过程中调整战略的主动管理工具。监测和评价框架往往针对具体的政策措施（例如，特定部门的单一政策或方案），这是个挑战，因为评估相关目标的总体进展才是重要的。

议会和最高审计机构在促进整合方面发挥着重要作用。议会通过其监督和预算职能，有助于保证政策对可持续发展目标和整合的支持。最高审计机构能在审查政策的跨部门总体影响上发挥重要作用，能监督政府在可持续发展目标的落实工作（包括整合工作）上是否成功。

这一章虽然着重讨论政府程序和结构中横向整合的机会，但发展伙伴的行动，无论是双边还是多边，都会促进或阻碍政府采用整合方法的行为。合作伙伴之间议程不同、缺乏协调和整合政策的方式，包括伙伴之间、伙伴与国家之间缺乏信息交流，都可能严重阻碍甚至抵消国家的有效横向整合。正如第7章所强调的，在后冲突情况下，这个问题往往特别严重，因为外部伙伴通常提供政府预算的主要部分，并能对政策选择施加有力影响。如本报告所示，不同环境的国家都在努力解决这一问题。因此，需要对发展合作进行审查，以了解其对横向整合的影响。

各国在取得进展的同时，可以积极利用各种手段来加强横向整合。例如，修改过的整合性预算流程，对公共服务部门整合工作的激励措施，加强公共机构跟踪、监测可持续发展目标进展情况的能力，这些做法都能增强具体机构的能力，使它们面对其他部门挑战时不至于“束手无策”。

推进横向整合需要强有力的领导，适当的战略、体制安排、程序和有利的文化，也需要理解和集体承诺。政府应该很清楚，要落实可持续发展目标的具体任务和总体使命，各部委、各办事处和个人必须相互依赖才行。在某种意义上，实现可持续发展目标，不是实现一揽子单个目标，而是政府内部协作和共同努力的演练，要达到前所未有的水平。

落实可持续发展目标的纵向整合

实现可持续发展目标需要协调各级政府的行动。地方层面采取行动，对大多数目标的落实至关重要。纵向整合的目的是通过相互加强、相互支持的行动，在各级政府间创造协同效应，加强统一。第3章分析了在可持续发展目标的规划、实施和后继复审中确保有效纵向整合的工作。该章探讨了各国在政策周期不同阶段采取的促进纵向整合的方法和工具，着重指出各国在落实《2030年议程》上所采取的一些创新方案和实践。

纵向整合有许多潜在好处，但也需要成本，还会带来诸多挑战。收益是否大于成本，取决于环境。在实践中，纵向整合搞到什么程度，不仅取决于国家的具体情况，还取决于整合政策。用纵向整合方式达成的目标，及其可能产生的成本（金融、经济和财政成本），应该在采用纵向整合之前就考虑清楚。系统评估和外部审计（例如，由最高审计机构进行审计），可提供纵向整合所涉及的成本信息。

国家的结构（联邦制或统一制），政府间的多级治理体系的实际职能，以及各级政府的能力机制，都能影响各级政府之间的协作。涉及国家背景的分权改革、政治经济考量和组织因素，能为纵向整合创造特殊的机会和障碍。

国家和地方政府正在采取越来越多的措施，为落实可持续发展目标而促进纵向整合。不过，为落实可持续发展目标而进行的各级政府之间的纵向整合，达到完全有效结果的例子却非常少。本报告认为，尽管各国认识到各级政府的作用，但不一定能产生多级空间来进行对话和联合行动。

在政策周期的初始阶段，领导纵向整合可有多种形式，如国家政府认识到地方政府对落实可持续发展目标的重要性，并开始接触地方政府；地方政府承诺落实可持续发展目标的行动；各级政府为此展开联合行动和签署协议等，像阿根廷做的那样。在某些场合，国家关于可持续发展目标的协调机制，已经介入地方政府，但迄今为止，关于介入的性质及其对落实可持续发展目标的影响，尚未出现一种通用模式。

一些国家利用法律和监管方式，把可持续发展目标规定为地方政府的重要议程。印度尼西亚起草了一份总统条例，确保省政府在省一级领导实施可持续发展目标中的作用，并监督地区的落实工作。英国的威尔士颁布了《后代福祉法案》，明确规定可持续发展目标具有法律效率。

在规划阶段的纵向整合也很普及。在许多国家，地方政府一直在调整落实可持续发展目标的战略和计划，有时通过法律授权。有些国家政府发布推动这些工作的指导方针或范本。有些国家出台了真正的多级的规划结构（也叫规划机制），便于各级政府进行合作。所谓的“可持续发展目标本地化”工作的涉及面十分广泛，它得到国际组织的支持，如联合国人类住宅规划署、联合国开发计划署、“地方和地区政府全球特别工作组”，以及“全球城市和地方政府联合组织”。

可持续发展目标在实施阶段的纵向整合，正在进行的国家不多。但有些国家已经开始使国家和地方预算与目标的实施保持一致。保持一致的推动力有的来自国家，有的来自地方。哥伦比亚是保持一致的最佳案例，在那里多级程序使预算资源能部署在各个地区，还确定了共同的报告格式。

在监测、评估、跟踪和后继审查层面上的纵向整合并不普遍，不过有些地区出现了创新的例子。在有些国家，国家认可地方的可持续发展目标指标，支持地方的发展。有些国家通过中央政府的工作，通过建立地方监测机构，或通过多级联合结构和机制，确保地方层面监测可持续发展目标的执行情况。这种联合机制在欧洲和拉丁美洲的一些国家以及其他国家都有发现。

政府监督和问责机制，也可在监测和评估可持续发展目标的落实中发挥作用。在许多国家，最高审计机构已经着手审计政府落实可持续发展目标的准备度。通常会评估促进纵向整合的机制是否到位，例如各级政府共享信息的机制。最高审计机构在拉丁美洲做出了开拓性工作，它们对各级政府进行经过协调的审计，并分享和协调审计方法和工具。

在许多国家，地方政府正在领导可持续发展目标的创新。地方政府的网络和协会在推动这些工作上发挥着重要作用。但是，这些举措面临的挑战超出了地方，因而把可持续发展目标行动与各级政府有效联系了起来。加强同其他利益相关方的合作，有助于确立并维持这些联系。

在创新方面，例子有依赖法律法规工具的，有为整个政府确立多级协调的机制的，有各级政府合作解决共同发现的实施可持续发展目标的障碍等。但这些创新结构如何运作，在实践中能否维持合适的资源、能力和授权，尚有待观察。促进纵向整合的不同机制是否有效，它们对实现可持续发展目标有何影响，尚需进一步调研。

在许多地方，需要不同级别的具体领域的管理部门进一步合作，如多利益相关方参与，以便提高认识，消除障碍，加强机构协调机制，创造整合的能力。其他关键利益相关方的主动参与，如议会和最高审计机构，也有助于促进整合。

可持续发展目标下的利益相关方参与和政策整合

《2030年议程》明确指出，落实可持续发展目标需要所有利益相关方的积极行动和参与。在最广泛的层面，“人员”（People）和“伙伴关系”（Partnership）是引入“议程”的“5个P要素”中的两个，强调了介入和参与的重要性。这些概念在“议程”和可持续发展目标中有进一步充实。第4章探讨了在系统层面和部门层面，采用不同行为者介入的机制会如何影响整合结果的问题。

“议程”要取得成功，就需要提高人们的最基本的认识，需要在全体人员中加强可持续发展目标所有权的教育。参与也是未来制定整合愿景和战略的关键措施，是对长期转型的支持，是对共同理解复杂问题、设计出得益于广泛社会共识的整合性方案的支持。这样做需要平衡在不同部门工作的不同行为者的观念，而这只能通过参与来实现。参与也是鼓励不同利益相关方同政府一起致力于共同目标的重要工具和机制。此外，坚持《2030年议程》中的“不让任何一个人掉队”的原则，也需要不同利益相关方的充分参与，需要重点关注边缘化的群体和个人。

关于不同部门、不同决策层和不同参与群体的参与过程和机制方面，已经积累了丰富的经验。这一章回顾了其中的一些经验。

推进政策整合需要改变程序，通过正式机制或非正式的接触和关系，来加强与非国家行为者的互动，还需要有参与性的、多部门的、多级的解决问题机制。这需要广泛的利益相关方来参与。非政府行为者本身就是变革的主要推动力。民间社会和非政府组织经常站在推动变革、促进可持续发展的倡议的前沿，始终在施压政府着手落实可持续发展目标。它们能贡献出直接知识来指导服务与项目如何为可持续发展目标服务，它们能帮助政府确定适应具体情况的政策方案。

在实施可持续发展目标的过程中，不同行为者在与政府的互动中能带来一定的好处和价值。本报告表明，找到可持续发展目标与任务之间的相互依存关系，是确定在具体问题上哪些利益相关方会支持整合政策的第一步。该报告还提供了在进行整合不同领域问题时如何选择利益相关方的指导原则和实例。

在系统的全议程层面，使用的参与机制存在很大的机构变数。机构的参与结构与不同类型的利益相关方有关，而且是在不同政府层面运作。有些结构是政府领导的，有些是非国家行为者领导的。有些机构有决策权，有些机构则是咨询单位。方法是建立在过去几十年经验的基础上，例如，从“国家可持续发展委员会”的经验得出。在可持续发展目标的背景下，利益相关方的参与发生在不同的决策阶段，如提高对《2030年议程》认识的阶段，可持续发展目标适应国家情况和优先化阶段，制订国家可持续发展目标实施计划的阶段，可持续发展目标落实的阶段，以及监测和审查的阶段。

让利益相关方参与监测、审查和报告的工作做得不够，但越来越受重视。在联合国高层关于可持续发展的政治论坛上，许多成员国认识到，让利益相关方参与筹备国家自觉审查（VNRs）工作是非常重要的。各国的参与程度和方法各不相同。

比较普遍的做法是机构在具体部门或具体问题层面进行整合尝试。利益相关方参与的程度，以及促进利益相关方参与的结构和方法，各部门都不同，各国的同一部门也不同。部门间和部门内参与的利益相关方类型也都不同。比如在海洋和森林管理部门，就突出了促进利益相关方高度参与规划和决策过程的参与式方法。

联合国成员在实现《2030年议程》时，对多利益相关方合作寄予了厚望。有些国家已经提出多利益相关方伙伴关系，或为与落实可持续发展目标相关的伙伴关系制定了框架。例如，荷兰有超过75个不同利益相关方的广泛联盟，被称为“荷兰全球目标章程”。参与者有公司、银行和公民社会组织，它们都签署了章程，为实施可持续发展目标做出了贡献。芬兰采取全社会方式来落实目标，鼓励社会各界的利益相关方做出有助于实现目标的公开承诺。在部门层面，过去几十年多利益相关方合作越来越突出。多利益相关方合作如何为政策整合做出贡献的证据很少，而且这个话题似乎没有得到系统研究。具体例子表明，多利益相关方合作可能与国家层面的整合和统一存在冲突。

关于参与机制（非正式的和制度化的）的绩效，以及它们如何帮助可持续发展目标的整合落实，目前还没有多少有条理的证据。然而，文献中指出的参与所面临的重要挑战，也可能影响参与机制对整合的作用。例如，公共、民间社会、政府机构和民营部门在权力、能力和资源上的差异，产生的结果可能会严重偏向某些利益相关方。在确定参与机制的设计和让它发挥作用的方式，以及它们对政策的最终影响上，政治因素起关键作用。的确，参与是政府用来操控政治进程结果的一种战略政策工具。对可持续发展目标而言，重要的是要确保长期参与机制能够持续下去，超越自2015年以来各国组织的一次性的特别磋商会议。如议会、经济和社会事务理事会和国家可持续发展委员会等既有机构，如何为可持续发展目标的参与提供空间，则要根据各国的情况。

尽管这方面信息匮乏，但很明显，“更多参与”不会自动导致更多整合，例如，加强对部门机制的参与，可能会强化现有的独立小单位，巩固碎片化。同样，从成功的整合依靠多种行为者均衡思考的程度上看，如果无法解决参与者之间权力和资源失衡的参与过程，实际上会导致政策偏向于狭隘利益集团，对政治弱势的利益相关方和部门有负面影响。整合工作要避免这种明显的结果。

利益相关方参与的一些例子显示了自下而上的参与方法的潜力，这些方法在各决策层发挥作用，涉及协调行动的软形式，目的是解决具体的发展问题，或寻求广泛的政策变革。这些例子说明，横向整合、纵向整合和参与的潜力是相辅相成的。

应对国际移民人口需求的整合方法：政策和体制

第5章讨论国家机构和行政当局如何使用整合方式进行决策和提供公共服务，以满足移民和难民需要。联合国正在讨论制定《全球移民协议》，说明这个议题最近在国际讨论中越来越重要。

可从多个视角来看移民问题。移民与可持续发展之间的联系可归入六大范畴：安全、人权、行业和包括就业在内的经济视角，以及环境视角。政治在裁定相冲突的诉求和利益方面起重要作用，因此，政治能决定制定什么政策来满足移民的需要。

由于移民政策是在国家层面制定的，而向移民提供服务基本在地方层面，因此跨部门和跨各级行政层的整合，跟移民事务的关联尤为密切。移民的法律地位，严重影响了他们的谋生能力和获得服务的能力，这个事实也促使采用整合方式，如移民入境政策、边境管制和其他部门政策（如就业相关政策）之间要进行整合。

公共机构和公共行政要恰当处理这些联系，就需要有多学科和多维度的方法。全球决策者和政策界都很关注机构和公共管理模式、法律政策框架和行政措施的不同选项，以便把国际移民与可持续发展的政策和服务更好地联系起来。

本报告审查了代表不同区域、经济、社会和政治背景的以29国为样本的国家机构和移民政策，重点是移民的劳工、教育和保健政策。许多国家在宪法中写入了移民或庇护问题。29个国家中，多数在其国家发展计划或可持续发展计划和战略中，提到了移民和难民。在2016年或2017年联合国可持续发展高级政治论坛上，提交了自愿国别评估可持续发展问题进展报告的17个样本国家中，有14个国家在发言中提到了移民或难民问题。这些情况表明，在国家政策议程中，移民和难民问题日益成为具有普遍性的重要问题。

对处理移民问题的国家机构的分析显示有各种机构设置。多机构方式在巴西和菲律宾很明显，而在意大利和墨西哥不很明显，在那里负责移民的单个机构则有部委间的咨询委员会参与。澳大利亚、加拿大、丹麦、埃及、希腊、摩洛哥和英国都有独立的移民部门。其他国家在内政部、民政部、公安部或司法部内设有负责移民、难民的独立单位。还有些国家很难看出主要负责移民、难民工作的是哪个机构。安全和边界管理等部门参与制定移民政策，对全局工作十分重要。

数据是政策整合的一个关键的交叉点。数字化及其程序为政府间交换信息服务，是提高效率的潜在领域，但需要在加强行政效率和保护移民权利之间取得平衡。在这方面，行政系统各部分与数据交换之间创建适当的“防火墙”，是这个领域重要的政策选择。

移民和难民的就业往往是不确定的。各国给予定期和不定期移民、难民和寻求庇护者的劳动权利各不相同。许多国家给予难民就业机会，但不允许寻求庇护者就业。此外，虽然有提供就业的法律依据，但不能保证其实际执行。

移民和难民获得教育的机会往往有限。在本报告考察的29个国家中，只有少数国家在入境时提供当地语言的教育。主流做法是难民有合法途径进入公共教育，而寻求庇护者没有。不正规移民通常被排除在教育之外，除非是未成年人。

在许多国家，移民和难民的医疗保健也受到限制。主要做法是为成人和儿童提供紧急救助，在某些国家儿童也可得益于初级保健。泰国是个例外，它为所有移民提供全面医疗保健政策，包括难民和不正规移民。

许多国家在解决移民需求、建立良好环境使人口流动对移民和东道社区两方都有利方面，地方政府始终处于创新前沿。本报告发现，地方政府，特别是城市，在把移民问题、公共服务和可持续发展联系起来方面，发挥了越来越大的作用。与此同时，各国地方政府在如何处理移民问题上，有很大的变数。权力下放能促进地方移民服务的创新，可能是移民与发展自下而上整合的一个重要推动因素。

在许多国家，公民社会在国家的移民治理中发挥着积极作用，不过方式和能力各不相同。非政府行为者活跃在与移民和发展有关的许多领域，尽管其作用往往得益于地方进一步整合。粗看之下，非政府行为者的参与在公开和透明的治理体系中似乎更强，特别在与有效的权力分散和包容的地方治理相结合的时候。当国家的移民政策和机构比较缺乏时，地方层面的参与度也会上升。需要对成功的参与方式的经验教训、挑战和刺激因素进行更系统的调研。

移民和难民问题可能始终是决策议程上的一个重要问题。有效的横向、纵向的政策整合，与非政府行为者打交道，都与负责这些工作的公共机构和公共行政有关。归根结底，各国的情况和意愿将决定移民事务如何与可持续发展相结合。

保健和福利的整合办法

第6章通过可持续发展目标透视，考察了保健的整合方式。该章探讨了保健与其他政策领域的紧密联系，是如何转化为整合行动，从而改善保健效果、落实可持续发展目标的。保健不仅是《2030年议程》的一个专项目标，还被广泛视为其他目标落实的先决条件、推动因素和衡量指标。而保健结果受到与保健之外的政策领域相一致的许多因素的影响。虽然可持续发展目标采用了关于保健和福利的广义概念，并了解到当今的疾病负担，但认识到保健与其他部门的相互联系和相互依赖，呼吁采取整合行动，并非才提出的事。调研表明，保健政策整合的许多尝试，仍停留在保健部门之内。因此，在许多国家，采用整合方式达到协同增效、把权衡关系降到最小的潜力，尚未被利用。

保健和与保健有关的发展的结果，受到许多决定因素的影响。有证据表明，在过去两个世纪里，在保健方面取得的进步，最大原因是经济和社会条件的改善，而不是医学的进步。保健的社会决定因素，说明了人们出生、成长、学习、工作、玩耍、祈祷和年老时的条件是如何预防、减轻疾病的。根据可持续发展目标来绘制保健的社会决定因素图谱，说明有许多不同的政策领域能影响保健结果。

民营部门用来推销影响公众保健结果的战略和方法，也影响了保健结果——这是所谓的保健的商业决定因素。它们包括如烟草产品和不健康的商品，还有行业流行病、利润驱动型疾病，有害健康的企业行为，以及影响生活方式选择的手段（如向儿童营销）等。

最后，政治经济和政府政策影响国家和地方层面的保健结果。

过去几十年，多部门决定因素对保健的作用的政策证据，得到了很大加强。这些决定因素无论是单独的还是整体的，被日益视为整合行动的根据，整合行动不仅要兑现保健目标，还要实现其他有关的可持续发展目标的任务，如教育、就业、环境、安全、交通、城市规划、青年和社会保护政策。

全球政府已经出台机构的和行政的举措，旨在解决保健和其他可持续发展目标之间的具体联系。各国政府每年提交给“联合国公共服务奖”的做法可使人对此略知一二。2003—2017年，有57个获奖案例与保健有关。超过一半（三分之一）的案例与其他部门可持续发展目标至少有一点联系（两点联系）。这些举措往往与食品和营养（目标2）、不平等（目标10）、教育（目标4）、性别平等（目标5）和城市（目标

图E.4

达格伦和华特海德1991年制作的“保健的社会决定因素”图谱，与“可持续发展目标”相叠加

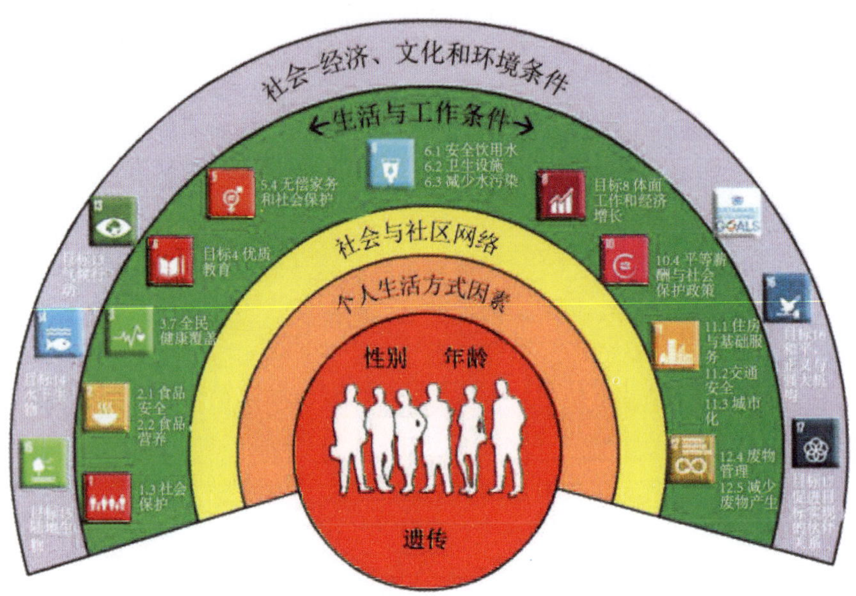

资料来源：作者改编自达格伦和华特海德（1991）制作的图谱。

11）等目标有关。

保健的政策整合，有许多实用方法的例子。其中之一，是“把保健融入所有政策”，发达国家和发展中国家都采用这个方式，如澳大利亚、巴西、古巴、芬兰、伊朗、马来西亚、新西兰、挪威、斯里兰卡、瑞典、泰国和英国。这些方法系统地考虑了各部门决策的保健影响，寻求协同作用，目的是避免有害影响，实现共同目标。

实施整合的保健政策，需要得到机构设置的充分支持，机构设置要建立参与规则，并为各部委和机构之间的互动和战略开发奠定基础。在实践中，可用不同形式的机构安排来支持公共行政部门间的保健方式，从非正式网络到正式网络，从跨部门的简单协调机制，到解决根深蒂固社会问题的合作，从高级的部委间组织，到议会审议等。

由于基本是地方在提供保健服务，因此国家和地方各级政府行为者之间的整合和协调，是整合型保健政策成功的关键。城市地区和贫民窟的保健不平等，始终是令人担忧的问题。城市穷人的保健服务不到位，在许多国家是个严重问题。第11个可持续发展目标下的贫民窟整顿目标（目标11.1），可以直接加快消除保健领域的不平等问题。

让人民和社区参与规划和实施有关他们自身保健和福利的政策，会导致合理的变革，增加公众的信任。众所周知，地方当局和社区有解决保健的多部门决定因素的独特的知识和机会。如果妇女、青年和老年人等边缘化群体被包括在内，社区参与保健将更受益，因为社会排斥本身就是保健不平等的因素。真正地参与，对于确保政策符合社区需要，增强公众对政府的信任是十分重要的。

这一章探讨了保健整合方式的4个推动力：融资，能力开发，数据、信息系统和“科学与政策”的联结，以及技术和创新。创新筹资举措，如从不同的公共资金来源确定联合预算，确立联合问责制，可以促进有效落实与保健有关的活动。跨部门资金分配制度，有助于促进比如为调研和政策活动提供预算的政策整合，部署从酒和烟草增税获得的公共资金，促进全民保健覆盖项目的整合政策。能力建设方案不仅需要在保健人员中培育技能，还需要培养广泛的思路，保健职业人士要加强对各种可持续发展目标领域的知识，以便支持整合的、多部门的方式。

有效的多部门保健信息系统可以支持决策和监测，支持不同利益相关方的集体行动。系统需要得到合适的法律和监管框架的支持。各种数据和分析工具可以促进整合，如保健透视分析、预测机制、保健公平性影响评估、保健技术评估、保健分析和学习分析，以及保健决策支持系统。

创新和使用信息通信技术，可帮助解决一些难题，如资源有限情况下对保健全覆盖的作用如何重新定义的问题，如探索如何设计跨部门的政策来解决非传染性疾病的病因等。有一个例子是“在家养老”举措，旨在通过数字保健措施，把对老人的护理从昂贵的医疗机构转移到家庭和社区，通过传感器和技术把社会、交通政策与城市环境结合起来。

跟其他部门相比，保健整合方法似乎更普及，而且发展得很好。事实证明，从各种机构和行政方法的运行中吸取的经验，在与其他目标有密切联系的可持续发展目标领域是有用的。但保健整合的途径，虽然别无选择，但却很不容易。采用和落实整合方法，事实上是困难的，部分原因在于保健决定因素既复杂，又在变动着，有各种各样的参与者。许多问题始终停留在如何最好地启动整合方法的问题上，比如，如何根据具体国家背景来界定重点，以便最好地解决多部门问题；如何克服保健不公平方面的惯性；如何持续促进政府的整体努力，来解决疾病的根源。

其实并没有充足的、系统性的证据可以证明最行之有效的决策过程和机制部署就能够确保可持续发展目标整合办法的成功实施。比如，用于制定保健和城市化的整合政策。还需要进一步梳理有关政策试验的证据，组织恰当的政策调研。这将有助于为保健问题的整合方式开发必要的指标和证据基础。

在冲突后环境中落实可持续发展目标：对国家的挑战

第7章探讨了在冲突后环境中落实可持续发展目标的挑战，讨论了冲突后环境对推动可持续发展与和平的整合方式的影响。

冲突及其造成的后果，使落实可持续发展目标比没受冲突影响的国家困难得多。尤其是目标16中涉及和平包容性社会的每个任务，落实起来更为困难，因为公共机构和公共行政在冲突中首当其冲。

图E.5

冲突后情况下的多重治理挑战

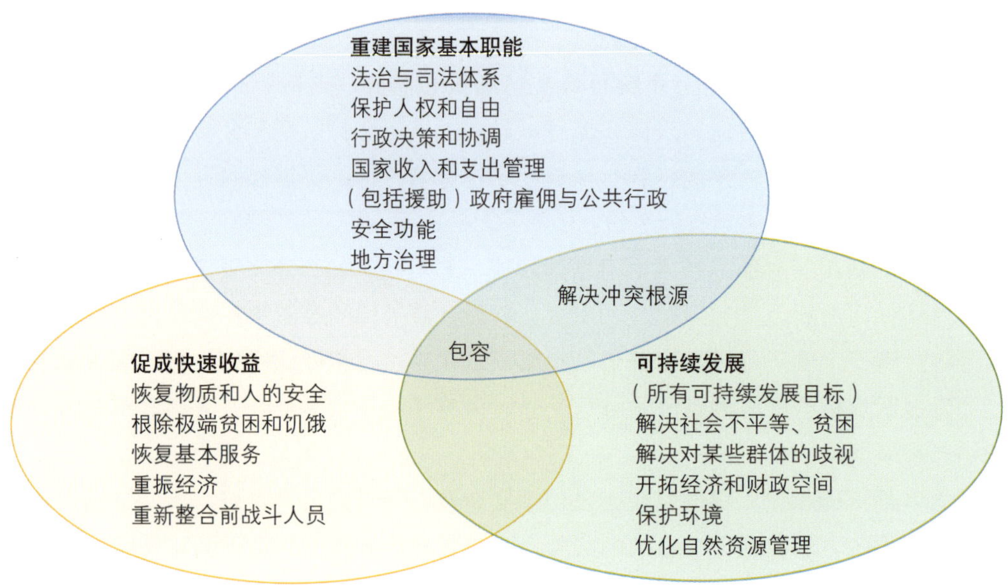

资料来源：作者阐述。

冲突能彻底瓦解在稳定环境中被视为理所当然的机构（如中央银行、公民服务等）。有时候中央政府的影响力延伸不到整个国家。即使机构存在，但其职能会受到人的能力和物质基础设施被破坏的影响。重要的是，在冲突后的国家中，实现可持续发展目标的子目标也需要因地制宜。教育、基础设施、保健、社会保障和基本服务等领域，对解决不同群体的不满、促进经济和社会的可持续发展，是极为重要的。

一般而言，冲突后国家需要同时解决三类问题：快速获得收益、恢复国家的基本职能、朝可持续发展方向进展。这三类问题的轻重缓急是相互关联的，必须同时加以考虑。而采用整合的战略和政策，要比在其他环境中更为复杂。在可持续发展目标各领域进行优先排序和分配资源，会遇到其他两类重点项目的竞争。这个现象往往出现在国家预算较少、财政空间较窄、财政基础较低的国家，因为这些国家的资产遭遇破坏，公共行政的税收动员能力很低，债务加剧，这一切都限制了处理多个重点项目的能力。腐败和非法的金融和资本流动，本身就可能进一步激发冲突，这更使资源有限的情况雪上加霜。

专家认为，从政治角度来看，包容性是建设可持续和平与发展的核心。如果说排他性激起了冲突，那么不解决排他性问题，就会导致再次冲突。因此，包容既是实现可持续发展与持久和平的目标，也是一种结果驱动型“战略”。国家接管了后冲突发展道路，就必须是包容性的，必须涉及广泛的利益相关方，才能引发归属感和包容感，不要在乎政治差异。此外，推动能力和合作的制度化，发现和解决不满情绪，这有助于避免再次冲突。

采纳《2030年议程》，可促进在冲突后环境中使用整合方式。这是由于可持续发展目标涉及的范围很广，包括对冲突后干预的所有成分都很重要的领域，如人道主义行动，国家基础能力重建，长期发展等。然而，制定以可持续发展目标协同增效为基础的整合政策，在冲突后背景下是件难事。有些国家利用可持续发展目标作为框架，来调整长期发展战略和计划，并使之与预算程序等其他工具保持一致。在冲突国家，如乍得、哥伦比亚、塞拉利昂、所罗门群岛和索马里等，已明确地把国家计划和战略中的高端目标，与可持续发展目标联系起来。

能干、有效和包容的机构和公共行政，是解决短期和长期发展障碍的手段。它们有助于塑造可持续发展与和平的统一的国家愿景，确保有效的公共服务，能看到比“冲突后维和”更远的地方。建立机构或改革机构，可以影响现有的权力结构，这实际上是个政治过程。精英阶层在维持经济和政治权力中有其既得利益——这可通过建立联盟、获得重要的变革动因来加以抵消。过去的做法是，在解决其他的体制障碍之前，都把重点工作放在机构能力上。现在不同，处在后冲突环境中的国家在解决其他重要的恢复工作（包括反腐败）的同时，要解决效率和问责的问题。

冲突后国家的公共机构和公共行政，必须比未受冲突影响的国家，更要承诺包容性和《2030年议程》“不让任何一个人掉队”的指令。公共行政是包容的重要手段和渠道。公职人员必须欢迎与民间社会、私营部门及其他利益相关方一起进行公共服务的想法。他们必须认识到，向穷人和弱势群体提供平等的公共服务，是充满挑战的。

特别是在冲突后环境中，有效管理国家预算，对于确保政策执行、增加国家合理性和责任心至关重要。外部行为者都有不同的议程，可能与政府或其他利益相关方的重点考虑不一致。由于外部行为者在后冲突环境中具有涉及全局的重要性，所以会常给整合带来额外的挑战。统一的国家愿景、统一的国家可持续发展战略和实施计划，有助于使外部参与与国家重点一致起来。

在冲突后环境中采用横向整合策略是十分重要的。例如，卢旺达、刚果民主共和国、东帝汶和尼泊尔，它们为实现整合性的国家可持续发展战略，推动了各部门之间的协调。哥伦比亚政府设立了一个高级的部际委员会，负责制定国家和区域层面的可持续发展目标实施战略和行动计划。在所罗门群岛，专门成立“民族团结和解与和平部”，以强调建设和平对国家社会和经济发展的重要性。

总之，在后冲突环境中，确保国家和地方各级政府之间的统一和整合，是比较困难的，因为地方利益和权力集团可能会抵制中央权威。在国家与社区领导展开合作的地方层面建立联盟，有助于防止进一步的暴力。把权力下放给地方政府——权力分散——并不永远是纵向整合的解决方案，因为支持地方政府就会削弱中央政府，长期下来可能会有负面结果。如果实行分权，就应该妥善管理（防止地方腐败势力抓权），改善中央和地方之间的联系，加强凝聚力。通过中央政府和地方当局之间的契约或其他责任框架，可以进一步整合国家和地方的行动。

利益相关方的参与是成功治理后冲突环境的关键因素。在这个过程中，所有社会团体（包括少数民族、妇女和青年）都能为反映人民意愿和需求的可持续的和平发展，来创造共同的愿景。有效参与战略是确保男女权利、权力和机会平等的重要措施。经验表明，在后冲突环境中，青年可作为落实可持续发展目标的拥护者，可作为主动追求持久和平的变革的推动者。他们也有沟通各社区的巨大潜力。各级公共行政在建立这类机构安排中具有重要作用。开发国家可持续发展目标的战略和行动计划，能为非国家行为者的参与提供机会。

缩略语

ACA（Affordable Care Act）平价医疗法案
ADEKA（Association pour le Développement de la Kabylie）卡比利亚发展协会
AFELL（Association of Female Lawyers of Liberia）利比里亚女性律师协会
AIDS（Acquired immune de ciency syndrome）获得性免疫缺陷综合征（艾滋病）
ALACIP（Asociación Latinoamericana de Ciencia Política）拉丁美洲政治学会
AMSED（Association of Migrations, Solidarity and Exchanges for Development）移民、团结和交流促进发展协会
APHG（All-Party Parliamentary Health Group）全党议会卫生组织
ASEAN（Association of Southeast Asian Nations）东南亚国家联盟
ASEF（Asia-Europe Foundation）亚欧基金
ASviS（L'Alleanza Italiana per lo Sviluppo Sostenibile）意大利可持续发展联盟
AUE（Associations d'usagers de l'eau）水资源利用协会
CAR（Commissionerate for Afghan Refugees）阿富汗难民委员会
CDI（Centre for Development Innovation）发展创新中心
CDKN（Climate and Development Knowledge Network）气候与发展知识网络
CHFSs（Councils of Health and Food Security）卫生和食品安全理事会
CHPS（Community-based Health Planning and Services）基于社区的的健康规划与服务
CIFOR（Center for International Forestry Research）国际林业研究中心
CIMES（Country Integrated Monitoring and Evaluation System）国家统一监督与评估体系
CLAD（Centro Latinoamericano de Administración para el Desarrollo）拉丁美洲发展管理中心
CLAIM（Centro Local de Apoio à Integração de Migrantes）地方移民支持中心
CLEW（Climate, land, energy and water）气候、土地、能源和水
CNAIM（Centro Nacional de Apoio à Integração de Migrantes）国家移民支持中心
CNM（Confederação Nacional de Municípios-Brazil）巴西全国市政联合会
CSO（Civil Society Organization）民间社会组织
CSR（Corporate Social Responsibility）企业社会责任
DAC（Development Assistance Committee）发展援助委员会
DESA（Department of Economic and Social Affairs）经济和社会事务部

DPADM（Division for Public Administration and Development Management）公共机构和数字政府司
DPKO（Department of Peacekeeping Operations）维和行动部
ECPR（European Consortium for Political Research）欧洲政治研究学会
EMM（Essentials of Migration Management）移民管理精要
EPI（Environmental Policy Integration）环境政策整合
ESC（Economic and Social Council）经济和社会委员会
ESCAP（United Nations Economic and Social Commission for Asia and the Pacific）联合国亚洲及太平洋地区经济社会委员会
ESCWA（United Nations Economic and Social Commission for Western Asia）联合国西亚经济社会委员会
ESDN（European Sustainable Development Network）欧洲可持续发展网络
ESSIM（Eastern Scotian Shelf Integrated Management）东斯科舍省综合管理组
EU（European Union）欧盟
FAO（Food and Agricultural Organization）联合国粮食及农业组织
FLEGT（Forest Law Enforcement, Governance and Trade）森林执法、施政和贸易行动计划
GAVI（Global Alliance on Vaccines and Immunization）全球疫苗免疫联盟
GDP（Gross Domestic Product）国内生产总值
GEMI（Global Expanded Monitoring Initiative）全球扩展监测倡议
GFMD（Global Forum on Migration and Development）全球移民与发展论坛
GIZ（Deutsche Gesellschaft für Internationale Zusammenarbeit）德国国际合作机构
GmbH（Gesellschaft mit beschränkter Haftung）有限责任公司
GMPA（Global Migration Policy Associates）全球移民政策协会
GNH（Gross National Happiness）国民幸福总值
GNWP（Global Network of Women Peacebuilders）全球妇女和平建设者网络
GPSA（Global Partnership for Social Accountability）全球社会责任伙伴关系
GSDS（Growth and Sustainable Development Strategy）增长与可持续发展战略
GTF（Global Task Force）全球工作组
GTLG（Global Taskforce of Local Governments）全球地方政府工作组
GTZ（Gesellschaft für Technische Zusammenarbeit）德国技术合作协会
HIA（Health Impact Assessment）健康影响评估
HiAP（Health in All Policies）将健康纳入所有政策
HIV（human immunode ciency virus）人类免疫缺陷病毒（艾滋病病毒）

HLPF（High Level Political Forum）高级别政治论坛
HSF（Hanns Seidel Foundation）汉斯·赛德基金会
IAP2（International Association for Public Participation）国际公众参与协会
IATC（Inter-Agency Technical Committee）机构间技术委员会
IBP（International Budget Partnership）国际预算促进会
ICC（International Chamber of Commerce）国际商会
ICLEI（International Council for Local Environmental Initiatives）国际地方政府环境行动理事会
ICSU（International Council for Science）国际科学理事会
ICT（Information and Communication Technology）信息通信技术
ICZM（Integrated coastal zone management）沿海地区整合管理
IDCOL（Infrastructure Development Company Limited）基础设施建设有限公司
IDESCAT（Institut d'Estadística de Catalunya）加泰罗尼亚政府统计局
IDI（INTOSAI Development Initiative）国际审计组织发展倡议
IFPRI（International Food Policy Research Institute）国际粮食政策研究所
IGES（Institute for Global Environmental Strategies）全球环境战略研究所
IIAS（International Institute of Administrative Sciences）国际行政科学学会
IIED（International Institute for Environment and Development）国际环境与发展研究所
IISD（International Institute for Sustainable Development）国际可持续发展研究院
ILO（International Labour Organization）国际劳工组织
INTOSAI（International Organization of Supreme Audit Institutions）国际审计组织
IOM（International Organization for Migration）国际移民组织
IPU（Inter-Parliamentary Union）各国议会联盟
IWGIA（International Work Group for Indigenous Affairs）国际原住民事务工作组
IWRM（Integrated water resource management）水资源综合管理
JDMI（Joint Migration and Development Initiative）移民与发展联合倡议
KIT（Koninklijk Instituut voor de Tropen）荷兰皇家热带学研究院
KNOMAD（Global Knowledge Partnership on Migration and Development）移民与发展全球知识伙伴关系
LDTA Local Development Training Academy 本地发展培训学院
LGs（Local Governments）地方政府
MARWOPNET Mano River Women's Peace Network 马诺河妇女和平网络
MDGs（Millennium Development Goals）千年发展目标
MERCOSUR（Mercado Común del Sur）南方共同市场

MHAVE（Ministry of Haitians Living Abroad）海地人民海外生活事务部
MIF（Municipal Investment Financing）市政投融资
MSP（Multi stakeholder partnership）多利益攸关方伙伴关系
NASC（Nepal Administrative Staff College）尼泊尔行政人员学院
NCCs（National Collaborating Centres）国家合作中心
NDP（National Development Plan）国家发展规划
NEDA（National Economic and Development Authority）国家经济发展署
NEEAP（National Energy Efficiency Action Plan）国家能源效率行动计划
NGO（Non-Governmental Organization）非政府组织
NHC（National Health Commission）国家卫生理事会
NIK（Najwyższa Izba Kontroli）波兰最高审计局
NPC（National Planning Commission）国家规划委员会
NREAP（National Renewable Energy Action Plan）国家可再生能源行动计划
nrg4SD（Network of Regional Governments for Sustainable Development）地区政府可持续发展网络
NSDC（National Sustainable Development Council）国家可持续发展委员会
NSDS（National Sustainable Development Strategy）国家可持续发展战略
NSF（National Strategic Framework）国家战略框架
NTDs（Neglected tropical diseases）被忽视的热带病
OAS（Organization of American States）美洲国家组织
ODS（Objetivos de Desarrollo Sostenible）可持续发展目标
OECD（Organization for Economic Cooperation and Development）经济合作与发展组织
OHCHR（Office of the United Nations High Commissioner for Human Rights）联合国人权事务高级专员办事处
OROLSI（Office of Rule of Law and Security Institutions）法治与安全机构办公室
OWWA Overseas Workers Welfare Administration 海外劳工福利管理局
PAGE（Partnership for Action on Green Economy）绿色经济行动伙伴关系
PBC（Peacebuilding Commission）和平建设委员会
PCMD（Policy Coherence for Migration and Development）移民与发展的政策一致
PDPs（Peace and Development Programmes）和平与发展计划署
PES Payment for ecosystem services 生态系统服务支付
PHP（Philippine Pesos）菲律宾比索
POEA（Philippine Overseas Employment Administration）菲律宾海外就业署
PPP（Public-private partnership）公私合作伙伴关系

PRSP（Poverty Reduction Strategy Paper）减贫战略文件
QCPR（Quadrennial comprehensive policy review）全面政策审查
SAFRON（Ministry of States and Frontier Regions-Pakistan）巴基斯坦国家和边境地区事务部
SAIs（Supreme Audit Institutions）最高审计机关
SARS（Severe Acute Respiratory Syndrome）严重急性呼吸综合征（“非典型性肺炎”）
SCHFS（Supreme Council of Health and Food Security）最高卫生和食品安全理事会
SCP（Sustainable Consumption and Production）可持续消费和生产
SD（Sustainable Development）可持续发展
SDC（Swiss Agency for Development and Cooperation）瑞士发展与合作署
SDGs（Sustainable Development Goals）可持续发展目标
SEADE（Fundação Sistema Estadual de Anaálise de Dados）巴西圣保罗统计局
SHCP（Secretaria de Hacienda y Crédito Público）财政与公共信贷部
SIDS（Small Island Developing State）小岛屿发展中国家
SME（Small and medium enterprise）中小企业
SNIA（Stratégie Nationale d’Immigration et d’Asile）国家移民和庇护战略
SNV（Stichting Nederlandse Vrijwilligers）荷兰发展组织
STI（Science, technology and innovation）科学、技术与创新
TCU（Tribunal de Contas da União）联邦审计法院
TDV（Territorial Development Plan）国土开发规划
TFM（Technology Facilitation Mechanism）科技促进机制
TVET（Technical and vocational education and training）技术和职业教育与培训
UCLG（United Cities and Local Governments）全球城市和地方政府联合组织
UHC（Universal Health Coverage）全民健康覆盖
UNCDF（United Nations Capital Development Fund）联合国资本开发基金会
UNCED（United Nations Conference on Environment and Development）联合国环境与发展大会
UNDG（United Nations Development Group）联合国发展集团
UNDP（United Nations Development Programme）联合国开发计划署
UNECE（United Nations Economic Commission for Europe）联合国欧洲经济委员会
UNFPA（United Nations Fund for Population Activities）联合国人口活动基金会
UN-Habitat（United Nations Human Settlements Programme）联合国人类住区规划署
UNHCR（United Nations High Commissioner for Refugees）联合国难民事务高级专员办事处

UNICEF（United Nations Children's Fund）联合国儿童基金会
UNMIL（United Nations Mission in Liberia）联合国利比里亚特派团
UNODC（United Nations Office on Drugs and Crime）联合国毒品和犯罪问题办公室
UNPAN（United Nations Public Administration Network）联合国公共行政全球网络
UNPSA（United Nations Public Service Awards）联合国公共服务奖
V-NAMAS（Vertically integrated nationally appropriate mitigation actions）纵向整合国家适当减缓行动
VNG（Vereniging van Nederlandse Gemeenten）荷兰国际市政协会
VNRs（Voluntary National Reviews）自愿国别评估
VVSG（Vereniging van Vlaamse Steden en Gemeenten）佛兰德城市和自治区协会
WEF（World Economic Forum）世界经济论坛
WHO（World Health Organization）世界卫生组织
WPSR（World Public Sector Report）世界公共部门报告
WRI（World Resources Institute）世界资源研究所
ZRC（Zona de Reserva Campesina）农民保护区

目 录

专栏

图

表格

第1章

共同协作的原因与理由

1.1 引言

两年多以前，联合国成员国通过了《2030年议程》，该议程旨在到2030年消除贫穷并实现可持续发展。它强调了可持续发展目标之间相互关联和整体统一的重要性，并在序言中指出："可持续发展目标的相互关联和整体统一对实现新议程的目的至关重要。"想要事半功倍地实现可持续发展目标，那就要认清可持续发展目标和其子目标之间可能存在的协同效应和权衡关系。这一认识将加强资源的分配，有助于避免在某领域为了加快进展的行动，对其他领域目标的实现产生不应有的副作用，通过确保在诸多可持续发展领域取得更为一致的行动，从而使发展轨道更加稳健。

人们认识到国家层面对实现可持续发展目标至关重要。从国家层面来说，了解如何采用机制框架来制定整合后的政策，从而有效应对可持续发展问题之间存在的内部联系，这对于取得进展至关重要；同时它也对国家公共行政和公共服务产生重要影响。随着可持续发展目标的认真开展与实施，成员国建立了各种促进整合的机构和机制。然而，在地球峰会召开近25年之后，许多国家仍面临着政策整合和一致性的挑战。在2016年和2017年可持续发展高级别政治论坛（HLPF）上，提交的64份自愿国别评估（VNR）中，许多国家提及有必要更好地利用可持续发展目标的交叉层面以实现连贯有效的决策[1]。

从广义上讲，促进整合意味着要找到方法使各级机构在处理密切相关问题时加强合作，拥有通用方法。这可能需要适当的制度安排、公共行政做法、机制、能力、预算安排和资源。它还包括非国家利益相关方参与决策的各种形式。

《世界公共部门报告（2018）》旨在通报各国为促进可持续发展目标所进行的政策整合工作，概述公共机构和公共行政方面存在的挑战和机遇。报告从制度视角出发，以实例为基础，阐明如何解决可持续发展目标之间不同关联性的问题。通过这个阐明，该报告试图指明公共机构需要密切合作的领域，介绍达成目的的工具，说明对公共机构和公共服务的广泛影响。

该报告旨在协助国家政策制定者以统筹方式实施可持续发展目标，特别是负责实施可持续发展目标的机构工作人员，计划、金融、部委以及地方政府的工作人员，同时它也面向联合国和其他政府间组织的政府代表团，发展、治理和公共行政领域的从业者、学者和学生。本报告评估了过去20多年来国家在这方面累积的丰富经验，并考虑了近期可能影响整合前景的趋势与事件，目的是为实施《2030年议程》提供更多信息。

本报告围绕三个广泛的中心问题展开。首先，从国家层面的机构角度来看，在政策周期的不同阶段，政策整合面临的机遇和挑战是什么？其次，能培育整合方式以促进《2030年议程》的机构和行政范例分别是什么？再次，在不同的可持续发展目标之下，以及在与之有紧密关联的其他可持续发展领域（即相关联结领域）之中，公共机构和公共行政部门为了实行那些政策整合办法将面临哪些机遇和挑战？本章其余部分将提出以上三大中心问题，并介绍了报告的其他内容。

1.2 可持续发展、整合与机制：我们了解什么？

长久以来，可持续发展问题之间的相互依赖性得到了认可。例如，发展作为一门学科早已包含教育与一系列经济和社会成果之间的联系，包括贫困、劳动生产率和卫生等方面。社会、经济和环境三者之间的相互联系可能是可持续发展理念最基本的原则[2]。

为了更好利用跨部门之间的潜在共同利益和协同效应，管理紧张状况和潜在的取舍并减少部门政策对其他部门的负面影响，在决策过程中将这些部门之间的相互联系考虑在内十分重要。更普遍地说，这也是提高资源配置效率的一种方式[3]。从根本上讲，虽然考虑跨部门之间的多重联系增加了决策制约因素，但整合决策对扩大政策空间的问题进行了更广泛的定义，可能会产生更优的社会解决方案，而这种解决方案仅靠特定部门的政策是无法找到的[4]。政府非常清楚，整合可以节省成本、提高财政资源效率并扩大财政空间，这对于资助复杂且相互关联的可持续发展议程十分必要。整合的其他潜在好处包括各部门和行动者制定共同愿景，并有可能在整个政府中推行“不让任何一个人掉队”等关键原则。在过去几年里，参与者加大了在权衡协调和协同增效方面的工作，并考虑了可持续发展目标的许多部分，在先前的努力基础上做了更多工作，以更好理解并建立相互联系以及了解在众多议题中它们的政策影响，如气候—陆地—能源—水关系[5]。

因此，整合决策的潜在好处是显而易见的。无论是在国家语境下还是跨越国界，缺乏政策一致性的代价也是明显的[6]。为了处理可持续发展问题之间的相互联系，整合决策的必要性在很久以前就已得到承认，并且在1992年“里约环境与发展会议”（地球峰会）上被坚定地纳入政府间议程。

专栏1.1 《2030年议程》中的机制

“机制”是一个宽泛且多面的术语，它包含一系列组织人类生活和社会的结构、实体、框架和规范。虽然《2030年议程》中并未规定国家的制度模式，但却概述了机制应努力实现的治理原则，如“建立有效、负责和包容的机制”（具体目标16.6），“确保各级决策反应迅速，具有包容性、参与性和代表性”（具体目标16.7）以及“加强可持续发展政策的一致性”（具体目标17.14）。

资料来源：作者阐述。

实际上，从全球、国家和地方层面以及跨层级治理中，促进整合都被证明是困难的。许多人认为一个主要原因是无法将可持续发展原则纳入现有机构工作的主流之中，并达到可持续发展所需要的协调、连贯和整合程度[7]。因此，制度是众多整合阻碍因素中的一个[8]。

各机构之间更密切整合的潜在好处可通过成本和风险来进行平衡。主要包括：政府的协调成本，产生的额外官僚层，随着政策范围和利益相关方范围扩大而引起的政治共识达成难度加大，以及整合战略无法取代详细的部门战略、规划和政策。上述多项这些年来已经得到了很好的文献证明[9]。

反过来，整合面临的共同障碍和挑战包括：由于没有明确的整合决策场所，大多数国家部长组织呈现孤立性；政府机构之间的文化冲突；社会的既得利益；整合规划可能会挑战政府机构中的隐性统治集团；削弱的所有权；弱化的并且有时相互冲突的问责制度；不适合整合规划的预算过程；各机构内部合作的激励措施失调；以及由于超国家因素导致的额外复杂性，如法律承诺以及区域行动者和捐助者对国家政策制定的影响等[10]。其他系统性问题也可能对横向整合和纵向整合构成挑战，如腐败。

但也许过去整合面临的主要障碍是可持续发展作为范例缺乏政治合法性。一方面，可持续发展被一些国家列入宪法，甚至被有关具体部门写入法律和条例。另一方面，可持续发展必须与传统发展方式和资源配置较好的部门框架（例如近年来的气候变化）进行不平等竞争。比如，在环境部门里可持续发展的地位逐步降低，边缘化程度显而易见，国家政策缺乏政治影响力以及21世纪后《21世纪议程》在地方的普及程度逐渐降低[11]。实际上，明确的政策优先级（典型情况是经济目标优先于社会和环境目标）往往与整合产生冲突[12]。从制度层面来看，采取可持续发展而不放弃其他范式往往导致平行机构出现，它们与更早更强、强调一切照旧的机构并存。例如，国家可持续发展委员会和类似机构的影响力很少能触及主要预算和政策选择。如下所述，《2030年议程》的通过可能会改变这一现象，因为它将可持续发展确立为所有机构运作的参照范式。

近年来协同增效、相互依存和相互联系问题受到广泛关注，并且自可持续发展目标通过以来更受关注，但整合的制度影响似乎并未得到重视，至少对发展界来说是这样的。例如，在过去的10年中，数百篇关于气候、土地、能源和水的所谓“关联”的同行评议文章陆续发表，它们探讨了一系列问题，包括关键的协同增效和权衡取舍，其相对重要性可能因地点和规模而异[13]。就这一主题也召开了几次国际会议。然而，尽管存在这种关注，但该问题的制度层面却很少得到研究，大多数研究仍集中在对政策选择进行模拟和探索。虽然会经常考虑所谓的实施手段，如财政资源、技术和能力以及利益相关方参与等其他方面，但机构本身往往处在幕后，被视作实施战略和政策的中立渠道[14]。换言之，对可持续发展目标之间某些联系重要性的认识现在日益普遍且不断增长，但从国家层面有效解决这些联系的制度仍有待深入研究。

就某种程度而言，这不应该让人感到意外，因为从本质来看对机构进行研究是困难的，特别是涉及难以衡量的整合问题。不同国家的机构设置差异很大。由于宪法背景、传统、文化、政治实践、地理以及由此产生的环境、社会和经济条件差异，每个国家都有不同的“出发点”和治理方式偏好。机构建立的文化背景和机构的潜在价值也必须考虑在内（例如，在新兴且更具包容性的机构转型期间应争取最小的文化兼容性），因为它们可能会极力抵制变革。如果不将这些因素考虑在内，很可能导致机构变革失败[15]。

此外，新机构绝非凭空创建，通常是在领域内的额外主体已经拥有高度不一致的政策和制度安排情况下建立的[16]。机构的这些方面意味着“最佳实践”最好情况下是难以捉摸的，而最坏情况则是作为一个不恰当的概念存在。如本报告第5章、第6章和第7章所示，在考察具体议题或主题时，这一点表现得尤为突出。然而，自地球峰会召开以来，过去的25年为制度设置和安排以及为促进整合和一致性的公共行政工作提供了丰富的经验和教训。例如，国家可持续发展战略和国家可持续发展委员会是1992年《21世纪议程》提出的旨在促进整合的重要手段。从地方层面来看，地方性《21世纪议程》是促进整个可持续发展议程整合方法的另一工具，包括参与度[17]。地球峰会召开后，还出现许多其他与参与度有关的工具和手段。从部门层面来看，许多部门的整合尝试也促进了整合概念和制度实验的发展，为实现可持续发展目标提供了经验教训。本报告旨在朝这个方向迈出第一步。

1.3《2030年议程》的通过将如何改变整合前景？

我们有众多理由可以相信《2030年议程》的通过可能会显著改变包括国家在内的整合前景。简言之，该议程和可持续发展目标已经将可持续发展的地位提升至国际政策议程，从而增加了整合观点和方法的合法性和相关性。此外，机构作为可持续发展的内在组成部分，议程对其的明显关注将为各国政府提供更多的动力，以寻找有效支持整合方法的制度模式和公共行政方法。对可持续发展议题间相互联系的科学理解取得进展，支持公共机构整合实践的分析方法、工具和信息系统得到发展，这进一步巩固了整合方法合法性

专栏1.2 《2030年议程》的通过可颠覆整合现状的五大原因

1. 随着《2030年议程》、可持续发展及其整合观点成为发展的主流方式，它增强了整合方法的政治目的。由于可持续发展目标具有普遍性，发达国家也包含在内。

2. 可持续发展目标为可持续发展提供了一条道路，清楚地表明其与具体目标之间的相互依存性。

3. 自1992年以来，关于可持续发展目标之间相互联系的科学知识和证据取得了巨大进展。

4. 与其他目标一样，机构是可持续发展目标的重要组成部分，而不是事后想法或“有利环境”的一部分。

5. 支持公共机构整合手段的方法论正在开发，包括分析方法、工具和信息系统。

资料来源：作者阐述。

和相关性方面的积极变化。

从政治角度来看，也许《2030年议程》的通过给整合前景带来的最重要变化是，现在可持续发展明显被认为是未来15年的主流发展方针，而不是国际社会的几种范式之一。考虑到《2030年议程》的普遍性及其在国际社会的高度政治可见度（可通过联合国每年自愿国别评估的数量体现），这可能会导致国家对整合观点拥有更高级别的所有权，而整合观点与可持续发展、主要参与者（如政府首脑和财政部）的参与程度三者融为一体。将可持续发展的重任赋予最强大的部委和机构也许是政府向公众承诺的最佳标志[18]。这可能会引发一系列机构变革以支持整合实践中增强的潜力，例如：采用整合预算框架，更加突出反映整合方法的国家战略和计划，更密切反映可持续发展优先级的资源分配，调整公共机构之间跨部门和纵向合作的激励措施，对外部监督和国家进展审查出台新的或强化的安排及其他方面。本报告第2章、第3章和第4章详细阐述了以上方面。

《2030年议程》的通过带来的另一关键变化是可持续发展目标本身，它们有两大特点：一是范围宽广，除少数活动外几乎涵盖人类活动的所有部门；二是相互关联且不可分割。如本章前文所讨论的，联合国成员国在设定可持续发展目标时充分意识到这些特点。虽然之前有几个独立的社区讨论单独的议程（包括发展、人权、和平与安全以及环境），但正是由于以上特点，这套目标和具体目标为所有主体——特别是国家但又不局限于国家——提供了一个共同的互动平台。这能显著增强跨部门和跨规模的整合前景以及参与度。可持续发展目标明确强调跨部门问题间的相互联系是对以往发展框架（千年发展目标）的明显突破，并且其本身可能激励整合方法[19]。作为一种副产品，可持续发展具体目标之间的映射联系自然可转化为利益相关方的联系，这能促进具体问题主管机构的磋商和参与。

与此同时，自1992年以来，支持整合决策的科学知识和证据基础取得了巨大进展。有趣的是，科学界的工作与直接参与决策的国家机构的工作相匹配。最近，为制定国家规划（哥伦比亚）[20]和筹划所有公共机构的可持续发展目标相关任务（斯里兰卡）[21]，各国政府开展工作以确定国家层面可持续发展目标之间的重要相互关系。最高审计机关（SAIs）也单独或通过其国际组织（INTOSAI）积极参与这一领域的活动，其中一些最高审计机关已经参与或出具了执行可持续发展目标的准备工作审计报告，以解决政策的一致性和整合问题[22]。这些努力似乎表明国家政策界更加意识到统筹处理目标之间相互联系的重要性。将可持续发展目标视作一个相互联系的系统同时也强调了整套目标与目标实现可能途径的兼容性，而不是实现其中的一部分目标[23]。这与地球峰会之后几年对上述方面的相对忽视形成鲜明对比。事实上，回顾20世纪90年代的国家可持续发展战略，斯旺森（Swanson）等人（2004）指出："在大多数情况下，可持续发展战略汇聚了关于经济、社会和环境的议题、目标和倡议。关于议题、目标和倡议如何正负面地相互影响，这个基本概念并不是战略内容的基础部分[24]。"

另一方面，整合方法的内在复杂性以及由其产生的决策困难仍然存在。这些困难与采用整合方法的主体的范围与数量扩大有关，往往会造成政策目标和实现手段饱受争议。因此，相关主体未能就议题本身框架达成共识，政策文献称为"邪恶问题"[25]。这一点在众多部门得到很好的文献证明，如交通运输业、林业、农业和渔业。政策执行文献强调，在这种情况下，对利益攸关问题持不同观点的主张者难以强加他们的愿景和偏好解决方式，因此没有理由期待强化整合的制度反应会自动出现[26]。

可持续发展目标的另一颠覆性特征是，它们凸显了机构，它既是许多目标的交叉议题，也是独立目标（目标16），而不是事后想法或目标"有利环境"的一部分。在可持续发展目标中纳入综合性的目标16，"创建和平、包容的社会以促进可持续发展，让所有人都能诉诸司法，在各级建立有效、负责和包容的机构"，它强调了联合国成员国意识到要实现所有发展目标，这一点极其重要。正如2016年和2017年在联合国可持续发展高级别政治论坛上的自愿展示所示，加强国家机构实施可持续发展目标被许多成员国视为优先事项。纳入目标16可能会使所有发展主体更加关注"如何实践"，并且发展界会回归到一个范例上，即机构不被视为实施战略和政策的中立渠道，但机构设置是可持续发展成果的主要推动因素和决定因素。它还可能使人们重新关注对发展成果有重要影响的其他方面，如问责制、透明度、腐败等。

因此，可持续发展目标16可以理解为对机构重要性的更高认识，并可能导致更多关注和资源投入该方面的各个层级。这一点尤其重要，为更好理解可持续发展目标之间的相互联系人们近期做了诸多努力，但都没有系统探讨统筹处理这些联系的制度。

自1992年以来，分析方法、工具和信息系统的开发也取得了进展，可以在实践中支持公共机构的整合。整合预算框架就是一个例子。例如，借鉴千年发展目标（MDGs）的经验，人们已尝试将发展目标与预算术语进行对照，以便所有主体能够将不同机构在各种预算项目下的支出与发展目标联系起来。在可持续发展目标通过后立即开始所谓的"可持续发展目标预算"工作，墨西哥政府是先行者（见第2章）。《2030年议程》进一步关注了数据的重要性，这也可能是促成整合的有利因素。

总体而言，《2030年议程》的通过为政策整合创造了积极的势头。但最终是否能促成政策整合方面的具体改进，这是一个经验主义问题，尚待回答。

1.4 报告的概念框架

1.4.1 政策整合定义

广义而言，政策整合涉及"决策时交叉问题的管理，它超越既有政策领域的边界，与单个部门的机构职责并不一一对应"[27]。

"整合"一词在文献中至少包含三种略有不同的含义，它们都与一致性有关。最常见的用法是指整合作为一个变量或维度，因为很多政策在某些特定问题内的整合程度（或一致程度）有高有低。就这一点来说，整合是一个变化过程，从不一致过渡到完全一致。推而广之，整合也可以指达到高度一致或最高一致的政策理想。或者，整合还可指使特定问题的政策更加连贯的过程[28]。

涉及政策整合的文献经常使用各种相关概念和术语，包括政策一致性、协调或联合政策等术语。它们之间的区别并不总是那么明晰，并且经常被模糊使用或当成同义词替换。本章不会对概念之争进行详尽的回顾[29]。斯特德（Stead）和梅耶斯（Meijers）（2009）曾提出，各种概念可作为不同整合程度的表征，并从最不严苛到最严苛将其划分为三个大类：

（1）协作（或合作），指的是为完成个人目标，其他自治组织之间发生联系[30]；

（2）协调（或联合政府），指的是努力确保政府不同部门的政策和计划具有一致性且不相互抵触，这与经常使用的政策一致性密切相关[31]；

（3）整合决策（或政策整合），指的是各种组织反应一致，共同制定跨越边界的政策。

由此产生的层次结构如图1.1所示。但值得

图1.1

政策整合的程度及相关概念

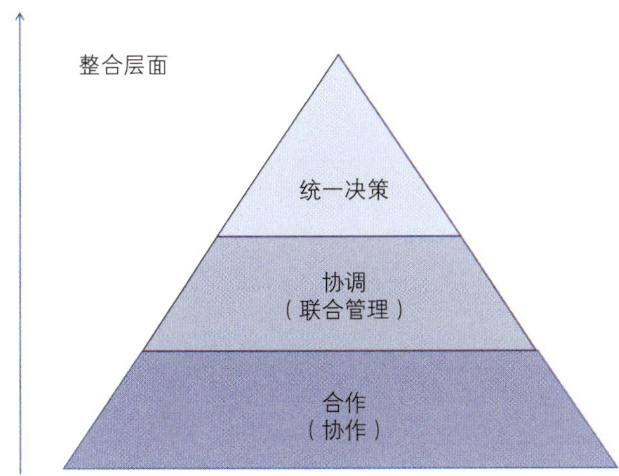

资料来源：Stead和Meijers（见尾注29）。

注意的是，这些定义并不普遍适用，不同专家将不同的含义归结于相同的术语[32]。

本报告中，“整合”一词被认为是广义的。整合决策是指政策过程：

（1）系统地明确了可持续发展目标特定问题之间联系的相关性和重要性，并在制定政策时考虑了这些联系；

（2）在各个执行层面上保持一致（特别是考虑到本报告重点关注国家层面，从地方到国家）；

（3）让利益相关方参与设计、实施、监督和评估；

（4）为所有相关层面的实施提供足够的资源。

除了以上标准，关于政策整合和政策一致性的讨论经常涉及其他方面，包括时间维度，尤其是短期政策和长期战略之间的一致性。这是关于科学—政策接合点讨论的一个重要方面[33]。以及国内外政策的一致性，这一点可在发展政策一致性中得到反映，它是在官方发展援助背景下建立的[34]。但以上两方面并不是本报告的重点关注对象。实际上，在研究部门层面的整合时，最高审计机关制定的方法侧重于重复、分散和差距（见第2章），在概念上这属于Meijers-Stead层次结构中的“协调”层面。

为了从制度角度分析整合工作，在文献中有以下三个维度标准：

（1）横向整合，即跨部门或机构的整合；

（2）纵向整合，即国家和地方层级的行动如何协调一致，从而保证产生结果具有一致性；

（3）所有利益相关方参与共同目标的实现。

总之，整合的这三大维度涵盖了文献中提

专栏1.3　整体政府和整体社会方法及其与本报告中使用范畴的关系

整体政府方法与整体社会方法的概念已逐渐得到推广。前者指的是为给一个特定问题或议题提供一个通用解决方案，各级政府的众多部、公共行政部门和公共机构联合开展的活动。倡议的方法与内容可以是正式的，也可是非正式的。后者指的是除了整个政府外，非国家主体联合开展的活动，但国家通常扮演着协调角色。

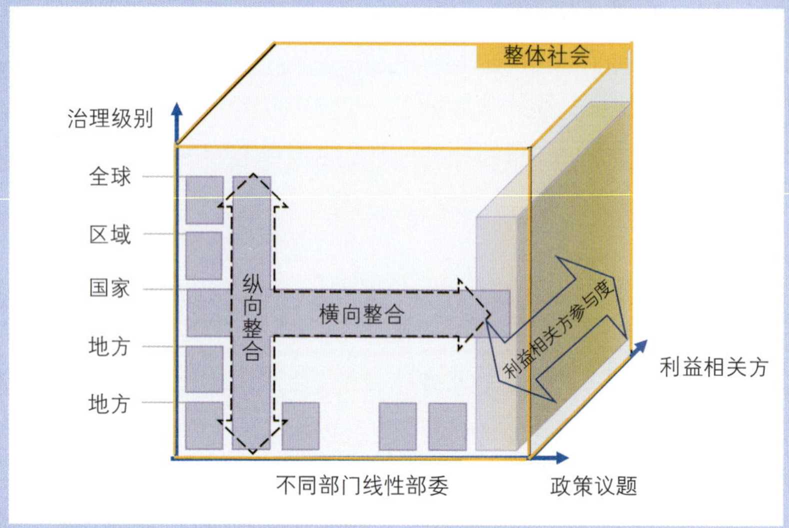

资料来源：作者提炼整理。

出的所有相关范畴，例如参与、伙伴关系和一致性，以及“全政府间”方法和“全社会间”方法两个常用概念（见专栏1.3）。

重要的是，如报告第5章、第6章和第7章所述，本文考虑的三个整合维度并不完全独立。例如，当可持续发展目标的实施职责与部门部委相关时，一个重要挑战便是确保部门内部的执行与其他相关部门纵向整合和协同。换句话说，在理想情况下横向整合与纵向整合应相辅相成，互相巩固（见专栏1.4）[35]。

1.4.2　评估政策整合

评估公共机构如何促进融合充满了概念性和实操性困难。第一个困难便是制度和政策设置的复杂性，它们要适用于任何范围广泛的议题，例如，一些可持续发展具体目标的层级。例如，消除一切形式的营养不良（具体目标2.2）需要在各个层面采取一系列行动，包括法律和监管部门的行动，具有不同任务和目的的多个机构行动以及可能更广泛的社会变化。换句话说，目标通常无法通过单一机构实现。在这种情况下，特定机构在促成整合决策时的绩效难以孤立于其他机构。相反，个别机构，特别是具有广泛授权的机构，可以在许多不同的政策领域以及整个社会范围内发挥作用。对于这些机构而言，评估其内部职能是否促进整合以及如何通过行动促进整合十分重要[36]。

从整体来看政策整合的尝试时，显然可以考虑不同的方面，包括：

专栏1.4 剖析横向整合与纵向整合的关系

横向整合和纵向整合之间的关系和可能的相互作用（协同或平衡）也许会很复杂。尤其是本报告的文献综述概述了以下相互作用：

改善纵向整合可能会导致国家层面的横向整合进一步加强：南非和印度尼西亚在减缓气候变化时采取的纵向整合行动表明，各级政府设立的协调制度机制（例如技术委员会）也可用于跨部门。

改善纵向整合可能会加强地方和地方一级的横向整合：一项关于乌干达的研究称，由于缺少国家支持，地方政府在跨部门执行地方一级营养问题时面临诸多困难，因为地方政府多数情况下还得依靠执行伙伴。

国家一级更好的横向整合可能会导致纵向整合的改善：就秘鲁而言，据说国家一级有限的横向整合和狭隘的部门政策观点曾破坏了纵向整合，因为国家部委比区域政府在区域一级的部门办事处上拥有更多权力。

资料来源：见尾注35。

（1）政府为促进整合决策和政策一致性所做的制度努力，例如为实现可持续发展目标建立新的机构或协调机制，或为此类机制分配资源。尽管这种措施合理，可以彰显政府的承诺水平，但它并不一定能转化成整合绩效，因为机构可能效率低下。

（2）与此相关的是，评估者可以衡量与协作和协调有关的活动（例如，协调会议的举行次数、联合政策文件数量、与利益相关方的磋商次数等）。这类指标存在相似问题，即上述活动可能不会导致整合方面出现具体变化。

（3）理想情况下，评估整合和政策一致性的绩效应取决于成果，例如：涵盖具体部门/领域的各种法律和监管工具的一致性程度，考虑和平衡所有相关利益攸关方的利益程度，向所有相关主体和各级政府提供的资源是否足以应对有关议题，以及在特定领域的公共支出效率。

这种区分反映了绩效评估中常用的投入—产出—成果分类法。一些作者对整合政策或战略的中期成果进行区分，即衡量其既定目标的实现程度；以及最终成果，这些成果涉及战略和政策对整个社会的广泛影响[37]。实际上，评估整合绩效可能需要在一定程度上考虑以上所有方面。

除此之外，文献还强调了一个事实，即政策或制度的绩效不能仅靠客观衡量。成功往往是通过叙述来建构的，而这些叙述可能会或可能不会充分利用现有数据。出于政治目的，“所谓的成功至少与可衡量的成就同等重要，但后者并不能成为前者的保证”[38]。但是对关注整合方法成功的发展从业者而言，最终要紧的还是方法的政治目的。

虽然反映了以上困难，但关于整合政策战略绩效的经验证据依旧有限。尽管如此，许多研究已经记录了与具体战略、政策和制度机制相关的整合挑战和推动因素。其中一些将在本报告后续章节加以反映。

1.4.3 报告的研究方法

本报告重点关注国家层面，包括地方和地方层面。报告回顾了各国公共部门为促进政策整合所做的制度安排。本文并未审视可持续发展的国际治理，也未探讨国际（和地区）和国家层面之间的联系，但一些特定情况除外。它并不表示这些维度不重要。事实上，这些维度已经受到学术界和从业者的高度关注，并对各国产生重要影响。

本报告选取的研究方法是通用的，适用于任何议题或部门。它包括识别正在审查的议题与其他可持续发展目标之间的重要相互关系，以及评估国家公共机构和公共行政如何处理这些关联。为了以一致的方式分析制度框架和行政管理实践，本报告及其所有章节均基于上述三个整合维度（横向整合、纵向整合和参与度）的分析网格。

本报告是有目的的实证研究。它并不旨在建立或测试政策整合理论。相反，它为国家层面的政策整合提供一系列机构和行政安排的相关实例，提炼了其中的关键特征。

本报告开展的研究清楚地表明，区分分析的两大层次十分重要，这一点在处理整合的公共行政文献中向来都有区分[39]。第一层次可以称为系统的或“整体议程”。它指的是为确保议程和整个可持续发展目标整合执行而制定的制度和公共行政安排。在《2030年议程》的后续落实和评估背景下，这类高级别安排是联合国各成员国官方报告的关注重点（见本报告2章、第3章和第4章）[40]。

分析的第二层次涉及特定部门、特定议题和特定领域的整合措施。该层次包括了那些本身就“具备”属于其自己的可持续发展目标，如健康目标和教育目标；还有一些层次低于大目标的子目标，如淡水管理等（这些子目标在可持续发展目标的第六大目标中的具体几个指标里有详尽阐述）；以及其他一些存在交叉问题的目标，比如移民问题和青年问题。在许多部门或领域之中，上述各个层次的整合措施已经在许多部门和领域中被实验，特别是那些需受时空限制的管辖并且在资源使用方面存在竞争性的领域和部门，如森林管理、水资源管理、沿海地区管理等部门，这些部门的整合方法和法规都是随着时间的考验而发展进步[41]，并且这种地方性立法甚至常常升级为国家法律或国际法律。

在可持续发展目标背景下，从这两大层次安排的执行所吸取的教训有助于启发与整合相关的争辩，特别是为公共机构和公共行政如何有效解决可持续发展目标之间的重要关联提供有用的见解。这是因为从整合角度来看，不同部门中影响制度安排绩效的一般性因素是相似的。表1.1提供了一些例子，阐述了报告中与整合三大维度相关的一般性因素。第2章、第3章和第4章对此进行了更详细的探讨。

表1.1 影响各层面整合情况的一般性因素示例

水平整合	纵向整合	参与度
• 高水平，全面的“伞型”策略（例：国家可持续发展策略） • 跨部门协调结构和机制 • 预算流程 • 具有整合的规划工具 • 各机构及其工作人员进行跨部门合作（委任、建立章程、制定规则及规章制度、内部会计事务等）的动机 • 公共采购规则	• 可持续发展目标“本地化”过程 • 针对实践中的放权及其相关安排的法律和监管框架 • 国家和地区层面的政治背景、地方政府与国家政府的问责情况 • 预算流程和地区政府可用资源 • 机构及其工作人员参与跨政府层面工作的动机 • 地方和国家政府能力 • 具有整合的规划工具	• 利益相关方在国家可持续发展战略设计中的参与度 • 对国家内部一般或某些特定部门中非官方参与者的吸引力 • 决策及执行过程中参与机制的机构化水平 • 参与机制作为政府政策工具的策略性使用 • 民主社会的组织化程度

（续表）

水平整合	纵向整合	参与度
• 政府机构内部的意识提升及能力发展，包括系统思考能力和规划能力 • 健全的科学—政策接合点，包括建模、数据库		• 私营部门的影响力（全社会层面和单一部门层面） • 民主社会的政策能力 • 参与公共服务的技能和资源

资料来源：作者基于本报告第2章、第3章和第4章提炼总结所得。

1.5 报告内容

本章介绍了该报告的方法框架及其提及的三个维度：横向整合、纵向整合及参与度。第2章至第4章将分别对以上三方面进行讨论。报告的第二部分从分析当下面临的挑战入手，选取了三个与《2030年议程》相关的问题：从国家层面考虑处理国际移民的整合方法；应对卫生问题的整合方法；以及冲突后维持和平、安全与发展的整合方法，从而展示该方法框架的实际应用。图1.2阐述了本报告的结构。

图1.2

《世界公共部门报告（2018）》结构

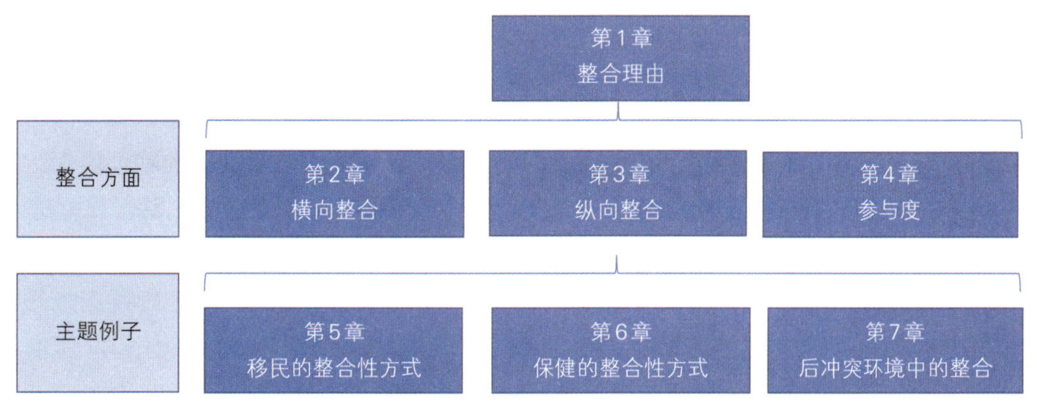

资料来源：作者提炼总结。

从地方到全球范围，可持续发展目标对各级机构的横向（或跨部门）整合都提出了高度要求。报告第2章侧重于国家层面的横向整合。该章重点介绍了各国从系统性或“整体议程”层面为实现可持续发展目标而采取的一些制度安排。这一层面受到高度关注，主要原因在于它是各国在联合国《2030年议程》自愿国别评估中所讨论的话题。接着，第2章审视了过往的事实例证，这些例证涉及被认为能够影响整合效果的一系列工具及因素。本报告着重考量长期战略和规划、预算流程、公共服务激励措施等方面，以用于整合、监督和评估框架。未来其他亦可用于此类述评的要素包括规划工具、公共采购规则和“科学与政策”的联结。最后，第2章还从部门或议题层面回顾了过去几十年促进整合决策的经历。

《2030年议程》认识到地方和地方政府在促进整合及包容性可持续发展方面扮演着关键角色。所有可持续发展目标都必须考虑地方层面，这对取得成就具有重要影响。为满足人们的需求，我们需要通过多层面的整合方法，有效地将区域、地方政府同国家的政策及战略联结起来。此外，包含在可持续发展目标中的许多具体目标都涉及地方成果的空间聚集，这本身也是地方性措施所带来的结果。确保实现国家级目标时会涉及集体行为，这要求各级政府从最细微的层面开展协调合作。因此，纵向整合是对横向整合的重要补充。第3章侧重于为确保实现纵向整合，在《2030年议程》执行、后续落实和评估方面所做的努力。该章考虑了政策周期从领导、规划、实施到监督和评估的不同阶段，并考察了不同的方法和工具，使各级政府能够加强其行动的整合度和一致性。本章将这些工具和机制分为三类：(1)为使不同级别政府决策时能拥有真正多层空间而产生的机制；(2)主要来自国家层面，用于支持地方级行动的机制(可称为“自上而下”的机制)；(3)以地方级行动为准则，但不一定与国家级机制完全协调的机制。这种分类法用于记录各国在追求纵向整合和一致性时所面临的挑战及应对经验。

所有利益相关方的积极参与和行动是实现可持续发展目标的先决条件。《2030年议程》明确承认了这一点，这使“伙伴关系”成为《2030年议程》的“5P”(5P指people、planet、prosperity、peace、partnership——译注)理念之一，并且它为提高包容度及参与度提供了诸多参考。可持续发展目标也更广泛地强调参与度、行动力、包容性等多个层面。换言之，如果没有参与度，可持续发展目标就无法实现。从最宽泛的层面来看，参与度是构建未来的整合愿景和战略的关键，作为对长期转型的支撑，这一成果将由社会所有成员共享。此外，可持续发展目标之间的联系要求我们制定和实施长期整合方法，因此也要求多方利益相关方的参与。参与度对制定战略和政策同样重要，这些战略和政策在部门层面和国家内部的地方级区域单位(如地区、大都市、城市)层面受益于广泛的社会共识，并且对处理社会目标的取舍关系也至关重要。第4章记录了各国为使人民、民主社会、私营部门及其他利益相关方参与到实现可持续发展目标中所做的努力，并特别关注这种参与机制对促进政策整合的潜力。该章根据各国的实例，考察了不同的参与机制和渠道如何促进整合、实现一致性。案例包括“整体议程”，国家、地方和区域层面的跨部门参与机制以及在可持续发展目标具体领域或可持续发展目标联系中的参与形式。该章重点介绍了联合国成员国在实施《2030年议程》时已经或正在使用的具体参与机制。

第5章研究了公共行政和公共机构如何通过整合方式来满足移民和难民的需求。国际移民从本质上来说是跨部门的。它处于发展和人道主义关切的交叉点，涉及政治、经济、社会、人权、文化和环境等多个方面。此外，因所研究的国际移民种类不同，这些问题的重要程度也不尽相同，例如难民与其他类型移民所面临的问题便有所差异。这种联系意味着我们需要国家层面的整合公共行政及制度方法。鉴于必须发挥作用的相关公共行政部门具有多样性以及对不同移民群体需采取差异化方法，这些问题十分复杂。第5章介绍了国际移民与可持续发展目标之间的一些重要联系，并从国家层面的公共行政和机构角度研究了这些联系的应对方法。此外，通过考察多个国家不同类型的公共服务和实例，该章还描述了通过公共行政使不同移民群体获得公共服务的途径。

在发达国家和发展中国家，卫生问题在政治议程上都具有高优先度、高可见度。从公共政策角度来看，卫生是所有可持续发展目标的推动因素和决定因素，也是其结果，因此卫生问题成为《2030年议程》一大重要交叉主题。卫生和其他部门之间的多重联系要求我们采取整合性政策和制度办法。这对公共行政提出了一系列要求，它们在管理各国的卫生保健系统、交付具体的卫生相关服务和塑造所谓的影响卫生成果的社会决定因素方面都发挥着重要作用。第6章旨在评估和证实公共机构和公共行政采取整合方法以实现卫生与福祉的必要性。它探讨了卫生、福祉与其他目标之间的相互联系和相互依存，强调了公共机构和公共行政应对此类联系的一系列方法，以及此类整合方法的有利因素和限制因素。

摆脱冲突后的国家在实现可持续发展目标时面临着复杂且多面的挑战。特别具有挑战性的是采取何种行动，以维持治理改革、经济结构调整以及重建冲突期间被摧毁的社会结构，与此同时还需确保在扶贫、和平红利、安全稳定以及环境可持续性方面取得可观成就。《2010年世界公共部门报告——后冲突公共行政重建》探讨了如何重建后冲突地区的公共行政，以促进饱受内战和破坏蹂躏的国家的和平与发展。第7章再次回归该议题，重点关注了自2010年以来的新发展，并探讨了可持续发展目标将如何加强人道主义、重建和发展等方面的联系，从而实现持久和平的目标，这也是近来饱受关注的主题[42]。第7章还探讨了针对冲突后重建的整体政府方法和实现可持续发展的阶段性方法，探索了地方政府所扮演的角色，并收集列举了一些正面的组织安排案例，这些安排确保利益相关方能参与到冲突后重建策略的设计及实施过程。

1.6 报告的准备工作

该报告衔接并综合了来自发展领域和公共行政领域的分析，其中部分分析来自学术文献，部分出自从业者的经验。例如，基于 60 多份联合国成员国2016 年和2017 年在高级别政治论坛上发表的自愿国别评估，本报告发现了新兴的制度安排及创新的整合策略。同样，本报告的附加值还在于它将公共行政领域的实践经验与政策整合和最近构建的《2030年议程》相联系，关注了公共组织和公共行政中的机遇与挑战。

该报告由归属于经济和社会事务部的公共机构和数字政府司（简称为DPADM/UNDESA）领导及协办。各章节领导人负责与联合国系统内外的有关专家进行接触，就报告中所涉及的话题，调动现有的专家网络。同时也向专家界以及普通大众公开征集意见，最终共有80多位专家对此报告有所贡献。

经过对发展、制度管理和公共行政文献以及与公共行政相关的国家政策发展（特别是利用了获联合国公共服务奖的DPADM大型数据库）进行深度分析，各章节的内容丰富翔实。为准备此报告，相关人员召开了两场专家团会议，分别讨论了第5章（移民问题）及第7章（冲突后的状况处理）的内容。专家会议为本报告提供了融合多方面的资料、信息及观点。最后，报告还广泛吸取了来自联合国及非联合国专家同行的评审意见。

尾注

1. 参见联合国可持续发展司编制的2016年和2017年《自愿国别评估可持续发展目标实施进展综合报告》，可在以下网址查阅：https://sustainabledevelopment.un.org/content/documents/127761701030E_2016_VNR_Synthesis_Report_ver3.pdf和https://sustainabledevelopment.un.org/content/documents/17109Synthesis_Report_VNRs_2017.pdf。

2. United Nations, 2015, Global Sustainable Development Report 2015, Department of Economic and Social Affairs, New York, July.

3. 以教育为例，根据所考虑的国家和具体位置，为了改善教育成果，公共资源的边际成本可以最有效地投入到额外的教室建设中；提高教学质量；或用于互补性投资，如女孩的卫生设施，连接学校与周边定居点的公路网或电力供应。关于教育与其他部门相互关联的一个例子，见Vladimirova, K., D. Le Blanc, Exploring Links Between Education and Sustainable Development Goals Through the Lens of UN Flagship Reports, Sustainable Development, 24, 4, 254–271。从整体层面关注可持续发展目标的例子，见International Council for Science (ICSU), 2017, A Guide to SDG Interactions: from Science to Implementation, D.J. Griggs, M. Nilsson, A. Stevance, D. McCollum (eds)，International Council for Sciences, Paris。

4. 例如，旨在减少废弃物的整合决策可能会得出解决办法，该办法可通过其他部门的政策避免废弃物产生，而不是处理已有的废弃物。这同样适用于运输等行业。生态系统服务支付的第一个现代例子便是由纽约市设计的，当时人们意识到，为了避免某些土地管理实践，相比建造额外的水处理设施为城市居民提供饮用水，向水库周围的土地所有者支付费用会更便宜。这意味着某个部门（如水部门）的资源可用于其他部门（如土地使用或农业）。参见Appleton, A.F., 2002, How New York City Used an Ecosystem Services Strategy Carried out Through an Urban-Rural Partnership to Preserve the Pristine Quality of Its Drinking Water and Save Billions of Dollars and What Lessons It Teaches about Using Ecosystem Services, paper presented at The Katoomba Conference, Tokyo, November 2002。

5. 参见本章下文的参考资料。

6. 这种相互联系已在单一部门（例如海洋、农业）和多部门（例如气候、土地、能源和水）背景下建立。典型实例是渔业部门和生物燃料部门。

7. United Nations, 2012, Back to Our Common Future: Sustainable Development in the 21st century, summary for policy-makers, Department of Economic and Social Affairs, New York, June.

8. 在他们的开创性评论文章中，Stead和Meijers将政策整合的促进因素和抑制因素分为五大类：政治因素；制度和组织因素；经济和金融因素；过程、管理和工具因素；行为、文化和个人因素。Stead, D.，E.Meijers，2009，Spatial Planning and Policy Integration：Concepts，Facilitators and Inhibitors，Planning Theory and practice，10,3,317–332。

9. 参见本报告第2章，第3章和第4章。

10. 参见本报告第2章，第3章和第4章。

11. United Nations, 2013, Lessons learned from the Commission on sustainable development: report of the Secretary-General, A/67/757. UNDESA, 2012, Sustainable Development in the 21st Century: Review of implementation of Agenda 21, New York.

12. 例如，欧洲通常被认为是可持续发展理念运作的领导者，经济增长的首要地位转化为竞争战略（里斯本战略和可持续发展战略），并且在实践中，增长和竞争战略受到更高的关注并享有优先权，参见Steurer R., G. Berger, M. Hametner (2010), The Vertical Integration of Lisbon and Sustainable Development Strategies Across the EU: How Different Governance Architectures Shape the European Coherence of Policy Documents. Natural Resources Forum 34(1): 71–84. 同样研究人员指出，事实上欧洲可持续发展战略在“欧洲2020战略”实施时已被采用。参见Nordbeck, R., R. Steurer, 2016, Multi-sectoral strategies as dead ends of policy integration: Lessons to be learned from sustainable development, Environment and Planning C: Government and Policy, 2016, 34, p. 748。

13. 参见Bazilian, M., Rogner, H., Howells, M., Hermann, S., Arent, D., Gielen, D., Steduto, P., Mueller, A., Komor, P., Tol, R.S.J., Yumkella, K.K., (2011). Considering the energy, water and food nexus: Toward an integrated modeling approach. Energy Policy, 39, 12, December。

14. 例如，在主流科学家撰写的关于可持续发展目标整合的著名文章中，与机构有关的建议仅限于以下两点：（1）整合可持续发展计划需加强分化的部门之间的联系，促进政策的一致性；(2）需建立可持续发展的最高层政府的政治领导，例如在一个专门的强有力的部门或行政部门进行。参见Stafford-Smith, M., Griggs, D., Gaffney, O. et al. Integration: the key to implementing the Sustainable Development Goals, Sustainability Science (2016). See also Natural Resources Forum, 2012,

Special issue on institutions for sustainable development, 36。

15. Meuleman, L. and Niestroy, I. (2015), Common But Differentiated Governance: A Metagovernance Approach to Make the SDGs work, Sustainability, 7(9), 63–69.

16. Rayner J, Howlett M, 2009, Implementing Integrated Land Management in Western Canada: Policy Reform and the Resilience of Clientelism, Journal of Natural Resources Policy Research, 1, 4, 321–334.

17. UNDESA, 2012, Sustainable Development in the 21st Century: Review of implementation of Agenda 21, New York.

18. United Nations, 2012c, Sustainable Development in the 21st century, summary for policy-makers, Department of Economic and Social Affairs, New York, June，可在以下网址查阅：http://sustainabledevelopment.un.org/content/documents/UN-DESA_BACK_COMMON_FUTURE_En.pdf.

19. Le Blanc, D (2015), Towards Integration at Last? The Sustainable Development Goals as a Network of Targets. Sust. Dev., 23, 176–187.

20. 2017年7月，ICSU在高级别政治论坛组织的一次会外活动中，由哥伦比亚国家统计局展示。

21. 2017年，由De Zoysa，U.于7月20日至21日在纽约举行的联合国-INTOSAI发展倡议最高审计机构领导和利益攸关方会议上呈现，“Auditing preparedness for the implementation of the Sustainable Development Goals”,联合国公共行政与开发管理司，可在以下网址查阅：https://publicadministration. un.org/en/news-and events/calendar/ModuleID/1146/ItemID/2947/ mctl/EventDetails。

22. 例如，巴西最高审计机关Tribunal de ContasdaUnião审计了适用于有机农业的政策背景（与可持续发展具体目标2.4相关）。参见UNDESA, 2017, Report of the IDI Leadership meeting, New York, 20–21 July 2017, Division for Public Administration and Development Management, New York。

23. Weitz, N., Carlsen, H., Nilsson, M., Skanberg, K., (2017). Towards systemic and contextual priority setting for implementing the 2030 Agenda, Sustainability Science, doi 10.1007/s11625–017–0470–0.

24. Swanson D, Pinter L, Bregha F, Volkery A, Jacob K, 2004, National Strategies for Sustainable Development: Challenges, Approaches and Innovations in Strategic and Coordinated Action (IISD and GTZ, Winnipeg).

25. Rittel, H., M. Webber, Dilemmas in a general theory of planning, Policy Sciences 4, Elsevier Science, 1969, 155–173.

26. Wellstead, A., J. Rayner, M. Howlett, 2014, Beyond the black box: Forest sector vulnerability assessments and adaptation to climate change in North America, Environmental Science & Policy, 35, 109–116.

27. Stead, D., E. Meijers, 2009, Spatial Planning and Policy Integration: Concepts, Facilitators and Inhibitors, Planning Theory and practice, 10, 3, 317–332.

28. 例如，参见Underdal, A. 1980. “Integrated marine policy: What? Why? How?”, Marine Policy, July, 159–69。对他来说，整合政策具有以下特点：全面性（在时间、空间、行动者和议题方面）、汇总（政策选择从整体角度评估）和一致性（政策渗透所有政策层面和政府机构）。

29. 关于各种相关概念的详尽讨论和比较，参见Stead, D., E.Meijers, 2009, Spatial Planning and Policy Integration：Concepts, Facilitators and Inhibitors, Planning Theory and practice, 10,3,317–332。可持续发展的三个维度可定义政策整合。与该概念有关一个定义可在如下链接中找到：https://www.un.org/ecosoc/sites/www.un.org.ecosoc/files/publication/desa-policy-brief-policy-integration.pdf。

30. 例如，这可以包括信息、数据和资源的交换。

31. OECD (2017), Policy Coherence for Sustainable Development 2017: Eradicating Poverty and Promoting Prosperity, OECD Publishing, Paris.

32. 例如，Free Dictionary Online（www.thefreed-ictionary.com）分别为“联合政府”（joined-up government）和“联合思维”（joined-up thinking）提出以下定义：“所有部门相互有效沟通，有目的地共同高效行动”和“关注或产生一个整合的，一致的结果或战略等”。虽然前者更接近于Meijers-Stead的“合作”，但后者似乎属于“整合决策”。

33. United Nations, 2015, The science-policy interface, Global Sustainable Development Report 2015, chapter 1, Department of Economic and Social Affairs, New York.

34. Organisation for Economic Cooperation and Development (OECD), 2008, Policy Coherence for Development — Lessons Learned. OECD Policy Brief series, Paris.

35. 资料来源：GIZ / ICLEI。“垂直整合的适合本国的缓解行动（简称为‘V-NAMAS’）。政策和实施建议。” Alcalde, G.,2017年。“《2030年议程》作为地方政策制定的框架”, Paper prepared for the 9th Congress

of ALACIP, Montevideo, July; SNV Netherlands Development Organisation, Centre for Development Innovation of Wageningen UR (CDI), royal Tropical Institute (KIT), and Swiss Agency for Development and Cooperation (SDC). 2017. "The power of multi- sectoral governance to address malnutrition: Insights from sustainable nutrition for all in Uganda and Zambia", SNV。

36. 关于前者的一个例子可能是：议会的各个委员会在处理交叉利益议题时是否合作。后者的一个例子可能是：最高审计机构的工作是否支持在特定问题上加强"全政府间"的整合。

37. Candel, J. J. L, 2017, Holy Grail or inflated expectation? The success and failure of integrated policy strategies, Policy Studies, doi: 10.1050/01442872.2017.1337090.

38. Candel, J. J. L, 2017, Holy Grail or inflated expectation? The success and failure of integrated policy strategies, Policy Studies, doi: 10.1050/01442872.2017.1337090, p16.

39. 参见例子：Rayner, Jeremy, and Michael Howlett, 2009. Conclusion: Governance Arrangements and Policy Capacity for Policy Integration. Policy and Society 28 (2): 165–172. doi:10.1016/j.polsoc.2009.05.005。

40. 在这一类别中，人们通常也会找到像NSDC这样的机构。

41. 其中包括：水资源整合管理（IWRM），最初于1992年编纂，并在可持续发展的连续国际成果文件中提及，包括可持续发展目标6.5；沿海地区整合管理（ICZM）；基于生态系统的海洋管理；以社区为基础的森林管理；其他。本质上，生态系统服务付费（PES）也是跨部门的行动，旨在将生态系统服务的保护与那些能对其产生影响的人的经济激励联系起来。

42. United Nations, 2010, Reconstructing Public Administration after Conflict, World Public Sector Report 2010, Department of Economic and Social Affairs, New York.

第2章

落实可持续发展目标背景下的横向整合

2.1 引言

本章从结构、过程和政策等方面，分析了落实可持续发展目标中的横向整合在国家层面的机遇。《2030年议程》是一个综合性议程，为解决可持续发展目标固有的交叉关联的属性（见本报告第1章），部门之间有效的横向整合至关重要。为落实错综复杂、相互关联的可持续发展目标，需要采取有效的方法和安排，确保政府将目标间的关联性纳入考量。落实可持续发展目标并非单个政府部门所能包办，需所有相关政府部门通力合作，明确当前的挑战，确定解决问题的方法，并以跨部门合作的方式开展行动。但众所周知，打破部门边界、实现横向整合并非易事。

机构安排对落实可持续发展目标中的有效整合影响甚大。越来越多的国家将可持续发展目标纳入其国家政策，并建立相应的机构框架。国家机构设置在促进整合上能够发挥重大作用。正如本章所述，在决定领导落实可持续发展目标的机构组织时，很多国家明确表示致力于采用统筹兼顾的方法。

整合并不限于正式结构和机构安排，更需各政府组成部门及决策过程的协同合作。在大量相关的工具和手段中，五个方面较为突出：国家战略和规划很重要，它设定总体方向和优先事项，通过描绘共同愿景，宣示在国家层面落实可持续发展目标的努力。预算过程能够在政府项目和行动计划层面支持实施国家战略，预算分配向跨部门优先事项倾斜能够促使项目与可持续发展目标保持一致。与落实可持续发展目标政府行动计划相关的公共服务扮演重要角色，需提供相关手段使其充分发挥作用，包括机构和部门间的有效整合。可持续发展目标的监测、评价和评估程序有助于确保政府以统筹兼顾的方式监测其进展。最后，作为监督机关的议会和最高审计机构对促进整合意义重大。

本章主要从系统性和全局性层面，概述各国为协调落实可持续发展目标中的跨部门和跨领域事项所设置的机构安排；分析调动政府内部工作以促进并支持整合的机遇，包括：（1）长期战略和规划，（2）预算过程，（3）公共服务参与，（4）监测、评价和评估，（5）议会和最高审计机构的作用，最后提出国家如何抓住横向整合机遇的相关建议。

2.2 在系统性层面落实可持续发展目标的国家机构安排

采纳《2030年议程》两年后，很多国家建立了落实可持续发展目标的机构协调机制。一些国家依托现有机制，一些国家创设了新的机制。图2.1选取了60个样本国家，描述不同类型的机制[1]。该图将机构协调机制分为两大类四小类：（1）设置（跨部门设置如部际委员会与特定部门或政府机关的内设机构）；（2）领导者（国家或政府首脑领导与部门领导）。相关研究文献认为以上两个变量对整合效果影响很大[2]。据此产生了四种类型的机构安排：类型1为国家或政府首脑领导下的跨部门协调机构；类型2为特定部门（如环境、规划等）领导下的跨部门协调机构；类型3为国家或政府首脑办公室的内设机构；类型4为特定部门的内设机构。此外，该图还区分了创设落实可持续发展目标的新机构或新机制与依托现有机制的国家。虽然研究结果在数据样板上的代表性不够，但它提供了观察各国落实可持续发展目标在机制建设方面的发展趋势。

从数据中可以看到一些明显趋势：首先，各国正着力推进落实可持续发展目标。样本中约半数国家（60个国家中，有27个国家）创设新的机构以领导落实可持续发展目标。这反映了政府层面采取行动落实可持续发展目标的坚定决心。很多国家认为必须创设新机构的情形也表明，至少在一些情形下，之前的机构安排存在缺陷，如

图2.1

协调与领导落实可持续发展目标的国家机构安排

	现有安排（全部国家：33）	新建安排（全部国家：27）
类型1 国家和政府首脑领导的部委内部的实体	不丹 爱沙尼亚 德国 委内瑞拉（4）	澳大利亚，奥地利，阿塞拜疆，孟加拉国，巴西，哥伦比亚，哥斯达黎加，萨尔瓦多，日本，利比里亚，马达加斯加，马来西亚，马尔代夫，墨西哥，尼泊尔，巴基斯坦，菲律宾（17）
类型2 部委领导的部委内部实体	比利时，丹麦，葡萄牙，土耳其（4）	博茨瓦纳，智利，中国，埃及，加纳，萨摩亚，斯洛文尼亚（7）
类型3 国家或政府办事处首脑	匈牙利，摩尔多瓦，斯洛伐克，特立尼达和多巴哥，瓦努阿图（5）	牙买加（1）
类型4 特定部委	伯利兹，柬埔寨，塞浦路斯，多米尼加，埃塞俄比亚，法国，毛里求斯，荷兰，挪威，巴布亚新几内亚，卡塔尔，韩国，圣卢西亚，塞拉利昂，新加坡，瑞典，塔吉克斯坦，英国，乌干达，越南（20）	贝宁，斯里兰卡（2）

资料来源：作者摘编整理。

信息不易获取等。部分国家并未创设新机构的情形可能反映出不同的政治动态。可能在一些国家，可持续发展目标在政治议程上的重要性还不足以设立新机构，也可能有些国家认为现有机构框架对于落实可持续发展运转良好，无须为适应《2030年议程》而进行结构调整。

其次，绝大多数创设新机制安排的国家选择跨部门委员会或类似结构（在样本中的27个国家中，有24个国家），而非特定部门或政府首脑内设办公室。这与选择延续现有机制安排的国家形成鲜明对比——大多数现有机制安排为类型3或类型4，即特定部门、国家或政府首脑的内设办公室。

再次，大多数创设新机制安排的国家选择由国家或政府首脑领导该机制，这也与选择使用现有机制的国家形成鲜明对比，现有机制安排通常由特定部门承担领导职责。

总体而言，样本数据表明，类型1（国家或政府首脑领导下的跨部门协调机构）是设立新机构国家的优先选项，类型4是沿用现有机构国家的主流做法，但在设立新机构国家中寥寥可数——样本中，斯里兰卡和贝宁属于该类型，斯里兰卡将由新设立的可持续发展及野生动植物保护部负责落实可持续发展目标的整体战略[3]。

由于缺乏专门调查，我们只能间接推测各国选择特定机构安排的原因。除加强政策整合的迫切性外，其他因素如效率和透明度也很重要，此外还有政治经济因素（包括资源和权力的部门竞争）以及从《2030年议程》中的受益度。博茨瓦纳关注在没有投入额外政府性费用的情况下如何支持新的机构层级，一些国家（如格鲁吉亚）担心增设政府机构将使业已复杂的转型进程进一步复杂化[4]。

跨部门委员会的盛行反映出，与之前的发展框架相比，《2030年议程》中可持续发展目标之间的联系性和相关性可能更为凸显，而且解决这些交叉相关的目标在政治议程中的重要性更加突出。例如，为跟进落实可持续发展目标而新设的哥伦比亚委员会，其初衷即协调不同机构和跨部门工作。澳大利亚设立了部际委员会以落实可持续发展目标，该委员会由外交事务及贸易部与首相及内阁部共同牵头，负责将《2030年议程》纳入政府部门规划和报告[5]。

与此类似，由政府或国家元首领导可持续发展协调机制可能表明了可持续发展目标在国家政治议程中的重要性，反映出自2015年以来可持续发展在全球层面成为主流（见本报告第1章）。例如，爱沙尼亚强调将可持续发展目标的协调一致作为政府整体工作的重心，而非局限于特定部门。芬兰认为由首相办公室等最高政治层级作为领导可持续发展目标的“核心”机关，比特定部门领导更具优势。

显然，各国选择领导可持续发展目标的机构安排本身并不能表明其在实际整合中的有效性。考虑到采纳《2030年议程》的时间较短，按照各国的现有作为来评价其落实可持续发展目标的成效为时尚早，但此前的相关事例可提供这方面的线索。

国家或政府首脑领导能为有效落实可持续发展目标提供大量资源。例如，不同于政府部门或机构，国家或政府首脑具有号召力，能就政策调整施加压力并提供资源。相应地，虽然单一部门可能欠缺推动跨领域政策的经验（财政部门或规划部门除外），但最高层级办公室通常具有部际协调专长以及政治敏感性[6]。事实上，大多数经合组织成员国的国家或政府首脑经常领导跨部门倡议。在一项调查中，很多经合组织成员国认为“有助于更好地协调部门间的政策”，是由国家或政府首脑领导落实可持续发展目标的最积极因素，同时大多数经合组织成员国认为部际之间协调困难是落实可持续发展目标的最大挑战。可见，由国家或政府首脑扮演清晰角色并发挥协调作用有助于落实可持续发展目标[7]。

从一些国家的情形来看，设立跨部门的机构并不能确保成功整合。例如，有项研究表明，尽管肯尼亚设立了跨部门委员会，但由于预算结构和分配方式等因素，共同参与的整体规划并不常见[8]。跨部门的机构部署的作用仅局限于信息共享或协调制定政策。跨部门机构还可能导致无效、透明性不足以及责任感减弱。在某些情形下，打破“谷仓”可能导致专业性缺乏，而精深的专业性对理解可持续发展目标之间的关联性必不可缺（“筒仓效应”是指各个组织或部门间各自为政，缺乏横向的协同机制——译注）[9]。

事实上，特定部门领导模式（类型2和类型4）具有专业特长、责任清晰和资源分配等优势。“筒仓”可能起到积极作用。对现代政府组织而言，劳动分工和专业化是很重要也很有效的方面，跨部门整合很可能导致责任不清晰。过去很多国家尝试通过合并部门来打破“筒仓”，而很多情况下效果适得其反[10]。关键的挑战是找到一个平衡点，特别是既能保持部门行动的纵向负责制，又能支持横向整合行动。

类型1表明了对可持续发展目标的高水平承

诺。这种模式在支持整合上潜力很大。最高层领导通常被认为有助于国家政策的成功实施。国家或政府首脑的权威鼓励横向整合的跨部门政策及其他措施，并设定行动方向。跨部门协调机构能够解决开展跨部门协同中碰到的实际问题，并监测新政策和行动计划的综合效应。类型1过去运转顺畅。例如，在德国，由最高层级的可持续发展国务委员会（成员来自各联邦部委，领导人为联邦总理）推动落实可持续发展目标。这一安排可以将可持续发展目标之间正面和负面关联性都纳入考量，落实那些不在机构或部门日程表中的可持续发展目标。另一个典型代表是不丹。不丹的国民幸福委员会是一个跨部门协调机构，负责促进政府部门之间的协调和伙伴关系。国民幸福委员会还是不丹的规划委员会，负责确保将国民幸福作为政府规划、决策和实施的主线。国民幸福委员会负责协调国家五年规划编制进程，由各部国务大臣组成，由规划官员作为各部门与国民幸福委员会的联系渠道[11]。

类型2的关键问题是特定部门是否有足够的政治权威和号召力来领导部际委员会等跨部门实体机构。不同部门可能具有不同层次的政治权威。在中国、丹麦、埃及和萨摩亚，外交部领导该类机构；在巴西和利比里亚，财政部领导该类机构；在比利时，可持续发展部领导一个跨部门委员会；在马尔代夫，环境能源部领导一个跨部门实体；在乌克兰，地区发展部领导一个跨部门工作小组。

在类型3中，国家或政府首脑的权威可能有助于跨部门整合。一些研究建议，为确保可持续发展目标在所有政府工作中的优先地位并以整体政府的方式加以实施，落实可持续发展目标应当由总统办公室或总理办公室领导[12]。过去的经验表明，从整合角度看，借助国家或政府首脑的权威，实施跨部门、多领域的政策协调职能效果不错[13]。

那些采用第4种类型的机构安排的国家已经把落实可持续发展目标的领导权赋予了不同的部门。在一些发展中国家（如柬埔寨、哥斯达黎加、印度、越南、多米尼加），规划部门负责落实可持续发展目标。在挪威、塞拉利昂和乌干达等国，财政部负责落实，这无疑有助于向可持续发展目标分配足够资源。在毛里求斯和韩国，环境部是主导部门。在特定国情下，赋予外交部或环境部牵头落实的职责或许是有益的，但在其他国家，它们可能对其他部门的政策缺乏足够影响力。这样的做法可能导致可持续发展目标的议程被误解成是某一部门的专门任务，而把其他部门的参与拒之门外（比如某个跟环境或外部性相关的议程）。关于落实可持续发展的很多早期研究认为这显然是个缺陷[14]。一些责任部门具有落实可持续发展目标所有三大维度的权威能力和必备条件。瑞典就属于这一类型，该国大力推动全面的可持续发展议程，并将继续依靠现有安排，由公共行政部门领导落实可持续发展目标[15]。

就样本国家而言，没有哪种机构创新方法本身就更适于促进整合。不管一国选择哪种类型，促进整合仍是重要目标。不断提高机构的整合能力对未来发展至关重要，如斯里兰卡对所有与可持续发展目标相关的机构职责进行系统性筹划[16]。

2.3 可持续发展战略和规划

1992年，《21世纪议程》的“在决策中协调环境和发展”章节中，引入了国家可持续发展战略的概念。该章聚焦的四大领域之一就是在政策、规划和管理层面协调环境和发展。为实现这一目标，很多国家提出并准备实施国家可持续发展战略。《21世纪议程》希望所有国家到2020年之前制定单独的国家可持续发展战略。但是，在这一阶段，只有85个国家实现这一目标，而且这一倡议的性质和效果在各国之间差异非常大[17]。到2010年，实施可持续发展战略的国家增至

106个[18]。

国家可持续发展战略和规划提供了长期愿景，是整合方法的共同参考。这一共同参考使得政府的广泛政策目标跨越部际藩篱得到共同理解。它使政府的各分支机构认识到，不同的政策措施如何共同促进可持续发展目标。没有它，政府内部的行为主体可能基于不相容的假设条件，让整合更加困难。

《21世纪议程》强调，国家可持续发展战略不应该是刚性的、标准化的，而是根据国家需要、优先事项和资源逐步形成、不断修正的。久而久之，一个强烈的共识形成了，即成功的国家可持续发展战略应当为“一系列协调机制和过程，共同产生一个综合性的和参与性的系统，逐步形成可持续发展的愿景和目标，并协同实施和评价”。但是到2010年，按照上述标准，大多数国家仍处于实施该战略的初级阶段[19]。

对于可持续发展战略作为整合工具的有效性的评价褒贬不一。如第1章所述，在发达国家，它的政治影响力微乎其微，实践中并未发挥“保护伞”战略或部门战略基石的作用。在很多全球最不发达国家，国家可持续发展战略只扮演外围的角色，相反它们主要致力于减贫战略文件、资源保护规划、环境行动计划、里约公约的相关战略（生物多样性、气候、沙漠化）以及千年发展目标的相关倡议。这些都与获得财政资源直接相关[20]。尽管做出努力将减贫战略文件的重心转向切实融入可持续性相关的政策措施，但考虑到《21世纪议程》所倡导的国家可持续发展战略的广泛性和全面性，减贫战略白皮书仍无法成为其有效替代品[21]。一些学者对可持续发展战略及其他整合战略的近期评价比过去更为悲观，他们认为不应该期待国家可持续发展战略能够取代部门战略，相反，他们更加侧重国家发展战略作为沟通和能力建设的工具属性，以便政府可以更具建设性地从事部门决策[22]。

很多国家明确表示，其发展战略应与可持续发展目标相一致或将可持续发展目标纳入其国家发展规划[23]。很多国家也已经付诸行动，包括阿富汗、阿根廷、阿塞拜疆、孟加拉国、伯利兹、巴西、博茨瓦纳、中国、哥伦比亚、智利、哥斯达黎加、塞浦路斯、萨尔瓦多、埃塞俄比亚、格鲁吉亚、洪都拉斯、印度、印度尼西亚、约旦、马达加斯加、马来西亚、墨西哥、尼泊尔、尼日利亚、韩国、萨摩亚、塞拉利昂、汤加、泰国、秘鲁、菲律宾、乌干达、委内瑞拉、赞比亚和津巴布韦[24]。

例如，伯利兹将国家可持续发展战略纳入中期发展战略（即增长和可持续发展战略），增长和可持续发展战略虽然主要围绕2030年展望中明确的发展愿景，但力求与可持续发展目标保持一致。马来西亚将落实可持续发展目标与“十一五规划（2010—2020）”相关联，作为国家发展行动的指导性政策。乌干达在准备第二个国家发展规划（2015/16—2019/20）期间，采纳《2030年议程》，当时就将《2030年议程》纳入国家发展规划。赞比亚在制定第七个国家发展规划（2017—2020）期间，采纳《2030年议程》，该规划充分考虑了可持续发展目标。

很多国家，如白俄罗斯、捷克、丹麦、爱沙尼亚、芬兰、法国、德国、意大利、卢森堡、蒙特内格罗、荷兰、葡萄牙、瑞士等也将可持续发展目标纳入其国家战略[25]。

还有一些国家专门制定了新的战略来落实可持续发展目标，同时确保其国家发展规划与可持续发展目标相一致。这包括博茨瓦纳、中国、萨尔瓦多、巴拿马和菲律宾[26]。例如，中国在2016年3月通过的经济社会发展十三五规划（2016—2020）中，将消除贫困和可持续发展作为优先事项，可持续发展目标在该规划中得到体现。中国还公布了落实2030可持续发展战略议程国家行动计划，将每项可持续发展目标细化为“行动计划”，该项计划为可持续发展目标量身定制[27]。

2.3.1 与其他战略相融合

国家可持续发展战略的过往经验表明，将其与其他战略相融合绝非易事。可持续发展目标实施战略可能面临同样的难题。事实上，很多国家已经经历了这一挑战。例如，2004年的一项研究对19个国家的可持续发展战略进行评估，认为德国虽将现有的部门战略组合成国家可持续发展战略，但只是以大纲的形式，这意味着错失了将可持续发展目标融入更广泛的行动框架的机遇，也就无法发挥促进政策融合的积极作用[28]。

但也有在制定可持续发展目标战略时保持战略之间一致性和融合性的正面例证，如塞拉利昂成功地将减贫战略文件纳入以可持续发展目标为导向的国家战略（见专栏2.1）。

专栏2.1 塞拉利昂的协同发展战略

塞拉利昂的机构安排为类型4，可持续发展目标在第三代减贫战略文件——“繁荣议程2013—2018年”的框架下实施，由财政和经济发展部领导。该议程的八大支柱与可持续发展目标保持清晰、明确的一致性。如第一个支柱“多元经济增长”与可持续发展目标的第7、8、9项直接相关，而“管理自然资源”与可持续发展目标的第12、13、14、15项相关。

塞拉利昂还将可持续发展目标纳入国家预算战略。实践中，预算支出项目反映与国家目标相关的行动计划，可持续发展目标是塞拉利昂2016财年国家预算的主要政策推力。而且预算书明确界定了在分配到资源的不同政府办公室中，负责落实可持续发展目标上的责任部门及其报告责任范围。

资料来源：见尾注29。

2.3.2 将战略转化为政府行动

国家战略的目的是提供指导政策、规划和预算过程的愿景和框架。例如，塞拉利昂的案例表明战略框架如何转化为与可持续发展目标相一致的预算框架（见专栏2.1）。这种一致性必不可少（见下述2.4节）。在秘鲁，可持续发展规划通过多维度方法与社会、环境和经济等发展维度相关联，但多维度方法并没有普遍适用于中期规划和预算及部门政策的制定和实施。规划、决策和预算分配过程的弱相关性——由于规划部门能力欠缺或决策过程中信息共享不充分——导致错失很多发展机遇，如生活水平提升和收入增长等[30]。

2.3.3 对权威和影响力的需要

国家发展战略应当明确分配其实施的责任部门和任务，可持续发展目标的协调部门应被授予明确的权力、权威和资源。

如果对其他部门没有充分的资源和权威，负责协调的机构可能无法胜任。例如，一项研究表明，在英国（该国由特定部门领导落实可持续发展目标，见图2.1），领导落实可持续发展目标的环境、食品和农村事务部没有权力要求其他部门采取必要行动，其领导的有效性大打折扣[31]。在加勒比海国家，可持续发展事务通常由环境部门负责，而这些部门缺乏资源调配能力，也没有权威去处理涉及其他部门权限范围的事务[32]。

同样情形也发生在其他由环境部门负责可持续发展战略或规划的国家。在很多国家，可持续发展首先与环境部门相关，导致国家可持续发展战略文件、过程和相关指标过分侧重环境领域，与现行规划或预算过程相脱节，没有成为政府整体的关注事项，也没有融入规划和预算——规划和预算传统上属于规划和财政部门的权限范围[33]。

可持续发展目标实施战略能够也应当借鉴过去的经验，如设立权威性协调机构的重要性、明确的跨部门规划授权、协调不同主要发展战略的专长。从英国的经验可见，充分的法律权威、影响力、资源和有效的领导力，对全面落实可持续发展战略不可或缺[34]。

2.4 预算过程

即便可持续发展目标被有效转化为战略和规划，如果没有相配套的预算，这些规划也很难成功实施。尽管可能是老生常谈，但国家可持续发展战略及其他发展战略的过去经验表明，国家可持续发展战略设置的总体愿景和特定目标通常对国家预算支出或税收过程影响甚微[35]。

缺乏相应资源将使战略苍白无力，导致不同政府部门缺乏致力于愿景和战略的动力，产生恶性循环。例如，为解决跨部门挑战，拉脱维亚提出作为最高层级战略之一的政策文件（国家发展规划2007—2013）——这意味着其他政策文件应当遵循其相关规定，但由于其与国家预算或资源配置没有直接关联，该文件在加强部门间政策协调的重要性不断削弱[36]。

2.4.1 财政部的参与

财政部的积极参与是成功实施可持续发展目标的最有效的基石。考虑到预算过程与可持续发展目标相一致的重要性，财政部参与《2030年议程》至关重要。财政部的角色既能在最高层面设置财政优先事项，又通过预算过程调整确保跨部门目标不被忽视。这使得财政部门的深度参与比过去时期更为重要。这需要积极的行动，吸取落实千年发展目标的教训，当时财政部很大程度上延续其预算规划和实施过程，只在个别情况下考虑千年发展目标[37]。

墨西哥积极使用预算作为促使跨部门计划与可持续发展目标保持一致的手段（见专栏2.2）。在孟加拉国，政府每年投入10亿美元用于气候变化适应行动，相当于年度预算的67%，已促使政府工作方式发生改变——由于财政部门认识到政府在气候变化方面的支出具有国家层面的经济重要性，部门之间的合作水平不断提高[38]。

专栏2.2 通过预算协同部门间的可持续发展目标（墨西哥）

墨西哥于2016年开始将可持续发展目标融入国家战略和规划，负责制定国家规划的财政和公共债务部设计了一套有效方法，确保预算对实现可持续发展目标发挥作用。

为使预算与可持续发展目标保持一致，该部设计了一个整合规划、公共债务管理、决策和监督的框架，然后与联合国开发署共同确定有助于落实可持续发展目的预算细项。

第一步是预算过程，各部门使用绩效评价系统和国家规划将其项目与可持续发展目标相匹配，预算编码的使用能够跟踪预算项目对每项可持续发展目标的贡献度。第二步是量化，确定项目对可持续发展目标直接或间接的贡献度，评估政府对每项目标的总体投资。102项可持续发展目标被进一步分解为不同主题，可让政府更准确地衡量特定政府行动解决的特定目标事项。在未来预算中，预算过程、相关指标及编码从一开始就有强制约束力，这无疑将促使所有政府项目与可持续发展目标保持一致。

资料来源：墨西哥的可持续发展预算，7月，墨西哥财政部，来自https://www.internationalbudget.org/2017/07/mexicos-budgeting-sustainable-development/, 2017-8-2。

2.4.2 支持整合的预算

预算过程能用来发掘跨部门间的合作机遇，这成为支持整合的有力工具。挪威就是这方面的典型例子，该国正在改革常规预算过程，使得预算更注重综合协调职能，促进可持续发展目标实施。财政部负责总体过程，每一协调部门具体负责17项目标中的某项目标，它们需与其他相关职能部门协商，财政部在提交给国会的国家预算白皮书中列出要点[39]。

有些国家已针对特定可持续发展目标建立了强劲的综合性规划——预算系统。在洪都拉斯，教育部通过《基础教育法案》及相关规定设定了可持续发展目标在各层级的相应职责，并明确了对教育领域产生影响的其他行为主体的职责，再以跨部门、综合协调的方式进行规划和预算，包括交叉融资的详细规定[40]。

预算过程中有助于整合可持续发展目标实施的一个要素是通过具体分析，明确跨部门支出项目并挖掘“跨部门预算”的机遇。传统预算按照部门确定，分配至部门内某个项目。但如果部门间的预算项目要素存在明确的相关性，分配预算时就能考虑其综合效应，而非支持单个项目。对不同项目要素的预算支持取决于其对综合目标的贡献度，这能激励项目管理人意识到该项目与政府其他工作的相关性，并产生协同效应。性别主流化提供了这方面的例证。

政府能够采取的第一步工作是确认现有预算的相关性。例如，墨西哥能够追踪特定年度所有部门在性别问题上的全部支出[41]。为使预算追踪更易实行，各国可对跨部门事项的预算实施系统性标签——可持续发展目标显然是首选。使用代码或标签对政府项目、行动及其他预算项目进行编码，通过可量化的方式确定其与可持续发展目标的相关性，使得对各项可持续发展目标的全部支持和横向分配情况更加清晰透明[42]。哥伦比亚是这方面的典型，通过标签对特定跨部门或跨界别事项的预算进行编码，在整个预算计划中可追踪[43]。

将预算与可持续发展目标相关联并非易事。例如，对于某项计划行动或规划是否作用于、在多大程度作用于特定目标很难达成一致认识。但这种讨论是有益的，它让项目管理者意识到其项目与可持续发展目标及其他类似项目的相关性。从这个角度看，如果一国决定保留部分预算用于特定跨部门事项，预算标签对于解决该部分预算分配方式很有帮助。如果明确规定预算分配标准为项目对可持续发展目标的贡献度，项目管理者就有很大内生动力通过协同方式使其行动与可持续发展目标保持一致。随着不同政府部门逐渐习惯这种预算方式，特定部门和监督或协调机构都能更好地理解部门事务的相关性。

当前公共部门和私人部门都鼓励创新，种子基金有助于减少政府战略中跨部门协调的障碍。它提供了临时的“保护伞”，通过财政激励补偿协调的额外费用，以及汇报不同经费来源时所遇到的挫折。前提条件是如果跨部门项目落实到位并且成效显著，融资能自行解决。对于一项跨部门的可持续发展目标，不同部门的资金拨付到位有助于该项目的牵头部门激励其他部门主动承担其相应职责任务[44]。

总体而言，借助预算实现整合的益处尚未引起普遍重视并广泛采用[45]。在很多情形下预算表现为部门性或功能性规划，而非跨部门和机构的规划。例如，在孟加拉国，根据教育部门规划，共有11个部门负责认证技术和职业的教育和培训规划，但预算分配方式并未考虑到所有项目，无法促进整体提升[46]。

2.5 确保公共服务部门的参与

推动可持续发展目标落实最终要依赖人，特别是公务人员，他们必须理解新的综合性框架和优先事项，掌握新的技能，接受新的工作方式。

对公务人员而言，日常工作的整合要求他们跨越部门藩篱分享政策目标，通过提高政府运行效率和加强政府互动的方式，进行政府部门间的信息和服务共享[47]。然而，似乎很少国家系统性地动员公务人员致力于可持续发展目标。

2.5.1 认识和执行协同互动的能力

公务人员可能尚未完全意识到可持续发展目标、目标之间复杂的关联性，以及实施这些目标的国家战略，更谈不上致力于实现它。为此可从培训和认知项目着手。跨越部门藩篱以便更好整合的工作，也要求行为、文化、技能和工作习惯的变革。提高公务员跨部门协同工作能力的一项方法是鼓励公共行政的网络化和引入轮岗制。事实上，很多国家采用轮岗和调动让个人获得许多工作经验。例如，韩国坚持人员交流体系——公务员通过1：1的交换计划于特定时期内在不同部门锻炼。该计划通过人员交换提高不同机构之间的相互理解，通过建立合作系统消除部门分割[48]。

为让公务员掌握必备技术和能力以有效开展跨部门工作，一些国家实施了一系列的专业发展倡议。加拿大政府在其管理议程下，建立了加拿大公共服务学校，为联邦公务员提供横向管理的培训课程。该课程探讨横向管理对管理者提出的要求，如何应对与其他组织建立伙伴关系带来的挑战以及如何从共同目标中获益[49]。澳大利亚为从事综合性项目的公务员提供实践指引，包括在决定何时加入、如何选择最好的组织结构、问责制和预算框架、如何创建合适的组织文化等方面的建议[50]。

2.5.2 对机构和人力资源管理的激励

即便对新的环境有所理解，工作人员可能需要具体的激励措施引至正确方向。一些行政辖区实行将报酬（绩效收入）或职业发展机会（提升、绩效评价）与跨部门工作相挂钩的激励措施[51]。绩效评价和职业平台是强大的激励因素。芬兰惯于奖励知识分享：为促进整合，对高级官员的评价基于知识分享、建立伙伴关系和工作网络的能力。这是芬兰创新行动计划的一部分——“政府规划系统”。行政部门的优先事项被精简为为数不多的战略及跨领域政策的成果。每个政策项目被分配给一个牵头协调部门和一系列其他关键部门。协调部门和项目主管组织政策项目的实施并决定如何在不同部门间分配任务[52]。

2.5.3 责任制和整合方法

部门责任通常根据机构设置来划分。如果一国着手加强共同工作及合作，责任边界可能需要修改及修订，例如引入横向（也叫作“联保”或“共担”）问责制。但共担问责制可能产生很多问题，如缺乏职责边界的划分、转移责任的风险，以及实施激励或施加处罚的困难等。在公共部门，这些问题可能破坏跨部门协同，导致公务人员不愿意全副身心投入共同工作安排[53]。

为解决上述问题，爱尔兰青少年事务部的内设办公室将部门问责制融入跨领域思考和行动。设立该办公室的目的是确保儿童事务相关政策之间的协调性。儿童健康部、司法部、教育部等负责儿童事务的部门仍需承担相应责任，但通过将负责某项共同事项和目标人群的公务人员集中在一起，爱尔兰政府探索推动政策事项的综合方法[54]。

与此相关的问题是跨部门行动的领导或协调部门缺乏权威。当跨部门协同的动力没有很好地界定时，尽管整体政府项目鼓励整合，但低层雇员和管理者可能不愿意参与该项目。法令和规章能够加强协同工作。在爱尔兰，跨部门实现的重要性在公共服务管理法案（1997）的相关章节（12）中得到强化，该法案使得各部门可就跨部门事项与其他部门协同工作，并就该事项向公务人员分配任务[55]。

2.6 监测、评价与评估

监测、评价与评估机制对整合必不可少，应当是可持续发展目标实施战略的必备要素。监测和评价体系能够跟踪和评价跨部门政策成效和总体影响，是任何整合行动的重要组成部分。依据监测和评价流程搜集的事实，评估机制适用于评价总体进展及表现，确定问题并采取正确的行动。评估应当将评价结果与国家后续行动挂钩，包括优先事项、资源分配和政策对话[56]。

2.6.1 监测和评价可持续发展目标的挑战

监测和评价显然带来很多好处和作用，但实施监测和评价体系面临错综复杂的挑战。首先需要高质量的数据和指标。这对很多国家都是挑战。当前各国主要采取措施以提高数据质量、解决数据搜集的盲区并设计相应指标。例如，阿富汗、阿塞拜疆、伯利兹、捷克、塞浦路斯、尼日利亚和葡萄牙等国，重点围绕可持续发展目标的169个目标和230项指标，着力加强数据采集和改进数据质量。白俄罗斯、比利时、博茨瓦纳、哥斯达黎加、印度、意大利、约旦、马来西亚、荷兰和瑞典主要关注可持续发展目标的指标项[57]。

一项共性挑战是，尽管评价相关性目标的进展非常重要，但监测和评价倾向于针对特定政策干预（如某一特定领域的某项政策或项目）[58, 59]。

尽管大多数国家设立统计办公室，以监测经济、社会和环境等方方面面信息，但如果没有大量指标或使用综合指标，可持续发展目标的相关性并不容易被跟踪[60]。尽管大数据等科技赋能的新数据形式有可能补充传统监测和评价方法，但目前尚未建立用于复杂项目评价的通用方法，难以对政策干预的总体影响做出深刻洞见。

有效的监测和评价体系及日常监测的缺乏可能导致可持续发展战略执行的碎片化。例如，在20世纪初期，巴基斯坦的国家自然资源保护战略实施纲要设置了一致性较强的战略目标，但由于缺乏对项目营销和可持续性指标的日常监测，导致该战略蜕变为一系列没有反馈机制的互不相关的行动[61]。

另一项挑战是将监测和评价作为可持续发展目标实施中的标准动作。这意味着监测和评价应该持续不断地进行。芬兰建立了针对可持续发展战略的有效性和一致性的阶段性评价系统。搜集科学社团和市民社会对可持续发展目标现状和趋势的意见是该评价的内容之一，促进一系列监测和评价活动的综合协调也是该项评价的重要内容[62]。在很多国家，政府部门内部建立了很多监测和评价体系。在上述体系内实现一定程度的调和可以说是比较重要的，因为这样一来可以把从不同渠道获取的经验运用于跨部门间共担议题的分析探讨。

2.6.2 加强监测和评价的协调性

可持续发展目标的跨领域属性对监测和评价构成了主要挑战。如果各项可持续发展目标之间相互影响，针对实现上述目标的各项政策干预的评价机制应当关注不同领域。显而易见，监测和评价与整合息息相关。它要求跨领域协同，由于不同部门的工作人员共同衡量、诠释结果并决定采取必要调整，它也是维持该协同的驱动力。

一项特别重要的步骤是如何将监测和评价结果反馈给政策调整。监测和评价的结论应当用于政策或战略调整，并成为跨部门整合的契机。这意味着监测和评价应当纳入整合方法的一部分。这样做是顺理成章的，因为设定监测和评价系统时面临的挑战（如衡量跨部门影响和进行跨部门分析的需要，以及各项指标共同提供总体进展的准确图景的需要）也反映了设定可持续发展综合目标实施战略面临的挑战。

面对这些挑战，很多发展综合性监测和评价的措施正在实行。例如，联合国机构间全球扩展的监测倡议针对水和卫生相关的6项可持续发展目标进行综合监测。该项倡议的特定目标是到2030年，建立和管理一项反映一致的、统一的饮用水和卫生系统的监测框架。这个范围主要限于可持续发展目标的第6项，但它也将间接监测其他领域可持续发展目标的相关指标，如可持续发展目标第13项——气候变化行动[63]。

基于上述讨论，在实施可持续发展目标时，一个理想的综合监测和评价方法包括：

（1）确保可持续发展目标战略与监测和评价过程之间的相互协调；

（2）描绘不同目标间主要关联性，以确定在国家层面评价相关性的充分指标[64]；

（3）汇总通常由不同部门搜集的一项可持续发展目标的方方面面信息[65]；

（4）将监测和评价作为促进持续性的跨部门协作的动态工具；

（5）预测哪些数据对监测和评价是必须的或有用的，采取措施弥补数据盲区，改进数据质量，并为监测某项可持续发展目标建立坚实的统计基础；

（6）确保监测和评价能力在所有需要的政府层级都存在；

（7）加强评价、决策及预算链条的反馈——这个政策评估的局限性经常被提及[66]。

2.6.3 监测和评价的机构框架

各国需评价其当前监测的机构框架，以确定改进的优先领域。各国认同监测和评价系统应基于国家所有权[67]，包括加强跨部门协调和能力建设的需要，采用整体政府部门动员的方式进行监测和评价[68]。

各国着力探索监测和评价可持续发展目标的不同方法。伯利兹近期形成增长和可持续发展战略监测和评价框架，明确特定机构的责任和进展情况。很多其他国家（如比利时、格鲁吉亚、菲律宾和土耳其）建立了新的跨机构组织和工作组，以监测可持续发展目标。跨机构组织可能采用综合方式建立监测进展的单一平台，并促进跨部门协调。在一些其他国家（如捷克、爱沙尼亚和芬兰），上述职责则由不同的可持续发展委员会履行[69]。

国家或政府首脑的领导能够助力推进监测和评价的整合。在马尔代夫，国务委员会下辖的监测和评价机关是可持续发展目标的最高监测部门。格拉纳达政府也在内阁秘书处建立了一个政策、监测和评价小组。但大多数国家由统计部门负责监测和评价[70]，如哥伦比亚（国家行政和统计处）、埃及（公众动员及统计中央局）、德国（国家统计署）、意大利（国家统计办公室）、马达加斯加（经济规划部和国家统计局）、韩国（国家统计办公室）、萨摩亚（萨摩亚统计署和财政部）以及瑞士（瑞士联邦统计办公室）。

国家统计办公室有时是部门的内设机构而非独立自主的组织，这在很多小岛屿发展中国家很普遍[71]。在这种情形下，部门能够获取必要数据很重要。由于可持续发展目标之间相互关联的属性，几乎需要所有政府部门提供数据。考虑到联合国在监测可持续发展目标时与各国统计办公室的互动，联合国可在这方面有所贡献。

2.6.4 评估

监测和评价对后续落实和评估过程至关重要，它对下述问题给出了答案：哪些措施对公民有实际帮助，为什么，在哪种条件下？已搜集实证的质量如何，可以得出什么结论[72]？《2030年议程》（第74段）指出，所有层面的后续评价工作将保持严谨细致和实事求是，并参照各国主导的评价工作结果和数据[73]。

《2030年议程》鼓励成员国在国家和地区层面针对进展情况开展常规和包容性评估。当前评估工作专门用于向高级别政治论坛提交报告。同时，很多国家仍在计划设定针对可持续发展目标进展情况的评估框架。判断评估过程对落实可持续发展目标的内在影响为时尚早。在大多数国家，关于《2030年议程》的后续落实和评估的讨论仍在进行中[74]。

2.7 议会和最高审计机构的角色

2.7.1 议会的角色

议会在实施可持续发展目标中的角色经常被提及，包括《2030年议程》（第45节）也有专门论述：立法权、改革政治和创设新机构的权力、监督政府的权力等。确实，这些职责为加强整合提供了机遇。

议会可以通过三项关键职能支持可持续发展目标的全面落实[75]。

（1）立法：议会能够评估现有法律，提出修正案；乃至起草新法律。议会能够确保跨部门一致性，如确保特定部门关于某个事项的法案与其他部门的规定不相冲突。

（2）预算：议会在批准预算案时，能全面了解与可持续发展目标相关的所有活动，在某些情况下能够施加影响，要求其相互适应，以促成更加平衡和一致的方法。

（3）监测和监督：作为国家层面的最高问责机构，议会在审议不同政府部门的集体行动并施加影响确保这些行动保持整体一致上具有独特地位。议会有权要求政府提出推进可持续发展目标计划并提交其审议，如挪威政府就该国如何确保可持续发展的政策一致性向议会提交报告[76]。议会有权要求对落实可持续发展目标进行定期综合监测和报告。议会支持跨部门政策一致性的一个具体事例是英国下议院国际发展委员会拟定的报告，该报告要求政府采取有效的整体政府方法落实可持续发展目标（见专栏2.3）。

专栏2.3 议会在有效的跨部门政策协调中的角色（英国）

在2016年报告中，英国下议院国际开发委员会明确要求采用有效的整体政府方式，更好地确保英国政府部门之间的政策一致性。它要求政府建立正式机制，使得相关国务大臣或负责部长之间在最高政治层面定期讨论落实可持续发展目标。它还要求国际发展大臣和负责政府政策的部长提出落实可持续发展的跨政府计划，并要求政府明确提出如何确保可持续发展目标议程相关政策的一致性。

资料来源：英国议会，2016年，英国政府对可持续发展目标的责任，来自https://www.publications.parliament.uk/pa/cm201617/cmselect/cmintdev/103/10307.htm, 2017-8-2。

对全球议会的一项抽样调查展示了一些国家在议会内部设立可持续发展目标相关机构的努力。厄瓜多尔、智利、日本、马里、罗马尼亚、乍得、特立尼达和多巴哥、乌干达和赞比亚的议会已采纳正式动议或决议，落实可持续发展目标，并提出国家层面实施和评估的关键步骤[77]。

在其他国家，议会采取以下方式积极参与：马里的国民大会设立可持续发展目标常务委员会，负责协调议会在实施上述目标和加强政府监督方面的职责。斐济计划由经济事务委员会负责领导和协调与可持续发展目标相关的议会工作，该国议会还评估了在各国议会联盟（IPU）——联合国发展计划（UNDP）的自评工具包——的帮助下，在议会内专设可持续发展目标负责机构的能力[78]。德国成立可持续发展议会咨询委员会，以提供议会支持并评价联邦政府活动的可持续影响。马达加斯加的国民大会参与可持续发展目标后续落实和评估委员会。巴基斯坦将其议会内的千年发展目标工作组转型为可持续发展目标工作组，并计划加强工作组的权责。塞尔维亚的国民大会设立议会关注小组以指导议会在实施可持续发展目标上的监督责任。特立尼达和多巴哥的议会设立关于环境和可持续发展的共同选择委员会[79]。

尽管很多议会已明确了其在可持续发展目标中的角色，还有很多国家的议会仍未充分参与并采取有效措施将可持续发展目标纳入其主流工作。这可从议会在自愿国别评估中的参与度中见到端倪：在2017年提交给高级别政治论坛的54份国家评估报告中，只有13个议会有某种程度上的参与（差别很大，有的深度参与，有的表面参与），只有3个国家的议会，在政府主导的评估报告截稿前完成了对报告的检阅[80]。议会的参与度、可持续发展目标的落实程度，在国与国之间参差不齐，并且这两大问题始终没被执行部门视为战略重点，也没有被视为一项可以由部门所倡导的运动。

与行政部门一样，议会也习惯于筒仓式运作。例如，参与主体通常是议会的经济委员会或环境委员会，但几乎没有任何的协调机制能把多个零散的问题有效地整合成某个单一的政策方针[81]。议会需要找到一种跨机构工作的方式。例如，一个运作良好且有包容性的可持续发展目标委员会，由投资委员会的主席组成，能够独立审议所有与可持续发展目标相关的法案。尽管并非每个议会都需要设定可持续发展目标专门委员会，但考虑到这该机构被授予强大的协调和监督权以及充分资源，其益处自不待言[82]。

在斐济，其议会与各国议会联盟共同将可持续发展目标纳入主流工作，并建议每个常设委员会设立委员会主席和副主席，对政府每个与可持续发展目标相关的投资领域的成果实施年度评估，确保议会内部采用协调方法对政府可持续发展目标相关行动进行有效监督[83]。

2.7.2 最高审计机构的职责

最高审计机构作为独立的监督机构意味着它能要求政府对落实可持续发展目标负责。最高审计机构可通过对可持续发展目标进展情况进行绩效审计，包括政府行动的协调性和一致性的实现程度等，从而支持可持续发展目标。对机制功能有效运行和有效进展的评估，是管理和审计任何可持续发展目标的重要方面。

传统上，审计通常由各部门单独开展——这在协调性方法的审计中并不常见，但全面掌握不同行为主体在特定事项上的投资和努力的整体情况同样重要。最高审计机构在这方面可以有所作为，据此可评估整合水平、不同行为主体的一致性和组合有效性并确认重要的跨部门事项。

这已逐步被实现。例如，美国政府问责办公室对能源与水的关系实施绩效审计，发现“能源和水的规划通常是烟囱式的，针对某项资源的规划很少考虑对其他资源的影响”，并建议联邦机构和其他利益相关方加强协调[84]。

波兰最高审计机构开展的绩效审计显示，最高审计机构通过提供关于政府决策过程和项目运转的更广泛、跨领域的见解，从而有效减少政府工作的重复性和碎片化。在欧盟财政框架下，波兰最高审计机构评估了不同部门的中期和长期可持续发展战略，发现从整体政府角度看，牵头部门事实上缺乏有效整合的手段，并将审计结论提交给相关议会委员会[85]。

尽管可持续发展目标的课题是新的，但并非所有审计都需要重新改造。很多过去审计项目对评估落实可持续发展目标的绩效表现有价值，这些审计结论对确定跨部门事项有帮助。例如，加拿大政府着眼于充分挖掘过去审计项目对落实可持续发展目标的价值，发现这有助于明确工作重点、成功之处和差距所在。但这需要付出努力，而且可获取信息的范围和质量通常不足以对政策干预的综合效应进行透彻分析[86]。

其他挑战也不容忽视。例如，一些法律仍未涵盖对政策效率和成效的审计，更别提对跨部门政策效果的审计[87]。另外，为适应政府行为方式的变化，最高审计机构的角色也在变化，国家审计的法律基础也需要更新。有效审计还需深刻理解可持续发展目标及其错综复杂的内在关联，这对很多国家都是挑战。如果最高审计机构要充分发挥其在落实可持续发展目标和整合上的作用，这些问题都需要予以解决。

围绕上述问题，最高审计机构国际组织开展了最高审计机构横向整合审计能力建设——例如可持续发展目标审计的能力建设项目。该项目支持最高审计机构围绕落实可持续发展目标准备阶段开展合作绩效审计，这些审计采用政府一体化方式，强调包容性事项和利益相关方参与。来自55个英语国家和拉美国家的最高审计机构已参与该项目[88]。

专栏2.4　巴西的协同审计

近期，巴西针对可持续食品生产（涵盖可持续发展目标的第2.4项目标）开展协同审计。该项审计围绕各方面的相关主题，如低碳生产、技术支持、农业化学减量、可持续性替代等。该项审计着眼于不同政策项目的关联性及政策项目如何促进有机农业。该项审计认为，很多政策相互抵消或适当其反。例如，尽管政策目标是鼓励有机农业，却补贴化肥生产。该审计建议采用整体政府方式完善可持续食品生产系统，并建立跨部门协调机制。

资料来源：巴西联邦审计法院2017年，在最高审计机构领导力和利益相关方会议上的简报——落实可持续发展目标的审计准备，联合国，纽约。

2.8　结论

采取综合协调的方式实施《2030年议程》需要更多协作、适应和少数情况下政府运作的结构性变化。综合协调方法的必要性已形成共识，但要打破多年来由分立的优先事项和战略、预算、机构规则和工作文化等固化的部门“谷仓”实属不易。尽管如此，政府仍有切实的机遇通过机构和流程促进整合，本章对部分相关内容进行明确。

各国已着手采取措施落实可持续发展目标，为此选择的机构安排各有不同。本章表明，很多选择新机构安排的国家倾向于由国家或政府首脑领导下的跨部门机制。尽管这一类型机构安排并不能确保实践中的有效整合，但它反映出可持续发展目标在国家政策议程中的优先性和政治上的重要性。这与地球峰会后可持续发展在第一个25年相对边缘化的政治地位形成鲜明对比。在现阶段，评价这些新机构的表现情况为时尚早。未来几年，要从促进整合的角度以系统性方法研究这些机构安排的有效性。

政府的一系列过程和要素是支持整合的时机。本章对部分事项做出评价。展望未来，各国可以通过积极实施不同方法和手段来加强横向整合。例如，修订预算过程、激励公共服务中的综合协调工作、加强公共机构在监测和评价可持续发展目标进展方面的能力等，能够减少在面临挑战时相应措施被“阻隔”的可能性。

除特定要素外，横向整合的进展要求强大的领导力，以及部门间的理解和担当。政府各部门应当清醒地认识到，政府各部门、办公室和工作人员在实现可持续发展的单项目标和整体目标相互依赖。在某种意义上，实现可持续发展目标并非实现一系列单一目标组合的活动，而是政府部门间以前所未有的水平开展协作和共同努力的活动。

尽管本章主要关注横向整合中政府过程和结构中的机遇，但不能忽视发展双边的和多边的合作方的作用。发展合作方也需要按照横向整合进行评估，因为它能支持或阻碍政府在这方面的努力。不同议程、合作方之间协作和综合性政策方法的缺失，包括合作方间和国家间缺乏信息交换，或会严重阻碍甚至削弱各国的有效横向整合。正如第7章所强调的，由于外部伙伴通常提供了大部分的政府预算并对政策选择发挥重大影响，这个问题在后冲突局势下更为尖锐。总体而言，在地区和全球层面采取的协调一致的行动能够对横向整合产生积极影响。

尾注

1. 选取这些国家是出于数据可及性的考虑。但本次样本选取范围涵盖了世界范围内的各个地区以及不同的国家集群，包括处于特殊情况的国家。关于不同国家样本的类似信息，请参见经济合作与发展组织，2016, OECD survey on planning and co-ordinating the implementation of the SDGs: First results and key issues，巴黎。
2. Swanson, D, Pintér, L, Bregha, F, Volkery, A & Jacob, K, 2004, National strategies for sustainable development: Challenges, approaches and innovations in strategic and coordinated action, the International Institute for Sustainable Development and Deutsche Gesellschaft für Technische Zusammenarbeit（GTZ）GmbH, 马尼托巴. 参见https://www.iisd.org/pdf/2004/measure_nat_strategies_sd.pdf.［2 August 2017］。
3. 斯里兰卡政府，2017，可持续发展部门网站首页，可持续发展与野生动植物部，斯里兰卡。参见http://msdw.gov.lk/divisions/sustainable-development-division/.［4 October 2017］。
4. 联合国，2016, Institutions and SDG implementation. 参见http://workspace.unpan.org/sites/Internet/Documents/HLPF%20-%205%20page%20summary%20report.docx.pdf.［6 July 2017］。
5. Hall, N, Reid, S & Hill, P, 2017，为世界公共部门报告的供稿，昆士兰大学。
6. 经济合作与发展组织，2016, Coordination and implementation of the SDGs: The role of the centres of government。参见http://oecdinsights. org/2016/04/05/coordination-and-implementation-of-the-sdgs-the-role- of-the-centres-of-government/.［22 June 2017］。
7. 经济合作与发展组织，2017, The Role of the Centre of Government in implementing the SDGs: Current Trends in Selected Countries，经济合作与发展组织，巴黎。
8. 绿色经济行动伙伴关系，2016, Integrated planning and sustainable development: Challenges and opportunities, PAGE, Geneva。参见http://www.un-page.org/files/public/undp_synthesis_report.pdf.［2 August 2017］。
9. Niestroy, I & Meuleman L, 2016, Teaching silos to dance: a condition to implement the SDGs. 参见http://www.ps4sd.eu/wp- content/uploads/2017/07/2016-Teaching-silos-to-dance.pdf.［4 October 2017］。
10. 联合国，2016, Institutions and SDG implementation，参见http://workspace.unpan.org/sites/Internet/Documents/HLPF%20-%205%20page%20summary%20report.docx.pdf.［6 July 2017］。
11. 联合国开发计划署，n.d., Creating horizontal policy coherence。参见https://undg.org/2030-agenda/mainstreaming-2030-agenda/horizontal-policy-coherence/.［22 June 2017］。
12. 联合国，2015，2015年亚太地区经济和社会调查报告，ESCAP，曼谷。参见http://www. unescap.org/resources/economic-and-social-survey-asia-and-pacific-part-2-balancing-three-dimensions-sustainable.［2 August 2017］；联合国，2015，阿拉伯地区可持续发展报告专家报告—The institutional framework of sustainable development in the Arab Region: integrated planning for the Post-2015, ESCWA，纽约.可参阅：http://css.escwa.org.lb/SDPD/3572/3-Institutions. pdf.［2 August 2017］；经济合作与发展组织，2016, Coordination and Implementation of the SDGs: The role of the centres of government。参见http://oecdinsights.org/2016/04/05/coordination-and-implementation- of-the-sdgs-the-role-of-the-centres-of-government/.［22 June 2017］。
13. 澳大利亚管理咨询委员会，2004, Whole of government responses to Australia's priority challenges，澳大利亚联邦，堪培拉.可参阅：http://www.apsc.gov.au/__data/assets/pdf_file/0006/7575/connectinggovernment.pdf.［2 August 2017］；经济合作与发展组织，2016, The role of the centre of government in implementing the SDGs: Current trends in selected countries，经济合作与发展组织，巴黎。
14. 联合国经济和社会事业部，2011，21世纪议程落实回顾，Sustainable Development in the 21th Century project，纽约，经济和社会事务部，https://sustainabledevelopment.un.org/ content/documents/1126SD21%20Agenda21_new.pdf.
15. 联合国欧洲和中亚区域开发组，2015，规划、落实、跟进和评审可持续发展目标。参见https://www.unece.org/fileadmin/DAM/sustainable-development/Sweden_Regional_SDG_Survey.pdf.［4 October 2017］。
16. Uchita de Zoysa, 2016, 2017高级别政治论坛专家组会议演讲，"Readying institutions and policies for integrated approaches to implementation of the 2030 Agenda"，维也纳，14–16 December 2017。
17. 联合国，2002，21世纪议程秘书长回顾，p.33。
18. 联合国经济和社会事业部，2011, Review of implementation of the Rio Principles, Sustainable Development in the 21th Century project，纽约，经济和社会事业部，https://sustainabledevelopment.un.org/ content/documents/1126SD21%20Agenda21_new.pdf。

19. 联合国经济和社会事业部，2011, Review of implementation of the Rio Principles, Sustainable Development in the 21th Century project，纽约，经济和社会事业部，https://sustainabledevelopment.un.org/ content/documents/1126SD21%20Agenda21_new.pdf。

20. 联合国经济和社会事业部，2011, Review of implementation of the Rio Principles, Sustainable Development in the 21th Century project，纽约，经济和社会事业部，https://sustainabledevelopment.un.org/ content/documents/1126SD21%20Agenda21_new.pdf。

21. 联合国开发计划署和经济合作与发展组织，2002, Sustainable Development Strategies: A resource book, 纽约。

22. 参见Nordbeck, R., R. Steurer, 2016, Multi-sectoral strategies as dead ends of policy integration: Lessons to be learned from sustainable development, Environment and Planning C: Government and Policy, 2016, 34, p. 748. Candel, J. J. L, 2017, Holy Grail or inflated expectation? The success and failure of integrated policy strategies, Policy Studies, doi:10.1050/01442872.2017.1337090。

23. 联合国，2017，即将发表，落实2030年可持续发展议程国家机构安排纲要，联合国，纽约.可参阅：http://workspace.unpan.org/sites/Internet/Documents/UNPAN97468. pdf [1 July 2017]；联合国，2016，国家层面落实2030年议程的机构安排一览，联合国。参见https://sustainabledevelopment.un.org/content/documents/10735Updated_Issues_Brief_rev10_1_March_2017.pdf [1 July 2017]。

24. 联合国，2017，即将发表，落实2030年可持续发展议程国家机构安排纲要，联合国，纽约.可参阅：http://workspace.unpan.org/sites/Internet/Documents/UNPAN97468. pdf [1 July 2017]；联合国，2016，国家层面落实2030年议程的机构安排一览，联合国。参见https://sustainabledevelopment.un.org/content/documents/10735Updated_Issues_Brief_rev10_1_March_2017.pdf [1 July 2017]。

25. 联合国，2017，即将发表，落实2030年可持续发展议程国家机构安排纲要，联合国，纽约.可参阅：http://workspace.unpan.org/sites/Internet/Documents/UNPAN97468. pdf [1 July 2017]；联合国，2016，国家层面落实2030年议程的机构安排一览，联合国。参见https://sustainabledevelopment.un.org/content/documents/10735Updated_Issues_Brief_rev10_1_March_2017.pdf [1 July 2017]。

26. 联合国，2017，即将发表，落实2030年可持续发展议程国家机构安排纲要，联合国，纽约.可参阅：http://workspace.unpan.org/sites/Internet/Documents/UNPAN97468. pdf [1 July 2017]；联合国，2016，国家层面落实2030年议程的机构安排一览，联合国。参见https://sustainabledevelopment.un.org/content/documents/10735Updated_Issues_Brief_rev10_1_March_2017.pdf [1 July 2017]。

27. 联合国，2017，即将发表，落实2030年可持续发展议程国家机构安排纲要，联合国，纽约.可参阅：http://workspace.unpan.org/sites/Internet/Documents/UNPAN97468. pdf [1 July 2017]；联合国，2016，国家层面落实2030年议程的机构安排一览，联合国。参见https://sustainabledevelopment.un.org/content/documents/10735Updated_Issues_Brief_rev10_1_March_2017.pdf [1 July 2017]。

28. Swanson, D, Pintér, L, Bregha, F, Volkery, A & Jacob, K, 2004, National strategies for sustainable development: Challenges, approaches and innovations in strategic and co-ordinated action, the International Institute for Sustainable Development and Deutsche Gesellschaft für Technische Zusammenarbeit (GTZ) GmbH，马尼托巴。参见https://www.iisd.org/pdf/2004/measure_nat_strategies_sd.pdf. [2 August 2017]。

29. 塞拉利昂政府，财政与经济发展部，2016, Advanced draft report on adaptation of the Goals in Sierra Leone, Freetown。参见https://sustainabledevelopment.un.org/content/documents/10720sierraleone.pdf. [2 August 2017]。

30. 绿色经济行动伙伴关系，2016，整合规划与可持续发展：挑战与机遇，绿色经济行动伙伴关系，日内瓦。参见http://www.un-page.org/files/public/undp_synthesis_report.pdf. [2 August 2017]。

31. Hickson, C, 2015, Bring the Goals home: Implement the SDGs in UK, Bond, 伦敦。

32. Bizikova, L, Metternicht, G & Yarde T, 2017, Environment Mainstreaming and Policy Coherence: Essential Policy tools to Link International Agreements with National Development — A Case of the Caribbean Region. 参见http://en.ustc.findplus.cn/?h=articles&db=edselc&an=edselc.2−52.0−85014129485. [15 July 2017]。

33. 经济合作与发展组织，2007, Institutionalising sustainable development，经济合作与发展组织出版，巴黎。

34. Swanson, D, Pintér, L, Bregha, F, Volkery, A & Jacob, K, 2004, National strategies for sustainable development: Challenges, approaches and innovations in strategic and co-ordinated action, the International Institute for Sustainable Development and Deutsche Gesellschaft für

Technische Zusammenarbeit（GTZ），马尼托巴。参见 https://www.iisd.org/pdf/2004/measure_nat_strategies_sd.pdf.[2 August 2017]。

35. Swanson, D, Pintér, L, Bregha, F, Volkery, A & Jacob, K, 2004, National strategies for sustainable development: Challenges, approaches and innovations in strategic and co-ordinated action, the International Institute for Sustainable Development and Deutsche Gesellschaft für Technische Zusammenarbeit（GTZ），马尼托巴。参见 https://www.iisd.org/pdf/2004/measure_nat_strategies_sd.pdf.[2 August 2017]。

36. Vitola, A & Senfelde, M, 2015, "An evaluation of the cross-sectoral policy coordination in Latvia", Public Policy and Administration, vol. 14, No. 2, pp.236–249. 参见 https://www.researchgate.net/profile/Alise_Vitola/publication/279514510_An_Evaluation_of_the_Cross-Sectoral_Policy_Coordination_in_Latvia/links/5594162508ae99aa62c58665.pdf.[2 August 2017]。

37. Poghosyan, S, 2016, How to Link SDGs to the Budget, International Monetary Fund Public Financial Management Blog. 参见 http://blog-pfm.imf.org/pfmblog/2016/08/how-to-link-sdgs-to-the-budget.html.[12 October 2017]；世界资源研究所，2015, Jump-starting the SDGs: Policy shifts needed to accelerate progress，世界资源研究所为周边会议准备的背景材料，周日，2015年9月27日。参见 https://www.wri.org/sites/default/ les/Jump-Starting_the_SDGs_Background_Paper_Final.pdf.[19 October 2017]。

38. Benson, E, Forbes, A, Korkeakoski, M, Latif, R & Lham, D, 2014, "Environment and climate mainstreaming: Challenges and success", Development in Practice, 24, Issue 4, pp. 605–614. 参见 http://www.tandfonline.com/doi/full/10.1080/09614524.2014.911819.[2 August 2017]。

39. Risse, N, 2017, Getting up to speed to implement the SDGs: Facing the challenges，国际可持续发展研究会。参见 http://sdg.iisd.org/commentary/policy-briefs/getting-up-to-speed-to-implement-the-sdgs-facing-the-challenges/.[30 June 2017]。

40. Walker, J, 2016, Integrated financial planning and SDG readiness in the education sector: Background paper prepared for the Global Education Monitoring Report 2016, Development Finance International，华盛顿.参见 http://unesdoc.unesco.org/images/0024/002456/245617E.pdf.[2 August 2017]。

41. 联合国，2015，可持续发展规划与落实的整合方法能力建设工作组和专家组会议报告，联合国，纽约.参见 https://sustainabledevelopment.un.org/content/documents/8506IASD%20Workshop%20Report%2020150703.pdf.[12 October 2017]。

42. 联合国，2015，可持续发展规划与落实的整合方法能力建设工作组和专家组会议报告，联合国，纽约.参见 https://sustainabledevelopment.un.org/content/documents/8506IASD%20Workshop%20Report%2020150703.pdf.[12 October 2017]。

43. Walker, J, 2016, Integrated financial planning and SDG readiness in the education sector: Background paper prepared for the Global Education Monitoring Report 2016, Development Finance International，华盛顿.参见 http://unesdoc.unesco.org/images/0024/002456/245617E.pdf.[2 August 2017]。

44. 经济合作与发展组织，2015, Whole-of-government strategy steering: Towards a blueprint for reform. 参见 http://vm.fi/documents/10623/307541/FINEST+COG+Recommendation+Helsinki+Launch.pdf/703af47f–8dd4–492b–a986–b9e5e63262b1.[2 August 2017]。

45. 关于这方面和其他方面的信息，参见经济合作与发展组织，2015, Recommendation of the Council on budgetary governance, Paris, 参见 http://www.oecd.org/gov/budgeting/Recommendation-of-the-Council-on-Budgetary-Governance.pdf。

46. 经济合作与发展组织，2016, Coordination and implementation of the SDGs: the role of the centres of government. 参见 http://oecdinsights.org/2016/04/05/coordination-and-implementation-of-the-sdgs-the-role-of-the-centres-of-government/.[22 June 2017]。

47. Alhusban, M, 2015, "The practibility of public service integration", The Electronic Journal of e-Government, 13, 2, 94–109. 参见 http://www.ejeg.com/issue/download.html?idArticle=410.[4 October 2017]。

48. 经济合作与发展组织，2015, The innovation imperative in the public sector, 19 August 2015. 参见 https://www.oecd.org/sti/Innovation-Imperative-Policy-Note.pdf.[6 July 2017]. 另请参阅经济合作与发展组织，2017, Skills for a High Performing Civil Service，经济合作与发展组织公共管理评审，经济合作与发展组织出版，巴黎。

49. Cote, A, 2007, Leadership in the public service of Canada: leaders, the leadership environment, and Canada's public service in the 21st century, Public Policy Forum. 参见 https://www.ppforum.ca/sites/default/les/

leadership_review_june07.pdf。

50. 澳大利亚国家政府维多利亚市服务当局，2007, Victorian approaches to joined up government，墨尔本。

51. 关于加拿大亚伯达省的案例，参见专栏5.6，澳大利亚国家政府维多利亚市服务当局，2007, Victorian approaches to joined up government，墨尔本.关于爱沙尼亚的案例，参见专栏3.13，经济合作与发展组织，2016, Engaging Public Employees for a High-Performing Civil Service，经济合作与发展组织公共管理评审，经济合作与发展组织出版，巴黎。

52. Lodge, G, & Kalitowski, S, 2007, Innovations in government: International perspectives on civil service reform，公共政策研究所，伦敦。参见http://www.uquebec.ca/observgo/fichiers/88022_GRA2.pdf. [2 August 2017]。

53. Boston, J, & Gill, D, 2011, Joint or shared accountability: issues and options, Institute of Policy Studies Working Paper, June. 参见http://ips.ac.nz/publications/files/83e71189c2b.pdf. [2 August 2017]；澳大利亚管理咨询委员会, 2004, Whole of government responses to Australia's priority challenges, 澳大利亚联邦，堪培拉。参见http://www.apsc.gov.au/__data/assets/pdf_file/0006/7575/connectinggovernment.pdf. [2 August 2017]。

54. 经济合作与发展组织, 2011, Estonia: towards a single government approach，经济合作与发展组织出版，伦敦。参见http://www.oecd-ilibrary.org/ governance/estonia-towards-a-single-government-approach/promoting-a-whole-of-government-approach_9789264104860−6−en. [2 August 2017]。

55. 经济合作与发展组织，2008，经济合作与发展组织公共管理评审— Ireland towards an integrated public service，经济合作与发展组织出版，巴黎。参见http://www.oecd.org/gov/oecdpublicmanagementreviews-irelandtowardsanintegratedpublicservice.htm. [2 August 2017]。

56. 世界卫生组织，2016, "Monitoring, evaluation and review of national health policies, strategies and plans", Strategizing national health in the 21st century: a handbook, 第9章。参见http://apps.who.int/iris/bitstream/10665/250221/30/9789241549745−chapter9−eng.pdf. [4 October 2017]。

57. 联合国，2017，即将发表，落实2030年可持续发展议程国家机构安排纲要，2017，联合国，纽约。

58. Laszlo Pinter, 2016, "Indicators and a monitoring framework for SDGs", presentation at the ASEF & HSF SDG event in Hanoi, Vietnam, 14 June 2016. 参见https://www.asef.org/images/docs/D2_03%20Pinter%20Monitoring%20for%20SDGs.pdf. [2 August 2017]。

59. Woodbridge, M, 2015, Measuring, Monitoring and Evaluating the SDGs, ICLEI World Secretariat. 参见http://localizingthesdgs.org/library/236/ICLEI-SDGs-Briefing-Sheets-06−Measuring-Monitoring-and-Evaluating-the-SDGs.pdf. [9 October 2017]。

60. 联合国可持续发展解决方案网络，2015, Indicators for the SDGs: identifying inter-linkages。参见http:// unsdsn.org/wp-content/uploads/2015/09/150816−Identifying-inter- linkages-SDSN-Brie ng-for-IAEG.pdf. [4 October 2017]。

61. 经济合作与发展组织，2001, The DAC guidelines strategies for sustainable development, 经济合作与发展组织出版，巴黎。参见https://www.oecd.org/dac/ environment-development/2669958.pdf. [2 August 2017]。

62. 芬兰总理办公室，2017，落实2030年可持续发展议程政府报告：长期、一致和包容性行动。参见https://julkaisut.valtioneuvosto.fi/bitstream/handle/10024/79455/VNK_J1117_Government_Report_2030Agenda_KANSILLA_netti.pdf?sequence=1. [4 October 2017] .

63. 联合国水资源组织，2017, Integrated monitoring guide for Sustainable Development Goal 6 on water and sanitation: good practices for country monitoring systems。参见http://www.unwater.org/app/uploads/2017/09/G1_Good-practices-for-country-monitoring-systems_Version-2017−07−12a.pdf. [4 October 2017]。

64. 经济合作与发展组织，2017, Policy coherence for sustainable development 2017: Eradicating poverty and promoting prosperity, 经济合作与发展组织出版, 巴黎。参见http://www.oecd.org/about/sge/policy-coherence-for-sustainable-development-2017−9789264272576−en.htm. [2 August 2017]。

65. 全球企业环境管理组织，2016, How to use the integrated monitoring guide for SDG 6。参见http://www.pseau.org/outils/ouvrages/un_water_how_to_use_the_integrated_monitoring_guide_for_sdg6_2016.pdf. [2 August 2017]。

66. 国际环境与发展研究所与可持续发展目标评价组织，2016，发展国家在可持续发展领域的评估能力：四个关键性挑战。参见http://pubs.iied.org/pdfs/17396IIED.pdf. [6 July 2017]。

67. Kindornay, S & T.wigg, S, 2015, Establishing a workable follow-up and review process for the Sustainable Development Goals，海外发展研究所，伦敦。参见https://www.odi.org/sites/odi.org.uk/files/odi-assets/publications-opinion-files/9588.pdf.［2 August 2017］。

68. 世界资源研究所，2015, Jump-starting the SDGs: Policy shifts needed to accelerate progress。参见https://www.wri.org/sites/default/files/Jump-Starting_the_SDGs_Background_Paper_Final.pdf.［9 October 2017］。

69. 联合国，2017，落实2030年可持续发展议程国家机构安排纲要，联合国，纽约。

70. 经济合作与发展组织，2017, Policy coherence for sustainable development 2017: Eradicating poverty and promoting prosperity，经济合作与发展组织出版，巴黎。

71. 联合国经济和社会事业部，2017, Think piece 5，座谈小组演讲，SDGs and SAMOA Pathway implementation, February 23, "Implementing the 2030 Agenda for Sustainable Development and the SAMOA Pathway in Small Island Developing States: Equipping Public Institutions and Mobilizing Partnerships" 研讨会期间，巴哈马群岛。

72. Deliver 2030 Organization, 2016, Counting critically: SDG "follow-up and review" needs interlinked indicators, monitoring and evaluation. 参见http://deliver2030.org/?p=7017.［4 October 2017］。

73. 联合国，2015，变革我们的世界：2030年可持续发展议程，联合国，纽约。参见https://sustainabledevelopment.un.org/content/documents/21252030%20Agenda%20for%20Sustainable%20Development%20web.pdf.［9 October 2017］。

74. O'Connor, D, Mackie, J, Esveld, DV, Kim, H, Scholz, I & Weitz, N, 2016, Universality, Integration, and Policy Coherence for Sustainable Development: Early SDG Implementation in Selected OECD Countries，世界资源研究所工作底稿。参见https://www.wri.org/sites/default/files/Universality_Integration_and_Policy_Coherence_for_Sustainable_Development_Early_SDG_Implementation_in_Selected_OECD_Countries.pdf.［9 October 2017］。

75. Motter, A, n.d., Parliament's role in monitoring the implementation of the SDGs. 参见http://friendsofgovernance.org/index.php/paper-4–3–parliaments-role-in-monitoring-the-implementation-of-the-sdgs/.［22 June 2017］；联合国开发计划署，n.d., Fast facts: SDGs and parliaments，参见http://www.undp.org/content/dam/brussels/docs/Fast%20Facts%20–%20SDGs%20and%20Parliaments.pdf.［22 June 2017］。

76. 经济合作与发展组织，2017, Policy Coherence for Sustainable Development 2017: Eradicating Poverty and Promoting Prosperity。参见http://www.oecd-ilibrary.org/development/policy-coherence-for-sustainable-development-2017_9789264272576–en.［12 October 2017］。

77. 各国议会联盟数据，2017年10月。

78. 各国议会联盟和联合国开发计划署，议会和可持续发展目标——自评工具包。

79. 联合国经济和社会事业部，2016，机构与落实可持续发展目标，11–20, July, 2016可持续发展议题高级别论坛。参见http://workspace.unpan.org/sites/Internet/Documents/HLPF%20–%205%20page%20summary%20report.docx.pdf.［6 July 2017］。

80. 各国议会联盟，2017，对高级别政治论坛自愿国别评估中议会参与度的调查。

81. Motter, A n.d., Parliament's role in monitoring the implementation of the SDGs. 参见http://friendsofgovernance.org/index.php/paper-4–3–parliaments-role-in-monitoring-the-implementation-of-the-sdgs/.［22 June 2017］。

82. Motter, A n.d., Parliament's role in monitoring the implementation of the SDGs. 参见http://friendsofgovernance.org/ index.php/paper-4–3–parliaments-role-in-monitoring-the-implementation-of-the-sdgs/.［22 June 2017］。

83. 各国议会联盟和联合国开发计划署，2017，全球议会报告，2017 — Parliamentary oversight: Parliament's power to hold government to account。参见https://www.ipu.org/file/3131/download?token=rHfuJ16P.［20 October 2017］。

84. 美国政府问责办公室，2012, "Energy-water nexus: coordinated federal approach needed to better manage energy and water tradeoffs"，向首席成员提交的报告，科学、太空和技术委员会，众议院，华盛顿。参见http://www.gao.gov/assets/650/648306.pdf.［2 August 2017］。

85. 经济合作与发展组织，2016, Supreme audit institutions and good governance: Oversight, insight and foresight，经济合作与发展组织出版，巴黎。参见http://dx.doi.org/10.1787/9789264263871–en.［2 August 2017］。

86. 最高审计机关落实可持续发展目标审计准备领导会议报告，联合国，纽约，20–21 2017年7月，http://workspace.unpan.org/sites/Internet/Documents/Report%20IDI%20Meeting%20Final%20DPADM%20IDI%2006%2009%202017.docx.pdf.

87. Vries, GD, 2016, “How national audit offices can support implementation of the SDGs”，国际货币基金组织公共财政管理博客，博客帖子，2016年6月28日。参见 http://blog-pfm.imf.org/pfmblog/2016/06/national-audit-offices-should-support-implementation-of-the-sdgs.html.[22 June 2017]。

88. 国际最高审计机关，2017，战略规划 2017—2022。参见 http://www.intosai.org/fileadmin/downloads/downloads/1_about_us/strategic_plan/EN_INTOSAI_Strategic_Plan_2017_22.pdf.[12 October 2017]。

第3章

落实可持续发展目标的纵向整合

3.1 引言

各级政府需要加强协调配合，贯彻落实《2030年议程》和可持续发展目标（SDGs）。大多数可持续发展目标都涉及地方层面。因此，地方政府在政策制定、落实及服务交付方面发挥着重要作用。此外，地方政府对于将全球议程的落实进程与当地社区的需求和关切联系起来，也至关重要[1]。

因此，为推行《2030年议程》所提倡的多维度和整合方法，各国需要对其自身领土大小和国家规模进行考量，确保各项政策在各级政府部门和权力结构的纵向整合。纵向政策整合是对横向政策一致性和整合的重要补充（第2章），同时也为推动利益攸关方参与落实可持续发展目标（第4章）提供了契机。

本章分析了当前为确保在纵向政策整合层面有效落实、追踪和评估可持续发展目标所做的努力，探讨了纵向整合的潜在优势及其面临的挑战与阻碍。此外，本章还审视了各国在不同政策周期阶段推进纵向整合的方法和工具，重点介绍了各国进行的创新实践。

3.2 《2030年议程》纵向整合

实现可持续发展目标，各级政府需要协调行动。其原因是多方面的。多数情况下，各国能否根据自身情况实现具体目标，要取决于该国在地方层面（一般为地方层面）的成果汇总情况。因此，必须采取一致行动来实现具体目标。其中，减少污染、废物产生、公共交通和温室气体排放等方面的相关目标，尤其需要政府层面予以协调。此外，实现不平等和贫困方面的相关目标，也需要各级政府加强合作。由于议题、能力和资源方面的差异以及国家政策的影响，落实这些目标往往需要进行跨领域行动，地方政府无法自行实现。特别是，要实现《2030年议程》中“不让任何一个人掉队”的目标，就需要建立强大的空间和地区组织体系，这一点也让各级政府的协调变得至关重要。

一般而言，多数可持续发展目标的落实都需要各级之间相互协调，因为地方政府要对上级所指派的可持续发展目标和具体目标直接负责。在很多国家，政策改革赋予地方政府在医疗、教育、用水、卫生、交通、废物管理、城市和地区规划、基础设施建设、环境和土地复原力以及地方经济发展和社会包容等领域的广泛权力、能力和自主权。因此，考虑地方层面在可持续发展目标方面的落实情况，对于确保目标的有效落实和监督非常重要。不考虑地方制度和社会政治背景，往往会导致落实进程失败或无效。

由于地方政府与当地社区联系紧密，因此地方政府对可持续发展的综合特性往往具有独特视角[2]。许多城市积极制定政策、方案和落实项目，加强城市可持续性发展，并且已经取得了可喜进展。各城市可以汇聚众多利益攸关方来共同解决一系列相互关联、贯穿不同领域的问题，同时探索今后可能会上升至国家和国际层面的试点创新解决方案[3]。此外，地方政府在规划、落实和监督可持续发展目标落实过程中发挥的作用，也有助于健全《2030年议程》问责机制。这一点与权力下放改革相一致，即授权地方政府履行一般责任，为人民提供福利（这也是《新城市议程》和“人居3”进程的重要组成部分）。

纵向整合和地方政府全面参与可持续发展的重要性已经在《21世纪议程》中得到认可[4]。《21世纪议程》是1992年在巴西里约热内卢召开的联合国环境与发展大会上通过的一项重要文件。议程通过后，可持续发展战略、政策和目标的本地化需求在全世界得到认可。经过几十年的权力分散和权力下放，全球各地方政府越来越多地承担起可持续发展方面的相关责任。大多数国家的城市化进程日益加快，也让地方政府的作用日益显现。此外，分权发展合作以及城市间合作的出现也推动了这一趋势的发展[5]。

《2030年议程》承诺将与地方政府合作，“规划我们的城市和人类住区，重新焕发它们的活力，以促进社区凝聚力和人身安全，推动创新和就业”。议程还表示，“各国政府还将与区域和地方政府、次区域机构、国际机构、学术界、慈善组织、志愿团体以及其他各方密切合作，开展执行工作。”[6]

可持续发展目标11（“建设包容、安全、有抵御灾害能力和可持续的城市和人类居住区”）通常被称为“城市目标”，为可持续发展提供了一种地区综合办法[7]。目标11“不仅关乎城市发展，而且还是一种新颖的、基于地方的发展模式，体现了对城市、城乡及地域联系的特别关注”。另外，可持续发展目标16（“创建和平、包容的社会以促进可持续发展”）一再提到，要在“各级”开展工作，促进和平，“让所有人都能诉诸司法，在各级建立有效、负责和包容的机构”。其他可持续发展目标（如6.b，13.b，15.c）也强调了当地社区参与建设的重要性。一些研究还分析了地方政府参与落实可持续发展目标的方式。其中一项研究发现，有110个具体目标（整项议程共有169个具体目标）都需要地方政府的参与（见图3.1）[8]。

随着地方政府在可持续发展目标落实进程中的参与度越来越高，我们有必要对地方政府为落实该目标所做的任务和所需的能力进行反思。根据国情（集权程度的不同）确定国家政府之间的关系和联系，决定地方政府如何为可持续发展目标贡献力量，包括如何推进整合政策等。这一点极为重要。此外，确保各级政府齐心协力、协调一致地参与落实工作，有时可能极具挑战。因为《2030年议程》的目的就是让更多不同层面的代表人参与其中。此外，《2030年议程》提供的只是一种总体框架，但还有很多其他框

图3.1

实现可持续发展目标与具体目标　需要地方政府的参与

资料来源：作者阐述。

架和战略也在促进地方发展行动。因此，各级政府应该对这些框架和战略予以协调整合，避免造成政策上的重叠、重复和分散。下一小节将给出纵向整合的定义，并对本地化和多级治理的关系进行探讨。

3.2.1 纵向整合、多级治理与本地化

本报告中，纵向政策整合是指处理协调和整合各级可持续发展战略与政策挑战的一种机制。这意味着要将不同规模的治理机构联系起来，从地方到国际，以及不同层次的跨社会组织机构，面面俱到。纵向整合一般可分为多个治理层级。通常来说，两个或两个以上的治理层级需要彼此配合来实现目标。各级在采取联合决策或行动时需要相互协调，取得共同成果。此外，各级在制定或实施联合政策时也要对彼此的优先事项进行综合考量，从而实现跨领域目标。虽然纵向整合具有以上区别性特征，但与其相关的多数定义一般仍处于协调层面[9]。

专栏3.1 可持续发展目标的本地化

本地化是指“在地方层级制定、落实和监督战略，从而实现全球、国家和地方可持续发展目标及具体目标的过程”。具体而言，它包括“在制定《2030年议程》时，对地方背景情况进行考量的过程。从设定可持续发展目标和具体目标，到确立落实手段，再到运用指标来衡量和监督落实进展，各个环节都要有所兼顾”。

联合国人居署、联合国开发计划署和全球地方及区域政府工作组正发起一项名为“将可持续发展目标本地化”的全球倡议，旨在鼓励地方和区域政府及其他地方利益攸关方将可持续发展目标有效落实到地方级实践中，肯定地方在推动变革方面的领导地位。该倡议采取多利益攸关方共同参与的办法，通过建立伙伴关系鼓励受益人直接参与到共同制定政策和解决方案的过程中。

2014年，联合国发展集团授权合作伙伴，开展了“关于落实2015年后发展议程本地化”的对话。随后，世界城市和地方政府联合组织制定指南文件《可持续发展目标：地方政府应该知道的事》，帮助地区政府更好地了解全球议程的性质，加强地方政府的主导权。此外，可持续发展目标本地化路线图也为地区政府提升公众意识、宣传国家进程和落实及监督战略进展提供了指导方针。

联合国人居署、联合国开发计划署和全球地方及区域政府工作组鼓励各市镇、地区、州和省不断努力，以加强地方级伙伴关系，并促进协调、包容和可持续的地区发展。这些活动都被记录和汇编在一个开放的工具箱里：www.localizingthesdgs.com。该工具箱包括一个知识平台、众多案例研究和各种学习活动等，目的是鼓励所有人广泛参与到《2030年议程》中来。

资料来源：可持续发展平台本地化，收录于《世界公共部门报告（2017年）》。

要想成功实现纵向整合，各级政府需要协调行动，共同制定和落实可持续发展战略与政策，最终实现可持续发展目标。多级治理涉及跨国以及国家、地区和地方各级机构之间的联系和交流。这往往是经过机构创造和决策再分配等广泛过程的结果，分散了以往集中的一些国家职能。

这种治理的有效性取决于将各级政府联系在一起的纽带[10]。在气候变化、水资源、海洋和可持续发展目标方面，对多级治理的呼声已经很普遍。由于多级治理能够捕捉当地环境变化，因此，跨辖区分散治理的效果要远远好过单纯的中央集中治理。它让利益攸关方得以参与决策和政策的落实过程，从而降低了实施成本，加强了政策的所有权和合法性。同时，多级治理还可以反映公民偏好的异质性，加强可信承诺，促进创新，推动实验发展[11]。

从落实《2030年议程》角度来看，多级治理将有助于有效落实可持续发展目标本地化。各级政府在交流与合作过程中提供的观点和信息，可以帮助更好地设计战略、政策和目标。同时，各级的不断协调也能促进落实进程保持一致性与连贯性。可持续发展目标的本地化和多级治理是一种相互依存的关系，能够充分利用跨辖区带来的协同作用及契机。

3.2.2 纵向整合的潜在优势与挑战

纵向整合存在很多潜在优势。首先，它可以帮助各级政府构建可持续发展的共同愿景和承诺，能够通过各种强化和支援措施来促进各级政府之间相互协作，保持行动一致。地方政府可以将可持续发展目标植纳入各级组织，通过自己的行动和预算推动实现可持续发展目标。同时，可持续发展目标也可以为地方政府提供一种框架，从而更好地展示其可持续发展战略与政策[12]。其次，它是对横向政策整合的重要补充[13]，有助于提高政策行动效率，促进更加有效的资源分配，提升可持续发展目标相关政策行动的转化能力和潜在影响。再次，它还可以降低政策实施风险（例如，各级职能的重叠或重复），增强公众责任意识，完善行政问责制度。最后，它还为政府各领域开展政治对话以及公共部门建立信任和更长远的愿景提供了契机。

纵向整合的潜在成本包括[14]：协调和创建额外结构、系统和流程开发（例如，在线平台和多级规划流程）、努力拓展和提升参与意识、加强立法和监管、增强培训和能力建设以及完善监督和评估机制等方面的相关成本。此外，由于落实可持续发展目标涉及众多参与者和各项流程，因此纵向整合还将加大政策行动的复杂性。其中很重要的一点是，由于国际和地方政府具有不同的政策优先事项和政治议程，所以两者往往很难达成共识。由此来看，纵向整合存在一个潜在风险，即政策行动或将无法得到有效落实。同时，可持续发展目标的优先事项也可能在各级治理层面遭到削弱。

尽管纵向整合拥有潜在优势，但关于其积极影响的相关证据仍屈指可数。实践中很少有关于地方、区域和国家层面有效落实纵向整合的案例[15]。这可能是由于纵向整合方法存在潜在风险，落实过程存在挑战。纵向整合落实过程中应考虑国家背景下的诸多差异，因为政府间的现行关系（如分权管理水平、资源分配和各级政府的职责分配等）很可能对纵向整合起到支持或阻碍作用。如果政策没有整合，或者协调不力，那么制度安排便无法促进各级政府采取有效的集体行动[16]。

为应对这些风险，要积极推进监督和其他机制落地落实，确保目标真正得到贯彻实施[17]。对于每个案例而言，纵向整合的有效程度要取决于各级具体情况、政府结构及其所追求的目标。

在实践中实现可持续发展政策和规划的纵向整合往往存在重大挑战（见专栏3.2）。其中，由于地方政治的性质以及地方政府在很多情况下有权决定当地优先事项这一现实，我们往往很难动员地方政府去支持落实可持续发展目标。再加上地方政府缺乏对可持续发展目标的认识，不了解可持续发展目标的抽象性和普遍性与当地倡议和政策的特殊性之间的差距，挑战亦逐渐加剧。其他挑战还包括现行制度存在缺陷[18]，地方资源和

专栏3.2　纵向整合面临的潜在挑战

（1）可持续发展目标的抽象性和普遍性与地方倡议和政策的特殊性之间存在差距。

（2）地方政府缺乏对可持续发展目标的认识，不明确或没有赋予自身任务和角色。

（3）国家政府和地方政府之间存在差异（如组织文化、意识形态和政策重点等方面）。

（4）制度缺陷、管理机制薄弱：缺乏协调机制或协调机制薄弱；司法、任务和职能方面存在重叠或分散现象；官僚治理结构向上集中；优先事项协调机制薄弱。

（5）地方政府和其他各级政府之间缺乏合作动机或合作动机不纯（如资产转移），其中包括个体层面的动机问题（如公共部门的薪酬与考核机制不承认政府间捐助）。

（6）各级治理成本和收益分配不平等。

（7）资源（如预算和国际与民间融资渠道）、数据信息和能力（例如缺乏技术熟练的工作人员和技术专长）方面存在地方制约。

资料来源：见尾注19。

能力受制约，知识、数据和信息存在差距，各级协调面临挑战，以及地方政府与其他各级政府缺乏足够激励措施促进彼此合作。

纵向整合面临的另一个挑战是腐败现象。调整、协调和整合各级政府的活动与规划极为不易。当腐败行为在某级政府普遍存在时，落实可持续发展目标的纵向整合便面临挑战。心怀腐败动机的公职人员会把政府的努力活动变成那些能够让自己最大限度利用腐败资源、保留寻租利益的活动、政策和计划[20]。要是腐败现象普遍存在，那么那些腐败“精英”和拥有强大既得利益的公职人员，很可能在各级政府之间相互勾结，进而对落实可持续发展目标的渐进式政策改革造成严重压制或阻碍[21]。

权力较为集中的国家倾向于有意让各级政府表现出更多的政策一致性，因为决策权力集中在国家政府，正是国家政府为地方各部门制定战略与规划。与之相反，权力较为分散以及采取联邦制度的国家往往在各级政府的资源分配方面呈现出更多的多样性。或许是由于各地方政府的政策重点有所不同，它们在政策目标上也存在更多差异。这一点与之前分析可持续发展在系统层面和可持续发展目标关系层面实现纵向整合的发现是一致的。例如，在交通运输方面，发展中国家权力下放的水平一般都比较低[22]，这些国家常常缺乏正规机制确保各级政府在交通规划与发展方面协调政策一致。与之相较，权力下放水平较高的国家（例如，欧盟国家），其各级政府的交通运输体系则呈现出较高的整合程度[23]。在国家层面，联邦国家或权力下放程度较高的国家，拥有更为强大也更为复杂的纵向整合机制。

但是，不同情况下的权力下放往往呈现出多种不同形式。因此，为地方政府指派职能和任务、财政和财务资源以及行政和问责机制的方式也有所不同。此外，权力下放水平在同一国家的不同部门之间也可能存在差异[24]。即使是在特定国家，权力下放的过程也是动态的。因此，尝试政策整合时要考虑到这一点。此外，政府关系的实际运作与政府体系的形式化设计之间也存在很大不同[25]。还有一个重要因素是国家官僚体系的动态性。特别是，如果横向整合薄弱或一致性欠佳，那么“地方体系的发展、运作和成果”可能会受到妨碍[26]。例如，秘鲁的案例表明，落实可持续发展目标的纵向整合或会遭到来自国家部门的破坏，因为部门的政策观点“往往比地区政府对地区级部门的权力更大，地区部门受制于更以地区为导向的区域管理部门”[27]。其他常见障碍还包括：沟通机制薄弱、资源重叠和分散、治理结构脆弱及制度能力制约等[28]。

影响地方政府提高可持续发展能力的其他相关因素还有与行为者动机和资源分配相关的政治经济因素。其中，政治权力和激励机制、选举的性质、政党制度的特点以及赞助体系的存在等都可能影响地方政府的执行情况。气候行动方面的纵向整合经验表明，由于国家和地方政府在政策优先事项上存在差异、既得利益造成的障碍或地方层面利益攸关方遭受的潜在负面影响，地方政府可能会缺乏明确的正式授权或政治动机去参与其他各级政府合作[29]。

地方政府有限的能力和资源常常也被认为是实现纵向整合的一大障碍。目前已经发现，公共预算不足、缺乏融资渠道、缺乏技术人员和技术专长或地方政府的数据和信息有限等问题，会阻碍有效实现纵向整合[30]。加强各级政府间关系的另一个重要因素是国家级政府要拥有强大的能力，能够为地方政府提供战略协调、辅助和支持（如金融、技术等）[31]。其他影响因素还有信息的不对称，这可能会阻碍各级政府之间进行有效的对话和沟通。国家和地方行为体在组织文化、优先事项或政治意识形态方面的差异，也可能会阻碍地区政府的行为[32]。

展望未来，一些专家认为，把落实可持续发展目标与发展政府间体系联系起来将具有巨大潜力。地方政府要在落实可持续发展目标中发挥作用，或许需要对总体系统进行改变，而非仅仅改变可持续发展目标的具体机制。实际上，可持续发展目标议程或会成为一种契机，推动加强政府间体系（包括规划、预算和财务管理），支持可持续发展，并提升治理水平[33]。

3.2.3 国家和地方政府在可持续发展目标举措方面的联系

如上所述，推动可持续发展目标纵向整合是一项宏伟工程。纵向整合在落实过程中存在多种形式或不同程度。政策整合一般出现在一些而不是所有级别的政府（地区界限或范围），同样，其往往也出现在一些阶段而不是所有政策周期（覆盖范围）。有自上而下式纵向整合，比如，无须在各级政府间建立真正的共享空间，或者说缩小各级政府可持续发展目标本地化举措的规模（见下文）。即使是部分形式的纵向整合也可以对落实可持续发展目标起到作用。如果这些纵向整合能够推动各级政府制定、落实和监督各项政策，那么其所发挥的作用也将更加显著[34]。

纵向整合在实践中会呈现不同形式，这反映了国家和地方政府在落实可持续发展目标时所表现出的不同性质之间的联系[35]。本章中，我们将区分纵向整合的三大类形式：（1）国家性行动或举措：承认、建议、指导或促进地方政府开展可持续发展目标落实行动；（2）地方性规划与政策：与可持续发展目标保持一致，可能会被扩大或纳入国家框架，即使国家层面最初并不承认这些地方行动；（3）各种机制：鼓励各级政府积极参与到制定、协调或落实可持续发展行动中（见图3.2）。现有举措和做法可分为这样三类。

第一类形式略。

第二类形式涉及的情况是，在一些国家和案例中，地方层面开展了可持续发展行动并对其进行了本地化实践，但国家层面的战略、规划与政策（如果有的话）却不承认这些行动的重要性。如果地方行动具有创新性和有效性，那它最终可能会被国家层面所采纳或通过其他机制（包括利益攸关方的参与）扩大实施范围。比如，墨西哥城和智利首都圣地亚哥等城市的气候变化政策，就是最初由城市发起而后纳入墨西哥等地的国家级立法[36]。

第三类形式（多级机制）是指那些鼓励国家

图3.2

国家和地方层面落实可持续发展目标的关系：本章所用范畴

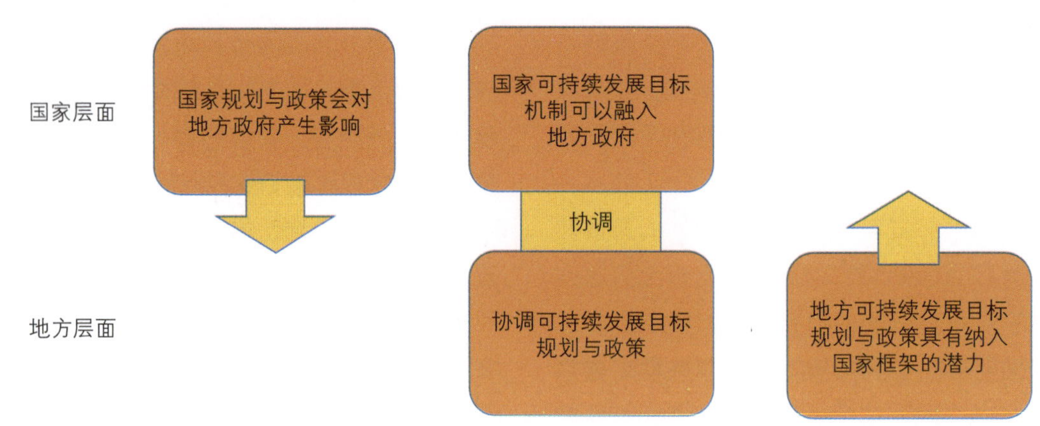

资料来源：作者阐述。

和地方政府积极参与可持续发展目标的机制或程序。这些多级手段融入了各级政府当局的积极参与。这种情况下，各级政府会通力合作，优势互补，促进实现共同目标（或协作）或推动制定和落实新的联合政策。

这些分类并不新鲜。一般而言，国家各级政府间的联系会表现出连续性。目前这种模式类似于可持续发展制度化进程早期阶段（例如通过国家可持续发展战略）所观察到的模式[37]。但有些国家各级政府的关系在《2030年议程》通过后却变得日益紧张。据报道，哥伦比亚和德国就是如此，后文将对此进行阐述。在芬兰[38]，很多地方政府在国家制定可持续发展战略以前就制定了本地《21世纪议程》。如今，在可持续发展目标语境下，国家政府邀请了地区、城市和自治市的代表来共同参与国家可持续发展委员会，以加强各级政府之间的协调，并推动国家和地方政府保持步调一致。

3.3 推动可持续发展目标纵向整合：方法和手段

如今，国家层面已经有越来越多的方法和手段推进可持续发展目标的纵向整合。本节将对这些手段进行介绍和分类并提供相关案例。案例获取自对高级别政治论坛（HLPF）自愿国别评估和相关文献的回顾。虽然这些案例对地方政府的各种创新实践进行了阐述，但并不意味着它们详尽无遗或具有代表性[39]。其经验也不一定可以为别国所借鉴。事实上，鉴于各国有其自身具体情况，所以此处介绍的实践或程序可能对其在法律上并不可行，在实践上也意义不大。

表3.1根据政策制定的五个基本步骤（领导权、立法、规划、实施和监督）对纵向整合的方法和手段进行了分类。其中，关于各种手段的叙述主要是围绕上面介绍的三大类别：由国家政府推进的行动，旨在促进地方一级落实可持续发展目标或将目标纳入地方层面的战略、计划和政策；由地方政府发起的行动（自下而上），旨在推进落实可持续发展目标，这些地方级目标可能会被扩大规模或纳入国家级可持续发展目标框架；其他行动，旨在创建多级流程或机制，加强各级政府间的沟通、协调与协作，无论这些机制的发起者和推动者是谁（国家、地方或两者）。

表 3.1　落实可持续发展目标进程中实现纵向整合的手段

	领导能力	法律法规	规划	落实	监督
国家层面 国家政府推行各项举措，帮助地方政府落实可持续发展目标，包括软方法（例如，学习）和硬方法（例如，指导）	• 认识到地方政府和纵向整合的重要性 • 组织地方政府开展可持续发展目标宣传活动，提高公民意识	• 建立健全国家法律、法规，承认、授权或支持地方政府参与规划和落实《2030年议程》	• 制定指导方针或模板，帮助地方政府进行规划 • 举办各种学习活动，分享和整合地方政府的反馈及成果（如，讨论组、研讨会、论坛、对话和在线活动等） • 对地方层面的协调活动进行评估	• 为本地化提供财政、预算支持 • 本地化能力建设 • 将国家政策（城市、气候、水、交通等方面）渗透各个层面	• 分享成功经验和良好实践 • 监督或报告可持续发展目标在地方层面的落实情况 • 培养地方层面监督能力 • 审核
地方层面 地方政府采取自下而上行动，推动中央政府采用可持续发展目标，并将其纳入国家政策	• 发表声明，开展高级别活动，彰显落实可持续发展目标的政治承诺 • 组织地方政府、社区及其他利益攸关方开展可持续发展目标宣传活动，提高公民意识	• 推进地方层面立法，推动将可持续发展目标纳入战略、规划与政策中	• 地方政府采取可持续发展目标战略或其战略和计划与可持续发展目标保持一致	• 地方政府财务计划与可持续发展目标或国家可持续发展目标政策保持一致 • 对地方政府进行培训和能力建设 • 各种政策工具（行动计划、制度、监管等）	• 分享成功经验和良好实践 • 保持地方政府指标和可持续发展目标整体框架相一致 • 建立地方政府报告和数据收集机制 • 审核
多层面 各级政府（国家、地区和地方）建立机制，积极参与。 各级政府创建共享空间或共享进程	• 鼓励地方政府参与高级别活动，彰显其政治承诺 • 采取地方政府签订的落实协议	• 制定全球及国际准则和培训材料，帮助地方和地区政府参与落实可持续发展目标	• 鼓励地方政府融入国家体系，配合制定国家政策 • 设立多级机制，帮助在国家政策制定过程中进行沟通和/或协调 • 建立非制度化的、特设的多级沟通和/或协调流程 • 举办双向学习活动，提供或接收地方政府的反馈及成果（如，讨论组、研讨会、论坛、对话和在线活动等）	• 鼓励地方政府融入国家体系，协调落实进程 • 建立多级协调体系，促进落实工作	• 举办研讨会，分享信息和实践 • 鼓励地方政府融入监督体系 • 确保各级可持续发展目标指标的一致性 • 协调各级政府的审核工作 • 建立多级问责体制框架

资料来源：作者阐述。

3.3.1 提升领导能力 推动纵向整合

各级政府的领导能力是实现《2030年议程》的基本先决条件。领导能力可以被定义为一种表明承诺的行为，“通过共识和有效的迭代过程来达成潜在愿景，并继续为之设定目标”[40]，包括设定总体目标以及为改革进程建立承诺等。承诺和方向对于纵向整合至关重要。政策的调整与协调需要行为主体的协作与配合，行为主体有其自身职责、选区、组织结构和议事议程。

各国政府发表声明承认地方政府在落实《2030年议程》过程中的作用和价值，认为它们对于创造加强合作与协作的条件具有巨大的潜在影响。有些国家（例如，日本和马达加斯加）特别强调地区政府官方文件的作用，而有些国家则更强调纵向整合的重要性（如墨西哥和尼日利亚）。

在哥伦比亚，国家政府选举结束后会鼓励新当选的主管部门对可持续发展目标进行整合，并制定其自己的地方发展规划[41]。在马达加斯加，政府已经认识到地方自治对落实可持续发展目标的重要性。国家地方发展战略将作为权力下放的一种总体框架，通过一系列具体行动计划得到贯彻落实。

此外，地方政府在推动《2030年议程》方面也可以发挥领导作用。例如，在美国和西班牙等国家，地方政府和城市已经率先推动落实可持续发展议程。同样，在芬兰、尼日利亚和葡萄牙等多个国家，各地区、州和市政府已经发表各自宣言，推进议程的落实工作。例如，德国市政当局发表了《2030年可持续发展议程宣言》，旨在呼吁“各州和州政府：在制定实现可持续发展目标战略时，鼓励地方政府与其代表平等地参与其中”，同时，还要建立相应的组织体系来保证各方的参与度，包括提供资金和补偿地方政府在落实国际义务时所面临的财政负担等[42]。

为了在推进纵向整合过程中彰显和发挥领导作用，国家政府可以明确要求地方政府参加高级别活动，通过组织各项活动来加强多级协调（例如，在日本和墨西哥），或者与地方政府签署协议或声明，承诺共同落实议程（例如，在阿根廷）。此外，由地方政府领导的高级别活动（例如，在日本等国家）也有助于推动国家和地方行动整合，促进可持续发展。

让地方级行为体认识到可持续发展目标的重要性并了解地方政府在落实可持续发展目标中的作用，是各级政府在推进纵向整合过程中能够采取的最基本行动。各国政府可以开展针对地方政府的推广和宣传活动，促进地方可持续发展目标行动。例如，在塞拉利昂，可持续发展目标部长级委员会与包括地方理事会在内的多个利益攸关方共同举办了宣讲会和讲习班[43]。在自身层面，地方政府正通过开展针对当地利益攸关方的推广和宣传活动，促进其了解可持续发展目标对当地发展的重要性。例如，一些政府部门和市政当局（例如，滋贺县、长野县、札幌市、大津市和半岛市）与国家机构（例如，环境部或外交部）一同组织举办了各种讲习班和研讨会，并设立了当地办事处，从而提高当地各利益攸关方对可持续发展目标的认识，加强可持续发展目标方面的相关合作[44]。

3.3.2 建立健全法律法规 推动落实纵向整合

通过制定法律法规，强制政府采取推进可持续发展目标的战略、规划和计划，是承诺落实《2030年议程》最标准的形式。各国政府正着手制定法律和法规将政策制定与可持续发展目标正式结合。对此有多种实现方式。例如，通过采取法律手段规定各级政府机构颁布可持续发展战略，或者强制规定所有国家和地方发展规划与战略都与可持续发展目标保持一致。这些规范都有助于推进可持续发展目标纵向整合。

国家立法可以通过自上向下的方式要求地方

政府参与可持续发展目标的落实进程。例如，印度尼西亚政府起草了一份总统条例，旨在建立可持续发展目标治理机制，引导可持续发展目标被纳入部门发展规划。该条例还确保省级政府能够在自身层面及其管辖地区发挥作用，领导实施可持续发展目标。意大利政府也将举办国家和地区事务会议，并根据第152号法令（2006年）第34号条款，鼓励地方和地区政府积极参与落实进程。此外，地方政府也可以建立规范来要求政策工具与可持续发展目标协调一致。据报道，威尔士制定了《后代福祉法案》，这是世界上首次以明确形式将后代幸福与可持续发展目标建立法律联系[45]。市政层面，巴西巴卡雷纳市颁布了一项市政法令，规定地方政策规划必须与可持续发展目标协调一致。

还有些国家在可持续发展目标提出之前便已有过其他类似实践。说明政府的各个领域都可以借助法律手段来推动可持续发展。例如，日本2008年通过了《全球气候变暖对策基本法》，要求各地市制定和落实地方行动规划并将其纳入相关政策[46]。

1997年以来，比利时颁布了关于协调联邦可持续发展政策的国家法案和联邦战略。地方层面，瓦隆议会于2013年通过一项法令，规定每届议会都要通过一项新的可持续发展战略。2004年起，布鲁塞尔城市规划守则便要求布鲁塞尔首都区政府制定区域发展规划[47]。

3.3.3 纵向整合的规划阶段

各级政府在规划阶段的协调与整合是实现可持续发展目标的基础。政策规划常常是政策制定周期的阶段之一，能够更加清晰地明确政府职能。其主要工作是明确目标的实现手段（体制机制、纲领架构以及专门的政策工具等）。建立强大的机构来引导落实进程，全面可靠地分析国家、地区和地方各级的战略，确保预算与战略优先事项协调一致，依靠现有机制与战略，发展和依靠现有能力以及进行有效参与等，都是成功实现规划的重要先决条件[48]。有的国家选择采取软方法，如知会地方政府或组织学习活动等，有的国家则选择更积极有力地支持地方规划的制定与当地能力的发展。

各国政府可以颁布指导方针或行动模板，供地方政府整合可持续发展目标和调整自身规划、政策及预算。例如，乌干达政府制定了发展规划准则，规定将可持续发展目标纳入部门和地方政府发展规划。国家发展规划能够提供国家战略方向，在权力下放层面指导规划工作。与此同时，就可持续发展目标方面举办的能力建设研讨会等活动也已在地方政府一同展开[49]。此外，捷克正对其地区公共行政管理进行改革，目的是促进各方协调。它还承诺为区域和市政当局提供方法和协调支持，从而确定公共服务的最低标准。日本、菲律宾和塞拉利昂等国也开展了类似实践。厄瓜多尔正进行千年发展目标落实工作，其"在地方层面的雄心壮志"已经得到各方认可。政府重点要"建立一种分散参与式国家规划体系，实现向多元文化和跨文化国家的迈进[50]。"

部门层面，各国政府可以利用政策框架来推动可持续发展目标特定领域的政策整合。例如，澳大利亚建立了交通规划整合政策框架，为国家、地区、次地区和地方层面实现交通整合设定了政策方向与战略目标。各级政策和战略的制定需要与国家政策框架保持一致[51]。气候变化方面的实践是这种政策整合工具的另一个体现。例如，日本等国家为实现低碳社会提出了国家行动规划，为城市和区域结构转型提供了中长期战略纲要。

有些政府选择自上而下的方式来指导地方政府采取可持续发展计划与战略的特定模式。例如，埃及中央政府通过实体规划综合组织，为各省、市制定了总体战略规划并围绕可持续发展目标政策和举措开展试点工作。

各国政府可以通过评估地方战略、计划和

政策与可持续发展目标之间的一致性来推动实现纵向整合。例如，哥伦比亚对地方政府在发展规划中对可持续发展目标和相应目标及指标的考量程度进行了评估。评估发现，区域发展规划的目标、指标和投入等都融入了可持续发展目标，尽管其详尽程度有所不同[52]。

此外，学习活动也能够推动地方政府落实可持续发展目标，并促进各级政府之间实现信息互换。不管是由国家发起，还是在地方政府展开，都有助于推进纵向整合。例如，日本建筑环境与节能研究院就如何在当地社区落实可持续发展目标展开了讨论。讨论内容随后作为《我们镇的可持续发展目标：可持续发展目标介绍指南》进行发布。该指南提供了对当地语境下每个可持续发展目标的不同解读[53]。

3.3.3.1 确保地方战略和政策与可持续发展目标协调一致

确保地方战略、政策和规划与可持续发展目标保持一致，对于加强纵向整合具有重要贡献。目前，很多地方政府正在调整或者已经对自身战略与规划做出了调整。这种调整有时是单方面的，有时则得到了国家政府的支持。有些地区管辖选择采取新的可持续发展战略，而有些则决定调整现有战略以适应《2030年议程》，或者制定部门特定规划或开展本地试点工作。这种调整往往是对千年发展目标或《21世纪议程》落实进程的延续。各国城市协会和国际地方政府网络正推动和支持可持续发展目标的协调工作[54]。例如佛兰德城市和自治区协会、墨西哥州州长协会和巴西全国市政联合会等（见专栏3.3）。

根据2017年世界城市和地方政府联合组织对自愿国别评估的审查，“对于可持续发展目标在地方和区域政府规划与战略中的整合，除了少数例外，仍然处于非常初步的阶段”[55]。尽管如此，还是有很多国家进行了初步实践。最近一项调查发现，在向2017年高级别政治论坛提交了自愿国别评估的国家的12个地区政府中，有8个国家已经把可持续发展目标战略落实到位[56]。例如，挪威的新阿斯克市政府将可持续发展目标作为基

专栏3.3 确保本地战略和规划与可持续发展目标保持一致

根据联合国发展集团出版的《可持续发展目标本地化路线图》，“地方和区域计划应提供对地区的全面规划，采用综合多维方法制定战略，促进包容和可持续发展”。这些计划应包括：

（1）对社会经济和环境背景的基线分析。

（2）地方或区域的优先事项。

（3）各级政府一致的共同目标。

（4）与国家（和地区）可持续发展目标规划保持一致。

（5）战略项目。

（6）预算和财务策略。

（7）落实进程时间表。

（8）合作治理机制。

（9）监督和评估手段，包括一系列与《2030年议程》确立的指标相一致的地方与区域指标。

资料来源：联合国人居署和开发计划署，全球地方和区域政府任务工作组，2016年，《可持续发展目标本地化路线图：地方层面的落实与监督》，第28页。

本框架，制定了市政总体规划和规划战略。该市希望2020年可以全面实现可持续发展目标的本地化[57]。此外，印度有几个邦也开启了将发展规划与可持续发展目标协调一致的进程，着手制定落实路线图。其中，阿萨姆邦已经制定了路线图，并在若干村庄启动了试点项目[58]。

此外，在哥伦比亚等其他一直支持《2030年议程》的国家，协调进程已经相当成熟。在哥伦比亚国家政府支持下，32个部门和31个首府城市都制定了地方发展规划，其中包括将可持续发展目标本地化的目标[59]。在报告相关行为体中，已知有近3%都在地方层面进行了可持续发展目标的协调工作。有些国家通过中央政府（如，阿塞拜疆、哥伦比亚和南非）推动地区之间的协调进程，有些则通过地区、州邦或市政当局推进协调工作。

3.3.3.2 多级协调与合作机制

在纵向整合的规划阶段，最具野心和前景的手段是建立多级协调与合作机制。这些手段因各国制度环境不同而略有变化，一般是以自上而下的方式将地区政府融入国家结构。世界城市和地方政府联合组织进行的一项研究发现，在2016—2017年向高级别政治论坛提交报告的63个国家中，有27个国家地方政府参与了高层决策或协调机制的制定（见专栏3.4）[60]。

专栏3.4 德国多级合作与协调机制

德国可持续发展委员会成立于2001年，是德国政府的咨询机构。委员会组织了多项活动，鼓励社会内部就可持续原则开展对话，并将可持续议题付诸实践。2010年，委员会建立可持续发展市长网络，同时还辅以建立区域可持续发展战略枢纽，旨在就联邦、州和地方政府发起的可持续举措加强全国交流。

新制定的国家可持续发展战略，目的是让德国可持续发展政策与可持续发展目标保持一致。各州参与新战略的制定工作，各州州长批准新战略，强调了联邦、州和地方政府之间加强合作的重要性。截至2016年2月，委员会共举办4次公开性区域会议，与会人员包括州级部长、国家秘书以及联邦、州和地方政府的其他代表。此外，已经有11个州制定或正努力制定自身的可持续发展战略。

可持续发展委员会国务秘书负责落实可持续发展战略并监督内容更新。委员会将邀请来自私营部门、科研界、民间团体以及联邦、州和地方当局的外部专家出席会议。还将定期举办联邦和州政府会议，让与会者分享在促进可持续发展方面的活动经验。

资料来源：市政当局可持续发展“可持续城市市长对话”，德国可持续发展委员会。

此外，有两个方面的差异让多级规划结构对纵向整合和本地化产生了潜在影响。首先，结构本身是否具有决策权，或者说该结构是否只是咨询性质的机构；其次，地方政府是为了特定咨询目的而受邀参与，还是其本身就是协调或合作结构的实际成员。

其中一种模式是邀请地方政府代表加入国家机构，参与协调工作和政策制定。例如，阿根廷、阿塞拜疆、比利时、贝宁、巴西、捷克、埃塞俄比亚、芬兰、尼日利亚、爱沙尼亚、约旦、黑山和多哥就采用了此种模式。该模式为交流信息提供了契机，同时也让地方政府为国家可持续发展目标的政策和战略提供了信息输入。

另一种多级合作模式是采取自下而上的方式，将国家体制或机构融入地方行为体的落实进程中。例如，巴西戈亚斯州与国家政府开展了试点合作，制定和支持上帕莱索市可持续发展目标的落实规划。

政策制定方面，多级沟通和协调机制或许是促进纵向整合最有效的方式。它既可以提供多层次协调，也有利于对可持续发展目标进行适当的本地化。例如，有些机制鼓励将各级政府纳入可持续发展规划机构，有些则鼓励各级政府效仿国家协调与合作机制。这两种战略都有利于加强政策一致与协调。

目前已经采取了这些手段的国家有巴西、德国、肯尼亚、马来西亚、墨西哥和瑞士。德国以《2030年议程》之前的体制为基础，为可持续发展目标制定了紧密的协调框架，要求各级地方政府积极参与（见专栏3.4）。肯尼亚和墨西哥新近成立了州长委员会或州长议会作为国家和地方政府之间的传动链，为各级协调可持续发展目标政策提供了交流平台。

例如，巴基斯坦在《2030年议程》通过之前就已经在其2025年国家愿景中提出，要通过建立伙伴关系及协调各机构工作来促进纵向与横向政策之间保持一致性。协调范围包括：可持续发展目标单位支持的国家规划委员会、省级和专题性可持续发展目标单位与协调机构、国家和省级内阁委员会以及国家和省议会及其委员会等，其中还包括可持续发展目标国家议会秘书处[61]（见图3.3）。

马来西亚则采取了不同战略。该国政府正在各州推广国家多利益攸关方治理结构，以加强纵向和横向政策的一致性，提高民间社会、企业和个人在可持续发展目标相关活动的参与度。这将

图3.3

2025年愿景：巴基斯坦落实可持续发展目标的多级规划

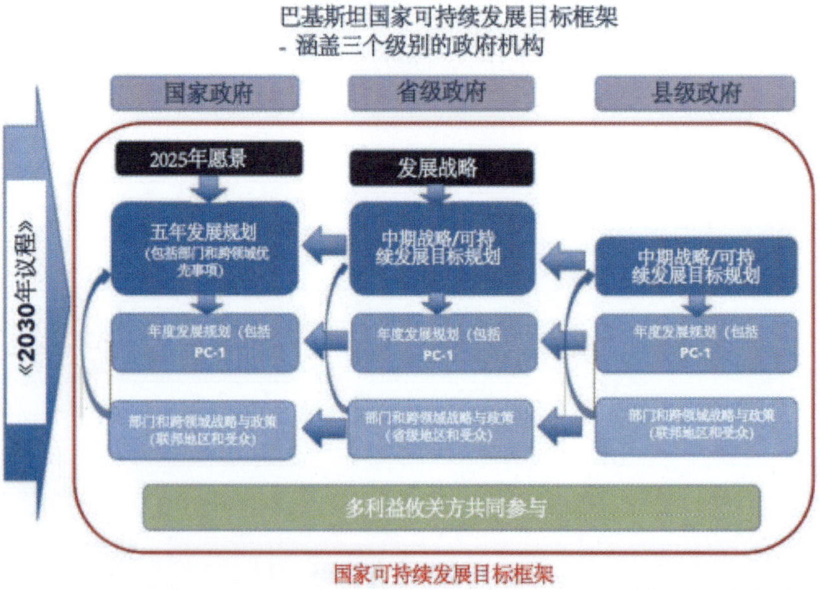

资料来源：Prokop, M, nd, "Integrating the Agenda 2030 into Planning and Budgeting Processes. Overview of key steps" 演讲，区域知识交流，联合国开发计划署。

有助于改善可持续发展目标指标、数据收集、问责机制、监督和评估体系、预算分配以及地方层面的资源调动。马来西亚制定了国家优先战略，旨在通过单一平台加强联邦和州级政府之间的协调[62]。

还有一些政府，它们虽然缺乏充分制度化的协调结构，但也建立了专门的沟通和协调渠道来推动地方战略和规划与可持续发展目标保持一致。例如，塞拉利昂通过财政和经济发展部以及地方政府和农村发展部的努力，成功让19个地方委员会将可持续发展目标纳入了地区和市政发展规划之中。

多级体系在需要合作管理的部门中极为常见。因为这些部门往往涉及多个司法管辖区，各辖区存在重叠，如海洋和水资源部门等。例如，加拿大东部斯科舍省的综合管理工作组（ESSIM Working Group）1998年以来便一直负责对联邦和省级政策进行整合并提供协调监管。澳大利亚政府在可持续发展目标议程提出之前，就对联邦政府和各州组成的综合海洋管理工作组的各项工作进行了整合，还建立了适当的体制安排以应对海洋环境相关问题[63]。

3.3.4 落实可持续发展目标过程中的纵向整合

如何才能有效地落实可持续发展战略与政策，一直是国际讨论的重要议题。在此方面，一个关键性的挑战在于明确和协调各方职责[64]。以下将对一些国家在落实可持续发展目标过程中进行的纵向整合的实践经验进行分析，重点围绕预算与财政、能力建设以及政策手段或工具方面的经验。

在落实可持续发展目标阶段，推进纵向整合的手段和工具似乎不像规划阶段那么频繁。然而，新兴实践表明，那些在规划阶段就强调加强各级政府联系的国家，在可持续发展目标的落实阶段也采取了更综合的方式来获得预算和财政支持。一些地方政府正推进各项行动计划和体制机制，落实可持续发展目标的本地化。但是，多级体系在实施阶段并不常见。

正如第2章所分析的，各国正在为落实可持续发展目标制定新的制度协调框架，推进整合落实办法。然而，其重点似乎更多在于加强横向整合，而非纵向整合。地方政府在这些框架中的参与度仍然有限（见本章第3.2节）。只有少数案例中，一些负责可持续发展目标协调工作的关键性制度行为体或机构参与到了负责政府间关系的机构当中（如果存在的话）。其中，塞拉利昂就是少数之一（财政部与分权部展开合作）。但这种合作只是一种围绕地区层面的具体方法或工具，而不是针对全面落实《2030年议程》的通用手段。

- **财政和预算**

公共财政改革强调各级预算应遵循政策与规划安排[65]。因此，各国将可持续发展目标（或在之前的千年发展目标）纳入主流时，要将与国家政策相关的可持续发展目标以及旨在实现这些目标的预算程序放在首位。但是，千年发展目标和可持续发展战略制度化方面的经验表明，将可持续发展方法和战略与预算分配过程相联系往往具有挑战性。由于财政分权程序的复杂性，这一挑战在地方层面更为突出。权力下放使预算追踪变得复杂，因为它增加了地方政府预算和支出的单位数量。而且，各级政府所使用的预算形式和分类方法可能也会存在差异[66]。

另一个挑战是通过调动财政资源来推动国家和地方有效落实可持续发展目标。如果发展规划过于野心勃勃，涵盖过多优先事项，很可能会超过实施所需的可用资源。此外还要确定预算的优先级别。这一点在地方层面尤为重要，许多地方政府（特别是在发展中国家）严重依赖中央财政调拨，需要通过税收、借款或其他来源来获取有限的税收[67]。鉴于这些限制，地方政府可能会考虑采取其他方式获得融资，比如跟私营部门合作等。例如，建立公私合作伙伴关系（PPPs）、进行股权融资、设立联合投资议程、发行市政债券、发展众包模式以及发行社会效益债券等其他努力[68]。但其中一些替代方案，如公私合作伙伴关系等，可能会面临纵向整合的具体挑战。这些方案可能不在公共监督和监管的正常范围之内（例如，外部审计）。因此，确保这些机制的透明度和问责制，对于进一步实现纵向整合和有效落实可持续发展目标至关重要。

尽管面临这些挑战，但一些国家已经开始将地方和地方层面的财政计划和预算与可持续发展目标联系起来。有些国家由国家政府推动这种调整进程，有些国家则由地方和地方层面予以严格执行。总体而言，不管行为体是国家政府还是地方当局，其实践都是为了推进将可持续发展目标纳入国家或地方级战略与规划之中。

由政府推动调整进程的国家有墨西哥、乌干达、巴基斯坦和塞拉利昂。墨西哥政府已将可持续发展目标纳入预算程序，并于2018年行政预算提案中正式确认了可持续发展目标与预算程序之间的联系[69]。此外，地方政府也一直致力于将可持续发展规划和预算与可持续发展目标协调一致。在联合国支持下，乌干达政府已将地方发展规划和国家规划与可持续发展目标联系起来。这些规划目前正指导各地方政府参与预算编制过程[70]。在塞拉利昂，财政和经济发展部以及地方政府和农村发展部与19个地方委员会开展合作，将可持续发展目标纳入其地区和市政发展规划，确保委员会今后的年度预算提案与可持续发展目标保持一致[71]。此外，在阿塞拜疆等其他国家，政府也明确承诺要将可持续发展目标纳入区域和地方规划及预算分配过程[72]。

在巴基斯坦，国家和地方财政框架正努力与可持续发展目标保持一致。政府建立了新的框架来跟踪相关支出情况。政府还开展了针对地区框架的试点工作，突出优先事项，特别是卫生和教育领域的相关事项[73]。地区预算可按性别和贫困水平进行分类[74]。

地方层面，一些省、市和直辖市正积极寻求将可持续发展目标纳入其财政计划与预算方案。例如，比利时、巴西、荷兰、瑞典和南非的一些城市等。在贝宁，各部门正修订本地规划，通过市镇发展资金支持获得国家财政拨款，进而促进城市发展[75]。

在比利时，佛兰德市政协会正开展试点项目推动可持续发展目标纳入20个城市的财政与战略规划[76]。在巴西，巴尔卡雷纳市根据可持续发展目标，对其城市发展总体规划进行了制度化修订（通过第49号市政补充法案和第436号法令），还制定了相应的多年度投资规划推动落实规划[77]。2017年，瑞典城市马尔默把地方目标与可持续发展目标相结合并将其纳入了预算方案。此外，该市还将可持续发展目标纳入国际合作框架，与非洲和亚洲等地方政府建立了特别合作伙伴关系[78]。另外，南非的德班市也已对长期战略、五年综合发展规划与预算方案做出调整，用以协调可持续发展目标[79]。

真正通过建立多级预算流程和结构来帮助落实可持续发展目标的国家并不多。哥伦比亚是该领域的创新者，也是地方预算调整的创新者（见专栏3.5）。有些中央政府正为地方政府提供财政或预算支持来促进落实可持续发展目标的本地化，例如，尼泊尔和加纳等国。

地方层面，一些市镇也在调动各种收入和投资，支持可持续发展目标特定关系或领域的落实政策。例如，在荷兰，市、省和水务部门通过了一项联合投资议程，决定每年投入280亿欧元，用于支持中性能源、气候保护和循环经济方面的解决方案。只要有可行方案，就予以财政支持[80]。

能力限制往往被认为是地方政府面临的主要挑战之一。采取措施来发展或获得技能与知识，对于有效参与落实可持续发展目标尤为重要。地方政府的能力建设是为可持续发展目标本地化创

专栏3.5　哥伦比亚进行预算调整　以适应可持续发展目标

在职能和财政方面，哥伦比亚具有很高的权力下放水平。多级规划和预算程序让各级政府和部门得以建立一种通用模板，用以汇报其千年发展目标的落实进展。强大的多年规划和详细透明的预算格式，促进了对千年发展目标预算情况的追踪和问责。由于进行了这些预算实践，并为落实可持续发展目标建立了强大的规划流程和制度化协调机制，哥伦比亚成为可持续发展目标预算方面的主要创新者。新任地方代表所推行的地区发展规划中，同样包含了与可持续发展目标相一致的预算和监管政策行动。此外，通用参与系统等多级规划和预算流程，也正推动国家资金重新分配到各地区的社会部门，促进了通用报告格式的建立。

资料来源：国际预算促进会，"Tracking spending on the SDGs: What have we learned from the MDGs?" 预算摘要，2017。提交给《世界公共部门报告》的材料。

造有利环境的关键因素，也是加强纵向整合的先决条件[81]。

当前进行的大多能力建设工作，都侧重于通过加强地方能力来解决与可持续发展目标总体规划和落实相关的长期挑战，而不是去培养纵向整合行动所需的特定能力。不过，目前也出现了一些更加明确的举措来促进落实纵向整合。

国家政府的作用（例如，提供培训机会或设施、对招聘专业人员进行补贴等）对于支持能力开发或许至关重要。各国应该考虑各地区和地方政府的能力差异，因地制宜。例如，南非提出了纵向整合的减缓气候变化倡议。该倡议采用双窗口方法（two-window approach），对经验欠缺的地方政府集中提供手把手指导，对能力较强的地方政府则提出一揽子激励措施[82]。

相比于加强政府间体系和提高治理能力，培养地方政府推进可持续发展的能力要涉及更广泛的改革和支持。这些措施包括：改善规划、预算编制和财务管理系统，提高当地战略发展和落实能力。一些国家政府已经做出承诺，要加强地方政府落实可持续发展目标的能力。例如，捷克、意大利、菲律宾和乌干达等国家政府承诺，支持地方政府在落实可持续发展目标过程中与其他各级政府进行合作的能力[83]。在菲律宾，国家经济和发展管理局（NEDA）及其区域委员会进行了能力建设方面的努力，通过赋予地方政府权力，推进将可持续发展目标纳入当地发展规划。乌干达对当地政府技术官员进行了培训，目的是调整国家和地方发展规划及预算编制，使其与可持续发展目标协调一致，进而确保多利益攸关方的参与度[84]。但总体来看，目前还没有过多对这些努力重点及所采用的能力建设模式或工具的描述。

地方政府正依靠当地协会和网络的强有力支持，不断加大投入来加强可持续发展目标的本地化能力。例如，在哥斯达黎加，全国地方政府协会对负责可持续发展目标落实工作的市政规划人员进行了培训[85]。在巴西，全国市政联合会（CNM）在联合国开发计划署的支持下启动了ART计划，来促进市政当局落实可持续发展目标的本地化。联合会制定了一份指南，旨在帮助市政当局将可持续发展目标纳入地方规划并建立相应的监督和问责制度。其他活动包括：确定各市镇相关指标，精心制作关于地方政府在新发展框架中所起作用的指导方针和出版物，对当选市长就落实和监督可持续发展目标方面进行能力建设等[86]。该倡议采用自下而上的方式实现可持续发展，承认了各级政府采取综合行动的重要性[87]（见专栏3.6）。

专栏3.6 推进纵向整合进程中 地方政府网络和协会的作用

地方政府往往会和其他地方政府建立联系或相互往来，以便有效和高效地提供本地服务。地方政府网络可以被定义为，地方政府之间或地方政府与其他行为体之间相互依赖的一种关系结构，其目的是帮助各级行为体履行自身职能。这种网络会通过不同利益攸关方之间的伙伴关系获得赞助，可存在于全球、地区、国家和地方或地方等不同层面。对于提高地方政府在可持续发展和落实可持续发展目标方面的作用、提高本地能力以及提升落实可持续发展目标所需信息的可用性而言，地方政府网络至关重要。通过强化地方政府职能，地方网络和协会可以促进地方及地方级可持续发展目标行动，进而为实现更有效的纵向整合创造契机。

地方政府网络和协会在促进地方及地方战略、规划和政策与可持续发展目标保持一致方面一直扮演着重要角色。其中，部门和市政协会可以发挥事半功倍的作用。这方面的例子有佛兰德和瑞典的市政协会、墨西哥州州长协会以及巴西全国市政联合会等。比如，挪威新阿斯克尔市政当局正与挪威地方和地区政府协会共同合作，为其他市政当局制定国家绩效指标，推动可持续发展目标并将其本地化。

此外，地方协会和网络也在努力加强地方政府落实可持续发展目标的能力。国家网络和协会通过实施各项举措对其成员予以支持，包括创建在线门户网站、提供知识共享资源以及制定应对落实挑战的解决方案等。例如，旨在促进可持续发展目标本地化的在线开放工具箱（http://www.localizingthesdgs.org/）以及世界城市和地方政府联合组织创建的“地方活动中心”（https://www.learning.uclg.org）等。在某些情况下，知识共享和能力建设工作具有跨区域性。例如，拉丁美洲和非洲地方政府网络于2017年10月在佛得角就可持续发展目标本地化开展了学习对话。

资料来源：见尾注90。

另一个有趣的例子是荷兰进行的“全球目标市政运动”（https://vng.nl/global- goals-gemeenten）。该活动由荷兰国际市政协会（VNG，荷兰城市协会国际合作机构）实施，目的是帮助各市营造一个有利和充满活力的环境，让利益攸关方可以在这个环境中分享想法、发展创新，逐步推进可持续发展本地化，建立国际合作伙伴关系[88]。

在肯尼亚，国家和地方各级政府正共同努力提高双方合作落实可持续发展目标的能力。国家政府鼓励州长委员会参与培训提高能力，确保将可持续发展目标纳入各县自身发展规划。与此同时，委员会还计划加强地方能力，借助国家指标，促进各县收集分类数据[89]。

3.3.5 监督、评估、跟进和评审过程中的纵向整合

监督和报告可持续发展目标的进展情况，考量不确定性和风险性因素，并从这些信息中获取经验来帮助调整现有战略与规划，对于有效落实《2030年议程》而言至关重要[91]。《2030年议程》制定了具体原则和规定来跟踪和审核落实进程，确保数据系统、能力、方法和机制落实到位[92]。同时，议程还包括进程报告和确保公民问责。作为对全球可持续发展目标指标框架的补充，预计未

来《2030年议程》还将制定国家和地方指标[93]。

《2030年议程》明确指出，将在地方、国家、地区和全球层面进行系统、定期和全面的进展审核工作[94]。例如，地方政府可以发挥重要作用，进行数据收集，用空间分散的方式监督进展情况。

3.3.5.1 监督、跟踪和报告进展情况

跟踪、监督和报告落实可持续发展目标的进展情况，并从监督过程和结果所收集到的信息中获取经验，是管理《2030年议程》落实工作的基础部分。监督和报告进展情况应以综合性评估和跟踪机制为基础，不仅要制定合理的指标，还要建立适宜的体系和战略进程，跟踪进展情况，汲取经验教训[95]。对于可持续发展目标的监督，需要设立从全球到国家再到地方和地区层面的、涵盖多级政府的监督体系。

制定指标和跟踪可持续发展目标进展情况是一个复杂的过程。地方政府面临着一些特殊挑战，例如，各地区和城市间的可用数据存在差异以及评估各部门绩效的地方监督体系普遍存在[96]。要实现可持续发展目标数据从地方到国家再到全球各级的纵向整合，就要制定相关协议和指导手册，建立报告机制，确保数据统一，防止重复计算[97]。

在国家层面，根据2016年和2017年在联合国可持续发展高级别政治论坛上举行的自愿国别评估的数据，只有少数国家强调了各级政府地区分类数据的重要性。芬兰、墨西哥和秘鲁等国家指出，需要制定本地化指标，在监督过程中强调地区治理层级对提高分类数据可用性的重要性[98]。

此外，始终能观察到的一个趋势是可持续发展目标指标的本地化，即地方政府努力整合或调整区域和地方一级的可持续发展目标指标，并制定相应机制来确保地方监督和可持续发展行动的后续落实。例如，巴西、厄瓜多尔、德国、荷兰、瑞典的一些地方政府，肯尼亚的一些县区，比利时的一些州以及西班牙的一些地区，都对此进行了努力。在巴西，巴西市政联合会（CNM）制定了一种绩效衡量工具，帮助各市镇监督落实可持续发展目标的结果[99]。在地方层面，巴西圣保罗统计局（SEADE）利用之前在编制千年发展目标年度监督报告时的经验，积极开展了针对可持续发展目标的监督活动[100]。在西班牙，加泰罗尼亚政府统计局（IDESCAT）就可持续发展目标的许多相关主题和领域提供了一系列综合数据，同时还按照部门和加泰罗尼亚地区的各市镇分列，创建了在线门户网站，方便获取数据[101]。比利时推出佛兰德战略，涵盖了监督可持续发展目标进展情况的各项指标[102]。地方政府的监督体系通常都建立在先前推动可持续发展的机制、努力和体制结构之上（例如，阿根廷）。

跟其他领域情况一样，在可持续发展目标指标本地化方面，城市一直是主导力量，并在不断进行创新。一些城市与大学建立伙伴关系（例如，美国的圣何塞和纽约），共同开发综合监督体系，促进可持续发展规划与可持续发展目标协调一致[103]。城市正不断创新，通过利用技术和基于数据的工具来监督地方层面可持续发展目标的进展情况。圣何塞建立了可持续发展目标数据仪表板，用于评估城市战略与可持续发展目标之间的一致性。评估主要以可持续发展目标为主。该工具还可以促进个性化和激励性改进规划的产生，并加强市政资源之间的联系[104]。

哥伦比亚、肯尼亚、尼日利亚和津巴布韦也正进行不断创新，制定可能有利于有效实现可持续发展目标指标和数据收集纵向整合的机制。因为这会影响到各级政府或各级结构之间的协调行动。分析表明，各国遵循的并不是一种单一模式[105]。例如，在尼日利亚，国家政府和地区共同承担了收集可持续发展目标数据的责任。再如，津巴布韦任命了地方政府联络人，协助国家统计委员会收集可持续发展目标的数据。肯尼亚正着力开发综合监督和评估系统，跟踪县级指标。印度尼西亚的情况则较为特殊。它选择在最高一级

政府中采用监管手段。该国建立了总统制监管体系，为可持续发展目标设立了治理机制，同时还规定各部委和地方一级要定期监督并提交评估报告[106]。

在一些举措中可以看出地方可持续发展报告的进展。有些地方政府正制定自己的报告，评估和监督地方层面可持续发展目标的落实情况。但也有例外，如佛兰德和比利时等。这些国家在很多方面还未建立相关机制来确保这些报告能够系统性地反映国家监督进程。例如，根据世界城市和地方政府联合组织与全球地方政府工作组合作展开的一项评估，2016、2017年，在63个国家中，有37个国家的地方政府参与报告程序并编制了自愿国别评估，其中大多数为欧洲和拉丁美洲国家[107]。

就地区政府参与监督工作而言，哥伦比亚的实践也许独一无二。该国在评估地方和地方规划是否与可持续发展目标保持一致时，考虑了可持续发展的目标、具体目标及指标，同时还要考虑在地方和地方层面对这些指标进行衡量时的数据可用性。所有的地区开发规划都在不同程度上纳入了可持续发展目标的相关指标。此外，国家规划局还计划对地方一级的可持续发展目标指标进行后续跟踪[108]。

在哥伦比亚和菲律宾，国家政府承诺会协助加强地方层面的各项能力，创造和收集数据并将其用于可持续发展目标相关决策的制定过程中[109]。地方各级行为体也在动员各方加强能力建设，充分开发和利用可持续发展目标的各项指标。例如，肯尼亚州长委员会正计划提升能力，更好地运用国家指标，促进在各县收集分类数据[110]。

在其他国家，监督地方政府执行情况的工作将由可持续发展目标高层决策或协调机构共同承担。例如，捷克可持续发展政府委员会由总理担任主席，该委员会将编写一份关于生活质量和可持续性的双年度报告，以监督地方层面战略文件、规划和进展情况是否与国家目标保持一致[111]。

一些联邦制国家正着手建立各级政府之间的多级协调和协作体系来进行监督和监管。巴西国家可持续发展目标委员会（包括来自联邦、州，地区、市政当局和民间社会的代表）负责监督各州、地区和市镇落实可持续发展目标的各项举措[112]。比利时政治指导委员会可以促进联邦政府与联邦实体之间的互动，从而进行更好的监督。联邦政府已经充分认识到，只有获得了来自地区政府的贡献，才能更加全面地了解本国可持续发展目标的落实情况。联邦和地区政府应该共同决定哪些信息需要纳入国家可持续发展目标评估体系[113]。

3.3.5.2 知识共享与学习

分享各级政府落实可持续发展目标的相关信息和知识，并从监督工作收集到的信息中进行学习，对于调整可持续发展目标的落实工作十分必要。知识共享和学习有助于完善纵向整合机制，提升促进纵向整合工作的能力，还有助于传播和扩大本地可持续发展目标行动。学习和信息共享可以通过一系列不同的工具和方法组合来实现。

政府如何利用评估和进展报告从可持续发展目标落实过程中获取经验来加强纵向整合，这方面的相关信息还不多。意大利全国市政协会（ANCI）支持并参与了自下而上对可持续发展目标进行监督和评估的过程。该活动由意大利可持续发展联盟（ASviS）组织领导[114]。哥伦比亚规划局评估了可持续发展目标在地方层面的整合情况，同时指明在此过程中需要汲取的经验教训和面临的挑战。

对于实现地方可持续发展目标行动和实施做法方面的信息共享，国家政府发挥着重要作用。国家政府的角色有助于促进气候变化等具体领域的纵向整合。例如，日本正努力改善各级政府在气候变化缓解方面的整合工作。为此，国家政府设立了一个展示平台，在全国范围内宣传城市举措，以促进其在全国的推广并推动落实伙伴关系的建立[115]。在落实可持续发展目标的背景下，一些国家政府承诺通过知识共享来促进地方政府工作。例如，捷克国家政府将为地方政府提供方法和协调支持，帮助其设立最低服务标准，确保实现信息交流，保持良好实践[116]。

还有一些国家提出了本地知识共享倡议，旨在让各级政府行为者参与其中，促进实现纵向整合。例如，日本北九州市于2017年与外交部和环境部共同举办了题为“日本地方一级实现可持续发展目标的努力”的研讨会[117]。对于可持续发展目标的一些特定领域，这些举措可能尤为重要。

此外，网络也是学习和调整可持续发展目标纵向整合的强大工具。一般而言，国家政府不会设立和/或支持这些网络。它们主要是受地方政府及其协会推动的（见专栏3.6）。

3.3.6 依靠监管和审计 推动实现纵向整合

对于监督可持续发展目标的落实情况并从落实过程中进行学习，可以采取正式和非正式相结合的手段和方法。从形式上讲，这一过程可以借助监管机制和外部审计机构得以制度化。

3.3.6.1 综合监管

通过设立协调性或整合结构来监督和问责可持续发展目标的国家并不多。原因可能来自两方面。一方面，外部监督和问责机制（例如，议会）任务独立性可能会对各级政府进行协调行动造成障碍。另一方面，地方和地区各级政府的外部监督机制通常只存在于联邦制或权力下放程度较高的国家。对此有一个案例值得一提。巴基斯坦国民议会为可持续发展目标设立了特别议会秘书处，负责与省级议会及地区委员会进行协调[118]。

3.3.6.2 外部审计

在很多国家，最高审计机关（SAI）在促进《2030年议程》和可持续发展目标方面发挥着重要作用。该机关在审计政府绩效方面具有丰富经验[119]。根据2017年世界最高审计机关组织发展倡议（IDI），有56%的最高审计机关计划在下一次审计项目中加入关于准备或落实可持续发展目标的主题[120]。通过审计和报告国家及各部门在可持续发展战略、规划与行动方面的表现，主要是在横向整合（见第2章）、纵向整合和利益攸关方参与度（见第4章）等方面的表现，最高审计机关能够为可持续发展做出重要贡献。

此外，独立审计还提供了一种学习工具。审计过程往往就是发现薄弱环节，然后提出补救措施予以解决的过程[121]。通过审计，最高审计机关能够发现纵向整合所面临的障碍、挑战以及政府在这方面的表现，通过考量调整审计结果的机构能力，提出针对特定领域加强纵向整合的建议。此外，通过使用标准化的监督工具和方法以及整合新出现的审计结果，最高审计机构还能帮助找到影响各国纵向整合和政府绩效的类似症结。这些问题往往都具有共同的根源和后果[122]。

在很多国家，最高审计机关对落实政府政策和规划过程中存在的纵向整合进行了审计，并从中积累了丰富经验。根据经济合作与发展组织（OECD）最近一次审查[123]，在被调查的10个最高审计机关中，有8个机关对各级政府在（包括机构内部和各机构之间）信息共享和协调机制方面的有效性进行了评估。这些审计提供了以下相关信息，例如，各级治理结构在公共机构的协调问题，各级政府公共政策的效力、流程和管理方面存在着分散、重叠、重复和缺失等问题，各级政府在监督和评估方面存在局限性等（见专栏3.7）。

在可持续发展目标方面，最高审计机关正在对政府落实可持续发展目标的准备情况进行审计。这些审计涵盖的相关问题有：对纵向整合的程度和形式的了解以及对落实可持续发展目标纵向整合的主要制约因素的了解。其中比较有创新性的一个例子是，对政府的准备情况及目标2.4（粮食安全）的落实情况进行协调审计。目前，该审计工作正在拉美11个国家进行，并由巴西

专栏3.7 拉丁美洲对纵向整合的审计

以下选取拉丁美洲的一些例子来阐述外部审计可能带来的关于纵向整合的相关信息。

哥斯达黎加

审计署（哥斯达黎加审计署）对分析纵向整合和协调情况的社会方案进行了多次审计。最高审计机关还根据对地区不平衡问题的处理程度（例如，目标人口的分布情况以及对社会方案的需求等）来评估社会方案的有效性。例如，一项对针对失业和失学青年开展的公共政策和方案的审计发现，这些方案无效。它们没有考虑到现存的地区不平衡现象，没能接触目标人群，未能产生预期结果。

2016年，最高审计机关对老年人转移项目的相互关系进行了专项审计。审计发现，包括市政当局和区域实体在内的多个公共机构在执行多项转移方案过程中，存在重叠、分散、重复和互补等现象或差距。例如，在纵向整合方面，审计结果发现，包括市政府和区域发展机构在内的九个机构，在公共融资方面都存在分散现象。此外，由于国家协调机构中没有来自地区级的代表（市政和区域发展机构），因此无法协调和阐明各级政府在财政、监督和问责方面的情况。该机构未能系统地收集和分析关于目标人群的需求以及必需品地区分布的相关信息。

哥伦比亚

2015年，审计署（哥伦比亚审计署）对农民保护区进行了审计。农民保护区是于1994年由《160法案》制定的一项政策工具，旨在为农村人口提供多产作物作为替代方案，从而减少非法作物种植。同时，该政策也是规划土地利用的一种工具。

最高审计机关考察了政策所及的所有行为体，包括国家（例如，各事工部门）、区域（区域自治企业）、部门、地方甚至社区层面的所有参与者。审计结果发现，各行为体在参与各级政府制定、落实、监督和评估政策过程中，在纵向整合方面存在不足（基于宪法原则、协调性、并行性及辅助性等考量因素），最终阻碍了政策目标的实现。虽然政策工具已被纳入1994年至2014年的国家发展规划之中，但政府并未能确定评估进展的具体目标。而且，农民保护区也尚未被纳入市政和部门发展规划之中。另一个相关发现是，有限的纵向整合破坏了监督制度。农业部长并未与其他国家和地区实体进行协调合作来获取监测进展情况的相关信息。此外，该次审计还考察了农民保护区政策在经济（采矿和石油开采）、环境（农民保护区建立在战略生态系统地区）和社会（健康和教育）等方面的失衡、紧张与权衡关系。

资料来源：见尾注128。

最高审计机关予以协调。本次审计调查了中央政府的准备工作，包括明确各级政府对可持续发展目标的落实情况，思考如何界定纵向整合的权限和权力，以及如何界定有效落实纵向整合的制度结构和机制等[124]。其中，危地马拉的创新实践值得一提。该国最高审计机关不仅计划对地方一级的可持续发展目标进行审计，而且还鼓励政府提高各市县对《2030年议程》和可持续发展目标的认识[125]。

在很多国家，审计机关同样存在并运作于地方层面。需要进一步考虑的一个相关问题是，当多个审计机关在同一个国家运作时，各级政府的外部审计如何进行整合与衔接。外部审计的纵向整合和协调一致有助于更加全面地了解各地落实可持续发展目标进程的优势与劣势，并明确可持续发展管理过程中存在的地区不平衡和挑战。其中值得一提的优秀案例是，巴西最高审计机关对亚马孙保护区的管理情况进行了审计。该项目属于拉丁美洲的协调审计项目之一。

虽然没有找到这种协调方式的具体相关案例来说明可持续发展目标的相关审计，但以下会介绍一些创新经验。哥伦比亚波哥大市的审计长和总审计长都参与了对拉丁美洲落实可持续发展目标准备情况的协调审计[126]。2016年7月，巴西最高审计机关组织众利益攸关方就东北地区可持续发展情况开展了对话。该举措让地方审计机关制度网络得以参与其中，同时还吸引了东北九个州的其他政府和非政府行为体就区域可持续发展面临的挑战和潜在解决方案进行了技术交流。此外，对话还可以帮助调整审计方法，改善联邦审计机关与相应国家机关之间的协调工作[127]。

3.4 结论

《2030年议程》强调，将可持续发展目标融入多级政府规划，推动落实进程的本地化，满足当地人民的特殊需求。纵向整合旨在通过彼此的强化和支持性行动来促进各级政府之间形成协同效应并增强协调性，其最终目标是提高落实可持续发展目标的质量和有效性，改善落实进程的结果。

纵向整合具有一系列潜在好处。它有助于推动各级政府构建共同愿景和承诺，提高政策行动的有效性和影响力，提高资源分配效率，降低实施成本和风险（例如，各级职能重叠或重复等），加强公众责任与问责等，进而推动可持续发展目标的落实。但纵向整合也会承担代价并带来挑战。要想确保纵向整合举措的执行力和有效性，就要分配足够的资源（财力、人力、资源等）对其予以支持。

本章文献回顾表明，纵向整合的适度水平和地方政府在促进可持续发展方面所发挥的作用，必须根据每个政府体制的性质以及特定职能归属地方责任的程度等因素予以确定。事实上，追求何种程度的纵向整合，要取决于各个国家和政策领域的具体情况和不同环境。实践中，在国家和地方层面完全实现可持续发展目标的纵向整合的例子很少。

本章介绍了促进落实可持续发展目标的纵向整合的各种工具和方法，还介绍了各国在实践中如何运用这些工具的相关实例。分析表明，虽然各国政府已经逐步认识到地方政府在落实可持续发展目标中的作用，但这并不意味着会为多级政府展开对话和采取联合行动创造契机。目前，针对可持续发展目标本地化的举措越来越多。许多国家的地方政府正引领可持续发展目标不断创新。此外，地方政府网络和协会在推动这些努力方面也发挥着重要作用。但是，这些举措也正面临挑战，比如，如何将各级政府的可持续发展行动超越地方层面进行有效结合等。加强与其他利益攸关方之间的合作，或许有助于建立和维持这些联系。

本报告中提及的很多案例都出现在政策制定的领导和规划阶段，包括提高各方认识等。在有些案例中，国家可持续发展目标协调机制已经融入地方政府，但关于这种参与形式的性质及其对落实可持续发展目标产生的影响，我们还未发现一般性规律。体制机制会随着时间的推移而不断发展和运作，所以对此还有待进一步分析。

有些国家依靠法律和监管手段，在各级政府间建立了协调机制，确保各级政府的战略与规划保持一致。此外，还为各级政府不断寻求途径，协调应对在落实可持续发展目标过程中遇到的共同挑战。不过，关于这些体制是如何运行的以及它们是否具备适当的资源、能力和授权，仍有待进一步观察。本次报告阐述了有效落实纵向整合过程中面对的一些挑战，特别是在地方能力方面的挑战以及为消除这些障碍而进行的不懈努力。此外，本章还阐述了外部审计在加强纵向整合方面的潜力。

要进一步分析纵向整合及其在推进可持续发展目标行动方面的有效性，还需对政府为加强纵向整合所做的努力及活动成果予以评估。需要考虑的一些相关领域包括：分析各级政府利益的平衡性与代表性，各级司法管辖区是否具有明确的授权、作用和职责，是否设立了简单而一致的行政程序来支持和推动合作。在规划方面，要考虑各级政府是否具有联合或一致的规划程序，这一点非常重要。此外，还需开展更多研究，明确不同具体情况下纵向整合的适当程度，了解促进纵向整合机制有效性的背景条件，找到能够最大程度提高成功可能性的措施与改革。在财政方面，评估各级政府是否存在联合或一致的预算程序以及是否拥有充足的资源和必要的能力供各级政府采取行动，这一点非常重要。最后，还要注意各级政府是否编制了明晰的报告以及是否建立了监督和问责机制。

展望未来，一些专家认为，把落实可持续发展目标与发展政府间体系联系起来将具有巨大潜力。地方政府要想在落实可持续发展目标中发挥作用，就要对总体系统进行改变，而非仅仅改变可持续发展目标的具体机制。事实上，《2030年议程》或许可以成为一个契机，用以加强政府间体系（包括规划、预算和财务管理），支持可持续发展，提升治理水平。

尾注

1. “地方政府”是所有地方级政府的简称。因为政府层级的数量以及管理各政府层级之间关系的机构因国而异。

2. 世界城市和地方政府联合组织，2017, National and subnational governments on the way towards the localization of the SDGs，地方和区域政府递交给2017高级别政治论坛的报告，世界城市和地方政府联合组织，巴塞罗那。参见http://www.uclg-decentralisation.org/es/node/1390; Lucci, P, Khan, A, Hoy, C & Bhatkal, T 2016, Projecting progress: Are cities on track to achieve the SDGs by 2030?，海外发展研究所，伦敦。参见https://www.odi.org/sites/odi.org. uk/ les/resource-documents/11001.pdf；Peters, G & Pierre, J 2001, “Developments in intergovernmental relations: towards multi-level governance”，Policy & Politics, vol. 29, no. 2, pp. 131–135。参见http://dx.doi.org/10.1332/0305573012501251.

3. Freyling, V, 2015, “Introducing a new global goal for cities and human settlements”. ICLEI-Local Governments for Sustainability, Brie ng Sheet-Urban Issues, no. 3, 1–4. 可参阅：http://localizingthesdgs.org/library/233/ICLEI-SDGs-Briefing-Sheets-03–Introducing-a-new- Global-Goal-for-Cities-and-Human-Settlements.pdf。

4. 地方当局的举措在第28章中有所阐述，其中提到：“《21世纪议程》强调的众多问题和解决方案都需立足地方活动，因此，地方当局的参与和合作将成为实现其目标的决定性因素。地方当局要建设、运营并维护经济、社会和环境基础建设，监督规划过程，建立地方环境政策与法规，并协助落实国家及地方级环境政策。地方当局是最接近群众的治理层面，对教育、动员和回应公众推动可持续发展扮演着关键角色。”参见1993年联合国环境与发展会议，Agenda 21: Programme of action for sustainable development, Rio Declaration on Environment and Development, Statement of Forest Principles: The final text of agreements negotiated by governments at the United Nations Conference on Environment and Development (UNCED)，3–14 June 1992，里约热内卢，巴西，联合国公共资料处，纽约。

5. Fernández de Losada, A 2014, Localizing the post-2015 development agenda: Dialogues on implementation，联合国开发小组。参见https://www.uclg.org/sites/default/files/dialogues_on_localizing_the_post-2015_development_agenda.pdf。

6. 联合国，联合国大会:《变革我们的世界：2030年可持续发展议程》，A/RES/70/1 (21 October 2015)，第34和45段。参见http://www.un.org/ga/search/view/doc.asp?symbol=A/RES/70/1&Lang=E。

7. Freyling, V, 2015, “Introducing a new global goal for cities and human settlements”. ICLEI-Local Governments for Sustainability, Briefing Sheet-Urban Issues, no. 3, p. 1. 参见http://localizingthesdgs.org/library/233/ICLEI-SDGs-Briefing-Sheets-03–Introducing-a-new-Global-Goal-for-Cities-and-Human-Settlements.pdf。

8. 参见Freyling, V, 2015, “The importance of all sustainable development goals (SDGs) for cities and communities.” ICLEI-Local Governments for Sustainability, Briefing Sheet-Urban Issues, no. 4, pp. 1–24。参见http://www.iclei.org/fileadmin/PUBLICATIONS/ Briefing_Sheets/SDGs/04_-_ICLEI-Bonn_Briefing_Sheet_-_Cities_in_each_SDG_2015_web.pdf。

9. Pisano, U, Mulholland, E, & Berger, G 2016, “Vertical Integration in the implementation of the 2030 agenda for sustainable development”. ESDN Conference Background Paper. European Sustainable Development Network, Bern, pp.1–16; Harrison, N 2014, Vertically integrated nationally appropriate mitigation actions (V-NAMAs): Policy and implementation recommendations. Deutsche Gesellschaft für Internationale Zusammenarbeit. 参见http://www.iclei.org/fileadmin/PUBLICATIONS/Brochures/v-nama_-_policy_and_implementation_recommendations_2014_1_.pdf；Rosendo, S, Brown, K 2004, “The limits to integration: critical issues in integrated conservation and development.” Presented at “The commons in an age of global transition: challenges, risks and opportunities”, Tenth Conference of the International Association for the Study of Common Property, Oaxaca, Mexico, 9–13 August。

10. Marks, G 1993, “Structural Policy and Multilevel Governance in the EC”, in A. Cafruny and G. Rosenthal (eds.) The state of the European Community, Lynn Reinner, New York, pp. 391–410. 参见http://garymarks.web.unc.edu/files/2016/09/marks-Structural-Policy-and-Multilevel-Governance.pdf；Hooghe, L, Marks, G 1996, “Europe with the regions”: Channels of regional representation in the European Union, Publius: The Journal of Federalism, vol. 26, no. 1, pp. 73–91。参见https://doi.org/10.1093/oxfordjournals.pubjof.a029841；Hooghe, L, Marks, G 2003, “Unraveling

the central state, but how? Types of multi-level governance”, Political Science Series, no. 87。 参见http://aei.pitt.edu/530/；Marks, G, Hooghe, L 2004, “Contrasting Visions of Multi-level Governance,” in I. Bache and M. Flinders (eds.) Multi-level Governance. Oxford Scholarship Online。参见http://www.oxfordscholarship.com/view/10.1093/0199259259.001.0001/acprof-9780199259250–chapter-2?print=pdf；Peters, G, Pierre, J 2001, “Developments in intergovernmental relations: towards multi-level governance,” Policy & Politics, vol. 29, no. 2, pp. 131–135。参见http://dx.doi.org/10.1332/0305573012501251；Stephenson, P 2013, “Twenty years of multi-level governance: Where does it come from? what is it? where is it going?” Journal of European Public Policy, vol. 20, no. 6, pp. 817–837。参见https://doi.org/10.1080/13501763.2013.781818。

11. 参见Ongaro, E 2017, “Working together by tackling the missing linkages in multi-level governance.” 递交给2017年世界公共部门报告的政策简报。

12. 地方和区域政府全球特别事务组，2016, What local and regional governments bring to the global table: legitimacy, experience, organization. 世界城市和地方政府联合组织，巴塞罗那。参见https://www.uclg.org/sites/default/files/what_local_and_regional_governments_bring_to_the_global_table.pdf.

13. 联合国发展小组，2017, Guidelines to support country reporting on the sustainable development goals。参见https:// undg.org/wp-content/uploads/2017/03/Guidelines-to-Support-Country- Reporting-on-SDGs-1.pdf。

14. 案例取自最近关于开放性政府改革成本估算的一项计划方案。参见Results for Development. 2017. “Priceless? A new framework for estimating the cost of open government reforms”。华盛顿，Results for Development。

15. Bertelsmann Stiftung 2013, Winning strategies for a sustainable future. Bertelsmann Stiftung (ed.)［ebook］. Verlag Bertelsmann Stiftung, Gütersloh, 德国。

16. O’Neil, T, Cammack, D, Kanyongolo, E, Mkandawire, MW, Mwalyambwire, T, Welham, B & Wild, L 2014, Fragmented governance and local service delivery in Malawi. 海外发展研究所，伦敦。参见https://www.odi.org/sites/odi.org.uk/ les/odi- assets/publications-opinion- les/8943.pdf。

17. Gupta, J, Nilsson, M 2017, “Toward a multi-level action framework for sustainable development goals”, in N. Kanie and F. Biermann (eds.) Governing through goals: Sustainable development goals as governance innovation. 麻省理工学院出版社，剑桥，MA, pp. 275–294。可参阅：http://sdg.earthsystemgovernance.org/sdg/publications/governing-through-goals-sustainable-development-goals-governance-innovation.

18. 参见O’Neil, T, Cammack, D, Kanyongolo, E, Mkandawire, MW, Mwalyambwire, T, Welham, B & Wild, L 2014, Fragmented governance and local service delivery in Malawi. 海外发展研究所，伦敦。

19. Muller, SA, Harris, JM, Sperling, J & Gutiérrez, MJ 2017, Forging low emission development paths in Latin America: Multi-level dynamics in the world’s most urbanized region. 低碳发展战略全球伙伴关系。参见http://ledsgp.org/wp-content/ uploads/2017/05/GIP01771–CDKN_LEDS_LAC_Urbanization_final_web-res.pdf; Urama, K, Ozor, N & Acheampong, E 2014, Achieving sustainable development goals (SDGs) through transformative governance practices and vertical alignment at the national and subnational levels in Africa. SDplanNet Africa Regional Workshop, March 3–5. Nairobi, Kenya: Sharing Tools in planning for Sustainable Development-Africa Secretariat & African Technology Policy Studies Network。参见https://www.iisd.org/sites/default/files/publications/sdplannet_africa.pdf；Swanson, D, Pintér, L, Bregha, F, Volkery, A & Jacob, K 2004, National strategies for sustainable development: Challenges, approaches and innovations in strategic and co-ordinated action. International Institute for Sustainable Development and Deutsche Gesellschaft für Technische Zusammenarbeit（GTZ）GmbH, Winnipeg, Manitoba。参见https://www.iisd.org/pdf/2004/measure_nat_strategies_sd.pdf；Duralappah, AK 2004, Exploring the links: Human well-being, poverty, and ecosystem services，联合国环境规划署和国际可持续发展研究会，内罗比，肯尼亚。参见http://www.iisd.org/sites/default/ les/publications/economics_exploring_the_links.pdf；Meijers, E & Stead, D 2004, “Policy integration: What does it mean and how can it be achieved? A multi-disciplinary review,” Berlin Conference on the Human Dimensions of Global Environmental Change: Greening of Policies - Interlinkages and Policy Integration, 柏林。参见http://userpage.fu-berlin.de/ u/akumwelt/bc2004/download/meijers_stead_f.pdf；Neulinger, C & Marques, A 2014, Vertically integrated nationally appropriate mitigations actions (V-NAMAs): Policy recommendations, case studies and tools for the integration of sub-national actors in national mitigation actions. Deutsche Gesellschaft für

Internationale Zusammenarbeit, Germany。参见http://www.iclei.org/fileadmin/PUBLICATIONS/ Brochures/v-nama_-_guidance_on_vertically_integrated_namas_-_full_ document_2014_01.pdf.

20. 相似论点，参见Mauro, P 1998, "Corruption and the composition of government expenditure" Journal of Public Economics 69, pp. 263–279。参见http://darp.lse.ac.uk/PapersDB/ Mauro_（JPubE_98）.pdf.

21. Chayes, S 2015, Thieves of State: Why corruption threatens global security. New York, W. W. Norton & Co.

22. Gadenne, L & Singhal, M 2013, Decentralization in developing economies, Working Paper 19402. 国民经济调查局。参见http://www.nber.org/papers/w19402.pdf。

23. Quium, ASMA 2014, "The institutional environment for sustainable transport development," 联合国亚太经济社会委员会。参见http://www.unescap. org/sites/default/files/Article%204_Institutional%20environment%20for%20sustainable%20transport%20development.pdf；Atkins, WS 2001, Study of European best practice in the delivery of integrated transport: Summary report. Commission for Integrated Transport, London。参见http://sydney.edu.au/business/__data/assets/pdf_file/0006/25575/ wsatkins.pdf。

24. O'Neil, T, Cammack, D, Kanyongolo, E, Mkandawire, MW, Mwalyambwire, T, Welham, B & Wild, L 2014, Fragmented governance and local service delivery in Malawi. 海外发展研究所，伦敦。参见https://www.odi.org/sites/odi.org.uk/ les/odi- assets/publications-opinion- les/8943.pdf。

25. Smoke, P & Nixon, H 2016, Sharing responsibilities and resources among levels of governments: Localizing the sustainable development goals. 联合国经济和社会事务部公共行政与发展管理司。参见http:// workspace.unpan.org/sites/Internet/Documents/UNPAN95873.pdf.

26. Smoke, P & Nixon, H 2016, Sharing responsibilities and resources among levels of governments: Localizing the sustainable development goals. 联合国经济和社会事务部公共行政与发展管理司。参见http:// workspace.unpan.org/sites/Internet/Documents/UNPAN95873.pdf.

27. Alcalde, G 2017, "The 2030 agenda as a framework for subnational policymaking", 9th ALACIP Congress, Montevideo, 26–28 July. 参见http://www.congresoalacip2017.org/arquivo/ downloadpublic2?q=YToyOntzOjY6InBhcmFtcyI7czozNToiYToxOntzOjEwOiJJRF9BUlFVSVZPIjtzOjQ6IjMxNTkiO30iO3M6MToiaCI7czozMjoiZTE1ZjRkM2ZiMjQ1NmM0ODhlZTYwNDg3YTFiODdjNzQiO30%3D。

28. Harrison, N 2014, Vertically integrated nationally appropriate mitigation actions（V-NAMAs）: Policy and implementation recommendations. Deutsche Gesellschaft für Internationale Zusammenarbeit, 德国。参见https://www.transparency-partnership.net/sites/all/ modules/contributed/pubdlcnt/pubdlcnt.php?file=/sites/default/files/u1679/v-nama_-_policy_and_implementation_recommendations_2014. pdf&nid=3071。

29. Neulinger, C & Marques, A 2014, Vertically integrated nationally appropriate mitigations actions（V-NAMAs）: Policy recommendations, case studies and tools for the integration of sub-national actors in national mitigation actions. Deutsche Gesellschaft für Internationale Zusammenarbeit, 德国。参见http://www.iclei.org/fileadmin/PUBLICATIONS/Brochures/v-nama_-_guidance_on_vertically_integrated_namas_-_full_document_2014_01.pdf。

30. Neulinger, C & Marques, A 2014, Vertically integrated nationally appropriate mitigations actions（V-NAMAs）: Policy recommendations, case studies and tools for the integration of sub-national actors in national mitigation actions. Deutsche Gesellschaft für Internationale Zusammenarbeit, 德国。参见http://www.iclei.org/fileadmin/PUBLICATIONS/Brochures/v-nama_-_guidance_on_vertically_integrated_namas_-_full_document_2014_01.pdf。

31. Smoke, P & Nixon, H 2016, Sharing responsibilities and resources among levels of governments: Localizing the sustainable development goals. 联合国经济和社会事务部公共行政与发展管理司, p. 11。参见http://workspace.unpan.org/sites/Internet/Documents/UNPAN95873.pdf。

32. Neulinger, C & Marques, A 2014, Vertically integrated nationally appropriate mitigations actions（V-NAMAs）: Policy recommendations, case studies and tools for the integration of sub-national actors in national mitigation actions. Deutsche Gesellschaft für Internationale Zusammenarbeit, 德国。参见http://www.iclei.org/fileadmin/PUBLICATIONS/Brochures/v-nama_-_guidance_on_vertically_integrated_namas_-_full_document_2014_01.pdf。

33. Paul Smoke，收录至2017年世界公共部门报告。

34. 关于公民社会监督的相关论点，参见Fox, J, Aceron, J & Guillán-Montero, A 2016, Doing accountability differently: A proposal for the vertical integration of civil

society monitoring and advocacy. U4 Issue Paper no. 4. U4 Anti-Corruption Resource Center, Chr. Michelsen Institute, 卑尔根市，挪威。参见http://www.u4.no/publications/doing-accountability-differently-a-proposal-for-the-vertical-integration-of-civil-society-monitoring-and-advocacy/。

35. 这一点与针对部门研究的发现一致。例如，在针对跨部门研究的文献中，Risse（2017）发现，整合水资源管理（可持续发展目标6）有三种不同模式，三者集权化程度不同：（1）地区水资源管理委员会，受国家法律管辖，负责流域管理的结构与运营；（2）中央政府机关，负责流域尺度；（3）受地方水资源管理企业支持的江河流域委员会及考察团。Risse, N 2017, Institutional arrangements for integration in sectors: Cross-sector synthesis. 收录至《2017年世界公共部门报告》，联合国经济和社会事务部公共行政与发展管理司，纽约。

36. Muller, SA, Harris, JM, Sperling, J & Gutiérrez, MJ 2017, Forging low emission development paths in Latin America: Multi-level dynamics in the world's most urbanized region. 低碳发展战略全球伙伴关系。参见http://ledsgp.org/wp-content/ uploads/2017/05/GIP01771–CDKN_LEDS_LAC_Urbanization_final_web-res.pdf。

37. Swanson, D & Pintér, L 2007, "Governance structures for national sustainable development strategies", in: Institutionalising sustainable development, 经济合作与发展组织出版，巴黎，pp. 33–65。参见http://dx.doi.org/10.1787/9789264019096–7–en。

38. 联合国经济和社会事务部，2016, Synthesis of voluntary national reviews. 可持续发展部门，纽约。参见https://sustainabledevelopment.un.org/content/documents/126002016_VNR_Synthesis_Report.pdf；Pirkkala, S 2017, Adaptation of SDGs to national context and whole of society approach to implementation.［演讲］最高审计机关领导人和利益攸关方会议，7月20—21日，纽约。参见http://workspace.unpan.org/sites/Internet/Documents/1.%20Sami%20Pirkkala.20.7.%20Adaptation%20of%20SDGs%20into%20national.pptx.pdf。

39. 情况之所以如此，是因为很多案例都取决于国家选择报告什么。同样，同行评审文献中发现的许多案例也并未按照此处预想的发展类型得到发展。

40. Swanson, D, Pintér, L, Bregha, F, Volkery, A & Jacob, K 2004, National strategies for sustainable development: Challenges, approaches and innovations in strategic and co-ordinated action. International Institute for Sustainable Development and Deutsche Gesellschaft für Technische Zusammenarbeit (GTZ) GmbH, 温尼伯，马尼托巴。参见https://www.iisd.org/pdf/2004/measure_nat_strategies_sd.pdf。

41. 世界城市和地方政府联合组织，2017, National and Subnational Governments on the Way towards the Localization of the SDGs, 地方和区域政府递交给2017高级别政治论坛的报告，世界城市和地方政府联合组织，巴塞罗那。参见http://www.uclg-decentralisation.org/es/node/1390。

42. 世界城市和地方政府联合组织，2017, National and Subnational Governments on the Way towards the Localization of the SDGs, 地方和区域政府递交给2017高级别政治论坛的报告，世界城市和地方政府联合组织，巴塞罗那。参见http://www.uclg-decentralisation.org/es/node/1390。

43 Risse, N 2016, "Sierra Leone, Uganda highlight SDG implementation steps in advance of VNRs," ISSD/SDG Knowledge Hub, 13 June. 参见http://sdg.iisd.org/news/sierra-leone-uganda-highlight- sdg-implementation-steps-in-advance-of-vnrs/325528/。

44. 日本政府，2017, Japan's voluntary national review report on the implementation of the sustainable development goals，推动可持续发展目标总指挥部。参见https://sustainabledevelopment.un.org/ content/documents/16445Japan.pdf。

45. Charles, A 2016, Case 29: United Kingdom (Wales) SDGs strategy well being of future generations.［Presentation］International PPP Forum: Implementing the United Nations 2030 Agenda for Sustainable Development through Effective, People First Public-Private Partnerships, 30 March-1 April, 日内瓦。参见https://www.unece. org/fileadmin/DAM/ceci/documents/2016/PPP/Forum_PPP-SDGs/Presentations/Case_29_Wales.pdf。

46. Marques, A 2014, Vertical integration of climate policy in Japan: Institutional arrangements for effective vertical integration of climate mitigation policy and delivery. Deutsche Gesellschaft für Internationale Zusammenarbeit，德国。参见http://www.solutions-gateway.org/images/ vnamas/1/v-nama_-_case_study_japan_2014(1).pdf。

47. 比利时政府，2017, Pathways to sustainable development: First Belgian national voluntary review on the implementation of the 2030 agenda。参见https://sustainabledevelopment.

un.org/content/ documents/15721Belgium_Rev.pdf。

48. Swanson, D, Pintér, L, Bregha, F, Volkery, A & Jacob, K 2004, National strategies for sustainable development: Challenges, approaches and innovations in strategic and co-ordinated action. International Institute for Sustainable Development and Deutsche Gesellschaft für Technische Zusammenarbeit (GTZ) GmbH, 温尼伯，马尼托巴。参见https://www.iisd.org/pdf/2004/measure_nat_strategies_sd.pdf。

49. 联合国经济和社会事务部，2016, Synthesis of voluntary national reviews.可持续发展部门，纽约，p.35。参见https://sustainabledevelopment.un.org/content/documents/126002016_VNR_Synthesis_Report.pdf。

50. Niestroy, I 2014, "Sustainable development goals at the subnational level: Roles and good practices for subnational governments." SDplanNet: Sharing Tools in Planning for Sustainable Development Briefing Note. 参见https://www.iisd.org/sites/default/files/publications/sdplannet_sub_national_roles.pdf。

51. 澳大利亚西部计划委员会，2012, Guidelines for preparation of integrated transport plans.澳大利亚西部计划委员会，珀斯。参见https://www.planning.wa.gov.au/dop_pub_pdf/ guidelines_integrated_transport_whole.pdf。

52. 联合国社会和经济事务部，2016, Synthesis of voluntary national reviews.可持续发展部门，纽约，p.35。参见https://sustainabledevelopment.un.org/content/documents/126002016_VNR_Synthesis_Report.pdf; Grupo de Seguimiento Territorial Dirección de Seguimiento y Evaluación de Políticas Públicas & Secretaría Técnica de la Comisión Interinstitucional de Alto Nivel para los ODS en Colombia Departamento Nacional de Planeación 2017, Inclusión de los ODS en los Planes de Desarrollo Territorial, 2016—2019. Departamento Nacional de Planeación, Bogotá D.C.,哥伦比亚。参见https://colaboracion.dnp.gov.co/CDT/Sinergia/Documentos/ODS_en_los_PDT.PDF。

53. 日本政府，2017, Japan's voluntary national review report on the implementation of the sustainable development goals，推动可持续发展目标总指挥部：18ff。参见https://sustainabledevelopment. un.org/content/documents/16445Japan.pdf。

54. Marques, A 2014, Vertical integration of climate policy in Japan: Institutional arrangements for effective vertical integration of climate mitigation policy and delivery. Deutsche Gesellschaft für Internationale Zusammenarbeit. 参见http://www.solutions-gateway.org/ images/vnamas/1/v-nama_-_case_study_japan_2014（1）.pdf。

55. 世界城市和地方政府联合组织，2017, National and Subnational Governments on the Way towards the Localization of the SDGs，地方和区域政府递交给2017高级别政治论坛的报告，世界城市和地方政府联合组织，巴塞罗那，p.33。参见http://www.uclg-decentralisation.org/es/node/1390。

56. Messlas, R 2017, SDGs at the subnational level: Regional governments in the voluntary national reviews, Network of Regional Governments for Sustainable Development & United Regions/Forum of Regional Governments and Global Associations of Regions，布鲁塞尔。参见http://localizingthesdgs.org/library/view/345。

57. Mead, L 2017, "Subnational actors localize SDGs, highlight role of culture and transport in achieving SDG 11", ISSD/SDG Knowledge Hub, 7 November.参见http://sdg.iisd.org/news/subnational- actors-localize-sdgs-highlight-role-of-culture-and-transport-in-achieving- sdg-11/。

58. 世界城市和地方政府联合组织，2017, National and Subnational Governments on the Way towards the Localization of the SDGs，地方和区域政府递交给2017高级别政治论坛的报告，世界城市和地方政府联合组织，巴塞罗那。参见http://www.uclg-decentralisation.org/es/node/1390。

59. 世界城市和地方政府联合组织，2017, National and Subnational Governments on the Way towards the Localization of the SDGs，地方和区域政府递交给2017高级别政治论坛的报告，世界城市和地方政府联合组织，巴塞罗那。参见http://www.uclg-decentralisation.org/es/node/1390。

60. 世界城市和地方政府联合组织，2017, National and Subnational Governments on the Way towards the Localization of the SDGs，地方和区域政府递交给2017高级别政治论坛的报告，世界城市和地方政府联合组织，巴塞罗那。参见http://www.uclg-decentralisation.org/es/node/1390。

61. 国际预算促进会，2017，收录至2017年世界公共部门报告。

62. 马来西亚政府，2017, Sustainable development goals voluntary national review，经济规划部门（马来西亚）。参见https://sustainabledevelopment.un.org/content/documents/15881Malaysia.pdf。

63. Foster, E, Haward, M & Coffen-Smout, S 2005,

"Implementing integrated oceans management: Australia's south east regional marine plan（SERMP）and Canada's eastern Scotian shelf integrated management (ESSIM) initiative," Marine Policy, vol. 29, no. 5, pp. 391–405. 参见 https://doi.org/10.1016/j.marpol.2004.06.007；Rutherford, RJ, Herbert GJ & Co en-Smout, SS 2005, "Integrated ocean management and the collaborative planning process: the Eastern Scotian Shelf Integrated Management (ESSIM) Initiative", Marine Policy, vol. 29, no. 1, pp. 75–83。参见 https://doi.org/10.1016/j.marpol.2004.02.004。

64. Social Watch 2014, Means of implementation, http://www.socialwatch. org/sites/default/ les/implementation2014_eng.pdf；Swanson, D, Pintér, L, Bregha, F, Volkery, A & Jacob, K 2004, National strategies for sustainable development: Challenges, approaches and innovations in strategic and co-ordinated action. International Institute for Sustainable Development and Deutsche Gesellschaft für Technische Zusammenarbeit (GTZ) GmbH, 温尼伯，马尼托巴。参见 https://www.iisd.org/pdf/2004/measure_nat_strategies_sd.pdf。

65. 国际预算促进会，2017, "Tracking spending on the SDGs: What have we learned from the MDGs." International Budget Partnership Budget Brief。参见 https://www.internationalbudget.org/publications/tracking-spending-sustainable-development-goals/。

66. 国际预算促进会，2017, "Tracking spending on the SDGs: What have we learned from the MDGs." International Budget Partnership Budget Brief。参见 https://www.internationalbudget.org/publications/tracking-spending-sustainable-development-goals/。

67. 参见经济合作与发展组织/世界城市和地方政府联合组织 2016，Subnational governments around the world: Structure and finance. OECD, Paris。参见 https://www.oecd. org/regional/regional-policy/Subnational-Governments-Around-the- World-%20Part-I.pdf; Gadenne, L & Singhal, M 2013, Decentralization in developing economies, Working Paper 19402. 国民经济调查局。参见 http://www.nber.org/papers/w19402.pdf。

68. 联合国资本开发基金会市政投融资计划，例如，旨在加强地方政府的能力，通过获取可持续融资资本资源来解决城市化面临的关键性挑战。参见 http://www.uncdf.org/mif . Fishman, A 2018, "SDG knowledge weekly: Tax, Offcial Development Assistance and Urban Finance"。参见：http://sdg.iisd.org/commentary/policy-briefs/ sdg-knowledge-weekly-tax-o cial-development-assistance-and-urban-finance/?utm_medium=email&utm_campaign=2018-02-20%20-%20SDG%20Update%20DN&utm_content=2018-02-20%20-%20SDG%20Update%20DN%20CID_117ef0a9b9dc131308f0d7abf2c597a7&utm_source=cm&utm_term=SDG%20Knowledge%20Weekly%20Tax%20Official%20Development%20Assistance%20and%20Urban%20Finance。

69. Secretaria de Hacienda y Crédito Público（SHCP）, Gobierno de México, Transparencia Presupuestaria［网站］参见 <http://www. transparenciapresupuestaria.gob.mx/es/PTP/infogra a_ppef2018#vision>。

70. 国际预算促进会，2017，收录至《2017年世界公共部门报告》。

71. 联合国经济和社会事务部，2016, Synthesis of voluntary national reviews. 可持续发展部门，纽约，p.34。参见 https:// sustainabledevelopment.un.org/content/documents/126002016_VNR_ Synthesis_Report.pdf。

72. 阿塞拜疆共和国，2017, Voluntary national review of the Republic of Azerbaijan on the first steps in the implementation of the 2030 agenda for sustainable development。参见 https://sustainabledevelopment. un.org/content/documents/16005Azerbaijan.pdf。

73. Artaza, I 2017, "Financing SDGs," Dawn Newspaper, 20 July。参见 https://www.dawn.com/news/1346392。

74. 国际预算促进会，2017，收录至《2017年世界公共部门报告》。

75. 世界城市和地方政府联合组织，2017, National and subnational governments on the way towards the localization of the SDGs，地方和区域政府递交给2017高级别政治论坛的报告，世界城市和地方政府联合组织，巴塞罗那，p.30和p.54。参见 http://www.uclg-decentralisation.org/es/node/1390。

76. 世界城市和地方政府联合组织，2017, National and subnational governments on the way towards the localization of the SDGs，地方和区域政府递交给2017高级别政治论坛的报告，世界城市和地方政府联合组织，巴塞罗那，p.30和p.54。参见 http://www.uclg-decentralisation.org/es/node/1390。

77. 巴西政府，2017, Voluntary national review on the sustainable development goals, 规划、发展和管理部。参见 https://sustainabledevelopment.un.org/content/ documents/15806Brazil_English.pdf。

78. 世界城市和地方政府联合组织，2017, National and subnational governments on the way towards the

localization of the SDGs，地方和区域政府递交给2017高级别政治论坛的报告，世界城市和地方政府联合组织，巴塞罗那，p.30和p.54。参见http://www.uclg-decentralisation.org/es/node/1390。

79. 世界城市和地方政府联合组织，2017, National and subnational governments on the way towards the localization of the SDGs，地方和区域政府递交给2017高级别政治论坛的报告，世界城市和地方政府联合组织，巴塞罗那，p.30和p.54。参见http://www.uclg-decentralisation.org/es/node/1390。

80. 世界城市和地方政府联合组织，2017, National and subnational governments on the way towards the localization of the SDGs，地方和区域政府递交给2017高级别政治论坛的报告，世界城市和地方政府联合组织，巴塞罗那，p.30和p.54。参见http://www.uclg-decentralisation.org/es/node/1390。

81. 地方和区域政府全球特别事务组，2016, Roadmap for localizing the SDGs: Implementation and monitoring at subnational level. 第二次联合国人居三大会.联合国开发计划署，世界城市和地方政府联合组织和联合国人居署。参见https://www.uclg.org/ sites/default/files/roadmap_for_localizing_the_sdgs_0.pdf。

82. Harrison, N 2014, Vertically integrated nationally appropriate mitigation actions (V-NAMAs): Policy and implementation recommendations. Deutsche Gesellschaft für Internationale Zusammenarbeit, 德国。参见http://www.iclei.org/fileadmin/PUBLICATIONS/Brochures/v- nama_-_policy_and_implementation_recommendations_2014_1_.pdf。

83. 意大利政府，2017, Voluntary national review Italy national sustainable development strategy, Ministry for the Environment Land and Sea & Directorate-General for Sustainable Development, Environmental Damage and International Affairs - Division I。参见https://sustainabledevelopment.un.org/content/documents/16341Italy.pdf；Government of the Czech Republic 2017, National report on the implementation of the 2030 agenda for sustainable development, Government Council for Sustainable Development. 可参阅：https://sustainabledevelopment.un.org/content/documents/15717Czech_Republic.pdf。

84. 国际预算促进会，2017，收录至《2017年世界公共部门报告》。

85. 世界城市和地方政府联合组织，2017, National and subnational governments on the way towards the localization of the SDGs，地方和区域政府递交给2017高级别政治论坛的报告，世界城市和地方政府联合组织，巴塞罗那。参见http://www.uclg-decentralisation.org/es/node/1390。

86. 地方和区域政府全球特别事务组，2016, Roadmap for localizing the SDGs: Implementation and Monitoring at Subnational Level. 第二次联合国人居三大会.联合国开发计划署，世界城市和地方政府联合组织和联合国人居署，p.22。参见https://www.uclg.org/sites/default/les/roadmap_for_localizing_the_sdgs_0.pdf。

87. 联合国开发计划署，2017, “ART 2015– 2016 in review”, New York: UNDP。参见https://issuu.com/artpublications/docs/art_eng-_web; 世界城市和地方政府联合组织，2017, National and subnational governments on the way towards the localization of the SDGs, 地方和区域政府递交给2017高级别政治论坛的报告，世界城市和地方政府联合组织，巴塞罗那。参见http://www.uclg-decentralisation.org/es/node/1390。

88. 荷兰国际市政协会，2009–2015, Global Goals Municipality Campaign. [Website]。参见http://www. vng-international.nl/our-projects/ global-goals-municipality-campaign/。

89. Messlas, R 2017, SDGs at the subnational level: Regional governments in the voluntary national reviews, Network of Regional Governments for Sustainable Development & United Regions/Forum of Regional Governments and Global Associations of Regions. 参见http://localizingthesdgs.org/library/view/345。

90. 联合国人居署，2017, Localizing the sustainable development goals initiative. 收录至2017年世界公共部门报告；Feiock, R & Shrestha, M 2016, “Local government networks”, in: J Nicoll Victor, AH Montgomery & M Lubell (eds.) The oxford handbook of political networks, 牛津大学出版社，牛津，pp.537–558。参见http://www.oxfordhandbooks.com/view/10.1093/oxfordhb/9780190228217.001.0001/oxfordhb-9780190228217–e-22?print=pdf；联合国开发计划署，2017, “Dialogue between Ibero-American and African networks of local and regional governments on SDGs localization”, Localizing the SDGs, 27 October。参见http://localizingthesdgs.org/story/view/138；Mead, L 2017, “Subnational actors localize SDGs, highlight role of culture and transport in achieving SDG 11”, ISSD/SDG Knowledge Hub, 7 November。参见http://sdg.iisd.org/news/subnational- actors-localize-sdgs-highlight-role-of-culture-and-transport-in-achieving- sdg-11/。

91. 参见UNDESA 2016, Climate change resilience. An

opportunity for reducing inequalities，世界经济与社会调查，纽约，联合国，p.92。参见https://wess.un.org/wp-content/ uploads/2016/06/WESS_2016_Report.pdf。报告第4章强调，需要建立渐进而灵活的政策流程来应对不确定性，尤其是整合政策方法语境中存在的不确定性。尽管该章节针对的是气候危害这一具体议题，但其经验同样可以应用于其他政策领域。

92. 联合国，联合国大会：《变革我们的世界：2030年可持续发展议程》，A/RES/70/1（21 October 2015），第72段。参见http://www.un.org/ga/search/view_doc.asp?symbol=A/RES/70/1&Lang=E。

93. 联合国，联合国大会，Work of the Statistical Commission pertaining to the 2030 Agenda for Sustainable Development, A/RES/71/313（10 July 2017）。参见https://undocs.org/A/RES/71/313。

94. 联合国、联合国大会：《变革我们的世界：2030年可持续发展议程》，A/RES/70/1（21 October 2015），第77段。参见http://www.un.org/ga/search/view_doc. asp?symbol=A/RES/70/1&Lang=E。

95. Swanson, D, Pintér, L, Bregha, F, Volkery, A & Jacob, K 2004, National strategies for sustainable development: Challenges, approaches and innovations in strategic and co-ordinated action. International Institute for Sustainable Development and Deutsche Gesellschaft für Technische Zusammenarbeit（GTZ）GmbH，温尼伯，马尼托巴。参见https://www.iisd.org/pdf/2004/measure_nat_strategies_sd.pdf。

96. Woodbridge, M 2015, "Measuring, monitoring and evaluating the SDGs." ICLEI-Local Governments for Sustainability, Briefing Sheet- Urban Issues, no. 6, 1–4. 参见http://www.iclei.org/fileadmin/ PUBLICATIONS/ Briefing_Sheets/SDGs/06_-_ICLEI-Bonn_ Briefing_ Sheet_-_Measuring_Monitoring_Evaluating_ SDGs_2015_web. Pdf。

97. Woodbridge, M 2015, "Measuring, monitoring and evaluating the SDGs." ICLEI-Local Governments for Sustainability, Briefing Sheet- Urban Issues, no. 6, 1–4. 参见http://www.iclei.org/fileadmin/ PUBLICATIONS/ Briefing_Sheets/SDGs/06_-_ICLEI-Bonn_ Briefing_ Sheet_-_Measuring_Monitoring_Evaluating_SDGs_2015_ web. Pdf。

98. 世界城市和地方政府联合组织，2017, National and Subnational Governments on the Way towards the Localization of the SDGs，地方和区域政府递交给2017高级别政治论坛的报告，世界城市和地方政府联合组织，巴塞罗那。参见http://www.uclg-decentralisation. org/es/node/1390。

99. Confederação Nacional de Municípios 2017, CNM participa de oficina sobre ODS na Universidade de Brasília, 19 September. 参见http://www.cnm.org.br/ comunicacao/noticias/cnm-participa-de-oficina- sobre-ods-na-universidade-de-brasilia。

100. 可持续发展区域政府关系网，2017, The role of regional governments in the monitoring of SDGs: Reflections from nrg4SD around the global indicators framework. 可持续发展区域政府关系网，比利时。参见http://www.nrg4sd.org/wp-content/uploads/2017/03/ MonitoringofSDGs_fin.pdf.

101. 可持续发展区域政府关系网，2017, The role of regional governments in the monitoring of SDGs: Reflections from nrg4SD around the global indicators framework. 可持续发展区域政府关系网，比利时。参见http://www.nrg4sd.org/wp-content/uploads/2017/03/ MonitoringofSDGs_fin.pdf.

102. 可持续发展区域政府关系网，2017, The role of regional governments in the monitoring of SDGs: Reflections from nrg4SD around the global indicators framework. 可持续发展区域政府关系网，比利时，p.10。参见http://www.nrg4sd.org/wp-content/ uploads/2017/03/ MonitoringofSDGs_fin.pdf。

103. Prakash, M, Teksoz, K, Espey, J, Sachs, J, Shank, M & Schmidt-Traub, G 2017, Achieving a sustainable urban America: The U.S. cities sustainable development goals index 2017. 可持续发展解决方案网络，2017年4月3日。参见http://unsdsn.org/wp-content/uploads/2017/04/ Report-SDG-Cities-Index-Master_MP_Fixed.pdf。

104. Ouyang, D 2017, "Building an SDG Data Dashboard for San José, California"，可持续发展解决方案网络，5月2日。参见http://unsdsn.org/news/2017/05/02/ building-an-sdg-data- dashboard-for-san-jose-california/。

105. 案例来源：世界城市和地方政府联合组织，2017, National and Subnational Governments on the Way towards the Localization of the SDGs，地方和区域政府递交给2017高级别政治论坛的报告，世界城市和地方政府联合组织，巴塞罗那。参见http://www. uclg-decentralisation.org/es/node/1390。

106. 联合国开发计划署，2016, The sustainable development goals are coming to life: Stories of country implementation and UN support. 联合国开发计划署，美国。参见https://undg.org/wp-content/uploads/2016/12/SDGs-are-Coming- to-Life-UNDG-1.pdf; 国际预算促进会，2017，

收录至《2017年世界公共部门报告》。

107. 原因在于，这些国家在以往经验中将地方政府纳入了国家发展规划及战略当中，赋予了地方政府较为重要的地位，包括利用有能力、有资源的协会和关系网对其进行动员等。

108. 联合国经济和社会事务部，2016, Synthesis of voluntary national reviews. 可持续发展部门，纽约，p. 35。参见https://sustainabledevelopment.un.org/content/documents/126002016_VNR_Synthesis_Report.pdf；Grupo de Seguimiento Territorial Dirección de Seguimiento y Evaluación de Políticas Públicas & Secretaría Técnica de la Comisión Interinstitucional de Alto Nivel para los ODS en Colombia Departamento Nacional de Planeación 2017, Inclusión de los ODS en los Planes de Desarrollo Territorial, 2016 –2019. Departamento Nacional de Planeación, Bogotá D.C., 哥伦比亚。参见https://colaboracion.dnp.gov.co/CDT/Sinergia/Documentos/ODS_en_los_PDT.PDF; 世界城市和地方政府联合组织，2017, National and subnational governments on the way towards the localization of the SDGs, 地方和区域政府递交给2017高级别政治论坛的报告，世界城市和地方政府联合组织，巴塞罗那，p.37。参见http://www. uclg-decentralisation.org/es/node/1390。

109. 世界城市和地方政府联合组织，2017, National and Subnational Governments on the Way towards the Localization of the SDGs，地方和区域政府递交给2017高级别政治论坛的报告，世界城市和地方政府联合组织，巴塞罗那，p.37。参见http://www.uclg-decentralisation.org/es/node/1390。

110. 世界城市和地方政府联合组织，2017, National and Subnational Governments on the Way towards the Localization of the SDGs，地方和区域政府递交给2017高级别政治论坛的报告，世界城市和地方政府联合组织，巴塞罗那，p.37。参见http://www.uclg-decentralisation.org/es/node/1390。

111. 捷克共和国政府，2017, National report on the implementation of the 2030 agenda for sustainable development，可持续发展政府委员会。参见https://sustainabledevelopment.un.org/content/documents/15717Czech_ Republic.pdf.

112. Risse, N 2017, "VNR main messages highlight diverse SDG approaches", ISSD/SDG Knowledge Hub, 27 June. 参见http://sdg.iisd.org/news/vnr-main-messages-highlight-diverse-sdg- approaches/?utm_medium=email&utm_campaign=2017–06–27%20–%20SDG%20Update%20AE&utm_content=2017–06–27%20–%20/。

113. 可持续发展区域政府关系网，2017, The role of regional governments in the monitoring of SDGs: Reflections from nrg4SD around the global indicators framework. 可持续发展区域政府关系网，比利时。参见http://www.nrg4sd.org/wp-content/uploads/2017/03/MonitoringofSDGs_fin.pdf。

114. 意大利政府，2017, Voluntary national review Italy national sustainable development strategy, Ministry for the Environment Land and Sea & Directorate-General for Sustainable Development, Environmental Damage and International Affairs - Division I。参见https://sustainabledevelopment.un.org/content/documents/16341Italy.pdf。

115. Marques, A 2014, Vertical integration of climate policy in Japan: Institutional arrangements for effective vertical integration of climate mitigation policy and delivery. Deutsche Gesellschaft für Internationale Zusammenarbeit. 参见http://www.solutions-gateway.org/images/vnamas/1/v-nama_-_case_study_japan_2014（1）.pdf.

116. 捷克共和国政府，2017, National report on the implementation of the 2030 agenda for sustainable development，可持续发展政府委员会。参见https://sustainabledevelopment.un.org/content/documents/15717Czech_ Republic.pdf。

117. 日本政府，2017, Japan's voluntary national review report on the implementation of the sustainable development goals，推动可持续发展目标总指挥部。参见https://sustainabledevelopment.un.org/ content/documents/16445Japan.pdf。

118. Prokop, M nd, Integrating the 2030 Agenda into Planning and Budgeting Processes Overview of Key Steps，落实2030年可持续发展议程区域知识交流。参见http://www.asia-pacific.undp.org/content/dam/rbap/docs/meetTheSDGs/Session%20I%20Overview%20Presentation%20（by%20 Michaela）.pdf。

119. 参见报告第2章中提到的关于国际最高审计机关组织促进实现可持续发展目标的四种方法。联合国经济和社会事务部和国际最高审计机关组织开发倡议，2017, Auditing preparedness for the implementation of the sustainable development goals（SDGs）.最高审计机关领导人和利益攸关方会议，联合国总部，纽约。参见http://workspace.unpan.org/sites/Internet/Documents/Report%20IDI%20Meeting%20Final%20DPADM%20IDI%2006%2009%202017.docx.pdf。

120. Gorrissen, E 2017, Challenges and opportunities in SAI capacity development.［演讲］能力建设委员会会议，国际最高审计机关组织开发倡议，9月19日，华盛顿。

121. Swanson, D, Pintér, L, Bregha, F, Volkery, A & Jacob, K 2004, National strategies for sustainable development: challenges, approaches and innovations in strategic and co-ordinated action. Winnipeg, Manitoba: International Institute for Sustainable Development and Deutsche Gesellschaft für Technische Zusammenarbeit (GTZ) GmbH. 参见https://www.iisd.org/pdf/2004/measure_nat_strategies_sd.pdf.

122. Lustosa da Costa, C E 2017, The contribution of the supreme audit institutions to the 2030 agenda. 收录至《2017年世界公共部门报告》。

123. 经济合作与发展组织，2016, Supreme audit institutions and good governance: Oversight, insight and foresight，经济合作与发展组织出版，巴黎。参见http://dx.doi.org/10.1787/9789264263871–en。

124. 到2017年年底，该审计将得出拉丁美洲11个国家在这些方面的相关信息并生成一份地区汇总报告。TCU/OLACEFS. 2017. 关于可持续发展目标协调审计的审计规划矩阵。参见http://www.olacefs.com/environment-comtema/?lang=en。

125. Vargas Nisthal, LC & Lima, L 2017, Rol y desafíos de la contraloría general de cuentas de la república de Guatemala en la evaluación y análisis de las políticas públicas y su consistencia con el complimiento de los objetivos de desarrollo sostenible (ODS). Contraloría General de Cuentas, Guatemala. Work submitted to OLACEFS Good Practices Award 2017.

126. 国际最高审计机关组织开发倡议下—国际最高审计机关组织可持续发展目标审计知识共享委员会。参见报告第2章。

127. Barros, M 2016, “O papel do TCU na implementação da agenda 2030 dos objetivos de desenvolvimento sustentável”. Revista do TCU, Maio/ Agosto. 可参阅：http://revista.tcu.gov.br/ojsp/index.php/RTCU/article/download/1350/1477.

128. Contraloría General de la República, Costa Rica 2014, Informe de la auditoría sobre las acciones de política pública respecto a la población joven que no estudia ni trabaja, División de Fiscalización Operativa y Evaluativa, San José. 参见https://cgrfiles.cgr.go.cr/publico/docsweb/ninis/docs/DFOE-SOC-IF-15–2014.pdf；Contraloría General de la República, Costa Rica 2016, Informe de auditoría de carácter especial sobre la interrelación de los Programas de Transferencias dirigidos a la población Adulta Mayor, División de Fiscalización Operativa y Evaluativa Área de Fiscalización de Servicios Sociales, San José。参见 https://cgrfiles.cgr.go.cr/publico/docs_cgr/2016/SIGYD_D_2016014300.pdf；Contraloría General de la República, Colombia 2015, Informe de auditoría a políticas públicas zonas de reserva campesina y zonas desarrollo empresarial: instrumentos de la política de desarrollo rural (1997 a 2014), Departamento Nacional de Planeación, Bogotá D.C, Colombia。

第4章

可持续发展目标下的利益相关方参与和政策整合

4.1 引言

自从可持续发展的概念提出以来，人们认识到了非国家行为体的参与对实现可持续发展的重要性。1992年，“联合国环境与发展世界会议”（地球峰会）的成果之一——《21世纪议程》引入了这一概念，其中一个章节专门讨论了不同利益相关方群体的参与情况，指出“实现可持续发展的基本先决条件是广泛的公众参与决策”[1]。多年以来，越来越明确的是，包容性参与对于实现可持续发展所需的结构变革是必要的。例如，实现可持续的消费和生产模式，动员拥有可持续价值观的消费者有助于创造对可持续服务和产品的需求，并产生可持续服务和产品的创新商业模式[2]。认识到参与、获取信息和实现公平这些可持续发展社会不可或缺的组成部分是地球峰会最重要的成果之一[3]。

实现长期整合需要支持公众参与、多部门和多层次解决问题的机制，除了各级政府之外，还需要广泛的利益相关方参与。此外，要遵守《2030年议程》所倡导的“不让任何一个人掉队”的原则，就必须与各类的利益相关方接触，并特别关注边缘群体和个人。

本章从系统和部门层面探讨了利益相关方参与机制的采用将如何影响整合结果。参与的不同部门，不同决策层次和不同选区的流程和机制都积累了丰富的经验。在吸取先前经验后，各国已经认识到利益相关方参与对加强可持续发展目标的重要性，并确保在各级进行有效的实施和监督[4]。本章对这些经验进行了初步回顾，并聚焦于这些经验在各国设计促进政策整合的参与机制时将如何影响其选择。

4.2 让利益相关方参与政策整合

4.2.1 参与《2030年议程》

《2030年议程》强调了国家参与过程的重要性，以确保利益相关方从国家战略制定到实施到国家监测和审查等各个阶段的有意义和积极的参与。具体的可持续发展目标都涉及参与。在系统层面，目标16.7要求确保“在各级进行响应性、包容性、参与性和代表性的决策”。在具体的可持续发展目标层面，目标6.b（“支持和加强当地社区参与改善水和卫生管理”）、目标10.2（“增强所有人的权能，促进他们融入社会、经济和政治生活”）和目标11.3（“加强包容和可持续的城市建设，加强参与性、综合性和可持续的人类住区规划和管理能力”）是指治理过程中的参与和包容性。《2030年议程》规定“必须赋予弱势群体权力”，“原住民、儿童和青年，特别是那些处

专栏4.1 利益相关方的定义

利益相关方的概念起源于商业管理文献，是指任何可能影响或受组织目标实现影响的群体或个人。虽然这个术语经常被人们理解得很狭窄，但《21世纪议程》采用了一个广泛的定义，系统地指代个人、团体和组织。这是本报告中使用的利益相关方定义。具体而言，在本报告中，利益相关方是指一个正式组成的团体或组织的个人或代表，这些团体或组织具有或被认为具有集体利益并可能影响（例如，告知决策，发表意见和反映利益诉求）或受到政策过程和自己或其他影响政策的人的行为的影响。

资料来源：见尾注5。

于弱势地位的人，应该获得终身学习的机会，帮助他们获得可以充分参与社会所需要的知识和技能”[6]。《2030年议程》还提到，后续行动和审查过程必须“对所有人开放，包容，参与和透明”（第74d段），审查应该“特别关注最贫困，最脆弱的和那些最落后的群体”（第74e段）。

可持续发展目标17要求振兴可持续发展全球伙伴关系，包括建立多利益攸关方伙伴关系，以促进和执行消除贫穷和可持续发展的政策，其中包括：（1）加强全球可持续发展伙伴关系，以多利益攸关方伙伴关系作为补充，调动和分享知识、专长、技术和财政资源，以支持所有国家，特别是发展中国家实现可持续发展目标（具体目标17.16）；（2）借鉴伙伴关系的经验和筹资战略，鼓励和推动建立有效的公共、公私和民间社会伙伴关系（具体目标17.17）。

4.2.2 为什么参与对于整合至关重要?

《2030年议程》全面要求政府和所有利益相关方、各级政府和部门之间采取协调一致的行动。在最基本的层面上，如果《2030年议程》要获得成功，就需要提高认识，并且在全民方面可持续发展目标的所有权须有所提升。除此之外，《2030年议程》的实现需要结构转型，这又需要个人、组织和社会层面的行为有所改变。参与是实现这些目标所必需的。非政府行为者本身是变革的主要驱动力，并有助于对政府持续施压，以督促其采取行动实现可持续发展目标。在最广泛的层面上，作为对长期转型的支持，由社会的所有组成部分共同承担的参与是构建未来整合愿景和战略的关键。

解决可持续发展问题需要在公共组织的内部和外部穿插工作。由于它们在社会上十分复杂，所以解决可持续发展问题的方案需要包括国家组织（各级政府的政府机构）以及非营利组织、私营企业、学术界、有组织的民间团体和个人在内的一系列利益相关方采取协调一致的行动。

整合需要平衡来自不同行业的不同行为者的观点，根据定义，这只能通过参与来完成。要实现对复杂问题的共同理解以及设计受益于大型社会共识的综合解决方案，参与显得非常重要，而这反过来对确保所有权和实现可能解决方案也至关重要。

最后，与弱势群体和边缘化群体的接触也是实现《2030年议程》的另一个关键方面，即“不让任何一个人掉队”。因此，政府机构可以从利益相关方参与的投资资源中获益，而不是仅仅关注和投资传统的政策工具[7]。

4.2.3 参与整合的益处和成本

4.2.3.1 潜在益处

参与整合的潜在益处很多。如上所述，参与的利益相关方可以通过更准确的方式帮助解决问题，提供有关确定政策解决方案和评估实施过程的信息，从而改善政策绩效[8]。与非国家或非政府组织交流政策制定可以帮助政府更好地理解人们的需要和诉求，纠正在获得政策流程和公共服务方面的不平等。此外，非国家或非政府组织可以直接参与解决政策问题，并通过知识，政策和技术的协同效应贡献更多的资源[9]。

利益相关方作为可持续发展目标实施中的受益者和监督机构，可以直接了解服务和计划在实践中如何为他们工作。在某些情况下，让非国家或非政府组织，特别是具有强大社区联系的非国家或非政府组织（例如参与提供服务的非政府组织）参与的另一个好处是，他们可以帮助确定和实施更适合特定环境的政策解决方案，并反映社区的具体特点。这可以加强政策的所有权，反过来也可能具有更好的合规性[10]。

如上所述，利益相关方参与的潜在益处之一是其对政策整合的贡献。从流程角度来看，推进政策整合需要改变决策流程，或增加能够维持政策整合的具体流程[11]。这些改变流程包括增加与非国家或非政府组织的互动——要么通过正式机制，要么通过非正式的接触和关联。与非国家或非政府组织更多交流互动会给政策整合带来两大好处[12]。一方面，它将使实现政策整合的进程更加民主，因为它可以提高透明度、问责能力、参与度和帮助建立公民能力。另一方面，它将通过提供更多的知识和信息，提高政策产出，被更广泛地接受并被视为合法，从而使政策整合更加有效。

尽管将利益相关方参与与政策整合联系起来的因果机制很少被探索，但仍可从文献中找出一些联系。一方面，利益相关方参与横向或纵向协调机制可以在决策周期的任何阶段提供信息并提高对整合失败的认识。在这种情况下，参与投入可以有助于协调和整合。另一方面，可以通过以下方式来促进各层级政府之间动员利益相关方：在追求某些特定的发展目标的过程中，协调合作可以因此被促进[13]；同时，游说及动员草根群众能提高政策制定者和执行者之间的认知，这些认知关乎多层级之间协调合作所面临的问题和挑战。

4.2.3.2 潜在成本

让多个利益相关方参与推进整合政策也涉及成本。这些必须与获得的潜在好处进行比较，以评估是否以及如何让利益相关方参与特定的环境。在财务和人力资源方面建立和管理参与过程的行政成本可能很大。广泛的利益相关方参与需要时间，并且可能会阻碍一些可持续发展挑战需要的快速政策反应[14]。如本报告第7章所示，这两个维度通常在产生冲突后变得至关重要，政府必须在两个方面之间协调：一方面在经济和社会方面取得成就，另一方面恢复对公共机构的信任，为此创造参与性进程并与不同人群接触便成为一种重要手段。

虽然引入多个利益相关方的观点有助于更全面、更合法地理解复杂的政策问题，但这种参与可能会加大不同观点整合成意见一致的政策解决方案的难度。此外，不同的利益相关方可能会带来仅呈现狭隘利益的单方观点，使得政策解决方案更加分散、重叠和重复，而不是推进综合的方法。

最后，管理利益相关方的参与和参与创造的预期需要公共管理部门和公务员掌握特定的技能和能力，并调动必要的资源以有效执行参与式方法。本章第4.5节将更详细地讨论各部门在参与和整合方面所面临的挑战。

4.2.4 参与的维度

参与工具和机制越来越多。文献采用了多种分类法来分析它们，但其中没有哪一个会明显优于其他分类。一般而言，所有这些分类考虑了五个广泛维度中的部分或全部：（1）参与程度，从提供信息到全面协作和授权，这包括该机制的决策权，以及其正式或非正式性质；（2）参与者是谁以及如何选择他们；（3）决策结构层面（例如工作层面与高层层面）；（4）该机制涵盖的决策阶段或战略管理阶段；（5）机制的内部工作方法和议事规则，包括交流方式[15]。

以第一个维度为例，国际公众参与协会（IAP2）根据互动水平和预期的公共影响对参与机制的类型进行了分类（见图4.1）[16]。文献表明，与囊括了信息结构化交换的双向机制相比，仅停留在信息传达层面的单向参与机制对于促进政策整合的影响收效甚微。有人认为，为了解决复杂的可持续发展问题而达成共识和改变行为需要利益相关方的高水平参与[17]。

据推测，单向参与越向协作和授权发展，机制就越必须正式化。然而，形式化和影响之间的关系并不总是直截了当的。玻利维亚在21世纪初制定减贫战略文件（PRSP）进程和国家发展计划（NDP）时采用参与式方法的经验表明，没有

图4.1

公众参与图谱

公众影响力不断提高 →

	告 知	征 询	参 与	协 作	授 权
公众参与目标	为公众提供平衡和客观的信息来帮助他们了解问题，寻求替代方案和/或解决方案	获得公众对分析，替代方案和/或决策的反馈意见	在整个过程中直接与公众一起工作，以确保公众问题和关切一直被理解和考虑	在决策的各个方面与公众进行合作，其中包括开发替代品和确定首选解决方案	将最终决策权交给公众
对公众的承诺	我们会随时向您通报	我们会随时向您通报，倾听并承认您的疑虑和问题，就公众意见如何影响决策提供反馈意见	我们将与您一起确保您的疑虑和问题直接反映出来，在所开发的替代方案中提供关于公共投入如何影响该方案的反馈决策	我们将期待您在制定解决方案方面的直接建议和创新，并尽可能将您的建议和意见纳入决策	我们将执行您的决定
示例工具	• 事实表 • 网站 • 开放接待日	• 公众意见 • 专门小组 • 调查 • 公众会议	• 研讨会 • 自由投票	• 公民咨询委员会 • 建议共识 • 参与式决策	• 公民陪审团 • 选票 • 委派决定

资料来源：国际公众参与协会，*IAP2*公众参与图谱(Wollongong: *IAP2*, ND)，https://www2.fgcu.edu/Provost/files/IAP_Public_ Participation_Spectrum.pdf.

真正的参与式环境（如减贫战略文件所示），自上而下的正式参与方式是难以实施并可能无法产生预期结果的。相比之下，NDP的非形式化参与过程（“无规则参与”）更有效地产生了更接近人口真实需求的结果[18]。

4.2.5 关于利益相关方参与产生影响的例证

过去20年来，公众参与对发展成果影响的实证证据一直在积累，并且刚刚开始系统化。关于各国和各部门之间不同的参与性问责制度和社会问责制能产生几级的影响，最近的一篇研究综述发现了大量的实质证据[19]。同样地，对2010年以来的现有文献进行考古，在20多个国家的100多项案例中，存在着大量与群众参与相关的实例，这也特别值得我们的关注。即群众参与是如何从一开始被联系起来，直至由可观测的结果演变为实际的参与过程。研究发现，在包容性、问责能力和基层建设方面，传统的参与机制的影响力远不如地方协会或社会运动来得更为积极有效。案例分析表明，与单一的参与机制相比，使用多种参与方式混合的办法并促成多元行动者合作，对于加强响应和问责能力似乎更为行之有效。

然而，关于特定参与工具对政策有效性和其他发展成果的影响的经验证据鱼龙混杂。一些研究表明，通过社区监测等体制机制参与可能影响甚微或没有影响[21]。其他研究还发现地方发展项目易受地方腐败势力掌控[22]。对比的证据表明，要想使参与产生积极影响，除了设计和运作体制机制以吸引不同的利益相关方，可能还需要其他的额外条件，包括采取集体行动或社会动员来使其发挥作用。

经验证据表明，参与体制机制的存在不足以确保所有群体的有效参与，特别是较贫穷和更边缘化的群体。了解集体行动者在权力关系不对等的情况下如何形成、掌握权限、动员和参与也很重要。例如，巴西的健康委员会由多元利益相关方组成，其在监管卫生服务以及替不同领域的众多联盟发声方面的表现较为出色[23]。

为使参与机制有效，它们需要一个有利的环境来维持和促进集体行动。例如，集体行动的形式理论表明，集体合作的历史能够带动一个集团克服集体行动中所存在的问题，从而使得公职人员恪尽职守[24]。其他相关因素包括将民间社会的努力与形式化的制度安排相结合，一个自由和有能力的媒体，利用信息通信技术，整合民间社会与可行使权力并使用执法手段的政治行动者的努力，将社区动员与少数领先的专业化民间社会组织结合起来，并且使行动者投入联盟和关系网络中来[25]。

尽管成功调动具体的利益相关方可能需要特定的条件（例如基层参与或领导阶层的个人利益关系或公司社会责任的公共宪章），但一些背景因素起着作用。《世界公共部门报告（2008）》提供了一系列促成因素，包括政治自由、公民自由、法治、信息权、言论自由、独立的司法机构、结社自由和民间社会组织的畅通无阻的运作[26]。信息提供、透明度、利益攸关方和决策者的参与技能和能力、专门的法律规定、预算和工作人员、明确的责任和问责制都已经在参与的要求中被提到了。如果没有这样的条件，参与机制可能变得无效甚至适得其反，成为地方腐败垄断势力的受害者，变成纯粹的粉饰，无法触及利益相关方并使其参与进来。

尽管使利益相关方参与很重要，但关于政策整合的文献并没有把重点放在外部行为者的决策参与上[27]。政策整合通常被视为一种以国家为中心的理念，属于政府的责任。然而，随着人们对非国家治理以及政策整合与可持续性之间的关系日益感兴趣，参与如何推动政策整合这个问题也得到越来越多关注[28]。

4.3 谁参与政策整合？

在实施可持续发展目标过程中，不同的非国家或非政府组织与政府的互动带来了独特的好处和价值[29]。例如，妇女和女孩的参与有助于将性别因素纳入各个领域的政策。儿童和青少年的参与则鼓励跨代思维[30]。科技界可以帮助加强政策科学性，帮助提高公众对可持续发展挑战（例如气候变化）的认识，提供信息和证据并确定良好做法。同样，通过与私营部门合作，政府可以通过伙伴关系更好地调动资源和技术援助，并利用私营部门的可持续性举措。作为商品和服务的主要生产者，私营部门是实现所有目标的关键，特别是确保可持续消费和生产模式（可持续发展目标12）与经济增长和体面就业（可持续发展目标8）。

不同的利益相关方群体需要不同的参与过程和渠道（例如，公民个人与跨国公司）以及不同的参与激励机制。与其他方面的整合（见本报告第3章）一样，区分系统层面的参与机制（例如国家可持续发展理事会）和在部门层面运作的参与机制在概念和经验上都是相关的。本章第3节就是基于这一点区分的。

可持续发展目标和具体目标本身可用于初步识别与具体问题相关的利益相关方。 有关问题与所有其他可持续发展目标（包括同一个可持续发展目标的其他目标）之间的相互联系为利益攸关方的识别提供了一个自然的起点[31]，之后可以使用识别利益攸关方的常用方法和工具。在实践中，如本章后面所述，正确识别利益相关方应远远超出这个初步阶段。

图4.2以海洋生态系统管理为例，其被包含在可持续发展目标14.2中。多个目标和可持续发展目标地区以外的可持续发展目标（可持续发展目标14）可能会影响目标14.2的实施情况。反之，海洋生态系统的管理也影响到一些可持续发展目标地区的成果。这张基本图显示，关于这个问题的全面讨论应力图让涉及海洋生态系统保护、粮食安全、能源生产、气候变化、扶贫、教育和其他许多主题的利益相关方参与其中。

图4.2

可持续发展目标4.2，可持续发展目标14下的目标和其他可持续发展目标的联系

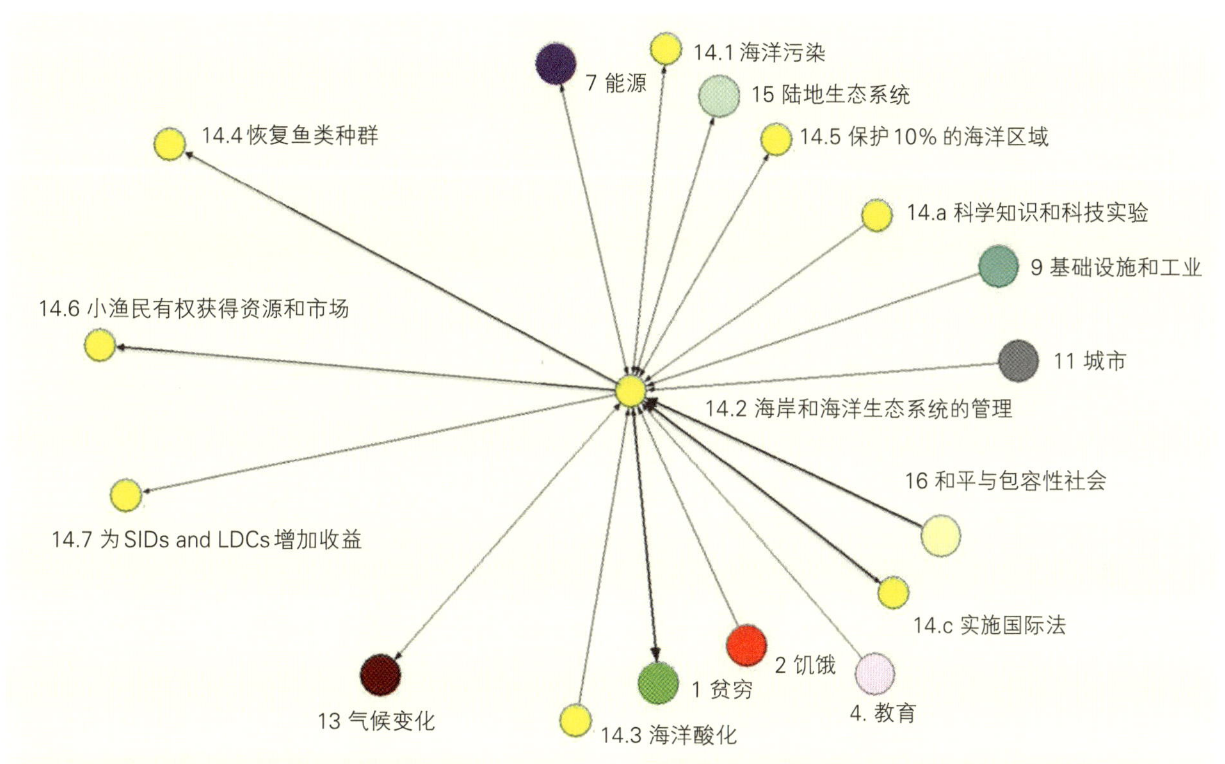

资料来源：Le Blanc, Freire and Vierros, 2017[35]。

在这方面，有两个维度值得一提，因为它们特别重要：范围和地域规模[32]。首先，找到合适的范围来解决问题对于确定适当的利益相关方非常重要，正如绘制可持续发展目标相关链接的专家所指出的那样[33]。其次，根据所考虑的问题，不同地域的利益相关方可能产生影响。在国家层面开展工作时，重要的是要明确国际参与者对这一领域成果的影响程度，以及如何在决策中考虑到这一点[34]。

4.3.1 选择利益相关方促成整合

参与机制旨在代表公共政策领域相关行动者的多样性。多样化的行动者提供更多的潜在资源，带来丰富的知识，为创新和学习创造机会。[36]

选择参与者的方法有很多种，取决于能力，资源和实践[37]。虽然有些机制向所有人开放，但有的机制依赖于某种形式的抽样，使用公共邀请，利用现有网络或有意瞄准某些机制个人或团体。多样化的选择机制在代表性和合法性方面同时具有优势和局限性，因此它们有可能加强可持续发展目标实施过程中的政策整合[38]。例如，对所有人开放的参与机制往往不能代表较大的公众，因为那些拥有更多资源和能力的人可能会抓住这个过程，减少投入的范围，从而减少融合的机会。相比之下，有选择性的挑选可能会针对那些参与度较低的参与者，而他们的观点和意见对于寻找多部门解决方案可能更有价值，随机选择也可以确保不同观点的更高代表性。如果实施得当，激励弱势群体的开放机制（如参与性预算），依赖随机选择的机制以及使大众对某个问题感兴趣的机制都有助于加强政策整合[39]。

应设计参与机制的细节，通过为有效和全面的参与创造适当的激励机制，在实现参与目标方面发挥着重要作用。例如，制度设计有助于避免那些更加密切联系或更具能力的团体在参与过程中相互拉拢，并促进所有相关利益者的参与，特别是弱势群体或边缘化群体[40]。要了解参与如何促进政策整合和有效性，需要考虑参与机制的制度设计与动员社会行为者的集体行动之间的相互作用[41]。

指导政府机构利益相关方参与的方针解决了这些设计问题中的部分问题。一些可用的指导方针间接指出了整合参与的好处[42]。在某些情况下，例如利益相关方参与实施《美国每个学生成功法》的指导意见，具体的参与方式如利益相关方咨询小组被视为一种“解决复杂或长期决策并逐步形成共识”的好方法[43]。但是，总的来说，这些指导方针没有明确提及利益相关方的参与如何促进整合或者如何部署参与机制来加强整合。

一个明显的例外是2016年西澳大利亚州政府利益相关方参与水生资源管理相关流程的指导方针[44]，其中明确指出，由此引起的不同利益相关方的协同作用“鼓励针对复杂问题制定综合全面的解决方案，并提高该部提供更好的渔业和水生生态系统管理能力”。指导方针依赖于上面介绍的IAP2交互水平，并确定每个级别的具体参与方式。该框架提供了具体指导，以系统方式确定关键利益攸关方，并确定渔业特定过程所需的最低参与程度，例如制定总体政策，开展环境影响评估或修改渔业管理计划。

就水资源综合管理而言，南非政府制定的指导方针建立在整合方法的基础上，该方法协调了利益相关方对水资源的使用需求。重点在于协调利益相关方对水的使用和期望使用或可能影响水生生态系统所需状态的那些过程的相互作用。这样做的目的是让利益相关方能够做出更有意义的贡献，并指导有限的资源利用和协调利益相关方持续使用水资源的问题[45]。

4.4 参与工具：它们如何有助于整合?

本节介绍参与工具和机制的示例。首先介绍参与的各个方面，然后在系统层面提供示例，其次是部门层面的示例，最后是关于多利益相关方伙伴关系的一些考量。本部分最后将讨论与这三种机制有关的挑战。

4.4.1 系统层面的参与机制

政府正在试验不同的利益相关方参与实施可持续发展目标的方法。这些方法建立在先前利益相关方汲取的经验教训的基础上。例如，国家经济和社会理事会（ESCs）是咨询机构，让多个利益相关方（包括来自企业、民间社会组织、工会和政府的代表）参与有关公共政策的磋商。起源于第二次世界大战后的西欧，ESCs最初提供了一个结构化的框架，以应对危机时期的经济政策困境；后来在一些国家其范围延伸至更广泛的社会和环境问题上。

国家经济和社会理事会的设立是为了使公共政策更加平衡、公平和负责，而不是把其具体化地整合。然而，对国家经济和社会理事会的分析为政策整合提供了相关的见解。国家经济和社会理事会的经验表明，它们已经帮助在关键目标方面达成全国性协议，将非国家或非政府组织的观点纳入公共政策，使其更具有回应性，并为社会行为者提供了一个平台，以推进可能被排除在政策议程之外的关切问题[46]。因此，在最基本的整合水平层面上，国家经济和社会理事会为确定共同目标和加强行为者之间的合作做出了贡献。在某些情况下，从更高的整合水平层面来看，它们也有助于不同行为者之间共同解决问题和制定更加整合的战略性政策规划[47]。巴西、保加利亚、丹麦或南非的例子显示了国家经济和社会理事会在制定国家政策方面的贡献以及整合经济和社会两个层面的战略[48]。国家经济和社会理事会也面临着挑战，特别是在发展中国家，这些挑战涉及所代表的行为者范围的限制，农村贫困人口等特定群体代表的缺乏，以及某些情况下可信度的有限[49]。

各国正在建立的另一个参与机制是国家可持续发展委员会（NCSDs）。国家可持续发展委员会在1992年首先被列《21世纪议程》的机构组成部分，以促进国家层面上的可持续发展。其目的是通过多利益相关方和跨部门国家机制应对与整合决策相关的挑战。其中一些国家可持续发展委员会——包括来自学术、科学、商业和非政府组织背景的代表——有助于监督政府实施可持续发展战略的进展。但是，经验表明，国家可持续发展委员会对大多数政策制定过程的影响仍然很低[50]。今天，许多国家都在运营着国家可持续发展委员会，其中许多国家已经在可持续发展目标实施中发挥了明确的作用（见图4.3）。

根据经合组织最近进行的一项调查显示，在可持续发展目标中，利益相关方的参与发生在不同的政策阶段，包括：根据国情对目标进行适应和优先排序；制订国家可持续发展目标实施计

图4.3

2017年国家可持续发展委员会世界地图

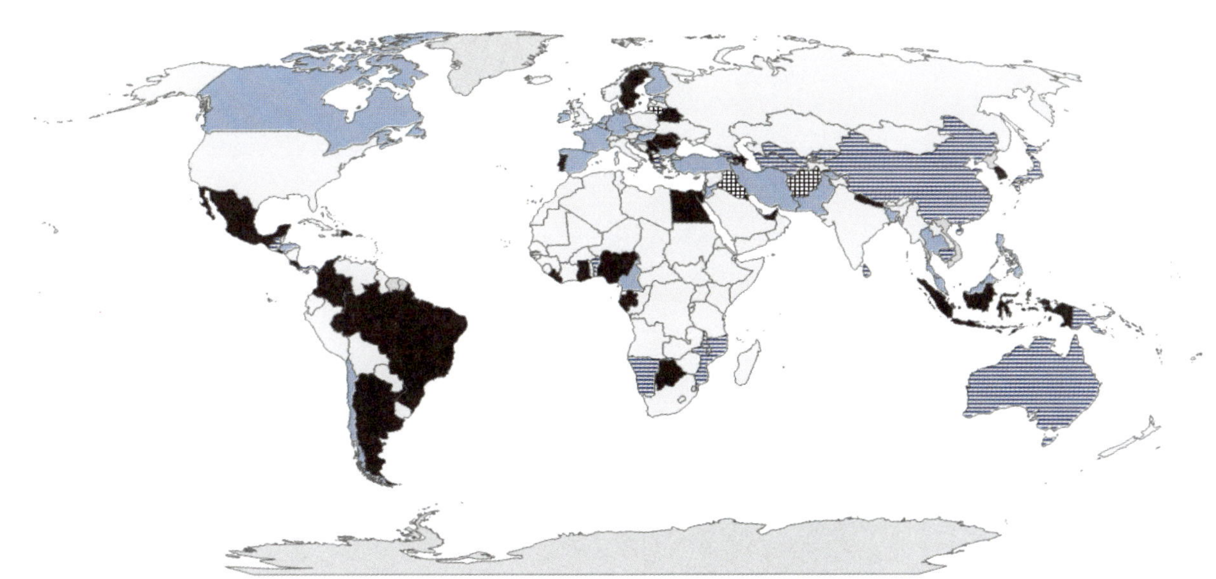

资料来源：作者阐述。

划；可持续发展目标实施；以及指标的确定和发展。有趣的是，大约三分之一的接受调查的国家回复说，它们会让利益相关方参与到横向协调机制中[51]。表4.1列出了制度层面涉及的决策周期不同阶段的参与机制示例。

使利益相关方参与可持续发展目标的一些努力侧重于提高认识并传播有关《2030年议程》和可持续发展目标的信息。提高认识的活动非常多样化，包括组织讲习班、会议、活动、传播和外展活动，包括社交媒体的使用。这些通常是临时性的，有时间限制的而不是制度化的倡议，通常是与民间社会组织（CSO）合作提出的。各国还强调了教育对提高可持续发展目标认识的重要性，并开始将可持续发展目标纳入教育课程和计划。例如，在韩国，与可持续发展目标相关的内容已被纳入中小学生的教科书中[52]。

表4.1　政策周期不同阶段的系统级别参与机制的一般示例

领导力	法律/监管	规划/设计	实施	监控和评估
• 提高对可持续发展目标的认识 • 与落后的人群接触使其参与	• 建立正式的咨询机制 • 分配参与机制的资源	• 制定国家可持续发展战略的（特别）公开磋商 • NSDCs负责国家可持续发展战略的设计或修订 • 参与式计划 • 参与式预算	• 多利益相关方伙伴关系 • 利益相关方在体制机制中为实施进行协调	• 学习网络（部门和系统层面） • 参与式监督和审查（由政府或监督机构进行） • 指标和数据收集的参与性发展

资料来源：作者阐述。

许多国家通过专门的讨论、宣传和协商活动，促使利益相关方参与可持续发展目标的实施[53]。磋商旨在收集不同利益相关方的意见，以制定可持续发展目标实施的国家战略和计划。他们可以面对面地进行，也可以在网上进行，也可以通过圆桌会议、论坛、研讨会、双边讨论和在线渠道等方式进行。例如，法国已经启动了关于实施可持续发展目标的咨询讲习班以及网上公众咨询。摩洛哥组织了一些关于《2030年议程》本地化的磋商，并得到民间社会代表的意见。秘鲁在可持续发展目标方面举办了大量国家磋商会议，包括2012—2014年之间开展的有关《2030年议程》和2017年的一些会议[54]。巴西，比利时和意大利为了增加参与者的数量并将范围扩大到特定的群体（例如学术界 、青年、消费者）和地方层面，已经通过民间社会网络进行了磋商[55]。

除了这些努力之外，各国还通过各种制度化机制让利益相关方参与实施可持续发展目标。为此，他们正在调整现有机构或创建新机构。没有单一的蓝图，由此产生的参与机制存在巨大差异。参与的体制结构可能涉及多种类型的利益相关方，在各级政府中运作，并在决策周期的不同阶段履行其职能。此外，虽然其中一些结构由政府领导，但其他一些由非国家或非政府组织领导。一些机构具有决策权，而另一些机构则是咨询机构。

一些国家正在使用新成立的机构让非国家或非政府组织参与可持续发展目标的实施。其中包括贝宁、博茨瓦纳、巴西、哥伦比亚、埃及、格鲁吉亚、洪都拉斯、肯尼亚、马尔代夫、墨西哥、瑞典和泰国等。利益相关方参与的一种形式是将利益相关方代表纳入技术或专题层面，而不是为可持续发展目标实施提供总体战略方向的高层机构中。例如，在肯尼亚，利益相关方派代表参加了可持续发展目标协调部门，该部门在转型和规划部内设立，负责整体协调的工作。该部由机构间技术委员会（IATC）提供支持，该委员会由政府主要部委、部门、机构、民间社会组织和私营部门的官员组成[56]。同样，在哥伦比亚，有效执行《2030年议程》及其可持续发展目标的高级别部际委员会新成立的技术秘书处与来自民间社会、私营部门、学术界的代表接触，并且强有力的利益相关方也参与了其中。洪都拉斯体现了不同的体制安排，其中利益攸关方既代表高级别委员会，也代表可持续发展目标技术委员会。利益相关方代表包括私营部门、工人和农民组织、学术界、有组织的民间社会和市政府[57]。

在其他国家，如巴西、博茨瓦纳、贝宁或泰国，负责指导可持续发展目标实施的中央协调机制也为利益相关方的参与提供了平台。巴西于2016年成立了全国可持续发展目标委员会，称“这是实现国家可持续发展目标的重要体制协调机制”[58]。委员会中代表国家和地方政府、民间社会、私营部门和学术界的成员建议巴西政府继续执行《2030年议程》。

哥斯达黎加的情况稍有不同。利益相关方的参与已通过由政府三个部门、民间社会组织、宗教组织、地方政府、私营部门和大学签署的非等级国家契约而制度化[59]。

其他国家正在通过预先存在的体制机制和流程，让利益相关方参与可持续发展目标的实施，包括比利时、爱沙尼亚、芬兰、德国、意大利、菲律宾、韩国和瑞士等。例如，在爱沙尼亚，可持续发展委员会[60]作为利益攸关方论坛，在执行和监测可持续发展目标方面发挥咨询作用。在比利时，联邦可持续发展委员会促进广泛的多利益相关方参与制定和实施国家，联邦和区域可持续发展战略。在瑞士，2030年可持续发展对话促进了私营部门，民间社会和学术界对可持续发展的讨论[61]。

一些多利益相关方机构由政府主导，如韩国绿色增长总统委员会，该委员会于2009年成立，制定了可持续发展综合战略。虽然它主要由政府官员组成，但它同时包含了政府和私营部门成员[62]。相比之下，德国可持续发展委员会是非政府主导的多利益主体机构的一个例子。理事会汇集了15位来自民间社会（总理指定的工会和其他利益相关方）的知名人士，他们在国际和国内层面代表着可持续发展的环境、经济和社会方面[63]。自2001年以来，理事会一直向政府就其可持续发展政策提供咨询意见，并一直推动可持续性问题的对话。它还提出了建议，并为可持续发展目标的实施提出了利益相关方提案。

在一些情况下，多利益相关方结构具有纯粹的咨询功能，而不是决策能力。例如，2014年6月成立的土耳其可持续发展解决方案网络汇集了来自民间社会、学术界和私营部门的人士，就实现该国的可持续发展进行讨论并提供咨询意见。该网络与该国的不同组织紧密合作，以产生研究和提案，并在全球、国家和地方各级促进问题的解决[64]。

就政府层面而言，一些参与机构是在地方一级建立的。例如，2011年成立的韩国地方可持续发展联盟一直在支持可持续发展目标的实施。该联盟建立地方机构和组织框架，与地方利益相关方团体（包括当地社区和政府）合作，以实现可持续发展目标和具体目标[65]。

其他机构，如政府主导的芬兰国家可持续发展委员会，主要在国家一级开展业务，虽然它们也可能涉及其他各级政府的代表。委员会成立于1993年，旨在加强芬兰对可持续发展的承诺。它由总理领导，包括不同的部长、高级政府官员以及市政府、教会团体、工会、非政府组织和科学界代表等公民社会成员[66]。这是芬兰为实现可持续发展目标而采取的综合利益相关方参与（全社会）方法的机制之一。（专栏4.2）

专栏4.2　芬兰可持续发展目标实施的整体社会方法

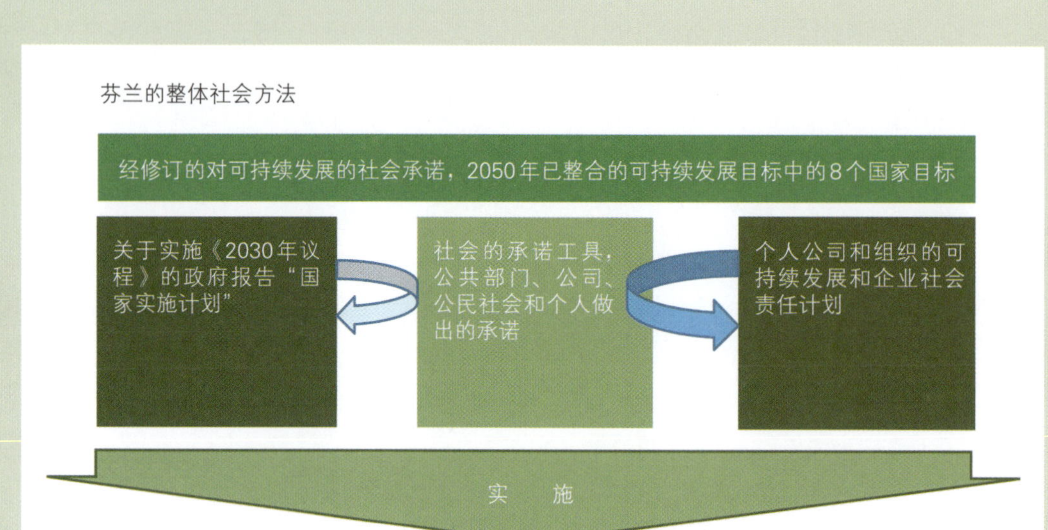

芬兰已将可持续发展目标纳入其国家背景，将现有的国家战略（包括2050年的八项国家目标）绘制到《2030年议程》中。该国推行全社会的通行方法来实现目标。

全国性、大众参与的利益相关方进程被用于评估可持续发展情况，以及制订国家行动计划的挑战和机遇。非国家利益相关方从一开始就参与了这一进程，并有机会对结果报告发表评论，并确定实施可持续发展目标的下一步措施。

可持续发展目标在芬兰的实施也依赖于合作方式。已经创建了一个公共的在线“社会对可持续发展的承诺”工具（https://commitment2050.fi/），来自社会各个方面的利益相关方可以做出有助于实现目标的公共承诺。它为个人、公司和组织提供了一种开放，自愿和具体的方式来参与可持续发展目标的实施。截至2017年12月，已经提交了300多项承诺。它还鼓励已拥有企业社会责任（CSR）计划的公司或组织提交其承诺，以使其社会责任承诺更加明显，并成为整个社会更广泛的利益相关方参与的一部分。在线工具还有助于让利益相关方参与政府的努力。政府的国家实施计划，大型或小型的社会努力，以及公司和组织通过在线工具进行的企业社会责任，它们之间的相互作用有助于加强利益相关方在可持续发展目标实施过程中的政策一致性。

资料来源：见尾注67。

芬兰的例子还说明了动员非国家或非政府组织的一种方式，他们与政府行为一致，都是为了实施可持续发展目标。许多倡议要求并公布不同行为者——政府和其他利益相关方（如私营部门、民间社会）的自愿承诺。注册管理机构通常会汇总和发布不同举措的承诺。例如，在可持续发展目标的范围内，已经创建了一个全球可持续发展自愿承诺登记册，其中包括截至2018年初的近四千份承诺[68]。关于气候变化的可持续发展目标13是非国家或非政府组织做出自愿承诺的另一个领域[69]。

就整合而言，自愿承诺可能会带来某些优势。它们可以提供合作努力的空间，从而加强整合[70]。此外，它们为行为者提供了灵活性，可以迅速启动并适应当地情况，从而增强综合解决方案的潜力。由于它们提高了参与者的声誉，所以它们还有助于从综合解决方案的学习中解决可持续发展问题，并支持其复制和传播。但是，其中一个劣势是缺乏跟踪和监测承诺的机制。有限的问责制难以确保这些承诺得到落实。不遵守自愿协议和制裁的有限可能性是政策整合的障碍[71]。此外，只有在它们反映相关的共同价值观时，自愿承诺才能更容易执行，并为整合方法提供更强有力的方法[72]。

利益相关方可以提供相关信息，帮助政府解决实施可持续发展目标中的不确定因素，并有助于监督和审查可持续发展目标的实施。参与监测、审查和报告工作的利益相关方的努力是有限的，但在全球和国家层面却受到越来越多的关注。在全球层面，自2016年以来，参与可持续发展目标后续和审查进程的非国家利益相关方的数量在稳步增加。2000多名非国家利益相关方参加了2017年高级别政治论坛。邀请利益相关方成为正式国家代表团（如阿塞拜疆、巴西、洪都拉斯、印度、印度尼西亚、约旦、乌拉圭）的一部分，并且在某些情况下，他们（例如阿根廷、比利时、塞浦路斯、捷克、意大利、日本、荷兰、尼日利亚、斯洛文尼亚、瑞典和泰国）在高级别政治论坛有发言权[73]。

许多成员国认识到让利益相关方参与编制VNR的重要性，尽管参与程度和方法因国家而异。在许多国家，利益相关方团体（通过离线和在线机制）已经咨询过，并有机会向VNR提供投入。诸如阿根廷、孟加拉国、比利时、伯利兹、哥斯达黎加、丹麦和埃塞俄比亚等国家与利益相关方分享了报告的反馈和评论报告，丹麦和瑞典还提供了包括基于利益相关方的信息附件[74]。一些国家还强调利益相关方对可持续发展目标的实施情况（如葡萄牙、巴西）进行平行或互补的审查。

在国家一级，一些国家已经动员利益相关方制定国家可持续发展目标指标，并为数据收集作出贡献。在菲律宾，国家经济与发展局在2015年和2016年举办了两次技术研讨会，由民间社会组织、学术机构、捐助者和政府官员参与，评估国家背景下的可持续发展目标指标，确定数据可用性，优先考虑全球指标，并就可持续发展目标2、目标3和目标5[75]的23个互补国家指标达成了一致意见。

如白俄罗斯、丹麦、埃塞俄比亚和尼日利亚等国家已经与利益相关方合作开发数据收集工具，并补充政府为可持续发展目标监测收集数据的努力。例如，在尼日利亚，邀请利益相关方参与数据绘图过程[76]。在丹麦，本土事务国际工作组（IWGIA）为制定一个基于社区的工具开展工作，收集分类数据以监测与可持续发展目标有关的本国群众的权利落实情况。

这些为调动和吸引利益相关方所做的努力对政策整合究竟产生多大影响，鲜有人知。关于非正式和制度化参与机制的绩效和有效性，以及它们如何有助于可持续发展目标的整合实施，目前尚无系统证据。利益相关方参与政策整合的可能影响与制度设计因素（如参与机制的配置、成员资格等）有关，无论这些机制是否与决策权力（如决策制定与咨询机构）以及具体的背景因素（例如国家利益相关方动员的先前模式）有关。此外，正如芬兰的例子所示，一个关键因素可能是各国是否将利益相关方参与列为重要的交叉问题，并利用其国家可持续发展战略调整各种不同而又相互补充的努力去动员整个可持续发展目标中的利益相关方持续参与。

最高审计机构（SAIs）以及其他监督和监管机制可以成为重要的信息来源，以阐明实施可持续发展目标过程中的特征，绩效和可能的影响。（见专栏4.3）。

专栏4.3 评估利益相关方的参与——最高审计机构对可持续发展目标实施准备情况审计的一部分

作为持续审计政府实施可持续发展目标准备情况的一部分，最高审计机构可能会提供有关政府是否以及如何参与利益相关方的宝贵信息。最高审计机关可以根据他们在审计参与方法和政府政策和计划组成部分方面的经验，评估有关利益相关方参与可持续发展目标的相关问题，其中包括：

（1）参与整合可持续发展目标的非国家行为者的级别和部门是什么？

（2）在将国家计划和政策与可持续发展目标结合起来时，如何考虑不同利益相关方的观点？是否将相关的利益相关方纳入协调可持续发展目标实施的体制机制？

（3）是否有相关的利益相关方参与了制定国家目标和具体目标/国家指标的过程？是否有计划管理和协调利益相关方的努力以支持可持续发展目标的实施？

（4）非国家行为体为支持可持续发展目标进行了哪些努力，如调动伙伴关系，提高认识等？

这些审计的结果将在2018年和2019年提供给几个国家。一些最高审计机关在审计准备实施可持续发展目标时已经探讨了这些问题。在巴西，审计结论认为，联邦政府没有制订可持续发展目标的长期国家计划，以确保非国家利益相关方的参与（与该国如伯南布哥州和米纳斯吉拉斯州的其他经验相比）。

在进行这些与可持续发展目标相关的审计时，最高审计机关本身正在寻求与各种各样的利益相关方接触，超越其传统的信息来源和证据收集，并确保可持续发展目标审计结果的广泛传播和审计建议的适当的后续行动和实施。

资料来源：2017年作者和法庭审计报告《巴西政府为实施可持续发展目标做好准备的审计报告》，TC：028.938 / 2016–0。

4.4.2 部门层面的参与机制

如上所述，机构在特定部门或问题层面进行整合的尝试已经广泛存在。关于部门层面参与的证据通常在特定领域的文献中找到，使系统分析成为一个超出本章范围的大规模工作。表4.2根据对不同可持续发展目标特定部门的有限审查，列出了不同部门参与的选定范例。利益相关方参与的程度以及促进利益相关方参与的结构和方法似乎在不同部门和不同国家的同一部门内也有所不同（如，气候变化）[78]。再如，与清洁能源有关的文件[79]和发展中国家的交通规划[80]中都没有指出协作实践的制度化，但也发现了这些和其他部门的好例子，如营养、综合水资源管理、气候变化、海洋和森林管理。例如在海洋和森林管理方面，强调了促进利益相关方高度参与规划和决策进程的参与性方法。

表4.2 可持续发展目标不同阶段中部门层面参与机制的一般示例

水资源综合管理（可持续发展目标6）	• 各种类型的正式和非正式结构：流域机构人员与流域利益相关方之间的外联和沟通计划（印度尼西亚）；有国家和地方政府代表（巴西、哥斯达黎加、加拿大）的多部门委员会或理事会；来自国家以下各级和用水部门的代表（澳大利亚）[85]组成的咨询委员会 • 一些机构（例如多部门多利益相关方委员会）在水事问题上发挥了领导作用并进行了调动（例如巴西），或被视为信息生成和分享的良好论坛（例如加拿大）[86]

（续表）

能源（可持续发展目标7）	在一些国家创建的多利益相关方参与平台，其中一些由私营部门（孟加拉国的IDCOL）发起。这些平台包括民间社会组织（CSOs）、公务员和私营部门代表等[87]
综合运输（可持续发展目标11）	• 在运输规划中以及在许多报告（主要是发达国家）中强调的整个规划和实施过程中，各种利益相关方都参与其中的重要性[88] • 文献中强调了利益相关方参与交通规划和实施的相关机制/工具，记录了澳大利亚的经验[89]
可持续消费和生产（可持续发展目标12）	• 文献概述了一些国家（东欧和高加索以及波罗的海国家）缺乏定期协商机制和过程来影响政府对SCP[90]的决策 • 少数国家为支持SCP参与而提供的预算（例如新加坡资助非政府组织参与网络建设的计划，促进合作并鼓励就可持续生活方式交换意见）[91]
气候变化（可持续发展目标13）	• 民间社会组织参与安排和参与程度因国家而异。建立小型技术专家组和更大规模的参与式活动，以提高认识并达成共识，并将其作为气候变化规划的共同参与机制[92] • 根据亚洲的一项研究[93]，学术界在与气候变化有关的国内活动中发挥了积极作用（例如2008年在日本创建的气候变化咨询小组）。私营部门和地方政府的代表比以往更为积极（例如，来自加利福尼亚州的Under2等地方政府的大联盟；像“我们意味着商业”这样的商业联盟，其中包括全球680多家公司和投资者）[94]
海洋管理（可持续发展目标14）	• 文献中概述的有效的综合海洋管理参与机制。这些机制涉及多方利益相关方积极地参与规划过程和公众咨询，还涉及多种利益相关方（例如海洋产业和资源使用者群体，社区利益，非政府组织，科研界，地方当局，公众，土著社区）[95] • 欧洲若干案例报告了海洋资源使用者积极参与海洋渔业规划的进程[96]
森林管理（可持续发展目标15）	多年来，让当地利益相关方参与林业的方法成倍增加。各种各样的结构安排（例如自上而下或自下而上）。有些方法为当地或社区利益相关方在森林规划和决策过程中发挥重要作用，其中包括将森林管理责任从中央政府下放到当地社区和/或在多个利益相关方之间共享森林管理职能，包括私营部门[97]

资料来源：作者阐述。

各部门使用的利益相关方参与的结构类型包括多利益相关方网络和平台，多部门委员会或理事会以及咨询和专家委员会。磋商方式还包括公开听证会、研讨会、公开会议的磋商以及将利益相关方纳入负责编写战略文件（如政策、计划或项目）的团队。

部门内部和部门之间参与的利益相关方类型似乎有所不同。例如，在减贫方面，文献指出减贫战略文件（PRSP）倾向于主要参与以城市为基础的非政府组织，其中许多与国际非政府组织或捐助机构[98]有着密切的联系。由于它已被列入国家咨询小组（例如日本）和机构间气候变化协调机制（如韩国），学术界在与亚洲[99]气候变化相关的国内举措方面发挥着积极的作用。私营部门和地方政府也积极参与了这个部门[100]。

水部门的例子说明了各种方法。多种正式和非正式结构被用来让利益相关方参与水资源决策。它们可能包括常规听证会和决策计划阶段作为观察员的民间社会参与（例如韩国）[101]以及水理事会[102]（例如瑞典、丹麦、美国），为公民社会、私营部门和学术界向政府当局就水管理问题的建言献策提供了制度化的咨询平台，包括但不限于政策规划阶段。其他参与方式包括流域机构人员与利益相关方之间的宣传和交流计划（如印度尼西亚），水讨论会（如南非）或水论坛（如厄瓜多尔），以提高认识并找出知识差距。由国家和地方政府流域委员会[103]（如巴西、哥斯达黎加、加拿大）组成的多部门委员会或理事会被用于解决诸如水污染等具体问题，并允许公众普遍参与水资源决策。国家以下各级和用水部门（例如澳大利亚），地方审议论坛，在线信息和对话设施和综合社区发展计划[104]（例如澳大利亚）和用水户协会[105]（例如布基纳法索）的咨询委员会都是多利益相关方建立参与平台的不同方式。所有这些方法和工具在促进信息分享（如加拿大）[106]和政策规划咨询方面都很有效，在某种程度上对于政策实施方面效果要低一些，但对促进更积极形式的参与（如协作和授权）则更为有效。研究还发现，水政策监测和评估的参与比政策规划和实施阶段要弱一些。

在扶持条件方面，有效利用技术[108]和权力下放似乎是渔业和其他部门的相关因素。成功的权力下放被认为是围绕可持续发展目标6所涵盖问题的一个促成因素。权力下放的发展规划[109]也指出了实现渔业可持续的参与方式的促成因素。成功的权力下放和地方治理[110]在某些情况下会促使大家更广泛地参与森林管理并减少森林砍伐[111]。

森林管理中的参与方法似乎也得到了进一步的支持，它为所有利益相关方提供了透明和包容的审议方法，提高了他们的认识和培训能力[112]，特别是对于那些事先不了解不同资源开发计划的成本和收益的相关方。

4.4.3 多方利益相关方的伙伴关系

一般来说，与综合决策有关的一组利益相关方取决于正在考虑的问题。在这种情况下，一种相关的参与机制便是多方利益相关方伙伴关系（MSPs）。多方利益相关方伙伴关系建立在共享风险，共摊成本和互利原则的基础上。它们的目的、范围、复杂程度、地理范围（地方、地区到国家、全球）、多样性、规模和构成各不相同。伙伴关系受多种因素和目标的驱动，具有不同的治理结构和独特的运营挑战[113]。多方利益相关方伙伴关系的领导力也可能各不相同，从政府领导到私营部门，再到民间社会领导。

可持续发展的多方利益相关方伙伴关系的出现可以追溯到1992年地球峰会，其中《21世纪议程》呼吁建立一个“全球可持续发展伙伴关系”，并提及公共、私营和社区部门之间的多利益攸关方伙伴关系，以支持实施[114]。10年后，针对可持续发展问题的世界首脑会议提出了一系列多利益攸关方伙伴关系原则[115]。2015年，《2030年议程》强调了伙伴关系在促进全球参与以实现所有目标和具体目标方面的核心和不可分割的作用[116]。在高级别可持续发展政治论坛上发布的2017年部长级宣言进一步强调，跨部门和有效整合的多利益相关方伙伴关系有助于实现一切形式的消除贫困和可持续发展目标[117]。因此，在实施《2030年议程》方面对MSPs寄予了很高的期望。

有几个国家为与可持续发展目标有关的人士提出了多利益相关方伙伴关系或框架。荷兰拥有由75个不同的利益相关方组成的广泛联盟，被称为“全球目标宪章NL”。公司、银行、民间社会组织等参与者签署了章程，并为实施可持续发展目标做出了贡献。如上所述，芬兰为实现目标采取了整体社会方式鼓励来自社会各方的利益相关方，包括拥有现有企业社会责任（CSR）计划的公司或组织，并作出要实现目标的公开承诺。

在部门层面，多方利益相关方伙伴关系在过去几十年里的作用日益显著。例如，全球疫苗和免疫联盟（GAVI）和全球营养改善联盟（GAIN）等卫生部门所众所周知的“垂直伙伴关系”。气候变化是多方利益相关方伙伴关系重要的另一个部门。强调伙伴关系的作用在2015年巴黎气候变化协议的筹备和后续工作中尤为突出[118]。

自2015年通过可持续发展目标和关于发展筹资的亚的斯亚贝巴行动议程以来，人们越来越重视的慈善事业和慈善伙伴关系通过财务和非财务手段为可持续发展发挥的作用[119]。慈善事业在发展中的作用近年来变得更加明显，它在伙伴关系中的作用也越来越明显。为了更好地利用慈善事业的资源，“可持续发展目标慈善平台”成立，为慈善事业与更大的国际发展社区搭建了合作平台[120]，以便它们能够更好地参与实施可持续发展目标的整合方法。前四个试点国家是哥伦比亚、加纳、印度尼西亚和肯尼亚。它们将采取各种行动，包括"映射"优先领域的行为体生态系统，信誉良好的受赠者，以及确定可访问和有效的切入点，以支持各国政府可持续发展目标的整合实施。

4.4.4 挑战和机遇

关于利益相关方对促进政策整合和协调的影响的例证很少。在许多部门，虽然有利益相关方参与对发展成果正面影响的例子，但也有相互矛盾的例证。例如，以民间社会参与为基础的地方倡议在厄瓜多尔成功地维护了红树林的养护，而类似倡议在渔业方面的合作则没有效果[121]。

由于确定行为者具有一定标准，因此国家层面的参与常常不能针对最相关的行为者来推动综合实施。在某些情况下，行为者是根据与政府机构之间已有的联系和工作关系选择出来的[122]，但它们不一定有可以解决复杂问题的潜在价值。如果政府官员中包括某些行动者，他们可能会担心公众的负面反应，或者担心由于技术问题的潜在偏见或政治化而让一些外部行为者参与[123]。另一个相关的考虑因素是信任。有效的参与需要政府和利益相关方建立信任。 政府往往与他们以前打过交道的熟悉的行为者交往，因为建立信任需要时间，并需要与行为者之间的互动来确定角色和责任，建立关系（例如，在具体活动中他们相互见面并共同反馈思考）[124]。此外，行为者与政府进行有意义交流的能力是另一个相关的先决条件，但这个先决条件往往得不到解决。虽然出于方便而选择利益相关方具有局限性，但影响力或政治考虑应当得到承认和阐明。通过分析自然资源管理文献中的79个参与案例得出的结论是，不到一半的案例研究（44%）提到如何或为什么选择了特定的利益相关方，这项结论引起了关于这些努力的代表性和纳入可能被边缘化的群体的思考[125]。

此外，当利益相关方参与的结构纯粹是形式主义，没有真正参与并纳入利益相关方的观点和意见时，可能会出现一些负面结果。在水务部门，由于政策规划初期缺乏真正地参与（如澳大利亚），导致了重大的误解和社区强烈抵制，进而影响了政策的实施和整合[126]。在能源方面，无论是国家层面还是地方层面，缺少参与政策和监管流程的咨询和机会也已被注意到[127]。

正如文献提及的一样，参与面临的典型挑战可能会影响参与机制对整合的影响。例如，公共和民间社会，政府机构和私营部门在权力、能力和资源方面的差异可能导致对一个或几个利益相关方严重倾斜的结果。这一直是个经常受到关注的问题，特别是在采掘业等自然资源部门[128]。

缺乏各种各样的利益相关方参与已成为一个问题，例如在21世纪初的消除贫困战略进程中（见上文）。同样，有些国家也注意到社区在营养相关规划和流程中的参与有限[129]。关于交通规划和实施，文献指出，有些地区缺乏利益相关方参与的机制[130]。

利益相关方在不同利益相关方群体之间有不同的知识、价值观和偏好，但也包括预先定义的群体中的个人知识、价值观和偏好[131]。利益相关方之间缺乏一致的偏好对政策整合有影响。首先，让更多的参与者参会增加交易成本，并且使协同效应变得更加困难，从而破坏整合[132]。其次，相比来自所代表的利益相关方群体的更大联合的影响，利益相关方投入的决策可能会受到来自参与每个政策过程的特定参与者更多的影响。例如，基于预先确定的利益相关方类别选择出来的行为者可能无法确保意见和兴趣的广泛表达[133]。因此，识别和选择行为者的过程和程序很重要，它们会影响决策的结果。

在遴选过程中投入时间和资源，选择利益相关方有明确的程序和标准，有助于提高参与的有效性和效率，以及在整合方面的产出和成果。[134]然而，在部门层面，文献指出利益相关方的识别是具有挑战性的，并且利益相关方的不同分类通常是共存的。例如，在渔业中，区分主要利益相关方和次要利益相关方（后者意味着那些具有更多间接利益的利益相关方）的学术分类与政策层面存在的利益相关方的映射（例如，欧盟的共同渔业政策）并不完全匹配[135]。因此，关于利益相关方参与的一些指导方针为政府实体提供了如何系统地确定特定部门的关键利益相关方的具体指导（例如，通过可以用作提示来考虑相关维度的具体问题）[136]。

专栏4.4　全国非政府组织（NGOs）论坛

在欧洲，许多从事发展和可持续发展问题工作的公民社会组织和非政府组织通过欧盟参与实施《2030年议程》。跨部门和多层次的努力对于执行《2030年议程》至关重要。在最终通过可持续发展目标之前，在欧盟层面工作的民间社会团体决定以综合方式开展工作，即促进一致的方法——打破孤岛——实现可持续发展目标。在可持续发展过程中，欧洲组织携手致力于解决社会正义、妇女、青年、文化、透明度和环境等一系列问题的组织，并在多个层面（地方、国家、地区）开展工作。该联盟除了接受欧盟级别的组织之外，还接受来自欧盟国家的国家成员。

资料来源：Deidre de Burca, 国家非政府组织论坛倡导协调员。另见其网页 https://www.sdgwatcheurope.org/。

有几个部门注意到了提高公众意识的重要性，例如关于整合交通[137]和可持续消费与生产的潜在利益[138]。对后者的研究强调政府需要通过填补信息差距来影响消费和生产模式，特别是公众可获得的数据库、公共宣传活动、教育、标签信息以及生产者对其整体社会和环境价值观及做法的信息披露[139]。

参与的充分财政支持的必要性也得到了强调（例如，在与清洁能源和整合交通相关的过程中）[140]。虽然很少，但也有一些例子提供了资源来支持利益相关方，例如新加坡资助非政府组织参与网络建设的计划，促进合作并鼓励就可持续生活方式交换意见[141]。

重要的是，政治因素在决定参与机制的存在，其设计和允许的运作方式及其对政策的最终影响方面起着关键作用。根据某些标准评估为成功的参与机制（例如因为它们真正地能影响决策制定）可能威胁到现有利益，并易受政治变化的影响。更普遍的是，公共行政文献强调，参与是政府可以用来影响政治进程结果的战略政策工具[142]。

关于多方利益相关方伙伴关系如何为政策整合做贡献的例证很少，而且这个话题似乎没有在学术文献中被系统地研究过。但是，具体的例子表明，多方利益相关方伙伴关系可能与国家层面的整合不一致。强调健康方面的纵向伙伴关系在某些情况下可能会鼓励分化并破坏加强国家卫生系统的努力。[143]

一些多方利益相关方伙伴关系被指责为强化了发展问题和解决方案的孤立性、部门化和项目化，这可能会破坏通过整合方法解决系统性变化的驱动因素和扩大影响的潜力[144]。

发展伙伴的干预措施和相关文书的碎片化和有限协调是整合面临的又一制约因素，因为它触发了封闭的方法[145]。发展伙伴的国家层面的支持往往分散在多个行为者和倡议之中。协调发展伙伴机构的工作往往很具挑战性。另外，得到支持的参与者可能会对发展伙伴的具体利益和优先事项作出反应，这反过来可能会激发分散。为促进整合办法，发展伙伴至少不会加剧整合障碍，并改善与其他发展伙伴的协调关系，支持各部门和各级政府的利益攸关方参与。此外，每个发展伙伴机构在支持非国家或非政府组织（例如民间社会）和支持特定部门的计划之间进行更好的协调也可能有助于加强可持续发展目标实施的协同作用。发展伙伴还可以促进非国家或非政府组织之间以及他们与各级政府之间的对话，为建立更加整合的方法创造有利条件和作出贡献[146]。看起来很清楚的是，"更多参与"并不会自动带来更多的整合。事实上，各部门或问题领域的机构和流程发展了追求狭隘利益的非国家或非政府组织群体，与此同时加强参与与保持分散，重复和孤立工作并存。非国家或非政府组织能力不足也可能会限制利益攸关方动员和参与的影响[147]。另外，由于参与机制往往无法使弱势群体或边缘化群体参与，因此可能会导致进一步的边缘化。此外，诸如公民社会组织在具体部门（如卫生、教育）监督工作的利益相关方举措往往是纯粹的地方性和分散性举措，这些举措可能不足以在国家层面取得平衡以促进可持续发展[148]的整合方法。

相比之下，利益相关方参与的一些例子表明，在不采用集中式，自上而下式和国家政府参与机制的决策层面（从地方一级到区域、省级、国家和跨国领域），更整合的方法很可能被采取。例如菲律宾的教科书计数和生殖健康法（见专栏4.5）、印度的食物权运动以及墨西哥的社区食物委员会和孕产妇死亡观察站，都说明了自下而上式的参与性决策的影响，这种方法通过逾越国家与社会之间的鸿沟，并采取柔和的协调行动来解决具体的发展问题或寻求广泛的政策变化。

4.5 结论

推进和实现《2030年议程》的宏伟目标需要各级社会各阶层的参与。从整合和相互独立性来

专栏4.5　参与式方法的纵向整合：菲律宾的教科书计数

教科书计数是菲律宾教育和政府观察部（G-Watch）在2003年至2007年期间开展的一项合作计划。该计划的主要目标是确保向公立学校学生提供足够数量的高质量教科书。教科书计数计划促进了将教科书的单价从1999年的80—120菲律宾比索（PHP）降至2006年的30—45菲律宾比索，将平均教科书采购周期缩短了一半，并提高了教育部的信任评级。

在有效监督书籍交付（减少腐败和提高效率）方面取得的成功可以通过国家民间社会组织，政府改革派和广泛的民间组织之间的协调行动的纵向一体化来解释。公民社会组织监督供应链中的每一环节——包括合同签订，教科书的生产质量以及教育部书籍分发过程的多个层面的环节。公民监测员覆盖了该国教科书交付点的70%—80%。私营部门参与确保书籍的分发。政府和民间社会联合解决问题会议解决了确定书籍分发的问题。

教科书计数帮助支持那些赞成加强参与、透明度和问责制的政府官员。由于该方案的最薄弱环节是在省一级，尽管最强的监测能力是在地方和国家一级，但中间一级是需要不同行为者之间协调努力的关键地点。最后，该计划举例说明了理解多层次和多方面行动的复杂性的重要性，不同行为者的参与以及在治理相关流程中取得可持续发展的范围和限制。

资料来源：Aceron J 2016，"通过教科书计数动员公民在教育中的透明度和问责制"，雅典耀政府和问责制研究中心。具体信息来自：https://opendocs.ids.ac.uk/opendocs/bitstream/handle/123456789/12380/MAVC_CStudy_Philpp_Education_ FivePager_FINAL2.03.pdf。

看，多利益相关方的贡献对于产生可持续发展目标推动的复杂和强化变革至关重要。利益相关方的参与有可能为实施可持续发展目标中的政策整合作出重要贡献。参与可以为决策者提供更好的信息，帮助更好地确定优先事项和需求，并创建政策解决方案的所有权。在处理需要跨部门工作和行为改变的复杂问题时，情况尤其如此。

在可持续发展目标全面实施的系统性层面以及与部门问题（例如水管理）相关的各个国家之间，可持续发展的参与机制极其多样。虽然参与对发展成果的直接影响的例证开始出现，但似乎还没有太多例证表明参与对整合的影响。理论争论指出了这方面参与的好处和弊端，但显然，成本和效益的平衡在各国和各个部门都可能是非常特殊的。

尽管信息稀缺，但部分影响可以从参与机制面临的挑战中被推断出来。“更多参与”并不会自动导致更多的整合这一点清晰可见，例如，加强对部门机制的参与会加强现有的孤立，并导致分裂。同样的道理，如果成功的整合依赖于对多个参与者观点的平衡考虑，那么不能解决参与者之间权力和资源不平衡的参与过程实际上可能会产生给予狭隘利益优待的政策，同时，对较弱的利益相关方或部门在政治方面上产生负面影响，这恰恰是整合试图避免的结果。

与此同时，一些国家正在朝着整合性更强的参与形式迈进，包括跨部门和各级政府。这些例子表明参与和横向整合及纵向整合的潜力是相辅相成的。

从本报告的角度来看，在选择利益相关方时，应特别注意考虑其在特定可持续发展目标的政策整合方面支持目标的能力[149]。此外，政府机构应对一些行为者给予特别支持，因为他们代表了未得到充分关照选区的观点[150]。

行动者在系统层面（例如国家可持续发展目标协调机构）或具体的可持续发展目标部门进行战略性参与的能力对推进整合方法也很关键。政府可以帮助提高利益相关方的能力，这可以促进整合，并鼓励他们一起工作，形成联盟或伙伴关系，从而可以使更多的行动者参与进来，将他们的知识和信息汇集在一起并使他们的行动保持一致。随着更多行为者的参与，重要的是确保跨联盟和伙伴关系的互动不会加剧参与首先要解决的问题的复杂性[151]。

为了充分理解参与如何促成整合，需要进行更多的研究。理想情况下，这项研究应该是跨部门性和比较性的，并且基于明确的基准来衡量整合的结果。它可以探索一些有助于将参与转化为可持续发展目标实施的整合方法的关键方面，例如：参与者；什么是适当的机制（包括正式和非正式的），即这些机制可以促成与具体问题和背景相关的整合的特定行为者参与活动；不同行为者带来不同的可持续发展目标问题和相关计划的价值（例如信息共享，协调）；以及参与策略与整合预期结果的一致性等问题。

尾注

1. 联合国，1992, Agenda 21, Outcome document of the United Nations Conference on Environment and Sustainable Development, New York. 见https://sustainabledevelopment.un.org/ content/documents/Agenda21.pdf。

2. 世界经济论坛，2013, Sustainable consumption: Stakeholder perspectives, Geneva, World Economic Forum。见http:// www3.weforum.org/docs/WEF_ENV_SustainableConsumption_ Book_2013.pdf。

3. 联合国大会，2015, Transforming our world: The 2030 Agenda for Sustainable Development, 21 October, A/RES/70/1. 见http:// www.un.org/ga/search/view_doc.asp?symbol=A/RES/70/1&Lang=E。

4. 可持续发展高层政治论坛，2017, President's Summary of the 2017 High Level Political Forum. 见https://sustainabledevelopment.un.org/content/documents/16673HLPF_2017_ Presidents_summary.pdf。

5. Kahane, David, Loptson, Kristjana, Herriman, Jade & Hardy, Max 2013, "Stakeholder and Citizen Roles in Public Deliberation," Journal of Public Deliberation, Vol. 9, Issue. 2, Article 2. Available at: http:// www.publicdeliberation.net/jpd/vol9/iss2/art2; EU FLEGT 2014, "Engaging civil society stakeholders in FLEGT voluntary partnership agreement processes" Briefing, 1 June. 见 http://www.euflegt. efi.int/publications/engaging-civil-society-stakeholders ; Stakeholder Participation Working Group of the 2010 HIA in the Americas Workshop 2011, Best Practices for Stakeholder Participation in Health Impact Assessment. Oakland, CA. Available from: https://humanimpact. org/wp-content/uploads/2012/03/HIA-Best-Practices-2012.pdf. Vogler D, Macey S & Sigouin A 2017, "Stakeholder Analysis in Environmental and Conservation Planning," Lessons in Conservation, Vol. 7, pp. 5–16. Available from: http:// www.ncep.amnh.org/linc/。

6. 联合国大会，2015, Transforming our world: the 2030 Agenda for Sustainable Development, 21 October, A/RES/70/1。

7. 关于在国家背景下阐述这些要点的一个例子，见2007年澳大利亚公共服务委员会，Tackling wicked problems. A public policy perspective. Canberra. Available from: http://www.apsc.gov. au/publications-and-media/archive/publications-archive/tackling-wicked-problems。

8. Fung A 2015 Putting the public back into governance. The challenges of citizen participation and its future, Public Administration Review vol. 74, issue 4.

9. 在公共行政文献中，联合制作是指专家（在这种情况下是公职人员）和其他团体（例如，民间社会组织，公民社会组织等）共同创造知识、政策、技术。这是一个在开放政府的背景下被广泛使用的术语。开放政府倡议的一个关键原则是共同制定开放政府政策。有关卫生部门社会技术的相关讨论，请参见本报告 第6章。Curtain R 2003, "What role for citizens in developing and implementing public policy?" Canberra Bulletin of Public Administration, Part I. 5 June.

10. OECD 2016, Panorama de las administraciones públicas: América Latina y el Caribe 2017. Paris, OECD. Australian Public Service Commission（APS）2007, Tackling wicked problems. A public policy perspective. Australian Government. p. 20.

11. Persson确定了四种环境政策整合方法：程序性，组织性，规范性和重构性。见Persson A 2007, "Different perspectives on EPI" . Book chapter in Nilsson and Eckerberg eds. Environmental Policy Integration in Practice: Shaping Institutions for Learning. London: Earthscan。

12. Persson A 2007, "Different perspectives on EPI" . Book chapter in Nilsson and Eckerberg eds. Environmental Policy Integration in Practice: Shaping Institutions for Learning. p.12. London: Earthscan.

13. Fox J, Aceron J & Guillan Montero A 2016, Doing Accountability Differently: A Proposal for the Vertical Integration of Civil Society Monitoring and Advocacy, Issue Paper No. 4, Bergen: U4 Anti-Corruption Resource Center/Accountability Research Center/G-Watch, August.

14. Irvin R A & Stansbury J 2004, Citizen participation in decision making: Is it worth the effort?, Public Administration Review, vol. 64, issue 1, Jan./Feb., pp. 55–65.

15. Fung A 2015, Putting the public back into governance. The challenges of citizen participation and its future, Public Administration Review, vol. 75, issue 4; Fung A 2003, Varieties of public participation in Complex Governance, Special Issue, Public Administration Review, 66. See also Wehn U & Evers J 2014, Citizen observatories of water. Social innovation via eParticipation? Conference paper, ICT for Sustainability 2014, ICT4S.

16. 类似但更简单的分类是经合组织对信息，咨询和积极参与的区分。见OECD 2001, Citizens as partners: Information, consultation and public participation in policy-making. Paris, OECD。

17. Australian Public Service Commission 2007, Tackling wicked problems. A public policy perspective. Commonwealth of Australia. p. 28.

18. Pellegrini L 2012, Planning and natural resources in Bolivia: Between rules without participation and participation without rules, Journal of Developing Societies vol. 28, issue 2, pp. 185–202.

19. Fox J 2014, Social accountability. What does the evidence really say? GPSA Working paper 1, p. 18.

20. Gaventa J & Barret G 2010, So what difference does it make? Mapping the outcomes of citizen engagement, IDS Working paper 347, Brighton, IDS.

21. Verón R, Williams G, Corbridge S & Srivastava M 2006, Decentralised Corruption or Corrupt Decentralisation? Community Monitoring of Poverty Alleviation Schemes in Eastern India. World Development, 34, 11, 1922–1941. Olken B 2007, Monitoring Corruption: Evidence from a Field Experiment in Indonesia, Journal of Political Economy, 115, 2, 200–249. 两项研究都表明，社会对公共发展项目的监测对于减少在一个社会和经济支离破碎的社会中由于精英聚集和集体行动问题而导致的资金流失几乎不起作用。

22. Mansuri G & Rao V 2013, Localizing Development: Does Participation Work? Washington, DC, World Bank.

23. Schattan P. Coelho V, Fanti F & Dias M 2010, "Fighting inequalities in the access to health services: A study of the role of decentralization and participation." Centro de Estudos da Metrópole. TEXTO PARA DISCUSSÃO N° 010/2010 ISSN 2177-9015. Available from: http:// www.fflch.usp.br/centrodametropole/antigo/static/uploads/verasmar.pdf.

24. Mungiu-Pippidi A 2013, Controlling Corruption through Collective Action, Journal of Democracy vol. 24, issue 1, pp. 101–115.

25. 其中一些情况，见Grimes M 2008, "The Conditions of Successful Civil Society Involvement in Combating Corruption: A Survey of Case Study Evidence." Working Paper. Gothenburg: Quality of Government Institute。

26. 联合国，2009, People Matter. Civic engagement in public governance. World Public Sector Report 2008. New York: United Nations, p. 71。

27. Mullally G, Dunphy N & O'Connor P 2016, "Integration beyond the mainstream: Recent innovations in public participation in climate policy integration in Ireland", ECPR General Conference, Prague.

28. Mullally G, Dunphy N & O'Connor P 2016, "Integration beyond the mainstream: Recent innovations in public participation in climate policy integration in Ireland", ECPR General Conference, Prague.

29. Dohlman E 2017, "Policy coherence for sustainable development and multi-stakeholder involvement" SDG Knowledge Hub, IISD.

30. 可持续发展委员会，2016，The Finland we want by 2050. Society's commitment to sustainable development, 20 April, p. 1。

31. 任何利益相关方的描绘都将是不完整的，其他相关行为者可能存在，特别是在考虑与最初可能尚未探索过的部门的相互联系时。EU FLEGT 2014, "Engaging civil society stakeholders in FLEGT voluntary partnership agreement processes" Briefing, 1 June. Available from:http://www.euflegt.efi.int/publications/engaging-civil-society-stakeholdersDetailedguidance on how to conduct a stakeholder analysis is presented in Vogler D, Macey S & Sigouin A 2017, Stakeholder Analysis in Environmental and Conservation Planning Lessons in Conservation, 7, 5–16. Available from: http://www.ncep.amnh.org/linc/.

32. 程度和范围是影响复杂问题的两个核心变量，通常在规划和科学政策接口过程的初始阶段进行考虑。见联合国，2015, "The science-policy interface", Chapter 1 in Global Sustainable Development Report 2015, New York, Department of Economic and Social Affairs.

33. 如，International Council for Science（ICSU）2017, A Guide to SDG Interactions: from Science to Implementation, D.J. Griggs, M. Nilsson, A. Stevance, D. McCollum（eds）, International Council for Science, Paris。

34. Winters M W 2010, Accountability, Participation and Foreign Aid Effectiveness, International Studies Review, 12, 2, 218–243. 见https://www.jstor.org/stable/40730728?seq=2#page_scan_tab_contents。McGee R & Morton A 2000, "Participation in poverty reduction strategies. A synthesis of experience with participatory approaches to policy design, implementation and monitoring." 见 http:// www.ids.ac.uk/files/dmfile/wp109.pdf. Jumbe C B L et al. 2008, "The role of government, donors, civil society and the private sector in climate

change adaptation in Malawi: Scoping Study.” 见http://www.eldis.org/vfile/upload/1/document/1110/The%20role%20 of%20government%20donors%20civil%20society%20and%20private%20sector%20in%20climate%20change.pdf。

35. Le Blanc D, Freire C & Vierros M 2017, Mapping the linkages between oceans and other Sustainable Development Goals: A preliminary exploration, DESA Working Papers 149, February. 见http:// www.un.org/esa/desa/papers/2017/wp149_2017.pdf。

36. Karlsson-Vinkhuyzen S et al. 2017, Mainstreaming biodiversity in economic sectors: An analytical framework Biological Conservation 210, pp. 145–156.

37. Kahane D, Loptson K, Herriman J & Hardy M 2013, Stakeholder and Citizen Roles in Public Deliberation, Journal of Public Deliberation, Vol. 9, Issue. 2, Article 2. Available from: http://www.publicdeliberation. net/jpd/vol9/iss2/art2.

38. 为了分析参与者选择的不同方法，见Fung A 2006, Varieties of Participation in Complex Governance, Public Administration Review, 66, Special Issue: Collaborative Public Management (Dec.), 66–75。

39. Fung A 2006, Varieties of Participation in Complex Governance, Public Administration Review, Vol. 66, Special Issue: Collaborative Public Management (Dec.), p. 72.

40. 见 Schattan P. Coelho V & Favareto A 2010, “Participation, inclusion and development under conditions of social mobilization,” in Citizenship and Social Movements: Perspectives from the Global South. London, UK, Zed Books; Rocha Menocal A & Sharma B 2008, Joint evaluation of citizen voice and accountability. A synthesis report. London, DFID。

41. Schattan P. Coelho V & Favareto A 2011, Participatory governance and development: In search of a causal nexus, Geography compass, 5, 9, 641–654.

42. Stakeholder Participation Working Group of the 2010 HIA in the Americas Workshop 2011, Guidance and Best Practices for Stakeholder Participation in Health Impact Assessment. Oakland, CA. 见https://humanimpact.org/wp-content/uploads/2012/03/HIA-Best- Practices-2012. pdf. IDI 2017, Guidance on Supreme Audit Institutions Engagement with Stakeholders. 见http://www.idi. no/ en/elibrary/cpd/sais-engaging-with-stakeholders-programme/697–idi-sais-engaging-with-stakeholders-guide/file. California Department of Water Resources 2017, Draft Guidance Document for Groundwater Sustainability Plan Stakeholder Communication and Engagement. 见http://www.water.ca.gov/groundwater/sgm/pdfs/GD_C&E_ Final_2017–06–29.pdf The Regional Environmental Center for CEE and Institute of the Republic of Slovenia for Nature Conservation 2010, Guidelines on Stakeholder Engagement in Preparation of Integrated Management Plans for Protected Areas. 见http://www. zrsvn.si/dokumenti/64/2/2010/Guidelines_on_stakeholder_engagement_ REC_1978.pdf.

43. Partners for Each and Every Child 2016, A Handbook for Meaningful Stakeholder Engagement: A Tool to Support State Education Agencies in Planning and Implementation of ESSA. 见http://partnersforeachandeverychild.org/wp-content/uploads/2017/03/P4_ EngagementHandbook_ESSA_0616.pdf.

44. 西澳大利亚政府，2016, Guideline for stakeholder engagement on aquatic resource management-related processes。 见http://www.fish.wa.gov.au/Documents/occasional_publications/ fop131.pdf。

45. 水务与森林部，2004, “Guidelines for stakeholder participation in integrated water resources management in water management areas in South Africa” , Government of South Africa。 见https://www.iwrm.co.za/resource%20doc/irwm%201/Stakeholder%20Participation/Guidelines/GUIDELINES%20FOR%20STAKEHOLDER%20PARTICIPATION%20LEVEL%203.pdf。

46. 联合国，2009, People matter. Civic engagement in public governance, World Public Sector Report, United Nations, New York, p.53。 见https://publicadministration.un.org/publications/ content/PDFs/E-Library%20Archives/World%20Public%20Sector%20Report%20series/World%20Public%20Sector%20Report.2008.pdf。

47. 联合国，2009, People matter. Civic engagement in public governance, World Public Sector Report, United Nations, New York, p.56。

48. 例如，在巴西，ESC制定了一项促进增长和扶贫的国家发展议程；在保加利亚，ESC提议制定关于教育和人口统计学的长期国家战略。为了分析不同的国家经验，见United Nations 2009, People matter. Civic engagement in public governance, World Public Sector Report, United Nations, New York, p.59。

49. 联合国，2009, People matter. Civic engagement in public governance, World Public Sector Report, United Nations, New York, Pp.10 & 72。

50. 联合国，2016, “Inclusive institutions for sustainable development”。 Chapter 4 in Global Sustainable

Development Report 2016, Department of Economic and Social Affairs, New York. 见https://sustainabledevelopment.un.org/content/documents/2328Global%20 Sustainable%20development%20report%202016%20（final）.pdf.

51. OECD 2017, OECD Survey on Planning and Coordinating the Implementation of the SDGs: First results and key issues. Paris, OECD.

52. 韩国政府，2016, "Year One of Implementing the SDGs in the Republic of Korea: From a Model of Development Success to a Vision for Sustainable Development" p. 4. 见https://sustainabledevelopment.un.org/content/documents/10632National%20Voluntary%20Review%20Report%20（rev_final）.pdf。

53. 联合国，2016, Compendium of National Institutional Arrangements for implementing the 2030 Agenda for Sustainable Development, United Nations, New York. 见http://workspace.unpan.org/sites/ Internet/Documents/UNPAN97468.pdf。

54. 联合国，2016, Compendium of National Institutional Arrangements for implementing the 2030 Agenda for Sustainable Development, United Nations, New York. 见http://workspace.unpan.org/sites/ Internet/Documents/UNPAN97468.pdf。

55. 联合国，2017, Voluntary National Reviews. Synthesis Report. United Nations, New York. 见https://sustainabledevelopment.un.org/content/documents/17109Synthesis_Report_VNRs_2017.pdf。

56. 联合国，2017, Voluntary National Reviews. Synthesis Report. United Nations, New York. 见https://sustainabledevelopment.un.org/content/documents/17109Synthesis_Report_VNRs_2017.pdf。

57. 联合国，2017, Voluntary National Reviews. Synthesis Report. United Nations, New York. 见https://sustainabledevelopment.un.org/content/documents/17109Synthesis_Report_VNRs_2017.pdf。

58. 巴西政府，2017, "Voluntary National Review on the Sustainable Development Goals" . 见https:// sustainabledevelopment.un.org/content/documents/ 15806Brazil_English. pdf。

59. 联合国，2017, Voluntary National Reviews. Synthesis Report. United Nations, New York. 见https://sustainabledevelopment.un.org/content/documents/17109Synthesis_Report_VNRs_2017.pdf。

60. 联合国欧洲经济委员会, Planning, Implementation, Follow-up and Review of the Sustainable Development Goals: Regional survey by UNECE and the Regional UN Development Group for Europe and Central Asia, Geneva and New York. Available from: http://www.unece.org/fileadmin/DAM/sustainable-development/Estonia_Regional_SDG_Survey.pdf。

61. 瑞士政府，2030 Dialogue for Sustainable Development。见https://www.eda.admin.ch/agenda2030/en/home/umsetzung/dialog-2030.html。

62. 韩国政府，"Voluntary National Review"。New York, United Nations. 见https://sustainabledevelopment.un.org/hlpf/2016/republicofkorea。

63. 可持续发展与命运共同体国家委员会全球网络，绿色发展委员会，见http://www.ncsds.org/index.php/sustainable-development-councils/86–country-profiles/profiles/155–korea。

64. 可持续发展问题解决网，2015, Vision and Organization。Sustainable Development Solutions Network. 见http://unsdsn.boun.edu.tr/en/7/vision-and-organization [website]。

65. 韩国当地可持续发展联盟，2015, History, Local Sustainability Alliance of Korea。见http://www.sdkorea.org/ [website]。

66. 芬兰可持续发展国家委员会，The Global Network of National Councils for Sustainable Development。见http://www.ncsds.org/index.php/sustainable-development-councils/85–country-profiles/176–finland [website]。

67. Pirkala S 2017, Presentation at the SAI Leadership and Stakeholder meeting on "Auditing preparedness for the implementation of the Sustainable Development Goals (SDGs)," organised by the INTOSAI Development Initiative (IDI) and the United Nations Department of Economic and Social Affairs (UNDESA), 20–21 July 2017, New York. Finnish National Commission on Sustainable Development, The Global Network of National Councils for Sustainable Development. Available from: http://www.ncsds.org/index.php/sustainable-development- councils/85–country-profiles/176–finland [website] .

68. 见https://sustainabledevelopment.un.org/partnerships/。

69. Lima-Paris Action Agenda, 见http://newsroom.unfccc.int/lpaa/about/。

70. Brown Weiss E 2014, Voluntary commitments as

emerging instruments in international environmental law, Environmental Policy and Law vol. 44, issue 1–2. 见 http://scholarship.law.georgetown.edu/ facpub/1649。

71. Karlsson-Vinkhuyzen S. et al. 2017, Mainstreaming biodiversity in economic sectors: An analytical framework, Biological Conservation 210, 145–156.

72. Brown Weiss E. 2014, Voluntary commitments as emerging instruments in international environmental law, Environmental Policy and Law vol. 44, issue 1–2. 见 http://scholarship.law.georgetown.edu/facpub/1649 ; Karlsson-Vinkhuyzen S et al. 2017, Mainstreaming biodiversity in economic sectors: An analytical framework, Biological Conservation 210, pp. 145–156.

73. United Nations 2017, Voluntary National Reviews. Synthesis Report. United Nations, New York. p. 52. 见 https://sustainabledevelopment.un.org/content/documents/17109Synthesis_ Report_VNRs_2017.pdf.

74. United Nations 2017, Voluntary National Reviews. Synthesis Report. United Nations, New York. p. 52. 见 https://sustainabledevelopment.un.org/content/documents/17109Synthesis_ Report_VNRs_2017.pdf.

75. 联合国发展小组，2016, The Sustainable Development Goals are coming to life. Stories of country implementation and UN support。 United Nations, New York. p. 29.

76. 尼日利亚联邦政府，2017, "Implementation of the SDGs. A National Voluntary Review"。 见 https://sustainable development.un.org/content/documents/16029Nigeria.pdf。

77. 丹麦政府，2017, "Report for the Voluntary National Review. Denmark's implementation of the 2030 Agenda for Sustainable Development" , p. 46. 见 https://sustainabledevelopment. un.org/content/documents/16013Denmark.pdf。

78. Zhou X & Mori H 2008, "Institutional Changes in Asia in Response to Climate Change," In Climate Change Policies in the Asia-Pacific: Re- uniting Climate Change and Sustainable Development. IGES White Paper. Institute for Global Environmental Strategies (IGES) . 见 https://pub.iges.or.jp/system/files/publication_documents/pub/book/796/fulltext_whitepaper2_e.pdf。

79. Breukers S & Wolsink M 2007, "Wind Power Implementation in Changing Institutional Landscapes: An International Comparison," Energy Policy, 35, pp. 2737–2750. 见 https://www.researchgate.net/profile/Maarten_Wolsink/publication/223029897_Wind_power_implementation_in_changing_institutional_landscapes_An_international_comparison/links/563f46d608ae34e98c4e6e83/Wind-power-implementation-in-changing-institutional-landscapes-An-international-comparison.pdf ; Doukas A & Ballesteros A 2015, "Clean Energy Access in Developing Countries: Perspectives on Policy and Regulation" , Issue Brief. World Resources Institute (WRI)。 见 http://www.wri.org/sites/default/files/clean-energy-access-developing-country-profiles/176–finland [website]。

80. Kanyama A 2016, Challenges of Institutional Coordination in Planning for Public Transportation in East Africa: Analysis Based on Perceptions of Stakeholders in Dar-es-Salaam and Nairobi, World Journal of Social Science Research, 3, 3, 243–260. Available from: https://doi.org/10.22158/ wjssr.v3n3p243 ; Quium A S M A 2014, The Institutional Environment for Sustainable Transport Development. 见 http://www.unescap. org/sites/default/files/Article%204_Institutional%20environment%20for%20sustainable%20transport%20development.pdf.

81. Driscoll R & Evans A 2005, Second-Generation Poverty Reduction Strategies: New Opportunities and Emerging Issues, Development Policy Review, 23, 1, 5–25. 见 https://www.odi.org/sites/odi.org. uk/files/odi-assets/publications-opinion-files/2151.pdf。

82. Samson M, van Niekerk I & Mac Quene K 2010, Designing and Implementing Social Transfer Programmes: A Policy Manual. Second Edition. Economic Policy Research Institute (EPRI) . 见 http://epri.org.za/resources/policymanual/。

83. Harris J & Drimie S 2012, Toward an integrated approach for addressing malnutrition in Zambia: a Literature Review and Institutional Analysis. International Food Policy Research Institute (IFPRI); Levinson F J & Balarajan Y 2013, "Addressing Malnutrition Multisectorally: What have we Learned from Recent International Experience?" UNICEF Nutrition Working Paper. UNICEF and MDG Achievement Fund.

84. Harris J & Drimie S 2012, Toward an integrated approach for addressing malnutrition in Zambia: a Literature Review and Institutional Analysis. International Food Policy Research Institute (IFPRI) ; Immink M & Balié J 2009, "Integrating Food Security and Nutrition Issues in National Policies and Strategies: Learning from Country Experiences." In Food Security Policy: Insights from

Mozambique. Food and Agriculture Organization of the United Nations (FAO); Levinson F J & Balarajan Y 2013, "Addressing Malnutrition Multisectorally: What have we Learned from Recent International Experience?" UNICEF Nutrition Working Paper. UNICEF and MDG Achievement Fund.

85. Blomquist W, Dinar A & Kemper K 2005, Comparison of Institutional Arrangements for River Basin Management in Eight Basins. The World Bank. Nielsen HØ, Frederiksen P, Saarikoski H, Rytkönen A-M & Pedersen A B 2013, How Different Institutional Arrangements Promote Integrated River Basin Management: Evidence from the Baltic Sea Region, Land Use Policy, 30, 437–445.

86. Blomquist W, Dinar A & Kemper K 2005, Comparison of Institutional Arrangements for River Basin Management in Eight Basins. The World Bank.

87. Doukas A & Ballesteros A 2015, "Clean Energy Access in Developing Countries: Perspectives on Policy and Regulation." Issue Brief. World Resources Institute (WRI). 见 http://www.wri.org/sites/ default/files/clean-energy-access-developing-countries-issue-brief.pdf。

88. Western Australian Planning Commission 2012, Guidelines for Preparation of Integrated Transport Plans. Department of Planning, Perth, W.A., Western Australian Planning Commission.

89. Western Australian Planning Commission 2012, Guidelines for Preparation of Integrated Transport Plans. Department of Planning, Perth, W.A., Western Australian Planning Commission.

90. Brizga J, Mishchuk Z & Golubovska-Onisimova A 2014, Sustainable Consumption and Production Governance in Countries in Transition, Journal of Cleaner Production, 63, 45–53.

91. Zhao W & Schroeder P 2010, Sustainable Consumption and Production: Trends, Challenges and Options for the Asia-Pacific Region, Natural Resources Forum, 34, 1, 4–15.

92. Bird N, Monkhouse C & Booth K 2017, 10 Propositions for Success: Integrating International Climate Change Commitments into National Development Planning. Climate and Development Knowledge Network (CDKN).

93. Zhou X & Mori H 2008, "Institutional Changes in Asia in Response to Climate Change." In Climate Change Policies in the Asia-Pacific: Re- uniting Climate Change and Sustainable Development. IGES White Paper. Institute for Global Environmental Strategies (IGES).

94. Climate & Development Knowledge Network (CDKN) 2017, Mainstreaming Climate Compatible Development. CDKN. Available from https://www.cdkn.org/mainstreaming.

95. Foster E, Haward M & Coffen-Smout S 2005, Implementing Integrated Oceans Management: Australia's South East Regional Marine Plan (SERMP) and Canada's Eastern Scotian Shelf Integrated Management (ESSIM) Initiative, Marine Policy, 29, 391–405; Olsen E, Holen S, Hoel A H, Buhl-Mortensen L RØttingen I 2016, How Integrated Ocean Governance in the Barents Sea was Created by a Drive for Increased Oil Production, Marine Policy, 71, 293–300; Rutherford R J, Herbert G J & Coffen-Smout S S 2005, Integrated Ocean Management and the Collaborative Planning Process: the Eastern Scotian Shelf Integrated Management (ESSIM) Initiative, Marine Policy, 29, 75–83.

96. Leite L & Pita C 2016, Review of Participatory Fisheries Management Arrangements in the European Union, Marine Policy, 74, pp. 268–278.

97. Carter J & Gronow J 2005, "Recent Experience in Collaborative Forest Management: a Review Paper," Center for International Forestry Research (CIFOR). Elbakidze M, Angelstam P, Sandström C & Axelsson R 2010, Multi-Stakeholder Collaboration in Russian and Swedish Model Forest Initiatives: Adaptive Governance Toward Sustainable Forest Management? Ecology and Society, 15, 2. Miller L & Nadeau S 2017, Participatory Processes for Public Lands: Do Provinces Practice what they Preach? Ecology and Society, 22, 2. Sabogal C, Guariguata M R, Broadhead J, Lescuyer G, Savilaakso S, Essoungou J N & Sist P 2013, Multiple-Use Forest Management in the Humid Tropics: Opportunities and Challenges for Sustainable Forest Management. Food and Agriculture Organization of the United Nations (FAO).

98. Driscoll R & Evans A 2005, Second-Generation Poverty Reduction Strategies: New Opportunities and Emerging Issues, Development Policy Review, 23, 1, 5–25. 见 https://www.odi.org/sites/odi.org. uk/files/odi-assets/publications-opinion-files/2151.pdf。

99. Zhou X & Mori H 2008, Institutional Changes in Asia in Response to Climate Change. In Climate Change Policies in the Asia-Pacific: Re- uniting Climate Change and Sustainable Development. IGES White Paper. Institute

for Global Environmental Strategies (IGES). 见https://pub.iges.or.jp/system/files/publication_documents/pub/book/796/fulltext_whitepaper2_e.pdf.

100. Climate & Development Knowledge Network (CDKN) 2017, Mainstreaming Climate Compatible Development. CDKN. 见https://www.cdkn.org/mainstreaming/。

101. Hwang Jin-Tae 2017, Changing South Korean Water Policy after Political and Economic Liberalization, Journal of Contemporary Asia, 47, 2, 225–246.

102. Simon M et al. 2016, Managing Participation Prospects for Learning and Legitimacy-Creation in Swedish Water Management, Water Policy, 19, 4 (July). 见http://wp.iwaponline.com/content/ early/2016/08/24/wp.2016.023; and Graversgaard M et al. 2016, Evaluating Public Participation in Denmark's Water Councils: How Policy Design and Boundary Judgements Affect Water Governance, Outlook on Agriculture, 45, 4 (December), 225–230。有关美国的更多信息，见The United States Conference of Mayors。Mayors Water Council. Available at https://www.usmayors.org/mayors-water-council/.关于全球水平，见the World Water Council, an international multi-stakeholder platform established in 1996 to promote awareness。见http://www.worldwatercouncil.org/about-us/vision-mission-strategy/。

103. F.K. Leal Medeiros D et al. 2017, Integrative Negotiation Model to Support Water Resources Management, Journal of Cleaner Production 150.

104. Berryman S & Burgin S 2014, A Multifaceted Cultural Approach to Community Engagement: Case Studies in Urban Water Management, International Journal of Environmental Studies, 71, 3 (May), 331–343.

105. Baron C & Bonnassieux A 2013, Gouvernance hybride, participation et accès à l'eau potable le cas des associations d'usagers de l'eau (AUE) au Burkina Faso, Annales de Géographie, 5, 693, 525–548. 见file:///C:/Users/peride.blind/Downloads/AG_693_0525.pdf。

106. Blomquist W, Dinar A & Kemper K 2005, Comparison of Institutional Arrangements for River Basin Management in Eight Basins. The World Bank. 见https://openknowledge.worldbank.org/bitstream/handle/10986/8321/wps3636.pdf?sequence=1。

107. Kinchy A et al. 2016, Fractured Knowledge: Mapping the Gaps in Public and Private Water Monitoring Efforts in Areas Affected by Shale Gas Development, Environment and Planning C: Politics and Space, 34, 5 (August), 879–899.

108. Thiault L et al. 2017, Combining Participatory and Socioeconomic Approaches to Mapping Fishing Effort in Small-Scale Fisheries, Plos One, 12, 5 (September), 1–18. Bratu J 2016, Using GIS for Sustainable Forest management in Rasinari District Sibiu County, Romania, Proceedings of the International Multidisciplinary Scientific GeoConference SGEM, 3, 615–622; and Astuti R & McGregor A 2015, Governing Carbon, Transforming Forest Politics: A Case Study of Indonesia's REDD+ Task Force, Asia Pacific Viewpoint, 56, 1 (April), 21–36.

109. Ratner B et al. 2017, Conflict and Collective Action in Tonle Sap Fisheries: Adapting Governance to Support Community Livelihoods, Natural Resources Forum, 41, 2 (May), 71–82.

110. Eilola S 2015, Realization of Participation and Spatiality in Participatory Forest Management: A Policy Practice Analysis from Zanzibar, Tanzania, Journal of Environmental Planning and Management, 58, 7, 1242–1269.

111. Wright G D et al. 2016, Decentralization can help reduce deforestation when User Groups engage with Local Government, Proceedings of the National Academy of Sciences of the United States of America, 113, 52 (December), 14958–14963.

112. Vargas A et al. 2016, Background Inequality and Differential Participation in Deliberative Valuation: Lessons from Small-Group Discussions on Forest Conservation in Colombia, Ecological Economics, 129, C, 104– 111.

113. Malena C 2004, Strategic Partnership: Challenges and Best Practices in the Management and Governance of Multi-Stakeholder Partnerships Involving UN and Civil Society Actors.

114. 联合国，1992, Conference on Environment and Development (Rio de Janeiro, 3–14 June 1992)。

115. 为所谓的“Type II”伙伴关系而设计，巴厘原则表明，伙伴关系应该达到以下几点：帮助实现“21世纪议程”和“千年发展目标”，并与可持续发展战略和减贫战略保持一致；自愿组织；以相互合作伙伴的相互尊重和共同责任为基础；在多个合作伙伴的组合中协调多利益相关方办法，包括政府、区域集团、地方当局、非国家或非政府组织、国际机构和私营部门伙伴；并且在国家层面上具有国际影响力。

116. A/RES/70/1 - Transforming our world: the 2030 Agenda for Sustainable Development.

117. 联合国，ECOSOC (2017). E/2017/L.29–E/HLPF/2017/L.2, 14 July 2017。

118. http://www.un.org/sustainabledevelopment/blog/2017/09/un-secretary-general-business-and-local-leaders-identify-sectors-for-aggressive-climate-action-and-implementation-of-paris-agreement/.

119. 联合国，2015, Addis Ababa Action Agenda, Financing for Development。(July 2015, Addis Ababa, Ethiopia) 例如，更多的慈善家参加了由比尔和梅琳达盖茨以及沃伦巴菲特于2010年创立的捐赠承诺，这是一项多代倡议，旨在通过鼓励最富有的个人和家庭提供大部分资产来帮助解决社会问题。Giving Pledge（2017）。见https://givingpledge.org/ PressRelease.aspx?date=05.30.2017。

120. 请访问 http://sdgfunders. org/about/ 查看SDG慈善平台的网站。

121. Beitl C M 2014, Adding Environment to the Collective Action Problem: Individuals, Civil Society and the Mangrove Fishery Commons in Ecuador, World Development 56 (April), 93–107.

122. Guillan Montero A 2012, “Building bridges: Advancing transparency and participation through the articulation of Supreme Audit Institutions and civil society”, Paper presented at the 2nd Transatlantic Conference on Transparency Research Utretch, June 7–9. Available from: http://www.right2info.org/resources/publications/publications/building-bridges-advancing-transparency/at_download/file.

123. OECD 2012, Partnering with civil society. 12 lessons from DAC Peer Reviews. Paris, OECD. 见https://mail.google.com/mail/u/ 1/#inbox/16144923dbf268f0?projector=1&messagePartId=0.1。

124. 例如在菲律宾，审计委员会开展了与公民社会组织对口方建立信任的具体活动，以实行公民参与审计。在民间社会方面，教科书计数项目实施了具体的措施，例如通过解决问题的会议，与教育部的潜在盟友和拥护者建立关系。Fox J, Aceron J & Guillan Montero A 2016, “Doing accountability differently. A proposal for the vertical integration of civil society monitoring and advocacy” U4 Issue No 4, Bergen, U4 Anti-Corruption Resource Centre, August. Iniciativa TPA 2012, “Citizen Participatory Audit in the Philippines”. 见http:// iniciativatpa.org/2012/wp-content/uploads/2014/10/CPA-case-study.pdf。

125. Talley J L, Schneider J & Lindquist E 2016, A simplified approach to stakeholder engagement in natural resource management: The Five- Feature Framework. Ecology and Society, 21, 4, 38. Available from: https://doi.org/10.5751/ES-08830–210438.

126. Eriksson M, Nutter J, Day S, Guttman H, James R & Quibell G 2015, Challenges and Commonalities in Basin-wide Water Management, Aquatic Procedia, 5, 44–57. 见https://doi.org/10.1016/j. aqpro.2015.10.007。

127. Doukas A & Ballesteros A 2015, “Clean Energy Access in Developing Countries: Perspectives on Policy and Regulation.” Issue Brief. World Resources Institute（WRI）. Riedel A 2016, Multi-Level Governance and Partnership Practices in Development and Implementation of Sustainable Energy Action Plans (SEAP). European Union, Committee of the Regions.

128. Le Blanc D, Kjöllerström M 2008, “Using non-renewable resource revenues for sustainable local development,” Sustainable Development Innovation Brief, 6, United Nations Division for Sustainable Development, New York.

129. SNV Netherlands Development Organisation, Centre for Development Innovation of Wageningen UR（CDI）, Royal Tropical Institute（KIT）, & Swiss Agency for Development and Cooperation（SDC）2017, The Power of Multi-Sectoral Governance to Address Malnutrition: Insights from Sustainable Nutrition for All in Uganda and Zambia. SNV.

130. Kanyama A 2016, Challenges of Institutional Coordination in Planning for Public Transportation in East Africa: Analysis Based on Perceptions of Stakeholders in Dar-es-Salaam and Nairobi, World Journal of Social Science Research, 3, 3, 243–260. Quium A S M A 2014, The Institutional Environment for Sustainable Transport Development.

131. Aanesen M, Armstrong C W, Bloomfield H J, & Röckmann C 2014, “What does stakeholder involvement mean for fisheries management?” Ecology and Society vol. 19, issue 4, pp. 35. 见http:// dx.doi.org/10.5751/ES-06947–190435。

132. Roberts N 2000, Wicked problems and network approaches to resolution”, International public management review, 1, 1, 1–19.

133. Aanesen M, Armstrong C W, Bloomfield H J, & Röckmann C 2014, What does stakeholder involvement mean for fisheries management? Ecology and Society, 19, 4, 35. 见http://dx.doi.org/10.5751/ ES-06947−190435.

134. Talley J L, Schneider J & Lindquist E 2016, A simplified approach to stakeholder engagement in natural resource management: The Five- Feature Framework. Ecology and Society, 21, 4, 38. 见https://doi.org/10.5751/ES-08830−210438. OECD 2012, Partnering with civil society. 12 lessons from DAC Peer Reviews. Paris, OECD。

135. Aanesen M, Armstrong C W, Bloomfield H J, & Röckmann C 2014, What does stakeholder involvement mean for fisheries management? Ecology and Society, 19, 4, 35.

136. Government of Western Australia 2016, Guideline for stakeholder engagement on aquatic resource management-related processes. 见http://www.fish.wa.gov.au/Documents/occasional_publications/fop131.pdf。The Regional Environmental Center for CEE and Institute of the Republic of Slovenia for Nature Conservation 2010, Guidelines on Stakeholder Engagement in Preparation of Integrated Management Plans for Protected Areas. 见http://www. zrsvn.si/dokumenti/64/2/2010/Guidelines_on_stakeholder_engagement_ REC_1978.pdf。

137. Atkins W S 2001, Study of European Best Practice in the Delivery of Integrated Transport: Summary Report. Study commissioned by the UK Commission for Integrated Transport. 见https://www.google.com.au/search?client=safari&rls=en&q=Study+of+European+Best+Practice+in+the+Delivery+of+Integrated+Transport&ie=UTF-8&oe=UTF-8&gfe_rd=cr&ei=rIaRWZvjMqnM8gecyKOACA。

138. Brizga J, Mishchuk Z & Golubovska-Onisimova A 2014, Sustainable Consumption and Production Governance in Countries in Transition, Journal of Cleaner Production, 63, 45−53; Stevens C 2010, Linking Sustainable Consumption and Production: The Government Role, Natural Resources Forum, 34, 1, 16−23.

139. Stevens C 2010, Linking Sustainable Consumption and Production: The Government Role, Natural Resources Forum, 34, 1, 16−23.

140. Atkins W S 2001, Study of European Best Practice in the Delivery of Integrated Transport: Summary Report. Study commissioned by the UK Commission for Integrated Transport. 见https://www.google.com.au/search?client=safari&rls=en&q=Study+of+European+Best+Practice+in+the+Delivery+of+Integrated+Transport&ie=UTF-8&oe=UTF-8&gfe_rd=cr&ei=rIaRWZvjMqnM8gecyKOACA；Doukas A & Ballesteros A 2015, "Clean Energy Access in Developing Countries: Perspectives on Policy and Regulation." Issue Brief. World Resources Institute (WRI). 见http://www.wri.org/sites/default/files/clean-energy-access-developing-countries-issue-brief.pdf.

141. Zhao W & Schroeder P 2010, Sustainable Consumption and Production: Trends, Challenges and Options for the Asia-Pacific Region, Natural Resources Forum, 34, 1, 4−15.

142. Howlett M 2000, Managing the "Hollow State" : Procedural Policy Instruments and Modern Governance, Canadian Public Administration, 43, 4, 412−431. Swanson D, Pinter L, Bregha F, Volkery A, Jacob K, 2004, National Strategies for Sustainable Development: Challenges, Approaches and Innovations in Strategic and Coordinated Action, IISD, Canada.

143. 联合国，2012, In search of new finance for development. World Economic and Social Survey, Department of Economic and Social Affairs, New York. 该报告认为，预先指定用于卫生的资源可能需要付出代价，因为它可以限制国内政策空间，以便将资源用于国家确定的优先事项。该报告进一步指出，应作出更大努力，确保控制传染病的全球资金与国家政策优先事项充分协调，并加强而不是削弱国家卫生系统。

144. Hazlewood P 2015, "Global Multi-Stakeholder Partnerships: Scaling up public-private collective impact for the SDGs," World Resources Institute, Background paper no 4.

145. 参 考 案 例Leiderer S 2015, Donor Coordination for Effective Government Policies? Journal of International Development, 27, 8, 1422−1445。见http://onlinelibrary.wiley.com/doi/10.1002/ jid.3184/full。

146. Guillan Montero A 2016, "Policy recommendations" in J. Fox, J. Aceron and A. Guillan Montero Doing accountability differently. A proposal for the vertical integration of civil society monitoring and advocacy. Issue No. 4, August, pp. 47−50. Bergen, U4 Anti-Corruption Resource Centre.

147. Court J 2006, Policy Engagement: How Civil Society

Can be More Effective, London, ODI.

148. Fox J 2016, "Scaling accountability through vertically integrated civil society policy monitoring and advocacy," Working Paper, December. Accountability Research Center/Institute of Development Studies.

149. 明确阐述目标和期望（在这种情况下进行整合）有助于规划选择适当的方法，以及如何确保参与过程的系统展示和共同所有权。Talley J L, Schneider J, & Lindquist E 2016, A simplified approach to stakeholder engagement in natural resource management: The Five-Feature Framework, Ecology and Society, 21, 4, 38. 见 https://doi.org/10.5751/ES-08830–210438。

150. Nilo A 2015, Civil society and other stakeholders. Leaving no one behind when implementing the Agenda 2030, in Sustainable Development 2015. Helping stakeholders shape new global goals for humanity's future. 见 https://mail.google.com/mail/u/1/#inbox/16144912d0c2 0381?projector=1&messagePartId=0.1。

151. Dentoni D, Hospes O & Ross R B 2012, Managing wicked problems in agribusiness: The role of multi-stakeholder engagements in value creation, Editor's Introduction, International Food and Agribusiness Management Review, vol. 15, special issue B.

第5章

应对国际移民人口需求的整合方法：政策和体制

5.1 引言

本章重点讨论国家公共机构和行政部门如何利用整合方法来制定政策和提供公共服务以满足移民和难民的需求。就其性质而言，可持续发展要求制定的政策能够系统地考虑经济、社会和环境支柱之间的相互联系。可持续发展目标的综合性质反映了制定政策、建立和改革机构时需要考虑经济、社会和环境支柱之间相互作用的复杂性。

整合政策和机构在国际移民中特别重要，因为世界各地的移民和难民数量不断增加。 可持续发展目标包括一个具体目标（10.7），即“促进人员迁移和流动有序、安全、定期和负责地进行，包括通过实施有计划、管理良好的迁移政策”。面对国际移民和难民流动问题，许多国家面临着调整公共机构的挑战——制定和执行适当的政策，设计和联结适当的公共机构，规划和提供所需的公共服务。

鉴于很多相关政策都是在国家层面上制定的，而很大程度上在地方层面上向迁移者提供服务，所以跨部门和各级政府的整合尤其与迁移相关。移民的法律地位对其谋生能力和获得各种服务的能力产生重大影响，这也需要采取整合办法，包括边界管制政策和其他部门政策（例如就业）。

将迁移纳入实现可持续发展的主流中需要认真平衡复杂多变的政策问题。如何将迁移与可持续发展目标之间的多重联系转化为国家政策，并在公共机构和公共行政部门的实践中加以解决，这反映了裁定和协调政府、民间团体和移民等不同利益相关方的竞争性要求的政治过程。随着时间的推移，政治背景在任何特定国家和各国都可能发生相当大的变化，这形成了公共机构和公共管理运作和创新的空间。

鉴于此，并且在每个国家的政治和法律背景下，公共机构如何更好地支持整合性的移民方法？它们如何协助将这些方法纳入可持续发展政策和体制过程？当涉及服务国际移民中最远的国家时，发展政策在哪些方面可以产生最大的影响？决策者和政策社区可以通过创新服务将移民与发展联系起来的希望有多大？这些是本章提出的一些问题，旨在说明国家层面的公共机构和公共行政如何解决显著的移民—发展关系。

在此背景下，第一部分介绍了移民与可持续发展目标之间的主要联系。第二部分分析了一些国家的国家移民政策和体制安排[2]，并重点关注了有关移民和难民的劳工、教育和卫生政策。第三部分记录了移民和难民在住房方面的创新公共服务提供机制，并作为许多相关部门的一个例子。本章最后记录了一些主要的经验教训并提出了建议。

与本报告其余部分一样，本章使用横向整合、纵向整合和与非政府行动者的接触来构建分析。分析水平是国家和地方的；区域和全球层面仅作说明用途分析。整章介绍了将迁移与发展相结合的举措，特别是公共机构提交的联合国公共服务奖案件[3]，其目的是提出来自世界各地的各种整合观点。从一开始就强调，公共行政中“创新”的定义是依赖于情境的：在特定国家司空见惯的政策和体制方法在另一个国家适应时可以构成开创性的创新[4]。正如本章的专家所强调的那样，这里提出的许多例子并不一定是全球创新的前沿，在其他情况下可能不会被认为是“良好实践”（不过这些实践已被定义）。

本章没有系统地区分不同类型的移民，如循环移民、回返移民、散居移民、偷运移民和贩运人口。然而，这些会在相关时间和地点提出的，以说明它们对政策和机构整合的影响。由于篇幅有限，本章未能深入讨论发送国、接收国和过境国的移民政策之间的共同点和差异。在实践中，许多国家越来越多地同时扮演这三种角色。同样，本章没有系统地将难民的待遇与其他类型的国际移民的待遇区别开来，尽管这两个术语对有关方面的合法权利和机会以及东道国的责任有很大不同。相反，本章关注的是他们之间共同的脆弱点和处理能力。本章的重点也不在于讨论迁移的原因或后果[5]。

5.2 移民与可持续发展之间的联系

国际移民指的是改变居住国的人。国际移民出于各种原因，按照不同的移民路线，在不同的时间间隔内移徙[6、7]。因此，国际移民包括多种模式、流程、行动者、挑战和机会。

联合国经济和社会事务部估计，2017年全球国际移民人数将达到2.58亿人，高于2000年的1.73亿人。国际移民包括约2 300万难民和约280万寻求庇护者[8]。

在2000年至2017年期间，国际移民总数增加了8 500万人。增长量的一半发生在发达国家，而另一半发生在发展中国家。发展中国家在全球移民中发挥的作用正在增加。在2000年至2017年期间，居住在发展中国家的国际移民人数从全球总数的40%增加到43%，而在那里出生的国际移民人数则从67%增加到72%。主要的国际移民接收国是美国、德国、俄罗斯联邦、沙特阿拉伯和英国。

难民和寻求庇护者约占所有国际移民的10%。在2000年至2017年期间，难民和寻求庇护者的人数从1 600万增加到2 600万。4/5的难民或寻求庇护者由发展中国家托管。2017年，难民仅占发达国家所有国际移民的3%。然而，在发展中国家，近1/5的国际移民是难民（19%），而在最不发达国家，难民占所有国际移民的1/3以上（36%）。

国际移民包括那些逃离贫困和暴力或追求更好生活机会的人，以及那些为了其他目的而搬家的人，如家庭团聚[9]。与合法移民相比，这经常使他们受到进一步的歧视、剥削和排斥[10]。不合法的妇女和儿童移民情况往往更糟，因为他们受到多重交叉的脆弱性困扰[11]。

国际移民并不都是脆弱的，也不是完全危险的。它还涉及技术移民、工人、学生、学者和其他人，每个人都与不同的法律地位有关。但是，当被迫或非自愿移民时，国际移民不仅对于那些搬家的人，而且对那些落后地区的人以及可能遭受贫穷、饥荒和其他权利剥夺，缺乏体面就业的人群而言具有重大脆弱性。

移民与发展之间的关系很复杂[12]。涉及移民问题的重要学术刊物[13]强调与政治整合、侨汇和海外侨民慈善事业、返回者及其融合相关的问题。对公共行政期刊的分析表明[14]，移民似乎并不经常作为热点话题。因此，需要将两个学科相互联系，同时将他们的科学和政策联系在一起。为了反映这一点，许多指数和其他类型的流程都试图将移民与特定的可持续发展目标关联起来。其中的一些如专栏5.1所示。

专栏5.1 移民与可持续发展目标之间的联系：关于指数和过程的一些例子

联合国经济和社会事务部（UN DESA）人口司提到七种联系：3.c卫生人力，4.b出国留学奖学金，5.2、8.7和16.2 消除贩运人口问题，8.8保护农民工的劳动权利，16.9合法身份，17.18迁移状况的数据分类，10.7安全、有序和负责的迁移。

指数

指数人员流动治理指数主要关注五个方面的联系：8.8劳工权利，16.1死亡和暴力，5.2和16.2贩运人口问题，10.7安全、有序和负责任的迁移。

国际迁移组织（IOM）编制的迁移管理指标和经济学家考虑了16项迁移——发展联系：4.b国际奖学金，5.2、8.7和16.2贩运人口问题，8.8劳工权利，17.16、17.17、17.18伙伴关系和数据，1.5对气候和社会经济冲击的适应能力，3.8全民健康覆盖，13.1、13.2和13.3对气候灾害/自然灾害的抵御能力，11.5减少灾害造成的死亡和损失，11.b城市实施综合政策，10.7安全、有序和负责任的迁移。

流程

全球移民与发展论坛（GFMD）提到了10个联系：3.c卫生工作者，4.b国际奖学金，8.8劳工权利，10.c汇款费用，16.9合法身份，17.18数据，16.2、5.2和8.7一直贩卖人口问题，10.7安全、有序和负责任的移民。

全球移民政策协会强调了40个联系，覆盖了17个可持续发展目标中的15个。

“2035年促进人口流动议程”概述了八项人力流动目标，这些目标主要与不同的可持续发展目标重叠。它们是：安全、合法和有序的流动性，移民的劳工和人权，迁移管理的监测和问责制，拘留约束作为威慑机制，诉诸司法和基本服务，包括教育和保健，结束歧视，收集关于移民和流动的分类数据。

资料来源：见脚注16。

对发展文献的回顾表明，迁移与发展之间的联系可以分为六大类，这也代表了参与移民问题的各利益相关方所采用的潜在的竞争观点和利益（见图5.1）。这些类别不是详尽的或排他性的，每个类别都包含性别、信息和通信技术和数据等交叉问题。

从安全角度来看，移民与和平以及安全有关，而这两者对发展都至关重要。基于这种观点的移民政策往往强调减少灾害风险和解决冲突，调解和复原等。从这个角度来看，移民政策不仅包括庇护和移入移民政策、返回、遣返和移出移民。它们还涉及偷运移民，贩运人口、毒品，犯罪，防止极端主义、反恐、国家安全、公共秩序和公共安全。它们扩展到通过边境管理政策、威慑、第三国再入境协议以及强制再入境和援助条件等政策问题来防止和控制不合法迁移。这些都是有争议的政策问题[15]。

从人权角度来看，移民与基本自由和权利相联系，包括结社权、言论自由、免于歧视、生命权、自由、信仰和人身安全以及免于奴役、酷刑和有辱人格的待遇等权利[17]。多元文化和跨国行动主义的兴起也是国际移民的一个重要方面[18]。因此，解决与散居政策、多元文化主义、容忍、多元化、包容性、居住方法，包括出生登记和法律身份在内的公民身份等有关问题的政策和机构[19]，都与移民有关。

从经济角度来看，移民与经济增长[20]、公平与贫困、发展合作、人才流通[21]、汇款及其交易成本相关。汇款对社会经济发展，包括获得教育，保健和其他基本服务以及将移民和难民融入东道国社会[22]的影响也与移民的经济层面高度相关[23]。从这个角度看，税收、养老金、福利、银行和金融包容、宏观经济、收入分配和扶贫政策都与迁移有关。

从劳动力的角度来看，获得就业和移民工人权利是移民经济、社会和人权方面的关键。移民的劳工权利往往受国际公约的约束。如1990年国际公约保护移民工人及其家庭成员权利，国际劳工组织出台的关于工人享有体面就业权利的公约和建议[24]。例如，许多移民的失业和就业机会不足被认为是移民和难民融入政策失败的标志[25]。相应地，为移民和难民提供就业机会被认为是通向人的尊严

图5.1

将移民、可持续发展目标和公共行政联系起来

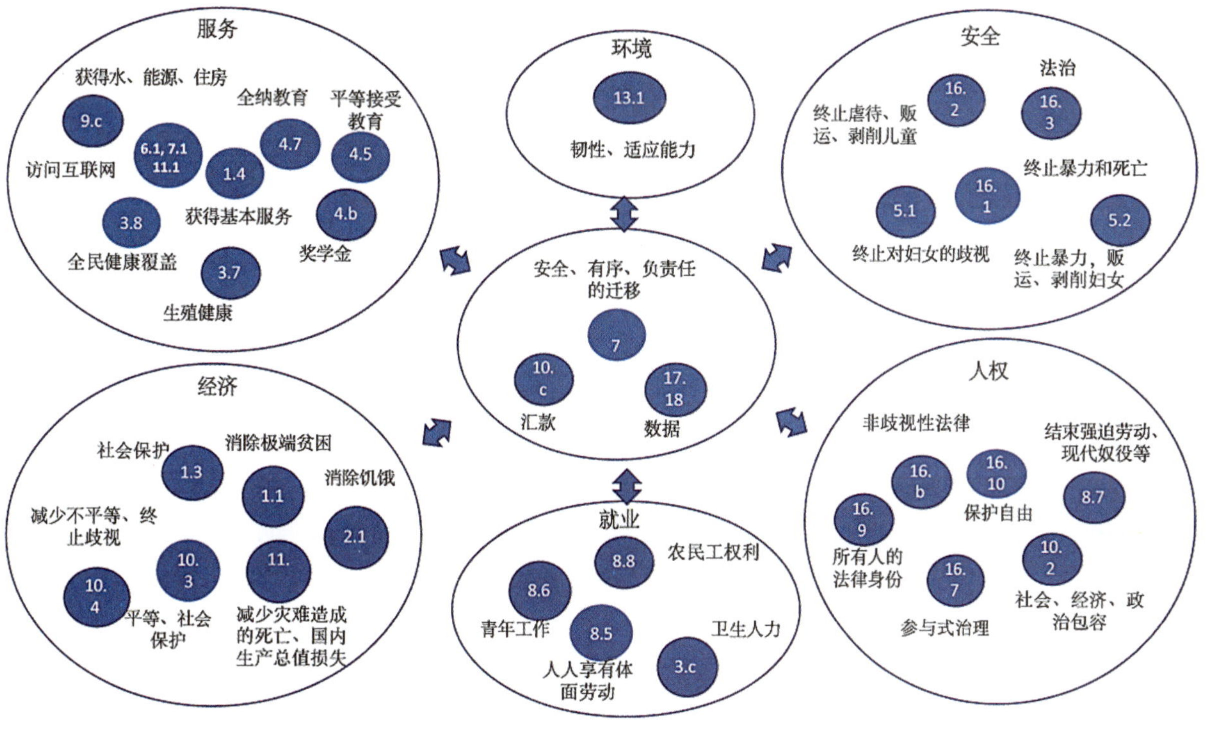

资料来源：作者总结。

说明：该图是对文本中提到的六个迁移维度的可视化——显示了每个维度中相关的可持续发展目标示例。

的途径，也是旨在应对难民危机长期性的倡议的基石[26]。因此，企业家精神、伙伴关系、创造就业机会、就业和社会流动的政策与移民政策相关。

从环境角度来看，移民与地球的健康有着内在的联系。研究指出，由于自然灾害，每年约有2 000万至2 500万流离失所者[27]，并且自20世纪70年代以来，与灾难有关的流离失所已经翻了两番[28]。一些国家已采取初步措施，将环境流离失所与人道主义保护联系起来，保护个人不被送回到由于环境危害或自然灾害而可能使他们的生命受到威胁的地方[29]。芬兰、瑞典、丹麦、美国、意大利、塞浦路斯、加拿大、澳大利亚和新西兰是已经颁布这种保护机制的一些先驱国家。过去几年，马尔代夫和孟加拉国提议修改1951年“难民公约”，将“气候难民”纳入其职责范围[30，33]。

从服务角度来看，获得各种公共服务与移民有关。移民与健康、教育、住房、公共秩序、文化等问题领域有着重要的联系[32]。语言、教育和健康尤为重要。没有语言技能，就业和社会融合就会变得难以捉摸。同样，获得优质保健服务的适当渠道不仅影响到移民和难民本身的健康和福利，还可能影响到他们居住的当地社区的健康状况。获得适当住所、饮水和卫生以及废物管理等同样重要。

多重联系和相关多重观点的存在必然会引起紧张局势（无论是在公共行政部门内部还是在政府与非政府行为者之间），都必须加以管理。例如，与移民有关的许多问题在注重人权的观点和安全问题推动的方法之间存在紧张关系。表5.1通过举例说明了这一点，重点关注迁移与可持续发展目标之间的具体联系。

表5.1　实例说明移民与可持续发展之间的联系

汇　款	移民向其原籍国/社区发送的汇款	吸引和减少汇款交易成本的政策，创建金融工具将汇款汇入国家/地方投资	税收汇款的诱惑可能违背发展目标，汇款过度管制
劳动力	非合法工作的移民在非正式部门就业，往往受到就业不足、剥削和歧视的影响	劳动力市场的形式化，在特定部门提供能力发展和培训，监管就业条件和招聘做法，招聘中央化以消除中间人，根据国际劳工组织有关公约保护工人的权利，引入纠正和控告侵犯劳工权利的机制	雇用移民的非正规部门的不公平竞争可能对正规劳动力市场产生负面影响，在当地人口中造成失业和怨恨
人　权	移民，特别是非合法的移民，容易受到走私和贩运的影响	将预防、保护和起诉方面的政策和机构联系起来，加强司法和法治的途径，改善调查和起诉技巧，引入保护权利和解决被偷运移民需求的机制	限制性移民政策可能会将移民推向非法活动并加剧走私和贩运，治安的复杂性不断改变走私路线和方法，缺乏数据，采取将所有有关的政府和非政府行动者联系起来的整体方法的财政和人力成本
教　育	实现普及儿童教育的目标意味着移民儿童能够接受教育	许多国家向儿童提供接受教育的机会，无论其合法移民身份如何	实施“庇护”学校可能比较困难；虽然移民儿童可以合法地获得入学许可，但是学校和人员的能力可能会被过度使用，由于高昂的费用和交通问题，移民儿童上学可能在经济上很困难
安　全	为以后参与犯罪的移民和难民及其权利伸张正义	根据国家的不同，被发现犯罪的移民可以就其留在东道国的权利采取行动，并且可以以不同方式对待他们的案件，直到有关公共当局作出决定	地方执法当局与负责国土安全和边界管制的当局之间的紧张关系，不同的地方和国家行政管理之间的规章和条例的实施，在该领土的一些地方缺乏执法
住　房	获得适当的住房是移民融合的基本条件	一些国家为寻求庇护者和难民提供住房补贴和援助。住房政策可以集中设计并在当地实施；或完全分散	当住房存量很大程度上不正式时，措施难以执行，某些地理区域可能面临供需不匹配，社会住房短缺；在新移民集中的地区发生社会融合问题
合法身份	非合法移民缺乏身份识别，阻碍他们获得一系列基本服务和机会	几个政府为居住在国外的国民出具的领事身份证；无论其移民身份如何，城市居民的市政身份证；社区身份证由非营利组织（如信仰组织）与当地执法机构合作提供	这些举措与负责国土安全和边界管制的当局之间可能存在紧张关系；确定经常在国家层面进行管理的服务和就业机会的身份和地位的复杂性

资料来源：报告的专家意见33。

5.3　有关移民的法律和体制层面的办法：来自样本国家的经验教训

本节考察了代表不同区域、经济、社会和政治背景的29个国家的国家级和地方级机构和国际移徙政策。分析中包含的国家如图5.2所示。样本主要根据信息的可用性进行选择。因此，这并不具有代表性，今后还可以增加更多国家来扩大分析范围。总的来说，33%的国际移民来自这些国家，其中39%居住在这些国家。全球有2.2%的难民来自这29个国家，其中40%是由他们托管的。重点是国家和地方对国际迁移和难民流动的处理方式，以及有关非政府行为者的参与方式[34]。这项分析特别强调劳工、教育和卫生政策适用于移民。

遵循报告中使用的分析框架，使用了三个主要分析维度。横向整合考察各国是否有协调一致的国家移民政策和体制安排。纵向整合评估地方政府是否有自己的移民和/或难民政策或策略，以及他们是否与中央政府进行协调。参与方面侧重于公民社会和其他非政府行为者是否以及如何参与与迁移有关的国家和地方政策制定和服务提供。本章和本章之外的其他部分的大多数政策实例均基于“目的地”国家的观点。专栏5.2简要介绍了在这些方面提出的主要问题[35]。

图5.2

样本中用于比较分析的国家

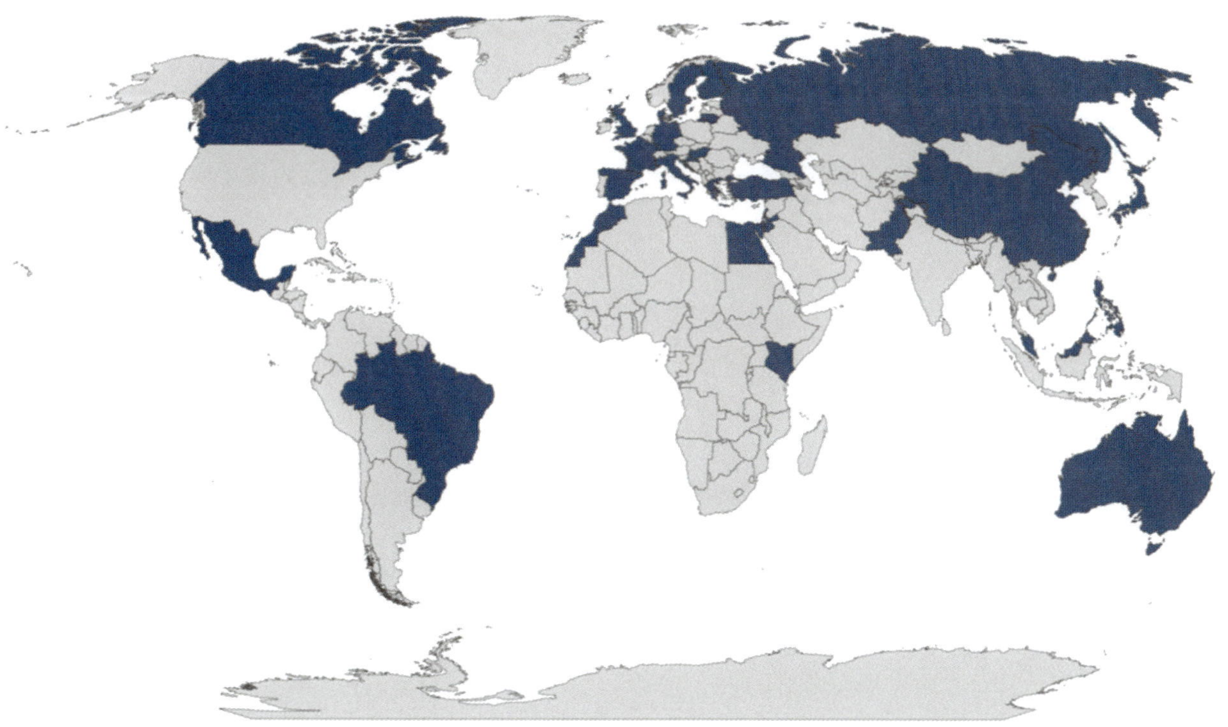

资料来源：作者阐述。

专栏5.2 与横向整合、纵向整合和参与有关的主要结构问题

横向整合：各国是否有国家移民政策？国家宪法是否指迁移、避难和难民？制定可持续发展目标实施的国家发展计划或战略文件是否提供这些参考？各国是否有一个国家移民机构协调其他有关政府机构的政策，包括政府中心和各部委？关于劳动权、获得教育和健康，国家的政策和制度安排是什么？在法律上和事实上，它们似乎是相互联系的吗？

纵向整合：地方政府是否参与国家移民政策的制定，包括制定、实施、监督和评估劳工、教育和卫生政策？它们是否有自己的移民政策、计划和/或机构？它们是否有能力和资源来解决移民问题？它们是否与包括国家移民机构和相关部委在内的国家政府进行协调和合作？如果是这样，互动的性质和程度如何？

参与：民间社会和非政府行动者（包括但不限于私营部门、学术界、宗教团体和其他主要群体和利益相关方，如由移民和难民资助和经营的组织）如何参与与移民和难民有关的国家和地方政策制定、服务提供和体制安排？

资料来源：作者阐述。

5.3.1 横向整合

对29个国家的与移民相关的机构和政策的分析[36]显示，超过一半（17）在其宪法中提及移民或庇护。埃及、摩洛哥、墨西哥和法国的宪法逐字提及难民或移民及其权利。一些国家进一步采取措施保护移民在其宪法中规定的非正常情况下的权利。例如，厄瓜多尔在其宪法中提到移民是一项人权，规定任何人都不能因其移民身份而被视为非法[37]。厄瓜多尔拥有拉丁美洲最大的难民人口[38]。

在样本中的29个国家中，16个提到移民或难民参与其国家发展计划或其可持续发展实施行动计划和战略。17个样本国家在2016年或2017年在联合国可持续发展高级别政治论坛（HLPF）上提交了关于可持续发展目标进展情况的自愿国家审查（VNRs）[39]。其中14个国家在其发言中提到了移民或难民。3个非1951年难民公约缔约国（埃及、约旦和马来西亚）的国家在其自愿国家审查中提及了移民或难民。在国家发展计划或可持续发展目标实施战略中没有提及移民或难民的若干国家（丹麦、埃及、芬兰、法国、肯尼亚）在其自愿国家审查中强调了这些概念。这些调查结果似乎表明移民和难民在国家政策议程中有着普遍的重要性。

对29个国家处理移民问题的国家级机构进行分析可表明各种机构设置。巴西和菲律宾采取了多机构迁移办法，意大利和墨西哥的迁移情况较差，负责迁移的机构由几个部际咨询委员会陪同。澳大利亚、加拿大、丹麦、埃及、希腊、摩洛哥和联合王国都有独立的移民事务部。其他国家在内政部或家庭或民政部（克罗地亚、芬兰、德国、以色列、西班牙、瑞典）或公安部或司法部（中国、土耳其、法国、匈牙利、日本、立陶宛、肯尼亚）设有分管移民和难民问题的独立部门。

安全部门和边境管理部门的参与是重要的。负责移民和难民问题的部委或单位经常与负责公共安全、公共秩序、国家安全、边境管理，有时还包括警察的部委、部门或单位合作。澳大利亚移民和边境保护部就是一个恰当的例子。日本司法部与国家公共安全委员会一起监督执行“移民管理和难民认定法”。匈牙利负责实施国家移民政策的移民和国籍办公室与警方一起合作。立陶宛和丹麦也是如此。德国的2016年庇护法旨在加速庇护申请程序，成立一个新的联邦警察部门来协助这一进程。埃及最近颁布了一项关于打击非法迁移和偷运移民的法律，由其新成立的社会团结部国家协调委员会起草，旨在打击和防止非法迁移。埃及有一个单独的机构来解决与移民有关的问题，即海外移民和埃及事务部。在有效的政策整合方面，没有哪一种模式能够体现出其内在的优势。影响横向和纵向政策整合的可能因素包括公共行政系统的类型[40]，权力下放和地方治理的程度、机构能力、以往历史和机构间合作的制度化、领导力、技术的使用，包括沟通平台的互用性以及参与决策的行为者的数量和类型。

促进横向政策整合成功的一个重要警示是政治的作用。通常，政策整合（包括跨部门合作）受到移民话语两极分化的阻碍，这种移民话语可能导致东道国和移民社区之间的关系恶化。为防止这种情况发生，充分的沟通政策和战略必须成为移民治理的一部分。据报道，在世界几个地区，移民和东道国的社区之间存在着敌意，有时甚至存在暴力[41]。在这方面，公共机构在管理移民方面的表现可能很重要。如果公共机构被认为失败了，那么把迁移作为发展的机会或避免其在政治话语中的工具化就变得越来越困难。

数据是政策整合的关键交叉促成因素。例如，衡量贩运人口和走私是困难的，通常需要使用多种信息来源。为了解决这个问题，针对在荷兰贩卖人口和性暴力侵害儿童问题，荷兰国家报告员和联合国毒品和犯罪问题办事处开发了一种创新方法，用于估计[42]贩运人口受害者的人数，这直接关系到成功实施可持续发展目标16.2关于“终止对儿童的虐待、剥削、贩运和一切形式的暴力和酷刑”，以及具体目标10.7关于“促进人员有序、安全和负责任的迁移和流动的，包括实施有计划、管理良好的移民政策”的内容。与其他政策领域相比，专家们已经注意到缺乏对迁移相关举措的系统评估，并且认为需要更多地关注所有政策领域和整个公共服务领域的监测和评估[43]。

数字化和加强各主管部门之间交换信息的程序是提高效率的一个领域。在俄罗斯，由联邦移民局在内务部维护的国家移民控制信息系统包括有关移民在该国的所有信息，并与其他相关政府机构分享。相比之下，在巴西，每个处理移民事务的部门都有自己的登记处，没有统一的数字平台将它们相互联系起来[44]。同时，为维护移民权利，在各主管部门之间交流信息时必须达到微妙的平衡。该领域的专家认为在政府机构之间建立适当的“防火墙”很重要，包括在数据交换方面（例如，卫生与执法、教育与执法之间）[45]。

在区域或全球层面上采取的政策是影响国家层面横向政策整合的另一个关键因素。例如，欧洲移民网络授权任命不同部委的移民协调中心。专栏5.3简要概述了一些区域和全球的发展及其对国家行政管理的影响。

专栏5.3　区域组织和移民与发展政策整合

区域和国际组织影响国家和地方层面的移民融入可持续发展政策。

在区域一级，东盟、南方共同市场、欧洲联盟和其他区域组织已执行影响其成员国政策立场的关于移民和难民的政策和指示。一些例子包括：

（1）由美洲国家组织推动的2016年圣何塞联合行动声明促使中美洲和北美洲国家承诺保护来自中美洲的难民。

（2）欧洲共同庇护制度寻求协调欧盟成员国的庇护政策。

（3）东盟于2007年发布了“移民工人权利宣言”，重点关注如何保护东盟国家移民的劳工权利。

欧盟最近与16个伙伴国和5个优先国（尼日尔、马里、尼日利亚、塞内加尔和埃塞俄比亚）签署了合作框架，帮助他们改善基础设施和基本服务（废物管理、水、教育和健康），努力阻止非法移民流入欧洲，防止贩运人口和走私，并改善难民和最脆弱的收容社区的生活条件。在全球层面上，2011年国际移民组织和开发计划署将主流移民纳入国家发展战略计划，这一计划已支持孟加拉国、厄瓜多尔、牙买加、吉尔吉斯斯坦、摩尔多瓦、摩洛哥、塞尔维亚和突尼斯八个中央政府，将其国家移民和发展政策联系起来。

移民组织、劳工组织、人口基金、难民专员办事处和联合国妇女等若干其他机构和组织参与开发计划署的联合迁移与发展倡议，通过支持政策一致性和纵向政策整合，基于多方利益相关方的伙伴关系，在迁移与发展领域建立了当地的能力。虽然这些举措很有前景，但需要更多的研究来评估其影响和有效性。

资料来源：作者根据专家对该报告的贡献进行阐述。

• **针对移民和难民的劳工，教育和卫生政策**

移民和难民获得就业机会以及教育和保健等基本服务往往不稳定。对移民和难民劳工权利的文献分析表明，存在的提供就业机会的法律并不能保证其实际执行。移民和难民的情况就是这样，需要有必要的文件授权才能合法居住在东道国。原因可能包括获得工作许可的官僚障碍，高失业率，为本国工人保留的就业配额或移民部门的就业限制。各国给予合法和非合法移民、难民和寻求庇护者的劳工权利数量差异很大。例如，澳大利亚允许未受社区拘留的寻求庇护者就业，就像对难民一样。克罗地亚和俄罗斯联邦准予难民就业，但不允许寻求庇护者就业。欧盟内的其他许多国家也是这样做的。在匈牙利，难民可以在难民营工作九个月后申请一年工作许可证。如专栏5.4所示，摩洛哥最近修改了其国家移民政策，为难民和移民提供就业机会，包括非法移民。

专栏5.4 摩洛哥管理移民的体制办法

继2011年的宪法改革、2013年的国家移民政策和2014年的国家移民和庇护战略（SNIA）之后，摩洛哥进行了几次将非法移民合法化，接着向所有移民和难民开放了公共服务。非法移民可以获得公共卫生服务，包括初级和紧急医疗服务，并可以将其子女送到公立学校。此外，合法移民还可以获得专业培训和求职帮助。

横向整合：国家移民和庇护战略包括11个部门行动计划，分布在教育部、团结部、妇女、家庭和社会发展部、社会福利部、卫生部、财政部、内政部、青年和体育部等相关部委，以及诸如ANAPEC——就业局、OFPTT——专业培训办公室、ADS——社会发展局、CNDH——全国人权理事会和DIDH——部际人权代表团等公共机构。国家移民和庇护战略由政府首脑领导下的部际委员会领导，并与海外摩洛哥社区理事会和其他非政府行动者合作。

纵向整合：为市政府、地方政府部门、公共机构和地方协会代表提供培训，加强地方移民管理，确保跨地区和城市统一实施国家移民和庇护战略。

参与：包括移民协会、当地演员和大学在内的民间社会，是国家移民和庇护战略设计的一部分。基金会哈桑二世参与监督它的部际委员会。移民有权建立合作社。举办会议、研讨会和讲习班，以向公众进行咨询。

资料来源：联合国公共服务奖，2017。

对于非法移民，就业机会一般不存在或不稳定，尽管一些国家为寻求庇护者提供了一些渠道。在受雇时，寻求庇护者、难民，特别是非法移民往往在非正式部门工作或从事不稳定的工作。在有些情况下，不存在允许移民和难民上班的法律或正式文件。在其他情况下，会出现没收工作卡和其他身份证件等剥削性做法。这种做法很容易将合法移民推向非合法的地步，最终可能变成无国籍人群，特别是移民妇女和儿童[46]。他们也是偷渡移民和贩卖人口的先驱[47]。考虑到这一关系，英国出台的《现代反奴隶法案2015》加强了以前与贩运和奴役有关的罪行。

自下而上的整合计划也是显而易见和重要的。经济合作与发展组织国家[48]和非洲[49]的研究表明，许多难民创造了雇用其他难民和当地人口的企业。当工作安全时，难民也增加了对本国的汇款，并更好地融入东道国社会。在一些研究中发现这种情况正好相反：没有体面和安全工作机会的移民和难民在其东道国社会中的融入程度较低，促使二次或多次移民，有时将其推向非法境地。

教育是体面就业的门户，语言能力是两者的先决条件。然而，移民和难民获得教育的机会往往有限。在29个国家中，只有少数国家（澳大利亚、加拿大、克罗地亚、法国、日本、俄罗斯和土耳其）在移民进入该国时提供当地语言教育。对许多人来说，这种培训不是强制性的，由地方政府或民间社会组织负责处理，没有系统的执法或监督机制。总的来说，主流趋势是难民可以合法获得公共教育，而寻求庇护的人却不能。只有在少数国家，寻求庇护者才能获得公共教育。非法移民通常被排除在教育和正规就业之外，除非他们是未成年人。在欧洲，五个国家未授予无证儿童上学的资格[51]。其余23个欧盟成员国允许没有适当证件的移民和难民儿童获得教育。

对于难民来说，缺乏足够的基础设施、需求过度、教师资质不足、收费高、学校交通不便，贫困是儿童和青少年失学的主要原因。民间社会、难民专员办事处和其他人道主义组织通常在地方层面提供培训和教育，有时还与地方政府合作，包括在某些情况下进行学前教育。在希腊，像ARSIS和PRAKSIS这样的民间社会组织已经将预期目的国语言用作流动学校的语言[52]。一项旨在地方层面获得教育的创新举措来自土耳其伊斯坦布尔（见专栏5.5），该机构最近将其阿拉伯语–土耳其语双语教育合并为一项针对所有儿童的综合方案，不论其国籍为何[53]。

专栏5.5　土耳其、伊斯坦布尔大都会市青年理事会

土耳其收容的难民比世界上任何其他国家都多。地方政府开始在满足移民和难民需求方面发挥作用。其中一个例子来自伊斯坦布尔，那里的大都会直辖市创建了线上线下平台，将土耳其和叙利亚青年作为青年理事会的成员。理事会提供语言、艺术、音乐、数学、体育、创业和领导力等课程。

横向整合：当地政府组织及其基金会和附属非政府组织之间相互参与和合作，发生了地方层面的横向一体化。理事会与土耳其的市镇网络组织合作，开展社会包容和难民融合项目。

纵向整合：作为一项以地方为基础的举措，国家政府机构不参与。

参与：大都会市政当局与当地食品银行和土耳其红新月会合作，在土耳其周边提供物资和组织移动厨房。理事会还与联合国人居署、土耳其市政联盟、联合城市和地方政府（UCLG）、人类发展模拟和巴黎青年理事会（INGEV）一起组织了世界人道主义峰会青年论坛。

资料来源：联合国公共服务奖，2017。

在许多国家，移民和难民获得医疗保健的机会也很有限。如第6章所示，泰国是一个例外，因为它为所有移民和难民提供综合卫生服务，包括那些非法的人[54]。东道国政府对移民和难民提供的卫生覆盖的初步概述表明，主要趋势是为成人和儿童提供紧急护理，而儿童也可能从某些国家的初级保健中受益。移民和难民需要的精神卫生服务、社会心理支持和家庭咨询常常缺乏、不足或不存在。卫生服务似乎比教育更受限制，并且往往由民间社会和人道主义组织提供，有时甚至发达国家也提供。他们在地方层面的交付也受到机构间协调漏洞的影响。

在欧盟中，只有少数国家为非法的寻求庇护者和移民提供获得国家医疗保险的机会，而当它们这样做时，在实际使用这些服务时会遇到重要的障碍。未成年人无论其法律状况如何，都可以获得紧急护理，有时还可以获得初级保健。除八个欧盟国家外，其他所有国家都向未成年人提供与其公民同等水平的医疗保健。对于成年移民和难民，六个国家仅限于提供紧急护理，十二个国家允许非法移民有限获得专业服务，如产妇护理和治疗艾滋病和传染性疾病[55]。在许多情况下，移民和难民获得医疗服务取决于当地法规，医院管理规定以及熟练医护人员的意识和接受程度[56]。在很多发达国家，移民和难民没有合法或实际的医疗保健机会，后者可能从公共健康安全网即社区健康诊所中受益。这些诊所向贫困者提供基本医疗服务收取名义费用，有时雇用培训医生或医学生[57]。

获得医疗保健的障碍包括语言挑战、部分移民和难民获得信息的可能性小、可能影响医患互动的不同文化规范所暗示的困难[58]。如专栏5.6所示，卫生部门的一个创新实例来自南非，几个城市增加了移民和难民获得卫生服务的机会，同时也增加了他们的就业机会。

专栏5.6　南非约翰内斯堡Rosettenville和Yeoville市

南非作为非洲大陆移民和难民的东道国，一直在修改其政策和机构，以在人权和移民的安全层面之间取得平衡。地方层面上的一个例子来自Rosettenville和Yeoville市，它们雇用了没有法律许可的移民护士，在当地的公立医院和诊所提供翻译和口译服务。该倡议有助于解决医护人员与移民患者之间经常发生冲突的问题。它还为移民护士创造了就业机会。

横向整合：两个城市相互合作，另外三个城市复制了这一安排。因此横向整合发生在地方层面上，国家政府没有起到明确作用。

纵向整合：约翰内斯堡市有其自己的本地移民政策。它有遍布城市的移民帮助台。它还有一个由相关利益相关方组成的咨询委员会。

参与：市政当局与非洲移民团结和难民护士协会以及福特基金会的受让人、人口理事会还有一些国家基金会合作。

资料来源：联合国公共服务奖，2017。

5.3.2　纵向整合

可持续发展目标的实施和移民治理的成功取决于当地有效的行动和国家和地方之间的有效协调。超过60%的移民和难民居住的城市和地区在移民融合中扮演着重要角色。这导致一些学者谈论“地方转向”，将其定义为地方政府和机构在移民问题上的日益激进主义和作用[59]。例如，在欧洲，尽管过去几年国家的移民和融合政策日益受到限制，但城市移民融合政策已经尝试了包容性和跨文化的形式[60]，让位于“城市公民”[61]或“定居”的想法[62]。这些概念倾向于将移民和难民重新定义为其社区中积极的发展行动者，而不是被动援助的接受者或安全威胁[63]。地方一级如美国[64]、墨西哥[65]和西班牙[66]在应对移民方面日益增加的作用的一个例证可见于地方当局通过移民寻求人才和促进多样性的政策。地方政府总体上还是在具体的部门政策方面为移民和难民提供庇护所。其他国家，如中国的省级政府和大都会，制定了吸引高技能移民的人才吸引政策[67]。还有一些国家，如巴西，也对低技术移民和高技能移民和难民采取了类似的方法[68]。

地方政府对移民和难民的开放在很大程度上取决于他们的财力和人力资源。例如，在土耳其、摩洛哥和约旦，许多城市的法律、结构和财务需求使他们要求中央政府提供援助，以满足移民和难民的需求[69]。一项研究发现，丹吉尔是主要的迁移过境和接收城市，没有为移民提供接待、适应或信息服务。土耳其的一些市政当局也因为缺乏提供服务的法定授权而苦苦挣扎[70]。其他拥有足够财力和专业知识的城市向移民和难民提供了各种服务[71]。

地方和国家政治的动态，包括有关行为者的政治背景和意识形态，在城市和地方政府是否以及如何努力融入移民和难民方面发挥着重要作用，例如地方政府利用难民危机作为从中央政府和职能部门获得利益和资源的工具。强大的中央不愿意把权力和资源交给地方一级似乎也是司空见惯[72]。

地方政府将移民融入发展政策制定中至少遵循三种不同但相互关联的模式：在市政府内设立单独的办事处，地方–国家合作契约和特设外联活动。

第一，许多地方政府面临适应新移民的挑战，已经建立了独立的办事处，单位或委员会（德国、约旦、巴西、墨西哥、法国、菲律宾和斯堪的纳维亚国家）。例如，在菲律宾，一些地方政府单位设立了移民资源中心。菲律宾海外就业管理局和海外工作者福利管理局与地方政府建立了合作关系，通过这些资源中心扩大了它们的服务范围。在巴基斯坦，每个地区都有一个阿富汗难民委员会，负责向国家和边境地区部的伊斯兰堡首席委员会（SAFRON）报告。德意志联邦共和国在州一级设立了难民协调员办公室[73]。

第二，基于来自民间社会、私营部门以及移民和难民组织的不同合作伙伴的参与，建立了地方–国家–民间社会合作契约、协调机制或其他体制机制。有时，这些契约和地方行政部门在移民中的关键作用被纳入国家移民战略（法国、俄罗斯、土耳其、英国）。例如，英国负责移民事务的内政部启动了英国的战略移民合作伙伴关系[74]，以激起地方当局在难民重新安置方面的竞争。

第三，地方一级的机构迁移管理涉及启动特设工作组、工作小组、外联会议和有关移徙与发展相关问题的会议（克罗地亚、匈牙利、以色列）。

许多国家都遵循了这三种方法的全部或部分组合。例如，美国的许多自治市和城市都采用折中方法来解决移民问题[75]。“美国欢迎倡议”已开始评估和认证地方政府为融入移民和难民所作的努力。2017年9月，俄亥俄州代顿市成为美国第一个经过认证的包容性移民城市。在希腊，雅典市政府最近与联合国儿童基金会、欧盟、国家政府的移民和难民支持和社会融合司以及非政府组织合作推出了自己的“蓝点计划”（Blue Dot），即为移民和难民提供儿童和家庭支持中心[76]。

地方政府也积极收集数据并向移民和难民提供相互关联的服务。德国最近的“数据交换加强法”采取措施，为庇护申请和与难民相关信息建立国家中央数据库。德国北莱茵–威斯特伐利亚州的一些州政府已经为移民和难民建立了一站式商店，称为“融合点”。融合点将市政当局、地方就业中心、福利办公室、IQ网络（涉及资格认定）和雇主协会的代表召集到一起，为寻求庇护者和难民提供信息、行政行为和融合措施[77]。菲律宾海外就业管理局（POEA）最近还推出了一站式服务。这些中心集中在政府机构的一个地方，申请人或海外工作人员可此获得必要的相关证明。这些趋势表明，地方政府处于创新型移民制度化和政策制定的前沿。无论现行的政府制度（联邦制还是单一制政府或其他制度）、经济发展程度（发达国家还是发展中国家）、法律框架（案例还是民法或其他）、该国或城市在移民路线（发送、接受、过境国家或几者的组合）上的主导地位及其历史和文化特质（殖民主义遗产）。地方办法和政策可以有助于将与移民和难民有关的整合问题纳入可持续发展政策。各级政府的权力下放和运作良好的关系似乎可以提高迁移政策纵向整合的水平[78]。当纵向政策整合是与民间社会、学术界、基层、信仰组织、私营部门、侨民、移民和难民组织以及其他利益相关方一起制定和实施时，纵向政策整合往往更为强大[79]。

5.3.3 参与

在本章审查的29个国家中，13个国家有一个全国性庇护组织，如国家难民委员会或国家移民委员会，它们聚集了为帮助移民和难民而成立的民间社会组织。肯尼亚、巴基斯坦、菲律宾和土耳其与澳大利亚、丹麦、芬兰、德国、英国、西班牙和瑞典一样拥有这样的伞形组织。对于一些国家，没有任何信息可以求证。需要更多的研究来确定不同国家民间社会组织的存在和类型。例如，部门或地方非政府组织与国际民间社会组织可能对政策整合产生不同的影响。

无论是作为相关国家和地方移民机构的组成成员，还是作为顾问，有十个国家的民间社会组织参与移民政策的制定。在法国和加拿大，民间社会组织是国家移民机构的积极合作伙伴，并且是法律认可的服务提供商。在德国等其他国家，它们也是国家和地方决策的组成部分，包括文化领域在内的决策。

在墨西哥，民间团体作为地方一级的服务提供者，正如Casa Refugiados、国家人权委员会和国际非政府组织Scalibrini国际移民网络的地方分会的重要社区外展活动和地方援助活动所表明的那样[80]。几个非政府组织参与了墨西哥城政府“tarjeta huésped”计划的设计和实施。Tarjeta huésped为移民和难民提供了获得医疗保健、教育和法律顾问的机会，在城市宪法中被视为基本权利[81]。其他例子来自马德里市政府[82]，其中有一个永久性难民志愿者备用名单以协助移民和难民，以及美国加利福尼亚州政府[83]，它雇用当地的民间社会组织对公务员进行培训，为移民和难民融入提供服务。

由前移民和现在移民资助和经营的散居和归国者组织也是非常重要的参与人。例如，在阿尔及利亚，由阿尔及利亚归国者资助的阿比卡（ADEKA）——卡比利亚发展协会与地方政府和当地其他民间社会行为者合作，支持地方和国家发展项目。它还与法国的移民、团结和交流促进发展协会（AMSED）合作，支持阿尔及利亚卡比利亚地区的农村发展[84]。海地侨民组织将其干预措施的重点放在提供保健服务和教育方面的差距上。在2008年海地地震造成的大规模破坏之前和之后，海地居住海外部（MHAVE）已经做出重大努力，以接触海外侨民团体[85]。

总之，在许多国家，民间团体往往在国家移民治理中发挥积极作用，尽管方式和能力各不相同。事实上，有人认为，在德国，志愿者行动在很大程度上取代了（而不仅仅是补充了）国家活动，因为面对移民的需求，公共机构有时会超负荷运转[86]。乍看之下，民间团体在移民方面的参与似乎与经济发展或政府体系无关。在开放和透明的治理系统中，非政府行动者在国家层面上的参与似乎更强。在这种情况下，地方层面的参与似乎很高，特别是在有效的权力下放和包容的地方治理的情况下。当国家移民政策和机构缺席或不足时，地方层面上的参与也往往会增加。

文献没有广泛讨论私营部门在移民中的作用。国际商会将全球难民危机确定为其可持续发展、贸易和数字经济的优先重点领域之一[87]。国际扶轮社通过其ShelterBox项目合作伙伴在全球进行慈善捐助，以促进紧急救灾。Chobani、宜家、星巴克、Airbnb、Uber、SpaceX、Google、Coursera、UPS和Turkcell等几家跨国公司已经在移民方面占据了强有力的地位，引入了创新的招聘、协助和培训难民计划，并提高公众对这个问题的敏感度。与此相分离的是，中小型企业SMEs、社会企业和移民难民的创业举措往往在移民人口生计方面发挥关键作用，并有助于为移民和难民提供服务，特别是在地方一级。私营部门的影响也可能是一把双刃剑。例如，许多公司参与剥削工作实践，与移民有关的非正式劳动力市场仍然是发展中国家和发达国家的一个关切问题。需要进一步研究私营部门及其各个组成部分的作用以及与政府和非政府组织在移民及其与发展的联系方面的伙伴关系。

5.4 为移民和难民提供创新的公共服务：住房情况

向移民和难民提供公共服务可能具有挑战性。针对城市难民的公共服务与满足那些经常长期居住在偏远农村地区的人以及居住在难民营的其他人的公共服务相比[88]，这些服务通常是截然不同的，所以可能需要采取不同的服务方式。同样，不同的移民和难民分组将需要不同的服务组合。

许多国家已经或正在考虑为移民和难民提供统一和相互关联服务的一站式商店。在丹麦，Newtodenmark.dk是一个一站式的移民入口网站，整合所有相关信息和服务接入点。虽然一站式商店已被证明是一种有用的制度创新，但专家认为它们的有效性要视情况而定[89]。为移民提供综合服务的一个例子来自葡萄牙，如专栏5.7所示。

专栏5.7 葡萄牙的国家/地方移民支持中心，CNAIM / CLAIM

在葡萄牙，高级移民委员会是协调国家一级政策制定的公共机构，它一直基于相互尊重、对话、法治和社会凝聚力的基础上积极推动移民和难民融入葡萄牙社会和公共生活。最近，高级委员会建立了国家和地方支持中心，为移民提供全面的服务。专业服务包括社会融入收入、家庭补贴、产前补贴、退休和残疾养恤金，引入负债支持办公室和全国禁止切割女性生殖器行动计划。该模式已在比利时、德国、捷克和波兰复制使用。

横向整合：三个国家中心成立。引入了不同语言的集中电话热线服务。国家和地方支持中心由部长会议主席直接领导。它们与移民和边境服务部、卫生部、司法部、教育部等合作，并且是国家移民战略计划（2015—2020）的一部分。

纵向整合：创建了60个本地支持中心。市政当局负责调解并参与服务的设计和实施。还引入了移动领域小组。

参与：雇用了70名精通14种语言的跨文化调解员。民间社会、移民协会和私营部门参与了设计和实施。

资料来源：联合国公共服务奖，2017。

诸如互联网、智能手机和移动电话等信息和通信技术可能有助于提高移民和难民获得服务的机会。联合国电子政务调查发现，2014年为49个国家提供了针对移民和难民的在线公共服务，到2016年，这一数字已上升到76个国家[90]。信息通信技术可以提供关于服务资格的规定和条件的必要信息。它们还可以帮助移民与团结网络——社会媒体团体、家乡协会和其他援助移民和难民的非政府组织或与提供就业机会、职业和创业机会的私营部门联系起来。此外，获得信息和通信技术（如社交平台和不同的应用程序）可以让移民和难民获得语言和其他培训，通过改变他们交流、互动和参与的方式为他们及其所在社区提供缩小文化、性别、教育和其他差距的可能性[91]。例如，Gherbtna是一个居住在土耳其的叙利亚难民新开发的应用程序。该应用程序允许其用户搜索附近可用的工作职位，并为土耳其大学的叙利亚学生提供土耳其有关居留许可和注册要求的法规新闻[92]。

在许多相关的服务中，本章将简要介绍一下住房情况。像公共交通、社会保护、银行、能源、技术、基础设施等其他类型的服务也同样重要，但因篇幅有限，所以此处没有介绍。

联合国涉足住房问题特别报告员[93]以及联合国移民人权问题特别报告员[94]一再表示，应为移民和难民，包括在非法情况下的移民提供最低程度的住房援助，以确保人的尊严。同样，这些群体往往缺乏足够的住房。在某些情况下，法律框架已经到位，但实际操作过程中这些法规很烦琐，而且不可能获得相关文件[95]。在有些时候，由于缺乏足够的语言技能和对其权利的了解或担心被驱逐出境，移民受到恐吓，无法捍卫自己的权利[96]。

当非合法移民和其他人可以使用公共住房时，他们经常在没有得到通知或找到替代住所的时候遭到驱逐。被驱逐后，他们可能会变得无家可归或生活在不安全的条件下，例如破旧和拥挤的住所、废弃的建筑物、无法获得基本服务的棚屋[97]。在被强制驱逐前，他们也可能被送往拘留中心[98]。

在难民营或过渡营，难民经常遇到恶劣天气、身体危险以及不卫生和不安全的生活条件[99]。认识到这些缺点，难民专员办事处试图通过将难民营变成“综合社区”作为解决办法，在“综合社区”，难民和当地居民可以相互交易、和睦相处并获得服务[100]。

从难民的角度来看，语言能力较差、缺乏有关住房服务和替代品的信息、歧视、官僚障碍和缺乏负担能力可能会阻碍他们获得住房。从公共当局的角度来看，缺乏财政能力、缺乏足够的基础设施，有关难民居住权与个人选择的分散计划等[101]是迫在眉睫的挑战。从整合角度来看，国家住房战略很少包括移民，几乎总是将非法移民排除在外[102]。在当地，城市之间在住房政策和服务方面的协调往往不够充分，而且它们与中央政府之间缺乏合作。即使存在提供住房服务分工的政策，但由于预算和能力问题，合作可能会不稳定[103]。一些地方政府采取了将移民作为弱势群体之一的措施。如加泰罗尼亚制订了住房权计划[104]。

缺乏将住房政策纳入国家和地方发展计划极其有限的协调可能加剧移民和难民找到适当住房的难度。在许多国家，移民和难民难以获得社会或社区住房，除了依靠慈善机构，非政府组织和私人公民寻找住所外，没有其他选择[105]。为移民和难民提供住房服务方面的创新包括扩大民间团体的作用，利用技术与社区接触，以及迅速建设非传统住房设施，如多户住宅单元、住宅酒店单元，集装箱改造为住房，当地家庭在他们的家中接待移民和难民等。

创新性住房政策的一个具体例子来自德国汉堡，它开发了一个城市科学实验室，公民志愿者可以帮助难民寻找家园。利用汉堡政府规划部门提供的数据，这一举措有助于提高关于现有土地和潜在建筑工地的当地知识。它还有助于将当地人与移民和难民联系起来。汉堡还对国家住房法规提出质疑，希望该市能够将难民中心置于未充分利用的商业建筑物和居民区的露天场所[106]。

创新住房计划不仅来自地方或国家政府和民间社会组织。难民和移民本身也参与了创意住房解决方案和服务的潮流中。阿尔及利亚廷杜夫就有这样的一个例子，一位撒哈拉难民在他的营地用难民的塑料瓶盖建造房屋[107]。

5.5 结论

世界各国的决策者和政策机构[108]有兴趣了解体制和公共管理模式、法律政策框架、体制安排和行政措施，以更好地将国际移民与可持续发展政策联系起来[109]。考虑到这一需要，本章询问了公共机构和公务员在促进有效和包容性决策以及国际移民与可持续发展目标及相关具体目标之间建立相关联系的作用。

解决这个问题的答案很复杂。可以从经济与安全和人权相关方面等多角度看待这一问题。这需要多学科和多维度的方法。一些学者强调，公共机构和公务员需要在将移民与可持续发展相结合方面发挥更大的作用[110]。

在许多国家，国家行政能力已经很薄弱，无法满足公民的需要。在国家内，中央行政管理层和地方层面之间以及大城市和小城镇之间往往存在能力差异，小城市可能更容易被公共服务的过度延伸所压倒。

鉴于与移民问题有关的横向和纵向协调的复杂性，明确政府各部门的责任和问责以及认识到政府不同层级和机构可能具有的比较优势非常重要。地方一级往往是解决协调问题的好地方——特别是在移民获得住房、就业、教育、健康和其他服务方面。在全国范围内，政策问题的协调处理得更好，例如国家入境的行政许可，移民最初可能需要的最低限度清单，如工作许可证、入学许可、住房等。与此同时，认识到不同司法管辖区在解决移民问题的能力和资源方面可能存在差异也很重要。分担负担和适当分配资源是横向和纵向整合的关键方面。

关于横向政策整合，分析表明，不论其地理位置、经济发展水平和政府制度如何，移民和难民运动在国家的国家发展议程、方案、计划和立法框架中都很重要。关于垂直政策整合，地方政府特别是城市在将移民和难民的问题和关注点与可持续发展政策和公共服务方式联系起来方面发挥越来越大的作用。

本章还发现，非政府行动者参与移民问题的意愿往往很强烈，但了解民间社会组织、私营部门以及移民和难民经营组织在移民政策制定和机构建设方面的作用需要进一步的系统分析。包容性设计、实施和参与式监测和评估服务非常重要。

根据这些结论和调查结果，本章向决策者提出以下五点建议：

第一，政策整合可自上而下，也可自下而上。虽然本章选择按横向整合、纵向整合和参与的顺序来看待移民与发展一体化问题，但参与和非政府整合举措的重要性不亚于中央或地方政府的举措。

无数难民和移民组织对创新服务设计和实施的贡献证明了这一事实。在这方面，建立国家平台，学习和分享有关移民和发展的综合政策以及社区创新举措可能是相关的。

第二，移民和难民的实力、能力和复原力是将移民与发展联系起来的关键。在实践中，公共部门的创新，特别是在公共服务方面的创新往往来自地方一级的个别举措。在这方面，有必要研究地方举措，以提高移民和难民的能力，加快他们为公共创新作出贡献的步伐。在这方面，权力下放和地方治理可能是自下而上整合的重要促成因素。

第三，尽管政府和非政府组织积极参与移民

和发展的政策规划和实施工作，但这些举措很少得到评估。特别是，公共行政对移民相关计划的评估很少。因此有必要总结经验教训。监测和评估活动本身应进行横向和纵向整合，要注重适当的数据收集、分解和分析。

第四，“更多融合”并不会自动增加移民本身的福祉，因为在某些情况下，政府部分地区（包括不同地理层级）的联系增加可能会威胁到移民的人权和机会。例如，国家和地方在与移民法律地位有关的执法方面可能会出现紧张局势。公共机构必须准备好克服这些挑战，包括采用有效的政策整合战略，其中一些在本章中已概述。

第五，移民与发展在各级公共行政中的整合不仅仅是技术或理性的过程，而且还涉及文化意识、政治和观念。因此需要在公共行政中建立适当的意识和沟通战略以及问责制度。

移民和难民问题在决策议程中可能仍然占据重要的位置。有效的横向和纵向政策整合以及与非政府行动者的接触都与公共机构和公共行政部门解决这些问题所做的努力有关。最后，各国自己的情况和愿望将决定移民如何与其他可持续发展领域相融合。

尾注

1. 包括难民和寻求庇护者在内的国际移民经常受走私和贩运的影响。这是政策领域需要跨部门协调的一个主要例子。解决人口贩运受害者的需求需要采取多学科方法，从执法到提高认识和教育，获得医疗保健，向受害者提供保护和援助，首先要解决导致贩运的原因。早期发现和协作需要许多行动者的参与，包括国家和地方政府机构、警察、法院、社会工作者、医务人员、教育工作者和非政府组织。

2. 有关国家样本的更多信息，请参见第12页。

3. 在2 932份追溯至2002年的申请中，发现约有130宗相关个案。有关联合国公共服务奖的更多信息，参见https://publicadministration. un.org/en/UNPSA。

4. 创新服务可以定义为利用新工具，或以新的创造性方式使用以前可用的服务来提供特定问题的解决方案，理想的方式是为大量人员创造价值，并且可以以相对简单和具有成本效益的方式进行推广和复制。参见Wharton. Why Innovation Is Tough to Define — and Even Tougher to Cultivate. University of Pennsylvania: 30 April 2013。 见http://knowledge.wharton.upenn.edu/article/why-innovation-is-tough-to-define-and-even-tougher-to-cultivate/。

5. 关于移民的原因和后果，参见 e.g. OECD. Interrelations between Public Policies, Migration and Development. Paris: OECD, 2017。

6. 联合国经济和社会事务部统计司。关于国际移民统计修订的建议1，New York, 1998. ST/ESA/STAT.SER. M/58/rev.1。

7. 大多数专家认为，无论移民的原因或合法状态如何，国际移民都可被定义为改变其常住国的人。难民是指在原籍国之外的人，由于担心受到迫害、冲突、普遍的暴力或其他严重扰乱公共秩序的情况，因此需要国际保护。相应的定义可以在1951年公约中找到。寻求庇护者是指申请庇护过程中的人。有关定义的更多信息，请参见联United Nations. Refugees and Migrants. 2018。 见https://refugeesmigrants.un.org/definitions and United Nations Refugee Agency（UNHCR）. Asylum-seekers. 2018。 见http://www.unhcr.org/en-us/asylum-seekers.html。国际移民不包括在国境范围内改变居所的人。

8. 联合国经济和社会事务部人口司，2017年国际移民报告，纽约。

9. 有关统计数据的更多信息，请参见联合国经济和社会事务部人口司http://www.un.org/en/development/desa/population/migration/data/estimates2/estimates15.shtml和Pew研究中心. Global Attitudes and Trends. May 2016。 见http://www.pewglobal.org/2016/05/17/global-migrant-stocks/?country=US&date=2015。

10. 联合国人权高级委员会，The Economic, Social and Cultural Rights of Migrants in an Irregular Situation. New York and Geneva: 2014。

11. Walker, R. et al. “Negotiating the City: Exploring the Intersecting Vulnerabilities of Non-national Migrant Mothers Who Sell Sex in Johannesburg, South Africa,” in Empowering Women for Gender Equity (July 2017): 1–13. 见http://www.tandfonline.com/doi/full/10.1080/10130950.2017.1338858。

12. 参见Papademetriou, D. G. and P. L. Martin, eds. 1991. The Unsettled Relationship. Labor Migration and Economic Development. New York: Greenwood Press; De Haas, M. “Migration and Development: A Theoretical Perspective,” in International Migration Review 44, 1 (Spring 2010): 227–264。 见http://onlinelibrary.wiley.com/doi/10.1111/j.1747–7379.2009.00804.x/full; Ibid. “The Migration and Development Pendulum: A Critical View on Research and Policy,” in International Migration 50, 3 (June 2012)。 见http://onlinelibrary.wiley.com/doi/10.1111/j.1468–2435.2012.00755.x/abstract。

13. 期刊（2015–17）：International Migration, Refuge, Journal of Identity and Migration Studies, Journal on Migration and Human Security, Revue européenne des migrations internationales, Hommes et Migration, Population, Autrepart。

14. 期刊：Public Administration Review, International Review of Administrative Sciences, Policy Sciences, Public Administration Quarterly, Journal of Public Management and Social Policy, Public Integrity, The American Review of Public Administration, Chinese Public Administration Review, CPAR, Revue française d'administration publique, Revue canadienne des sciences de l'administration。

15. 从安全角度来看，参见Lavenex, S. and R. Kunz. “The Migration-Development Nexus in EU External Relations”, in Journal of European Integration 30, 3 (July 2008): 439–457; and Perin, R. C. and M. Consito. “Addressing Public Security and Administrative Protection of Human Rights in the Reception of Asylum Seekers: The Italian Paradigm.” IIAS Conference Paper. Aix-en-Provence: France, May 2017。

16. 专栏1仅用于说明目的。该栏并不意味着利益相关方就迁移相关目标的数量达成一致。此外，一些引用的指数和过程概述了这些联系可能随着时间的推移而发生变化，并列举了其他联系。UNDESA. Population Facts. Population Division.（2015年12月）见http://www.un.org/en/development/desa/population/migration/publications/populationfacts/docs/MigrationPopFacts20155.pdf。The Index of Human Mobility Governance见http://indicators.ens-dictionary.info/indicator:10−7−1。GFMD见https://gfmd.org/files/documents/gfmd_recommendations_to_the_2017_hlpf.pdf。Former Migration Governance Index。 见https://gmdac.iom.int/migration-governance-index-mg。The current and renamed version, Migration Governance Indicators do not appear in the 2016 publication (P10) 见https://publications.iom.int/system/files/pdf/migration_governance_index_2016.pdf。GMPA: see http://www.un.org/en/development/desa/population/migration/events/coordination/14/documents/backgrounddocs/GMPA_14CM.pdf。The 2035 Agenda for Facilitating Human Mobility (A/HRC/35/25) 见https://www.iom.int/sites/default/files/our_work/ODG/GCM/A_HRC_35_25_EN.pdf。Additional indexes or sources attempting to measure migration include: Labor Migration Policy Index by Oxford University — http://files.shareholder.com/downloads/MAN/0x0x267291/1ab18a07−99d7−4b47−89d8−ebc56e54d4aa/Oxford; Global Migration Barometer by the Economist Intelligence Unit — https://www.eiuperspectives.economist.com/sites/default/files/TheWealthyMigrant.pdf, DEMIG Database by International Migration Institute — https://www.imi.ox.ac.uk/data/demig-data/demig-policy-1; MIPEX Database by the European Union — http://www.mipex.eu/; IMPIC (Immigration Policies in Comparison) Project by Marc Helbling of the University of Bamberg — http://www.marc-helbling.ch/?page_id=6; IMPALA (International Migration Policy and Law Analysis) by a consortium of universities — http://www.impaladatabase.org/; Refugee Burden Index by Mathias Czaika of the University of Oxford — https://papers.ssrn.com/sol3/papers.cfm?abstract_id=839233, Refugee Welcome Index by Amnesty International — https://www.amnesty.org/en/latest/news/2016/05/refugees-welcome-survey-results-2016/; and Government Views of Migration and World Population Prospects by UNDESA/Population Division --http://www.un.org/en/development/desa/population/migration/publications/wallchart/index.shtml. OECD 有全面的移民数据库，集合了各种不同的发展变量，见https://stats.oecd.org/Index.aspx?DataSetCode=MIG. The European Commission targets migrant integration in its Zaragoza Indicators available at https://bluehub.jr.ec.europa.eu/catalogue/dataset0031. The World Bank's KNOMAD is working on a dashboard of indicators of Policy Coherence for Migration and Development (PCMD) for originating and sending countries with five policy dimensions available at http://workspace.unpan.org/sites/Internet/Documents/Nov1%20Plaza%202017.pptx.pdf. Qualitative databases include, inter alia, Country Profiles of Migration by BPB (The Federal Center for Civic Education, Germany) 见http://www.bpb.de/gesellschaft/migration/laenderprofile/; Migration Profiles Repository by GFMD见https://gfmd.org/pfp/policy-tools/migration-profiles/repository?shs_term_node_tid_depth=176&field_year_tid=All&field_language_tid=All&field_partner_organization_tid=All&page=1; and the Global Migration Data Portal by IOM, 见https://gmdac.iom.int/global-migration-data-portal.

17. 1948年《联合国世界人权宣言》，1966年《公民权利和政治权利国际公约》，1966年《经济、社会、文化权利国际公约》，1984年《联合国禁止酷刑公约》，1989年《联合国儿童权利公约》，1951年《难民公约》及其1967年议定书和其他与人权相关的规定和协议都是非常重要的，从中还引申出一些地区性协议，如1969年《非洲统一组织难民公约》和1984年《美洲国家组织卡塔赫纳宣言》。

18. 见Levitt, P. and B.N. Jaworsky. "Transnational Migration Studies: Past Developments and Future Trends," in Annual Review of Sociology 33, 1 (April 2007): 129−156; Meer et al. eds. Interculturalism and Multiculturalism. Debating the Dividing Lines. Edinburgh: Edinburgh University Press, 2016。

19. 有关难民的一个重要案例是难民署关于难民保护和混合移民的十点行动计划，其目的是协助政府将保护难民考虑纳入移民政策。至于移民，一项重大举措是危机国家的移民倡议，这是由美国和菲律宾共同倡导，政府主导的多方共同努力的结果，旨在当移民于生活、工作、学习、过境或旅行过程中遇到突发冲突或自然灾害时，做好对其保护工作。

20. 从经济角度来看，可参见Ellerman, D. "Labour Migration: Developmental Path or a Low-level Trap?" in Development in Practice 15, 5（August 2005）: 617−663。 见http://www.ellerman.org/Davids-Stuff/Dev-Theory/Migration-Path-or-Trap.pdf; Czaika, M. and C. Vargas-Silva (eds.) Migration and Economic Growth. London: Edward Elgar Publishing, 2012; Angenend, S. and N. Harild. "Tapping into the Economic Potential of Refugees." SWP Comments 14. Berlin, Germany: May

2017: 1–4; H. Ersek. "Beyond the Headlines: Quantifying the Economic Contributions of Migrants." World Economic Forum Annual Meeting. Davos, Switzerland: 13 January 2017. Available at https://www.weforum.org/agenda/2017/01/beyond-the-headlines-quantifying-the-economic-contributions-of-migrants/。

21. 人才流失一直被认为是一个主要的发展障碍。虽然它仍然是发展中国家面临的一个严重问题，正如许多联合国文件所反映的这一问题的那样，其有益影响也越来越突出，包括财富的累积，加强派遣国和接收国之间的贸易联系，重振回归计划。塞尔维亚、加纳和印度等几个国家采取措施吸引居住在国外的国民。参 见Vezzoli, S. et al. "Building Bonds for Migration and Development: Diaspora Engagement Policies of Ghana, India and Serbia." GTZ Discussion Paper. Bonn: Germany, 2008。On the case of Algeria, see Madoui, M. "Migration hautement qualifiés et retour des compétences expatriées : Enjeux et réalités," in Sociologie pratiques 1, 34 (9–19 May 2017): 153–154. Although brain drain See Bhalla, J. Skills Migration: From Drain to Gain. London: Africa Research Institute, 30 September 2020. Available at https://www.africaresearchinstitute.org/newsite/blog/skills-migration-from-drain-to-gain/.

22. GFMD. Migration, Mainstreaming, Education and Health. New York: UNICEF. 20 May 2013. 见file:///C:/Users/peride.blind/Downloads/Migration_Mainstreaming_Education_and_Health-Draft2c-UNICEF-DPS_20May2013%20(2).pdf。

23. 从经济角度来看，可参见World Bank. "Migration and Remittances. "Migration and Development Brief 26. Washington DC, April 2016。 见http://pubdocs.worldbank.org/en/661301460400427908/MigrationandDevelopmentBrief26.pdf。On social remittances and transnationalism, see Lacroix, T. "Social Remittances and the Changing Transnational Political Landscape," in Comparative Migration Studies 4, 16 (December 2016). Available at https://link.springer.com/article/10.1186/s40878–016–0032–0.

24. Conventions Nos. 97 and 143 on Migration in Abusive Conditions and the Promotion of Equality of Opportunity and Treatment of Migrant Workers; Recommendations No. 86 and 151; ILO's Multilateral Framework on Labor Migration; ILO Convention on Decent Work for Domestic Workers 2011 (No.189); Convention No.111 on Discrimination in Occupation; and No. 158 are on Equality of Treatment.

25. Cervan-Gil, D. "Host Society Integration as a Development Vector: A Literature Review." KNOMAD Working Paper 9. Washington DC: World Bank, March 2016: p.8. http://www.knomad.org/sites/default/files/2017–04/KNOMAD%20Working%20Paper%209%20Integration%20and%20Development_final%20Formatted.pdf.

26. Collier, P. and A. Betts. Refuge: Transforming a Broken Refugee System. United Kingdom: Penguin Books, 2017.

27. McLeman, R. cited in "In Search of a Cleaner Way of Life" by Keung, N. in Toronto Star published on March 11, 2016. 见https://www.thestar.com/news/immigration/2016/03/11/environmental-migrants-breathing-easier-in-canada.html; and Mixed Migration Platform. "Migration, Displacement and the Environment." Briefing Paper #3. April 2017. 见http://www.blog.mixedmigrationplatform.org/wp-content/uploads/2017/05/MMP_Briefingpaper_Migration-displacement-environment.pdf.

28. Internal Displacement Monitoring Centre and Norwegian Refugee Council. Key Findings. Geneva: March 2013. 见http://www.internal-displacement.org/assets/library/Media/201503–SendaiReport/Meta-Analysis-Key-findings-English2.pdf。

29. Bruch, C. «A Toolbox for Environmentally Displaced Persons,» in the Environmental Forum. Washington DC: Environmental Law Institute, Nov/Dec 2016.

30. McAdam, J, 2011, Swimming against the Tide: Why a Climate Change Displacement Treaty is Not the Answer, International Journal of Refugee Law, 23, 1, 2–27.

31. 马尔代夫由1200个岛屿和珊瑚环礁组成，其环境、经济和移民政策相互关联，2009年在水下举行的内阁会议表明，建立主权财富基金的必要性，以防万一国家被海水吞没，所有国民必须离开，无家可归的情况下购买新家园。见Kothari, U. "Political discourses of climate change and migration: resettlement policies in the Maldives," in The Geographical Journal, 180, 2 (June 2014): 130–140。

32. 有关此类全面概述，参见IOM. Essentials of Migration Management- A Guide for Policy Makers and Practitioners" (EMM). Geneva, Switzerland: 2004。

33. 2017年11月1日，纽约，联合国公共机构和数字政府司组织的关于国际迁移综合方法专家组会议的报告：公共机构和公共行政的观点。参见http://workspace.unpan.org/sites/Internet/Documents/UNPAN97754.pdf。

34. 国家选择基于区域代表性、政府系统、经济和人类发展水平、法律传统、历史背景、种族和文化人口组合、政权类型、主要的移民流动、移民转移和移民接收国家趋势等。选择也主要基于信息的可用性。

35. 得出的结论是描述性的，目的不是根据横向和纵向一体化或参与度来评估或给国家排序。

36. 该分析通过五种不同的方式进行：关键词搜索和在宪法中对其移民和难民的意义分析，关键词分析各国的国家发展计划或可持续发展计划和战略，在联合国可持续发展问题高级别政治论坛上提交的各国自愿国家评论的内容分析；各国关于移民和难民的劳工、教育和卫生政策的部门分析。

37. OHCHR. "Committee on the rights of migrant workers considers the report of Ecuador." News. Geneva, Switzerland: 5 September 2017. 见http://www.ohchr.org/EN/NewsEvents/Pages/DisplayNews.aspx?NewsID=22027&LangID=E。

38. 联合国难民事务高级委员会，UNHCR welcomes Ecuador's new Human Mobility Law, 13 January 2017。Available at: http://www.refworld.org/docid/5878cf164.html。

39. 根据《2030可持续发展议程》第79段的规定，VNRs是指"国家主导和国家驱动的国家和地方级的定期和包容性进展审查"。预计这些国家审查将作为审查高级别政治论坛在经社理事会主持下举行会议时每年进展情况的基础。有关VNRs和HLPF的更多信息，请参阅联合国可持续发展知识平台。见https://sustainabledevelopment.un.org/vnrs/。

40. Ugyel, L. "Ideal Types in Public Administration," in Paradigms and Public Sector Reform. Palgrave Macmillan, Cham: 2016.

41. 见Human Rights Watch. The Dangerous Rise of Populism. World Report 2017. New York: HRW. https://www.hrw.org/world-report/2017/country-chapters/dangerous-rise-of-populism; and Norris, P. "'Us and Them': Immigration, Multiculturalism, and Xenophobia" in The Rise of the Radical Right. Boston, Mass.: Harvard University Press, 2004. 见https://sites.hks.harvard.edu/fs/pnorris/Acrobat/Radical_Right/Chapter%208.pdf。

42. 关于方法的更多信息，请参见毒品和犯罪问题办公室和荷兰贩运人口和性暴力问题所写的研究简报：监测联合国可持续发展目标16.2。该报告根据年份、年龄、性别、剥削形式和国籍，对2010—2015年荷兰假定的人口贩运受害者人数进行多重系统估计。2017年9月28日。 见https://www.unodc.org/documents/research/UNODC-DNR_research_brief_web.pdf。

43. 2017年11月1日，纽约，联合国公共机构和数字政府司组织的关于国际迁移综合方法专家组会议的报告：公共机构和公共行政的观点。

44.《卫报》，巴西的难民政策需要彻底改革以应对委内瑞拉的危机，2017年6月15日。见https://www.theguardian.com/global-development-professionals-network/2017/jun/15/brazil-refugee-policy-needs-a-radical-overhaul-in-response-to-venezuela-crisis。

45. 2017年11月1日，联合国公共机构和数字政府司组织的关于国际迁移综合方法专家组会议的报告：公共机构和公共行政的观点。

46. 见Elemia, C. The Bleak Future of Undocumented Migrant Workers in ASEAN. Part I and Part II. February 15, 2017。 见https://www.rappler.com/world/regions/asia-pacific/161127–plight-undocumented-migrant-workers-asean；https://www.rappler.com/world/regions/asia-pacific/161179–bleak-future-undocumented-workers-asean-2017。

47. 专家组会议，国际迁移的综合方法，纽约：UNDESA，2017年11月1日。见https://publicadministration.un.org/en/news-and-events/calendar/ModuleID/1146/ItemID/2949/mctl/EventDetails。

48. 有关更多信息，可参见OECD. Indicators of Immigrant Integration. Vienna: OECD, July 2015; and OECD. Making Integration Work: Refugees and Others in Need of Protection. Paris: OECD, January 2016。

49. 参见Hungwe, C. "Motivations for Remitting Behaviour of Zimbabwean Migrants in Johannesburg," in Journal of Identity and Migration Studies 11, 1 (2017): 47–64. 见file:///C:/Users/peride.blind/Downloads/JIMS_HUNGWE.pdf。

50. 有关更多信息，可参见Sorana, T. and E. Castagnone. "Quels sont les facteurs de migration multiple en Europe? Les migration sénégalaises entre la France, l'Italie et l'Espagne", in Population 70, 1 (2015): 69–101。

51. Spencer, S. "Postcode Lottery for Europe's Undocumented Children: Unravelling an Uneven Geography of Entitlements in the European Union," in American Behavioral Scientist 60, 13 (November 2016): 1613–1628.

52. Save the Children. Multi-sector Needs Assessment of Migrants and Refugees in Greece: Athens, Lesvos, Chios, Kos. 2015. 见https://resourcecentre.savethechildren.net/sites/default/files/documents/greece_assessment_report.pdf。

53. Hürriyet. “Syrian and Turkish children go to school together in Turkey’s southeast.” 2 November 2017. 见 http://www.hurriyetdailynews.com/syrian-and-turkish-children-go-to-school-together-in-turkeys-southeast-121796。

54. NPR. Only One Country Offers Universal Health Care to All Migrants. Washington DC: March 2016. 见 www.npr.org/sections/goatsandsoda/2016/03/31/469608931/only-one-country-offers-universal-health-care-to-undocumented-migrants。

55. Byrne, K. “Migrant, Refugee or Minor? It Matters for Children in Europe,” Forced Migration Review 54 （2017）: 1–4.

56. 医务人员往往接受过有关人口贩运、性剥削和其他剥削、创伤以及非法移民和难民可能遭受的各种其他类型侵犯人权问题的培训。

57. Modern Healthcare. Safety Net Systems Step Up Care for Immigrants Barred from ACA Coverage. 15 October 2016.

58. McMichael, C. and J. Healy. “Health Equity and Migrants in the Greater Mekong Subregion,” GlobaMcMichael, C. and J. Healy. “Health Equity and Migrants in the Greater Mekong Subregion,” Global Health Action 10, 1 (2017)” 1–10.

59. Zapata-Barrero, R. et al. “Theorizing the ‘Local Turn’ in a Multi-Level Governance Framework of Analysis: A Case Study in Immigrant Policies,” in International Review of Administrative Sciences 83, 2 (2017): 241–246.

60. Faist, T. “Diversity — A new mode of incorporation?” in Ethnic and Racial Studies 32 (2009): 171–190.

61. Baubock, B. “Reinventing Urban Citizenship,” in Citizenship Studies 72, 2 (2003): 139–160.

62. 法律词典将居民界定于本国出生和外来人口之间。有关公民和居民的更多信息，参见 Turner, B.S. “We Are All Denizens Now: On the Erosion of Citizenship,” in Citizenship Studies 20, 6–7 (February 2016): 679–692。

63. Szczepanik, M. “The ‘Good’ and ‘Bad’ Refugees? Imagined Refugehood(s) in the Media Coverage of the Migration Crisis”, in Journal of Identity and Migration Studies 10, 2 (2016): 23–33.

64. 有关更多信息，可参见 Rodriguez-Acosta, C. “Managing Immigration in the United States: The Challenges of Intergovernmental Coordination.” IIAS Conference Paper. Aix-en-Provence, France: May 2017。

65.《卫报》, Mexico City’s Deportee Work Program Helps the Ousted Migrants Resettle. 2 March 2017. 见 https://www.theguardian.com/world/2017/mar/02/mexico-city-deportation-work-program-undocumented-immigrants。

66. 有关巴塞罗那避难城市规划的更多信息，请参见市政府网站 http://ciutatrefugi.barcelona/en/plan。

67. Zhao, H. “The Integration of Immigrants in Urban China: A Case Study of Three Big Cities.” IIAS Conference Paper. Aix-en-Provence, France: May 2017; and Zhao, S. “International Migrant Policy in Mainland China: Status and Trends.” idem.; Liu, Y. “Talents’ Policy Integration: A Case Study of China’s Typical Cities.” Idem.

68. Ruediger, M.A. “Analysis and Evaluation of Brazilian Work-led Immigration Policy.” Idem., p.18.

69. 参见 Ucar, A. Y. and G.B. Coskun. “The Impact of the Syrian Refugees’ Crisis on the Municipalities of the District of Istanbul, Turkey.” IIAS Conference Paper. Aix-en-Province, France: May 2017。

70. 参见 Ucar, A. Y. and G.B. Coskun. “The Impact of the Syrian Refugees’ Crisis on the Municipalities of the District of Istanbul, Turkey.” IIAS Conference Paper. Aix-en-Province, France: May 2017。

71. Bither, J. et al. A Tale of Three Cities: New Immigration and Integration Realities in Istanbul, Offenbach and Tangier. Germany: Migration Strategy Group, October 2016. Available at http://www.gmfus.org/publications/tale-three-cities-new-migration-and-integration-realities-istanbul-offenbach-and.

72. 联合国公共机构和数字政府司组织的国际移民综合方法专家组会议报告：公共机构和公共行政的观点。纽约：2017年11月1日。 见 http://workspace.unpan.org/sites/Internet/Documents/UNPAN97754.pdf。

73. Radtke, I. and T. Hustedt. “Master of Crises? The Establishment of Refugee Coordinators in Germany.” IIAS Conference Paper. Aix-en-Provence, France: May 2017.

74. 参见伦敦市政府网站 https://www.london.gov.uk/decisions/dd2113–grant-funding-london-strategic-migration-partnership。

75. 参见移民融合研究中心和美洲委员会，Opening Minds, Opening Doors, Opening Communities: Cities Leading for Immigrant Integration. California: 15 December 2015。 见 http://www.as-coa.org/articles/

opening-minds-opening-doors-opening-communities-cities-leading-immigrant-integration; National League of Cities and Municipal Action for Immigrant Integration. Municipal Innovations in Immigrant Integration: 20 Cities, 20 Good Practices. Washington DC: 2010。见 http://www.nlc.org/sites/default/files/municipal-innovations-immigrant-integration-20–cities-sep10.pdf。

76. SolidarityNow. Greece: 19 June 2017. 见 https://www.solidaritynow.org/en/maizonos/。

77. OECD. Finding Their Way - The Labour Market Integration of Refugees in Germany. Paris: OECD, March 2017. 见 https://www.researchgate.net/publication/315789320_Finding_their_way_-_The_labour_market_integration_of_Refugees_in_Germany。

78. Joppke, C. and L. Seidle (eds.) Immigration Integration in Federal Countries. Montreal: McGill-Queen's University Press, 2012.

79. 联合国公共机构和数字政府司组织的国际移民综合方法专家组会议报告：公共机构和公共行政的观点。纽 约：2017年11月1日。 见 http://workspace.unpan.org/sites/Internet/Documents/UNPAN97754.pdf。

80. Alba, F. and M. A. Castillo. New Approaches to Migration Management in Mexico and Central America. Washington DC: Migration Policy Institute, October 2012. Available at file:///C:/Users/peride.blind/Downloads/RMSG-MexCentAm-Migration%20（2）.pdf; and The Christian Science Monitor. Long A Way Station for Refugees and Immigrants, Mexico Now Plays Host. 21 March 2017. 见 https://www.csmonitor.com/World/Americas/2017/0321/Long-a-way-station-for-refugees-and-immigrants-Mexico-now-plays-host; Scalibrini Internatioanl Migration Network available at http://www.simn-global.org/。

81. E Universal. Mexico City Embraces 80% of Refugees in Mexico. Mexico City. 20 June 2017. 见 http://www.eluniversal.com.mx/articulo/english/2017/06/20/mexico-city-embraces-80–refugees-mexico。

82. 参见 Madrid for Refugees http://madridforrefugees.org/en/。

83. 参 见 Institute for Local Government, Immigrant Engagement and Integration. Sacramento, California: USA. Available at http://www.ca-ilg.org/immigrant-engagement-and-integration。

84. Belaid, A. "Gouvernance et migrations: un nouveau role socioeconomique des communautes locales: etude appliquee aux dynamiques interactives en Kabylie, Algérie." IIAS Conference Paper. Aix-en-Provence : France, May 2017.

85. Fagen, P.W. et al.《Haitian Diaspora Associations and Their Investments in Basic Social Services in Haiti." Prepared for the Inter-American Development Bank. Washington DC: Georgetown University, January 2009. 见 https://www.researchgate.net/profile/Patricia_Fagen/publication/254422519_Haitian_Diaspora_Associations_and_their_Investments_in_Basic_Social_Services_in_Haiti/links/55c101ee08aec0e5f449027f/Haitian-Diaspora-Associations-and-their-Investments-in-Basic-Social-Services-in-Haiti.pdf。

86. 2017年11月6日，收到Sabine Kuhlmann博士的书面文稿。

87. 见ICC. https://iccwbo.org/global-issues-trends/global-governance/business-and-the-united-nations/。

88. 以营地为基础的援助模式适用于短期人道主义响应对策。在长期流离失所情况下，以营地为基础的援助可能产生若干意想不到的后果。长期处于困境的大多数难民最终都变得依赖援助，无法维持生计。参见世界银行"Using Socioeconomic Analysis to Inform Refugee Programming in Turkana, Kenya." World Bank Blog. Washington DC, USA: 10 February 2017. Available at http://blogs.worldbank.org/dev4peace/comment/reply/727.

89. 联合国公共机构和数字政府司组织的国际移民综合方法专家组会议报告：公共机构和公共行政的观点。纽约：2017年11月1日。

90. DPADM/UNDESA. United Nations E-government Surveys. New York: UNDESA. 见 https://publicadministration.un.org/en/Research/UN-e-Government-Surveys。

91. Dekker, R. et al. "How Social Media Transform Migrant Networks and Facilitate Migration," in Global Networks 14, 4（October 2014）. 见 http://onlinelibrary.wiley.com/doi/10.1111/glob.12040/abstract; and O'Mara, B. et al. "Intercultural Crossings in a Digital Age: ICT Pathways with Migrant and Refugee-background Youth," in Race Ethnicity and Education 19, 3 (March 2016)。 见 http://www.tandfonline.com/doi/abs/10.1080/13613324.2014.885418。

92. 有关更多信息，可参见 https://diary.thesyriacampaign.org/refugee-in-turkey-theres-an-app-for-that/；http://8rbtna.com/。

93. A/65/261, para.93.

94. A/HRC/14/30/, para.88.

95. UNOHCHR. “Chapter III: The Right to an Adequate Standard of Living, Including Housing, Water and Sanitation, and Food: A and B” , in The Economic, Social and Cultural Rights of Migrants in Irregular Situation. New York and Geneva: 2014, p.60–70.

96. 一些例子详见Rosser, E. “Exploiting the Poor: Housing, Markets, and Vulnerability” , in Yale Law Journal. Connecticut, 12 April 2017; Janmyr, M. “Precarity in Exile: The Legal Status of Syrian Refugees in Lebanon,” in Refugee Survey Quarterly 35, 4 (December 2016) : 58–78; Bernard N. “Migrants’ Right to Housing: Belgian and International Law.” Housing Rights Watch. 8 March 2017。 见http://www.housingrightswatch.org/content/migrants%E2%80%99–right-housing-belgian-and-international-law; Ontario Human Rights Commission. Housing Discrimination and the Individual. 见http://www.ohrc.on.ca/en/right-home-report-consultation-human-rights-and-rental-housing-ontario/housing-discrimination-and-individual。

97. A/HRC/14/30, para.47.

98. Le Monde. « L’ Association Utopia 56 quitte le centre humanitaire de Paris. » 12 Septembre 2017. 见http://www.lemonde.fr/immigration-et-diversite/article/2017/09/12/l-association-utopia-56–quitte-le-centre-humanitaire-de-paris_5184631_1654200.html; and UNHCR. Where is My Home? Homelessness and Access to Housing among Asylum-Seekers, Refugees and Persons with International Protection in Bulgaria. Sofia, Bulgaria. 2013: p.13。

99. 对于希腊的情况，请参见：Save the Children. Multi-sector Needs Assessment of Migrants and Refugees in Greece. Athens, Greece: 5–18 July 2015; and The Guardian. “The Greek island camp where only the sick or pregnant can leave.” 4 November 2017。 见https://www.theguardian.com/world/2017/nov/04/the-greek-island-camp-where-only-the-sick-or-pregnant-can-leave。On Papua New Guinea, see UNHCR. UNHCR Urges Australia to Stop Unfolding Humanitarian Emergency. 2 November 2017. http://www.unhcr.org/en-us/news/press/2017/11/59e6b5c77/unhcr-urges-australia-to-stop-unfolding-humanitarian-emergency.html; on Libya, see Foreign Policy. “Nearly There, but Never Further Away.” Europe Slams Its Gates. Part III. 5 October 2017. Available at https://pulitzercenter.org/reporting/libya-nearly-there-never-further-away; on Italy, see Quartz. “Italy’s Refugee Centers Are so Awful, Doctors Without Borders Pulled out in Protest” 15 January 2016. 见https://qz.com/593739/italys-refugee-centers-are-so-awful-doctors-without-borders-pulled-out-in-protest/。

100. UNHCR. Optimism and Hope as Refugees Relocate to Kalobeyei Settlement, Kenya. 24 January 2017. 见http://www.unhcr.org/ke/2045–optimism-and-hope-as-refugees-relocate-to-kalobeyei-settlement.html。

101. Myrberg, Gunnar. “Local Challenges and National Concerns: Municipal Level Responses to National Refugee Settlement Polices in Denmark and Sweden,” in International Review of Administrative Sciences 83, 2 (2017): 322–339.

102. OHCHR, UN-Habitat and WHO. Fact Sheet No: 35: The Right to Water, p.3.

103 Chatham House. “The Role of Local Government in Addressing the Impact of Syrian Refugees: Jordan Case Study.” Middle East and North Africa Programme Workshop Summary. Amman, Jordan: 2–3 June 2015. 见https://www.chathamhouse.org/sites/files/chathamhouse/events/02–06–15–jordan-workshop-summary-final2.pdf。

104. E/C.12/FRA/CO/3, para.41 (c).

105. International Federation for Housing and Planning. Housing Refugees Report. Copenhagen, Denmark: 19 October 2015. 见http://www.ifhp.org/sites/default/files/staff/IFHP%20Housing%20Refugees%20Report%20–%20final.pdf。

106. Katz, B. et al. “Cities and Refugees: The German Experience.” Brookings Report. 18 September 2016. 见https://www.brookings.edu/research/cities-and-refugees-the-german-experience/。

107. Inhabitat. Extraordinary Man Builds 25 Plastic Bottle Homes for Refugees in Algeria. 18 May 2017. 见https://inhabitat.com/extraordinary-man-builds-25–plastic-bottle-homes-for-refugees-in-algeria/.

108. 政策界是公务员、利益集团、学者、研究人员和顾问之间的一种松散体系，他们参与特定政策领域的政策讨论。

109. 政策社会或网络被定义为与公共政策领域有利害关系的组织。参见Badie, B., et al. International Encyclopedia of Political Science. Washington DC: Sage Publications, 2011。

110. Kuhlmann, S. "Managing Migration, Integration and Poverty." Presented at the United Nations Expert Group Meeting on Integrated Approaches to International Migration: Perspectives of Public Institutions and Public Administration. New York: United Nations, 1 November 2017. 见https://publicadministration.un.org/en/news-and-events/calendar/ModuleID/1146/ItemID/2949/mctl/EventDetails。

第6章

健康与福祉的整合办法

6.1 引言

健康是一种人权，也是每个人的核心愿望。健康本身不仅是《2030年议程》中的一个目标，而且被认为是其他所有目标的先决条件者和指标。相反，健康的结果同样受到许多因素的影响，这些影响因素与卫生部门以外的政策领域相对应。

健康被定义为结合了身体、精神和社会之间安宁和谐的状态，而不仅仅是指没有疾病或不虚弱[1]。和千年发展目标相比，可持续发展目标采用了更加广泛的健康和福祉概念，并且明确了患有疾病不能被定义为健康。尽管孕产妇死亡率（可持续发展目标3.1）、新生儿和5岁以下儿童死亡率（目标3.2）和传染性疾病（目标3.3）仍然是严重的威胁，但是人们越来越关注非传染性疾病和精神健康问题（目标3.4）、药物滥用（目标3.5）和公路交通事故（目标3.6）。实现全民健康保障（目标3.8）、普及性健康和生育健康保障服务（目标3.7）和减少因污染而造成的死亡率（目标3.9）在许多国家仍然是深远的目标。

科学界的多学科研究也发现可持续发展目标3和其他可持续发展目标有着诸多联系[2]。健康和其他的政策领域存在密切联系，这使得综合性方法实施成为全面提升健康的必要条件。一方面，可持续发展目标3下的许多具体目标单靠卫生一个部门的行动是不可能完成的；另一方面，实现健康目标有助于其他目标的优先实施。《2016上海宣言》关于2030可持续发展目标中的健康促进问题强调："只有在实现所有可持续发展目标的过程中开展健康促进，让全社会参与健康发展的进程，才能实现所有年龄段人群的健康生活，增加福祉。"[3]认识到健康和其他部门跨领域的本质和深厚的联系，2017高级别政治论坛强调：对健康的投资有助于减少不平等、促进可持续和包容性的经济增长、社会发展、环境保护和消除贫困。论坛还呼吁建立具有包容性和弹性的健康机制、解决与健康有关的社会、经济和环境因素，投资科学研究和创新以应对健康方面的挑战[4]。卫生部门制定有效政策也需要从不同的角度考虑，要从健康服务的用户和受益者以及服务提供者的角度出发。而且因为健康服务的提供本来就具有地方性，不同地区采用整合和协调的方法也是实现有效的健康政策的一个关键因素，这也突出了综合方法的重要性。

认识到健康和其他部门之间的相互联系和相互依存并且呼吁采取综合行动并非新想法。早在40年前的《阿拉木图宣言》中，政府就强调：健康权利的实施除了卫生部门之外还需要经济部门和其他许多部门的参与，并呼吁国家所有相关部门和各行各业协同努力，尤其是农业、畜牧业、食品、工业、教育、住房、公共工程、通信和其他部门[5]。事实上，许多与健康相关的千年发展目标的成果被认为是受到其他部门成果的推动[6、7]。全球健康监测显示出强烈的综合特征，以全球疾病为例证，该研究的跨度数据远远超过了卫生部门本身[8]。联合国《2030年议程》进一步强调了这种互相依存的概念，尽管各国国情不同，健康和其他目标一样，是整个《2030年议程》不可分割的相融部分。

因此，本章将强调：在国家层面已经出台大量的政策并设立相关机构，以支持整合解决健康和其他可持续发展目标领域各种各样的关联。但是，研究也表明许多以前和目前的整合方法和尝试大部分都局限在卫生部门本身之内。在某些情况下，整合方法被看作是一种工作模式，通过一种特定的健康状况或者疾病来衡量[9]。也有人说在其他情况下，整合方法的努力主要集中于让非卫生部门和行为者服务于卫生部门的目标，却没有考虑健康和这些部门首要目标之间的必然性联系[10]。因此，在许多国家，整合方法在实现协同效应和减少跨部门和政府各级以及各行业和其他利益相关方的权衡方面的潜力可能仍未得到开发[11]。

本章基于公共行政和公共健康领域的文献，通过可持续发展目标的视角考虑应对健康的整合方法。健康和其他部门相互联系的例子是通过健康的多领域决定因素和少数选定的关系呈现出来的。为了研究综合方法，本章将采用第1章介绍的三个结构维度：横向或跨部门整合、纵向跨各级政府整合以及非国家行为体的参与。

6.2 解决卫生和非卫生部门之间的相互联系

6.2.1 多部门联合是解决健康问题的决定因素

数据表明，在过去的两个世纪里，许多健康方面的巨大改善都归功于经济、社会条件的显著变化和进步[12、13]。这些条件可以看作是卫生部门以外的部门组成的复杂网络，这里统称为健康的多部门决定因素，包括：（1）健康的社会决定因素；（2）健康的商业决定因素；（3）健康的政治决定因素。

构建好的“健康社会决定因素”强调社会、经济、文化和环境条件以及个人生活方式对个人健康和福祉的影响[14、15、16]。由于健康和收入水平、住房环境、水和卫生、营养、人们所接触的工作环境以及其他因素有着密切的联系，健康的综合本质也被诠释为“社会医学”[17]。每年约有1 260万人死于环境因素，占全球死亡人数的23%。一方面，健康的社会因素会影响身体和精神健康的预防、治疗和疾病治疗过程[18]。另一方面，许多健康状况和疾病能得到预防或减轻，这伴随着人们出生、成长、学习、工作、玩耍、崇尚的信仰和慢慢变老的整个过程[19]。图6.1展示了Dahlgren和Whitehead于1991年提出的健康的社会决定因素和相关的可持续发展目标叠加的图谱。

图6.1

达格伦（Dahlgren）和华特海德（Whitehead）1991[20]年制作的“保健的社会决定因素”图谱，与“可持续发展目标”相叠加

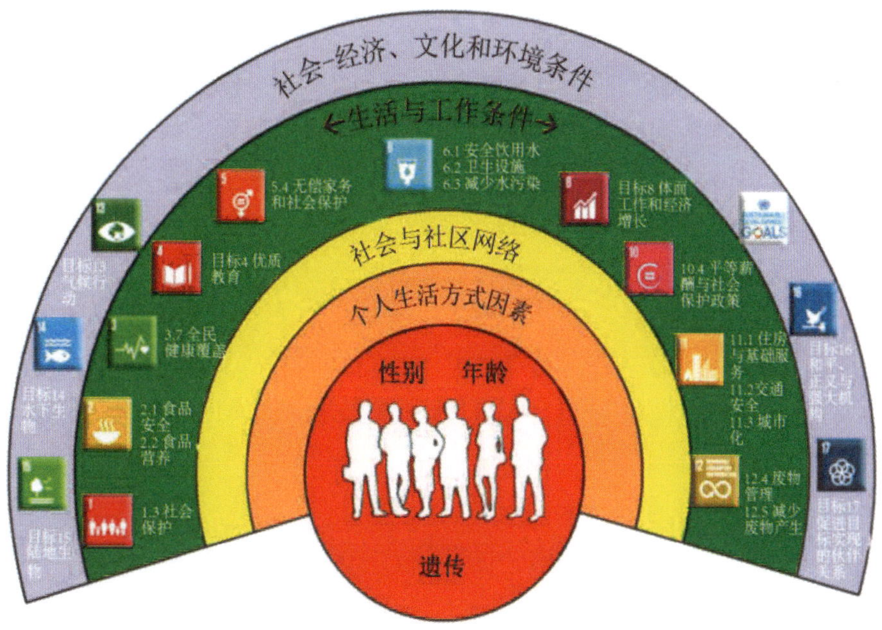

资料来源：作者改编自Dahlgen和Whitehead（1991）制作的图谱。

健康的商业决定因素来源于商业和利润动机[22、23]。在《2017年阿德莱德所有政策的健康声明》中，有24条提到了商业及其相关利益，这些利益来自销售不健康的产品，如含糖饮料、不健康的加工食物、烟草、酒精和毒品[24]。一项研究表明，国家贸易和投资政策可能是造成高糖、高脂肪和高钠食品等不良饮食的一个原因，并和目标3.4非传染性疾病有着直接的关系[25]。在某些情况下，私营部门，有时甚至是一些大公司，都有塑造国家健康话语的能力[26]。营销不健康食物受到广泛批评，尤其是在儿童和婴儿食品方面[27]。尽管这个问题得到了政策决策者和其他行动者的重新关注，一些专家和实践者认为这一政策领域的探索是不充分的，并指出理解规则和制裁潜力的必要性。只有通过一定的规则和手段才能解决公司在利益驱动下传播的疾病动机和渠道[28、29、30]。

第三是政策经济与政府所起的作用。健康结果的差异不仅仅是因为社会条件和健康行为，也是政治经济因素相互作用的结果——其中一些受到国家和地方层面的政府政策、作为或者不作为的影响[31]。从健康教育和健康促进，到城市规划，到工作场所健康和安全，再到提供全民医疗覆盖和防治传染病，政府政策和公共机构总是影响着国家人民的健康和福祉[32]。

在过去的10年里，健康的多部门决定因素得到了充分的证实。这些决定因素，无论是分开还是一起，都越来越多地被看作是采取行动的论据，以达到不仅仅是健康的目标，还包括其他可持续发展目标，例如教育、劳工和社会保障政策。

为了让综合方法见效，需要对多部门决定因素有复杂和全面的理解，包括历史条件，以及这些决定因素如何影响人们的需求和不同利益相关方的利益。这包括一个问题是如何构建的——是按照发展、平等和经济的总体目标还是特殊的健康目标，以及卫生部门和非卫生部门在政治议程上达成共识的程度[33]。

其中一个关键的挑战在于，如何在理解多部门决定因素复杂关系时影响变化，并避免用孤立的方法去鉴别和解决问题[34、35]，因为健康的宏观、中观和微观决定因素的复杂相互作用，确认一个特定的政策干预和一项特定的健康结果的改善之间的因果关系是公共行政人员在制定和评价健康政策中长存的问题[36]。

许多的健康决定因素是代代相传的——并不是从最开始就是公平的，这受到出生地、社会经济环境和其他因素的影响[37]。因此，实施健康的综合方法需要政策决策者们认识到这些区别，并通过优先次序、包容性和社会公平来减少不平等的风险。

6.2.2 健康和可持续发展目标之间的关系

健康的决定因素有着多样性，那么大量有力政策证据和科学共识认为《2030年议程》中健康目标和其他可持续发展目标有着多重相互作用也不足为奇[38]。对健康（可持续发展目标3）和其他可持续发展目标之间相互作用和联系的全面评估超出了本章的范围。为了例证，以下部分简要介绍其中的一些关系和相互作用：（1）健康、营养、食物之间的系统关系；（2）健康、电力、污染之间的关系；（3）健康、贫穷、不平等之间的关系。

6.2.2.1 健康、营养、食物之间的系统关系

尽管饥饿影响着全球87万人口，但是营养不良或者营养不足影响着更大的人群，尤其在非洲[39]。我们吃的食物多半受限于选择，但也如之前所说有一些驱动因素。营养不良和贫穷之间也存在着明显的联系。

食物系统在产生和加剧健康分化中起着核心作用[40]。许多流行病学研究和政府报告都揭示了近几十年在所有地区，食物的生产、分销、广告和消费的方式都发生了翻天覆地的变化[41]。生产模式发生变化，但是促进高效生产的策略，如集

中耕作、单一作物种植和使用如肥料、农药和除草剂等化学作物，产生了意想不到的危害健康和福祉的后果[42]。食品消费带来的健康差距也受到食品生产和加工的社会、商业和环境的影响。据估计，全球每年有三分之一的人类消费食品被浪费[43]。因此减少食品损失和浪费（可持续发展目标12.3）和促进公共卫生之间有着明显的协同作用[44]。

在许多国家，和低营养饮食有关的肥胖等疾病正在迅速增长[45]。这类饮食通常含有高加工食品或高热量食物，或者两者都含有，会导致肥胖和慢性疾病，包括心脏病、高血压和癌症[46]。越来越多的高热量、缺乏营养的食物正在产生一种新型的营养不良症，在这种情况下，越来越多的人出现超重和营养不良现象[47]。一项研究表明，从总体来看，肥胖的人比体重过轻的人要多，各收入阶层的人都受到这个问题的影响，但是这种现象在低收入人群中表现得尤为明显[48]。强有力的证据表明，社会经济差异与饮食质量或饮食健康、肥胖和饮食相关疾病有关[49]。食品不安全被认为与肥胖高度相关[50]。

图6.2所示的健康、营养、食物的系统关系是基于超过5 000篇相关文献的研究[51]。建立的模型是为了展示五个与食物相关的人口健康问题的关系：（1）肥胖；（2）食物过敏；（3）食物传染疾病；（4）食品不安全；（5）饮食污染；以及他们是如何通过共同的驱动因素连接的。图6.2显示了11条最重要的驱动因素，以及227条被认定至少与健康相关的五项主要食物因素中2个及2个以上相关的联系。此模型强调了解决相互关系问题时考虑多部门决定因素的重要性[53]。

图6.2

与食品有关的健康问题的主要驱动因素与《2030年议程》目标叠加的关系图

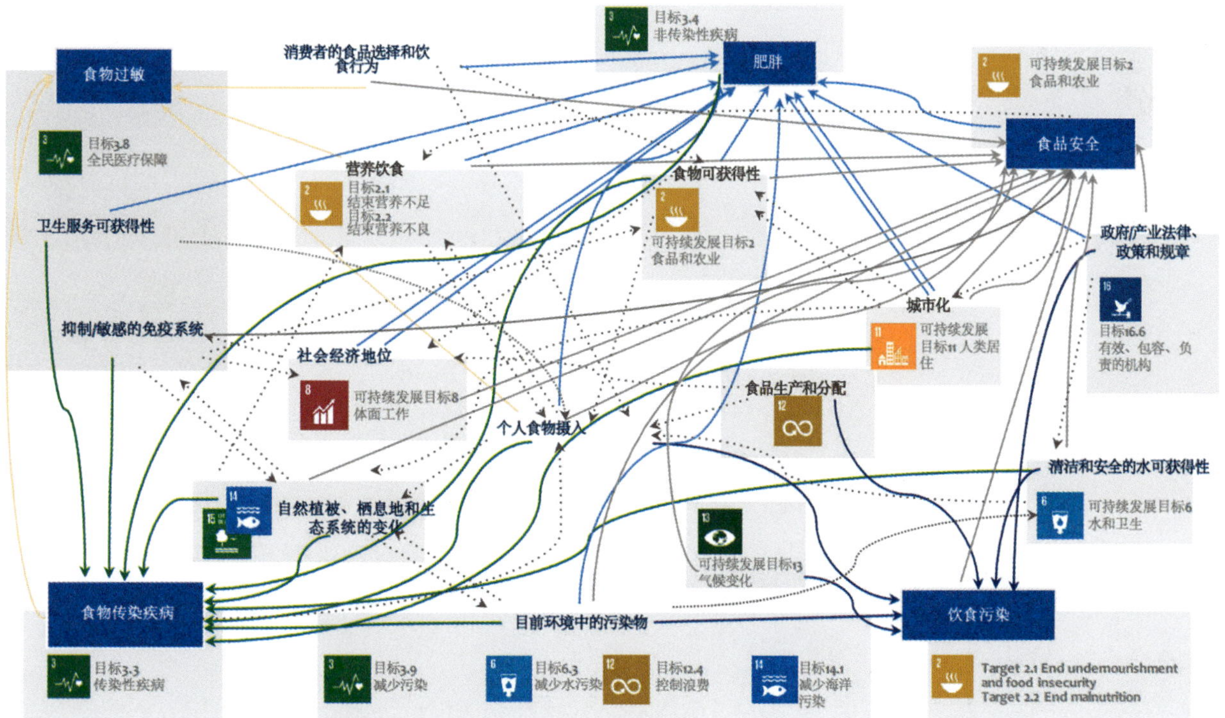

资料来源：Majowicz, S. E. et al.（2016），根据作者内容整理（加上了可持续发展目标）。

说明：关系图在2016年基于5145篇学术文献完成，文献根据和食品相关的健康问题搜索（按递增排序）：（1）肥胖；（2）食物过敏；（3）食物传染疾病；（4）食品不安全；（5）饮食污染。相关文献见脚注52。

6.2.2.2 健康、电力、污染之间的关系

城市空气污染的减少直接改善了人们的健康状况和减少了非传染性疾病的发生。室外和室内的空气污染每年造成700万人死亡[54]。2012年，全球因为空气污染死亡的人数为300万，而约有430万人死于由低效率燃料和技术导致的家庭空气污染[55]。低收入和中等收入国家的大型城市居住点最容易受到这种污染的影响。空气污染，无论是室内（家庭）还是室外（外界），都会增加患上心血管疾病、中风、慢性阻塞性肺病、肺癌和急性呼吸道感染的风险。妇女和儿童受室内空气影响的概率尤其高，因为他们在室内待的时间更久，也更靠近火炉[56]。

电力供应的改善已经证明与健康相关的多部门决定因素起着积极的影响作用。电力供应不仅减少了固体燃料和煤油在做饭和生活时的使用——这在低收入家庭中仍很常见，还可以用来取暖和照明，如电热水壶和灯泡，以及使用通风设备[57]。此外，还减少了与燃料收集有关的健康风险。在家庭中，使用电器改善了食品的保存，这既减少了污染，也增加了人们的可食用品种。电力的使用还使电动水泵和水净化技术得以实现。

电力供应对社区的卫生系统也有着积极的影响。电力供应可以为医疗提供制冷，并改善卫生保健基础设施[58]。例如，冷藏药品和疫苗可以储存更长时间，医疗防护设施得以在晚上开放，还可以使许多医疗服务和措施起效，例如X射线和超声波。有了电力供应，信息技术包括收音机、电视机、短消息服务（SMS）或是移动应用程序，可以应用于传播关于特定疾病和卫生习惯的公共认知。图6.3展示了健康、电力、生活、平均寿命之间的关系图。

图6.3

健康—电力—生活—平均寿命与可持续发展目标叠加的关系图

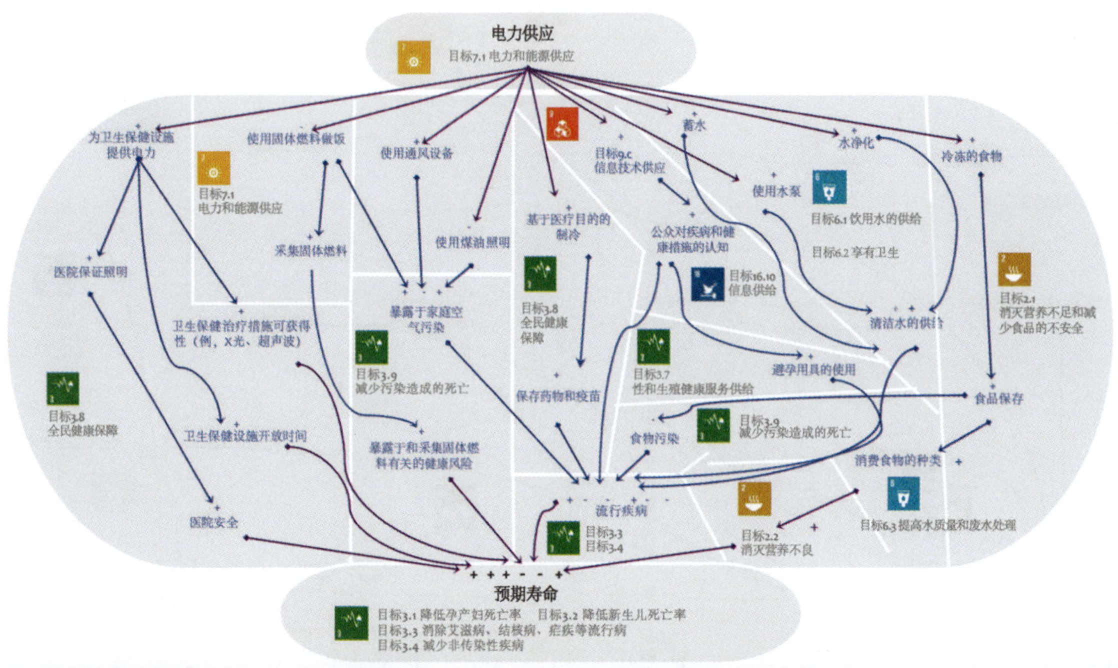

资料来源：Collste, D., Pedercini, M. and Cornell, S. E.（2017）[59]，根据作者内容整理（加上了可持续发展目标）。

说明："+"符号表示其他条件不变时会带来正向的因果关系（所有都一样时，A增加会导致B增加），"–"符号表示其他条件不变时会带来反向的因果关系（所有都一样时，A增加会导致B减少）。

6.2.2.3 健康、贫穷、不平等之间的关系

全球有超过4亿人口无法获得基本的卫生服务，低收入和中等收入国家中有6%的人因医疗支出而进入或进一步陷入极度贫困[60]。正如世界卫生组织最近的报告所证明的那样，各国内部和国家之间的健康差异仍然很大[61]。然而，由于许多国家缺乏相关的和可比较的健康指标数据，很难评估国家内部的健康差异。

可持续发展目标中有特定的具体目标（3.8），聚焦实现全民健康保障。除了本身是一个目标之外，全民健康保障被广泛认为是达成综合健康结果的一项工具。《2030年议程》中“不落下任何一个人”的原则也为健康政策在歧视、排斥和权力不对称问题上提供给了框架[62]。如果要赶上那些健康和福祉位居前列的国家，那么国家就应从自身最弱势和边缘的地方着手改善健康和福祉。不仅仅发展中国家要考虑这点，一些发达国家也应考虑，尽管这些国家大范围地达到了全民健康保障，但是最弱势的和最贫穷的部分仍然是被排除在外[63]。

许多国家不仅在加快全民健康保障发展，实施全民健康保障和其他目标比如社会保障政策的整合努力也在进行。许多国家已经引进了有条件的现金转移方案，这些方案提供资金，如通过让儿童上学来增加其获得卫生服务的条件[64]。例如，墨西哥的机会计划项目为弱势的家庭提供收入支持，条件是父母送孩子上学[65]。在该项目支持下，儿童得以接受健康检查、营养支持和卫生服务。

全民健康保障是由人口覆盖率、服务覆盖率和财产保障组成的一个广义概念[66]。关于财产保障，就是人们可以或者有权享受医疗服务但是仍然面临着高额的医疗费用[67]。另外，个人的财务风险会随着医疗成本的上升而改变，但是健康保障的权利没有改变。同时，全民健康保障的政策并不会自动或完全解决最贫穷和最弱势群体的需要，包括那些“失踪”或“隐藏”的人口和其他弱势群体。因为医疗保障成本或是其他原因，尤其对那些还没有拥有医疗保障或者贫穷的人，目前还存在着数据缺口[68]。例如，青少年、移民和难民（见本报告第5章）是经常被忽视和无法获得保健和相关服务的人口群体。另一类隐藏人口是由数不清的出生和死亡组成的[69]。因此，实现健康的公平性就意味着在卫生部门以外采取许多的方法和行动，将目前正存在风险和被落下的人口包含在内。

关于健康不平等的一类弱势群体是移民（见本报告第5章）。在理解、架构和解决移民健康问题的挑战方面，许多综合方法已经被使用，诸如：（1）检查移民的健康情况，例如：芬兰[70]；（2）制定和实施与移民有关的政策为法律架构，例如：斯里兰卡全政府对移民健康采取的方法[71]；（3）打造与移民相关的健康系统，例如：在卫生服务时为移民提供翻译服务[72]；（4）通过伙伴关系、网络和多国框架采取的集体行动，例如：加拿大移民和难民健康合作组织[73]。专栏6.1展示了

专栏6.1　泰国对所有移民的健康保障

在泰国，移民占该国6 710万人口的6%以上。截至写此报告时，泰国是全世界仅有的非法移民可以和国民享受同等医疗权利的国家。这就意味着所有的移民，可以和泰国国民一样，获得全国性的医疗保障。这一政策从2013年开始推行，由内政部、劳工部、公共卫生部和移民部门多部门共同行动，包含了对有记录和无记录移民的健康保险计划，并覆盖了慢性病的治疗药物，例如HIV，这对需靠持续不断的抗逆转录病毒药物治疗的患者至关重要。尽管欧盟中有28个国家为国民提供全民健康保障，但是几乎没有国家为移民提供相同的保障。

资料来源：Tangcharoensathien, V., Thwin, A. A. and Patcharanarumol, W.（2017）[74]; Wudan Yan（2016）[75].

泰国是如何对所有移民实施全民健康保障的。

在冲突中和冲突后，迫切需要加强卫生部门、社区和包括教育、卫生和水部门在内的其他部门的利益相关方之间的合作，以解决传染病传播的根本途径。难以进入冲突地区也促使传染率上升并随着人们外逃而扩散。埃博拉疫情展示了此类给后冲突国家的卫生系统造成压力的状况（见本报告第7章）。因此，作为整合重建战略的一部分，有弹性的卫生服务供给对降低风险至关重要。[76]

6.2.3 机构解决具体健康与可持续发展目标关联的例证

除了上述例子，世界各国政府都采取了合适的行政和机构措施，以解决特定的健康和其他可持续发展目标之间的关系。正如之前所提到的，有关健康的多部门综合处理方法并不是第一次提出，但是在可持续发展的各个领域中正在寻求更有活力和有效的政策和战略，以实现全面的健康和福祉。尽管有一些诸如此类的行动被记录在案，但实施成功或是实施失败的原因并没有得到系统的研究。

为了例证，本章对过去联合国公共服务奖案例进行了实证研究。数据库包含政府自身提出的各类公共提案，这些提案根据机构所提交的资料，获得了区域和部门的杰出表现奖[77]。2017年，联合国公共服务奖增加了健康方面的一个奖项，旨在鼓励公共机构分享这一领域的成果创新。在2003—2017年的292个获奖案例中，有57个案例和可持续发展目标中的健康有关。其中，14个和可持续发展目标2食物和营养有关（n=14）、14个和可持续发展目标10不平等有关（n=14）、13个和可持续发展目标4教育有关（n=13）、10个和可持续发展目标10性别有关（n=10）、9个和可持续发展目标11城市有关（n=9）。超过半数以上的案例证明和其他部门目标（除了目标16和17）至少有一种相互联系，19个案例显示至少有两种相互联系，8个案例证明至少有三种相互联系。图6.4展示了联合国公共服务奖（UNPSA）获奖案例和可持续发展目标的关系以及之间的相

图6.4

2003—2017年间联合国公共服务奖（UNPSA）中与健康有关的获奖案例（n=57）和《2030年议程》中17个目标的可观测的联系

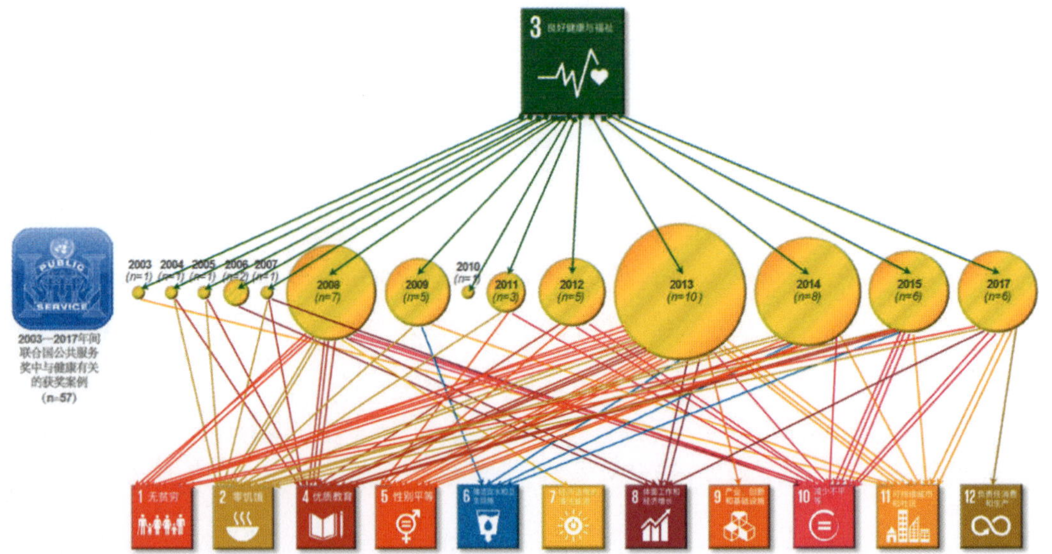

资料来源：作者的整理。

互联系。虽然这显然不能作为政府在健康领域的行动，但是这些首创的案例也证明了各国政府长期以来寻求解决健康和可持续发展目标之间的联系。

6.2.4 卫生部门资源分配的权衡及整合方法的含义

过去的几十年里，人们通过研究和实践，关于在哪些方面集中精力和资源的各种“错误二分法”或是复杂的不同维度被关注[78、79]。虽然其中一些是关于卫生部门自身的，但其他一些也明显影响到卫生部门和其他部门的资源选择和分配，因此是和整合方法有关的[80、81]。表6.1呈现了这些维度的列表。其中一组考虑到特定疾病或者垂直项目对比水平项目和初级护理在资源和关注度方面的竞争。这些措施，尽管重要，但是鉴于有关健康的多决定因素，却有可能无法产生长期的影响[82]。另一组对立面是全民健康保障和疫情暴发的准备，这应该被看作一枚硬币的两个方面，因为像埃博拉这样的流行病和疾病的暴发并不是完全可以预测的[83]。然而，另一种紧张关系存在于投资卫生系统还是投资非卫生部门的健康决定要素，尽管非健康情况是健康的决定要素早在几世纪之前就已经被注意到了。为了解决这种错误的二分法，考虑到政策连贯性和整合度，决策者应该意识到涉及的多个维度。

表6.1 健康和相关政策的错误二分法对整合政策的影响

错误的二分法	简 述
水平（初级护理）vs垂直（具体疾病）方案	水平的卫生资源包括广泛覆盖的医疗系统，而垂直护理方案是针对特定的疾病提供精确的服务和设备
全民健康保障vs疾病暴发	尽管全民健康保障覆盖了人口范围、服务范围和财产保障，但是还需将疾病爆发时的紧急需要包括在内。因此，将健康系统中的综合紧急措施作为全民健康保障策略的一部分尤为重要，可用来预防疾病的爆发演化成流行病
投资卫生系统vs投资健康决定因素	有些观点认为投资卫生系统和投资健康决定因素是两个对立的选择；但是应该根据实际结合两者，来达到社会的整体健康和福祉
传染性疾病vs非传染性疾病（NCD）	两者都是可持续发展目标中的具体目标（目标3.3和目标3.4）。尽管非传染性疾病正在迅速发展，但是大多数国家在对抗非传染性疾病上并没有足够的关注和努力
治疗vs预防	投资治疗资源还是探索防御性措施，例如通过疫苗和抗生素，或是通过饮食、运动或是生活方式行为习惯的改变

资料来源：作者收集采纳下列文献：Frenk, J. and Gómez-Dantés, O. (2017)[84]; Michael Porter (2009)[85]; Sepúlveda J. et. al. (2006)[86]; Murray et. Al (2000)。

6.3 健康的横向整合

正如本章之前所述，实现任何与健康相关的目标可能需要涉及非卫生部门和行为者的方法，以及变革性的政策以及政治承诺[88]。人们早就认识到跨部门方法对健康的价值。“每个部长都是卫生部长，每个部门都是卫生部门。如果我们把公平作为所有政策的核心，健康就会得到改善[89]。”——这引用自健康社会决定因素委员会主席迈克尔·马莫于2005年发表的一段话，阐述了健康横向整合的必要性。

在英国，1980年的《黑人报告》是对健康不平等的里程碑式的回顾，报告建议内阁办公室机构领导跨部门的努力，以减少健康不平等[91]。中国对健康及可持续发展目标的回应也认识到跨部门合作的重要性，《健康中国2030发展规划》由20多个部门起草，覆盖交通、教育、体育、食品和药品检验、环境治理、媒体、立法、海关和其他领域[92、93]。另一个例子是爱尔兰的《2017—2019年健康可持续战略》，基于7个不同支柱性部门的33类关键行动（见专栏6.2）。表6.2展示了可能影响健康和福祉整合方法的非卫生部门采取的一些政策例子。

专栏6.2　爱尔兰2017—2019年健康可持续战略

爱尔兰的《健康可持续发展战略》被认为是“实现更持续健康系统路上的第一步”。这是爱尔兰可持续发展的一个框架，也是爱尔兰“我们可持续的未来”——为爱尔兰的可持续发展制定的首要的全国性政策的一部分。它不仅包含了整个卫生部门，还为成功实施战略确定了综合政策行动，包括：

（1）节约用水，例如通过减少医疗保健设施的用水量，促进对可适用水管理立法和环境管理工作；

（2）能源效用，符合国家能源效率行动计划和国家可再生能源行动计划（NREAP）的目标和义务；

（3）废物管理，例如通过增加医疗保健设施的回收、再利用和修复，对医护人员提供废物管理教育；

（4）可持续交通，通过改善有效和可持续交通的因素促进健康和福祉；

（5）绿色采购，例如促进采购过程的可持续性，以减少浪费、运营成本和对环境的影响；

（6）设计建筑环境，例如推动绿色建筑立法及医疗保健设施的可持续发展审计

资料来源：爱尔兰国家健康可持续发展办公室（2016）[90]。

表6.2　可能影响健康和福祉整合方法的非卫生部门采取的政策

社会政策	（1）有条件的现金转账方案和小额贷款； （2）低收入人群的集体健康保险； （3）减少社会性孤立（例如老年人、残疾人、原住民）； （4）弱势群体社区或自助组织（老年人、残疾人、妇女和女孩、原住民、移民和难民等）； （5）促进全民福祉（例如幸福计划）； （6）改善包括少数民族和原住民在内的所有族裔群体的社会文化融合
教育政策	（1）学校膳食/早餐计划； （2）健康教育（关于健康食品、健康生活方式、暴力预防、药物、安全性行为、超重等）； （3）学校的体育和课外活动设施； （4）学校宿舍（宿舍、住宿学校有膳食提供）
青年政策	（1）社区中心；青年及家庭中心（促进健康及社会教育）； （2）减少青少年和年轻人的酒精和毒品使用； （3）为贫困社区提供实用性的婴儿诊所用于额外的咨询
劳工政策	（1）确保人人都有体面的工作； （2）促进工作环境健康（例如工作环境健康；工作生活平衡）； （3）工作场所安全（例如不安全的设备、有毒作业）； （4）促进少数民族、移民等就业

（续表）

城市/空间/基础设施规划和住房政策	（1）可持续和宜居性政策； （2）保持公共空间清洁和健康； （3）提供社区体育设施和运动场； （4）智慧城市； （5）绿化（市区森林、公园、树木遮荫等）和开放的公共空间； （6）公共场所禁烟和酒精管制（规范销售和推销方式等）； （7）改善清洁用水和卫生设施，特别是在城市贫民窟、农村和偏远地区； （8）消除或重建危险的房屋用地（例如危险的湿地、垃圾堆）； （9）规范不安全建筑材料的使用以及建立建筑准则、法律和法规
交通政策	（1）积极的通勤方式（例如推广积极的生活方式，步行/骑行作为公共巴士、地铁的补充模式等）； （2）道路安全及行人安全； （3）有效、清洁和可持续的公共交通； （4）汽车安全与排放
环境政策	（1）噪声治理； （2）空气、水质、污染管控政策； （3）废物管理
体育政策	（1）体育推广（例如社区/地区体育活动/设施/比赛）； （2）鼓励少数民族参与体育运动； （3）地区性和地方性的体育俱乐部
安全/安保政策	（1）增加邻里安全，特别是低收入地区/区域/贫民窟； （2）改善前毒品犯的健康/生活条件； （3）食品检验和食品安全政策

资料来源：作者根据各种来源整理，包括Storm, I. et al.（2016）[94], Rudolph, L. et al.（2013）[95]。

6.3.1 政策工具

世界卫生大会最近阐述了在整合方法中使用多种有效政策工具的考量因素，包括但不限于：（1）为政策选择建立知识储备和证据基础；（2）确保持续和充分的资源、机构支助和专门的技术人员；（3）评估不同政策选择对健康和健康相关的性别影响；（4）了解其他部门的政治议程，建立跨部门的平台，以便于沟通和应对包括社会参与在内的挑战；（5）评估跨部门和整合决策的有效性，并与政府其他部门合作促进健康和福祉[96]。

一些国家已经采取"将健康纳入所有政策"（HiAP）的做法，将其作为一种特定的整合方法在各部门之间实施政策，系统地将政策的健康影响考虑在内，寻求协同作用的同时避免在达成一致目标时有坏的影响[97、98、99]。这样的方法鼓励社会各阶层采取促进健康的政策，并提倡健康是所有部门的优先项[100、101]。这也提供了机会去识别那些同时解决多个可持续发展目标的战略。从本质上说，"将健康纳入所有政策"本身就是将健康作为整个政府的最优先级，并且通过一系列机制和机构确保部门间的合作和整合[102、103]。

确定跨部门的共同利益是"将健康纳入所有政策"构建共享愿景、共同目标和协作成果的基本策略之一。找到所谓"双赢"的跨部门战略，对所有参与者都有利，关键就是建立"买入"机制，允许参与者利用资源，通过同时追求健康和其他目标来提高效率。这可以被看作是对卫生资源缺乏的合理应对方式，尤其是在中低收入国家以及资金和授权受限的地区[104]。

另外，其他三种"将健康纳入所有政策"的方法分别是[105、106]：（1）健康位于核心，健康目标是所有行动的中心，例如控制肥胖措施、烟草管制政策或是强制性安全带立法以减少交通事故等措施；(2)合作：强调卫生部门和其他部门的协同合作，使整个政府受益，例如改善工作场所的健康和安全，这也促进了工作效率；(3)损害控制：努力限制政策建议对健康的负面影响，例如限制在学校旁边售卖酒品。以下国家在国家或是地方层面已经采用了专门的“将健康纳入所有政策”的方法：澳大利亚(2007)[107]，巴西(2009)，古巴(2000)，芬兰(2002)，伊朗(2006)，马来西亚(1988)，新西兰(2009)，挪威(2005)，斯里兰卡(1980)，瑞典(2003)[108]，泰国(2007)，英国(2003)[109]。泛美卫生组织(PAHO)已开始融入“将健康纳入所有政策”框架，并将其应用于整个美洲地区，认为“将健康纳入所有政策”是识别健康和其他可持续目标协同作用的重要机制[110]。专栏6.3阐述了选定国家“将健康纳入所有政策”方法的一些细节。

专栏6.3 国家“将健康纳入所有政策”的案例

一些国家制定了整合政策，作为其国家可持续发展战略的一部分，而另一些国家制定了单独的“将健康纳入所有政策”战略，如伊朗的健康总计划[111]。有些国家通过了新的法案和立法，其中包括健康影响评估，作为采纳和审查“将健康纳入所有政策”的一部分。

巴西的Mae Coruja项目是2016年联合国公共服务奖(UNPSA)的一个获奖项目。该项目在有限的地方一级执行，通过卫生、教育和社会部门的综合行动，为妇女和儿童提供全面的保障，主要旨在降低婴儿和产妇的死亡率(目标3.1、3.2)和相关的社会指标。

在纳米比亚，在执行对抗艾滋病时，国家制定了一项艾滋病政策作为多部门行动的指南[112]。国家战略框架(FY2010/11—2015/16应对艾滋病的国家战略框架)[113]明确不同的部门和机构的职能，包括国家艾滋病委员会、部长办公室、艾滋病部门、卫生和社会服务部门、区域地方政府部门、住房和农村发展、性别平等和儿童福祉部门、国家规划委员会和中央统计局、教育部、全国艾滋病商业联盟(动员私营部门的保护机构)和纳米比亚教会理事会(基于信仰的非政府组织)。

在瑞士，关于2020健康战略的执行状况方面，政府重点关注“将健康纳入所有政策”实施时采取的主要行动，与环境、能源、经济和社会政策领域的其他联邦机构共同定义和实现特定的流程，从而为可持续发展的三个维度和几个可持续发展目标做出贡献[114]。

资料来源：作者的整理。

人类对动物栖息地的侵入导致了传染病的传播，超过一半的新兴传染病是由动物传播的。最近的寨卡病毒感染、埃博拉病毒和严重急性呼吸系统综合症(SARS)等都是人类和非人类健康不可避免地联系在一起的重要提示[116]。在这一背景下，一些国家采取了全面的“一个健康”(One Health)的政策方针，在多学科研究的支持下，在人类、动物和环境方面开展工作，减少传染性疾病出现和重新出现的风险[117]。在瑞士，七个部门中就有三个部门负责“一个健康”政策的实施，包括民政事务部、经济事务部和环境、运输、能源与通信部。同样地，在区域一级，欧洲一项反对抗菌素耐药性的卫生行动计划于2017年通过[118]。

6.3.2 制度安排

实施整合健康政策需要得到充分的制度安排的支持。需要采取一些形式的机构设置，以建立参与规则，并为各部委和各机构在健康整合方法方面进行持续的互动和战略发展奠定基础。实际上，在公共行政部门中有不同形式的制度安排以支持跨部门的健康方法（见表6.3），从非正式网络到正式网络，从跨部门的轻触式协调机制到解决根深蒂固的健康社会问题的合作问题，从部际机构到议会审议。在所有的机制中，可能会涉及不同的参与者，根据历史、机构能力和岗位职责不同会产生巨大的差异。主导正式和非正式的机构层次，如决定卫生部与其他部委的作用，可能是机制成功与否的关键[119]。

表6.3 支持部门间有关健康方法的制度安排案例

机构工具	各 国 的 案 例
议会团体	（1）瑞典议会公共卫生委员会[120]； （2）以色列的劳工、福利和卫生议会委员会，包括审议精神健康改革、残疾人法等的小组委员会[121、122]； （3）英国下议院卫生专责委员会——调查健康不平等[123]；除了全党议会卫生组织外，还致力于传播知识、引发辩论和促进与议会两院成员之间的健康问题的接触[124]
部际或部门间特别工作组/事务委员会	（1）由农业部发起的爱沙尼亚食品发展计划是一个基础广泛的理事会，旨在协调发展计划的准备和实施，该计划的重点是提高消费者对食品安全和质量的认识，以及健康饮食和传统食品的组合； （2）2006年，伊朗国家一级的最高卫生和食品安全理事会成立，随后是省级卫生和食品安全理事会，旨在确保部门对健康和健康纳入所有政策的政治承诺。2009年，最高卫生和食品安全理事会命令全国所有省级卫生和食品安全理事会执行省级健康管理计划以实施健康纳入所有政策的方法[125]
多利益相关方/参与性国家健康委员会/理事会	（1）在巴西，国家卫生理事会会议在国家、省和市级举行，具有强烈的社会参与度[126]。这些机构每四年举行一次会议，以评估卫生状况并提出政策指示。它们不是非正式的协商平台，而是在国家宪法和立法机构中制度化的永久性机构。一般来说，理事会半数成员是卫生保健服务的使用者，另一半是卫生工作者、管理人员和提供者； （2）在加拿大，国家合作中心致力于公共卫生、健康决定因素、原住民健康[127]； （3）2007年到2015年期间，一个多利益攸关方的国家卫生计划已经发展到为波兰的国家战略和公共卫生政策提供帮助。该计划涵盖来自不同部门的30多个组织，包括政府机构和民间社会[128]； （4）泰国的国家健康委员会，2007年基于《国家卫生条例》设立，负责确保包括健康政策在内的公共政策是具有参与性的，并包括了所有参与者，包括召开年度国民健康大会和其他相关的地方议会。对评估结果进行的健康影响评估是积极的，并表明制度安排有助于参与性的政策制定[129]

资料来源：作者根据不同来源的整理。

对于选择哪一种机构安排类型需要考虑在卫生和其他部门运作的关键个人和机构的概况、利益、激励和关系。

各国选择的一种共同做法是鉴定由相关部门组成的部际或部门间机构，以推动整合健康方法。这可以使方案设计联合、共同分析风险、综合解决方案、联合目标、联合问责制，最终取得共同成功[130]。然而，在某些情况下，负责领导综合卫生战略的部门间小组可能没有其他部门的正式权力，因此能产生的作用是有限的或是没有作用[131]。换句话说，发展部门间委员会可能会产生新的团队和管理结构，而这些组织和管理结构与现有的部门并没有很好地结合。虽然一些部门继续承担责任和执行责任，但它们可能缺乏完成任务的执行能力。由于健康政策的影响和结果可能在引入之后的很长时间才能体现，因此引进中长期制度安排对支持整合方法非常重要。这可能反过来会和不同利益攸关者间产生冲突，原因有多种，例如政治或公众观点和情绪的变化。

6.4 纵向整合，参与和合作

在不同的地理位置和行政级别上对行动的参与者进行整合是很重要的。地方当局和社区有独特的地区知识和机会来处理健康的多部门决定因素[132]。然而，在某些情况下，资源的不足迫使它们以各种方式将行动按优先次序排列，而这种做法可能不利于协同行动或破坏整合方法。

6.4.1 城市、贫民窟和城市卫生

自2007年以来，世界上大多数人口居住在城市中心。据估计，到2030年，大约60%的人口将在城市定居，到2050年城市人口将增加到66%[133]。城市地区和贫民窟的卫生不平等问题仍然令人担忧[134]。例如，在对46个国家的城市地区进行的一项研究中，最贫穷的五分之一儿童人口在五岁之前（目标3.2）的死亡率是最富有的五分之一儿童人口的两倍[135]。城市生活条件、基础设施和公用事业对身心健康都有重要影响。健康差距可能由于城市规划不足或不可持续、缺乏体面的工作和就业、缺乏可负担的住房或缺乏基本服务所造成。

在城市贫民窟和其他非正规的聚落中，被边缘化的弱势群体有很大的健康需求的现象并不罕见。在这些地区也有暴力现象，包括对于身体、性、基于性别和心理上的暴力[136]。由于这些因素的结合，贫民窟居民日益面临各种疾病负担的威胁，包括传染病、非传染性疾病、暴力或道路交通事故造成的精神疾病和伤害。因此，为城市穷人提供卫生服务是对健康目标采取行动的关键部分，包括全民健康保障。另一方面，可持续发展目标11.1号召的升级贫民窟将会直接减少城市贫民的健康不平等现象。然而，研究表明，需要做更多的工作将卫生的多部门决定因素纳入贫民窟升级项目设计和评价的标准[137]。

一些主要城市已经实施了改革战略，以应对快速的城市化和改善健康状况的需求。在城市规划和卫生措施方面联合投资带来的共同利益已被证明具有重大意义。此外，世界各地的市长正日益成为全球健康综合行动的发声代表[138]。市长们，尤其是大城市的市长们，可以利用他们的远见性和管理权限来跨越机构间的界限[139]。例如，美国俄克拉荷马城的大都市区域项目之所以能实现，是因为选民同意交一美分的销售税来帮助振兴城市市区，为市区公园、自行车道和步行道、养老卫生和健康中心以及其他城市基础设施提供资金支持。这也是一个创新的例子，它跨越多个部门，最终促进城市居民的健康和福祉[140]。

6.4.2 参与、包容和社区健康

可持续发展的包容和参与原则适用于包括健康在内的所有目标。早在1978年，《阿拉木图宣言》确立了社区参与是健康的核心原则，强调“人们有权利和义务单独或集体参与卫生保健的规划和实施”[141]。这为人们和社区参与提供了动力，是整个社会通往健康和福祉的方法。

有证据表明，社区通常热衷于直接促进当地战略的发展，通过这些战略，它们可以改善自己的健康和福祉[142]。这种方法可以增强本地居民的主人翁意识，而不是认为问题只能由外部专业人员或其他利益相关方解决。健康的社区参与和领导的结构应包括被边缘化的群体，包括妇女、青年和老年人，因为社会群体排斥是造成健康不平等的原因[143]。将妇女和最脆弱的群体纳入这些进程中，作为关键的利益攸关方和变革推动者，在

解决健康不公平现象和创造可持续变化方面至关重要[144]。与其他部门一样，象征性的参与，即只有在社区成员得到通知或征求意见的情况下才有参与的机会，会减少增强社区成员的参与感和所有权的机会[145]。专栏6.4是加纳以社区为基础的健康规划和服务。

专栏6.4 加纳以社区为基础的健康规划和服务，突显社区领导和需求评估之间的差距

许多国家已经采取积极的方法，使社区成员参与解决社区一级的健康问题。在加纳，这是通过以社区为基础的健康和服务（CHPS）方案进行的。该方案提倡系统地规划和执行初级健康保健设施和活动，将其作为综合社区发展的一部分。以社区为基础的健康和服务设施是卫生保障服务中心，由它们自身所服务的社区管理和运作。在实践中，这是通过动员社区领导、决策系统和资源整合来实现的[146]。以社区为基础的健康和服务是国家政策议程的一部分，包括当前的国家健康政策[147]。虽然资源动员和组织是本方案擅长的领域，但在需求评估领域需要更多的思考，换言之，就是在确定他们的健康需要和设计干预的过程中赋予权利；以及代表所有社区利益集团的包容性的领导能力。一个关键的成功因素是，CHPS项目与其他社区（非健康）单位的协助良好。

正如其他亚洲和非洲的低收入国家一样，加纳最贫穷的社区也受到被忽视的热带病（NTDs）的影响，也被称为"穷人病"。热带病存在许多有效的治疗方法，但是在那些低收入区域可能没有办法实现。加纳在对抗麦地那龙线虫方面取得了一些成果，主要是由于当地的社区"掌权"[148]。

资料来源：Baatiema, L. et al.（2013）[149]。

利用社区动员打倒传染病的案例有记录，例如尼加拉瓜和墨西哥抗争登革热[150]。尽管存在障碍阻碍他们最初的参与，但是在政策空间被开发和有机会的时候，社区可以通过动员推动变革。例如，通过社区的努力进行预防保健往往是解决非传染性疾病的基础，这需要以人为中心的、涉及教育、粮食安全、营养和其他文化和社会驱动力的多部门方法。

然而，近年来，出现了参与健康的不同的趋势。例如，越来越多的个人公民和意见团体希望加入健康政策的制定，以及人们可获得的健康信息的数量快速增长引发了对健康政策真实性和有效性的质疑[151]。这样的趋势表明，真实的参与是必要的，以确保整合政策能够响应社区的需求和公众的信任。建立和加强社区的公共健康能力可以增进当局和社区之间的信任，这反过来又可以被看作是社会投资措施，有助于预防、防备和应对诸如传染病等的健康危机[152]。专栏6.5为利比亚关于埃博拉疫情的经验。

专栏6.5 政府与公共健康之间的信任关系：利比里亚抗击埃博拉疫情的经验

2014年，埃博拉疫情在利比里亚造成超过4 800人死亡。这种传染病在某种程度上直接或间接地影响了许多利比里亚人。在一项大型研究调查中，四分之三的受访者表示至少有以下四种经历中的一种：(1)近四分之一（24%）的人说看到尸体在街上等待收殓；(2)超过四分之一（28%）的人认识至少一个埃博拉患者；(3)近三分之一（32%）的人放弃了医保；(4)接近一半（47%）的人在疫情发生的6个月期间失去了工作，大多数人将他们的工作损失归咎于埃博拉病毒。

调查发现，对政府表示信任的利比里亚人更有可能支持并遵守旨在遏制病毒传播的政策限制，而且更有可能采取预防措施以防止病毒在家中传播。相反，那些对政府缺乏信任的受访者在家中采取预防措施的可能性要小得多，也不太可能遵守政府规定的旨在遏制病毒传播的社会隔离机制。拒绝依从的受访者之所以这样做，不是因为他们不了解埃博拉病毒是如何传播的，而是因为他们不相信政府机构的能力和诚信、建议的预防措施和实施减缓埃博拉病毒传播的政策。据观察，在疫情期间经历过艰难困苦的受访者对政府的信任度要低于那些没有经历过困难的人，这表明在不信任、不服从、困难和进一步不信任之间存在恶性循环的可能性。

资料来源：Source: Blair, R. A., Morse, B. S. and Tsai, L.L.(2017)[153]。

参与和包容对实现可持续发展目标3中超越心理健康的“福祉”这一项的实现尤为重要。尽管大多数国家的经验案例是有限的，但是有研究表明，心理健康疾病患者的预期寿命至少要比一般人群少10—20年，这种预期寿命差距主要是由于心理健康疾病患者未达到确诊和治疗的生理健康条件[154、155]。生理健康对心理健康有积极的影响，同样，解决心理健康问题对生理健康也有积极的作用[156]。

社区参与不仅会赋予被边缘化群体权利，而且还会促进健康的政策整合[157]。社区导向型知识的价值往往在了解健康的多部门决定因素或确定可能的健康干预措施时被忽视。卫生服务提供者和服务使用者之间的定期对话和建立关系是解决紧张局势、改变观念和培养尊重和采取文化适当的卫生保健措施的核心[158]。表6.3展示了一些参与性或多方利益攸关方的制度安排的例子，例如国家健康委员会或国家健康理事会支持卫生方面的整合方法。

因此，积极参与可以帮助决策者管理由多种健康决定因素引起的事物复杂性。这种方法也可能支持更有效的谈判，让利益相关方更清楚地看到他们的利益在哪里，分歧在哪，以及他们应该如何调和他们之间存在的分歧。如果人们了解了问题的利害关系、政策的实施反映了社区的价值和偏好，那么政府就更有可能获得公众的支持。为此，公民记者和公民陪审团已在澳大利亚、孟加拉国等一些国家展开工作，以探讨问题并确定社区的需要和对健康的偏好。有人认为，这种安排往往比其他社会研究方法（例如调查或焦点小组）更好地反映了公众意见，因为向参与者提供事实资料和建立信任结果的过程是与专家进行结构化和建设性的对话[159]。如果把现有的结构制度化，而不是靠单一的团体或个人支持，参与的努力也更有可能成功。总的来说，如果不依赖于单一的个体或群体，或在正式的制度安排之外创立特别的结构驱动，那么与健康相关的挑战会更长远，需要更持久的努力[160]。

6.4.3 健康中的伙伴关系

目标17强调各国政府、私营部门和民间团体在实现可持续发展时伙伴关系的重要性。“与市场合作”较好地平衡了成功的公私合作，并继续塑造健康的发展格局。在一些国家，私营部门逐渐在公共卫生和伙伴关系中发挥更有意义的作用，为公共部门提供了进入尖端产品市场和服务的机会。

欧盟关于饮食、身体活动和健康的平台是注重健康的公私伙伴关系的一个例子，促进了欧洲委员会、行业和许多非政府组织之间的联合行动[161]。一些国家也模仿类似于欧盟的活动，它们的行动重点同样是国家公私伙伴关系。然而，这些伙伴关系正受到严格的审查，因为显然它们对行业合作伙伴具有强大的吸引力，尤其是在食品、酒精和娱乐行业，在推广不健康产品时会出现政府不希望看见的可能结果（见本章6.2.1节）。

多方利益相关方的伙伴关系正变得越来越突出和重要。为了有效地实施卫生创新，我们呼吁将传统的公私合作模式从双边和交易模式转变为伙伴关系，在这种模式下，合作的类型随着时间的推移而变化，可持续性和问责制是关键目标[162]。这不仅需要不同的利益相关小组之间相互协作，而且要求他们在合作时以整合方式共享资源和工作，而不是相互竞争。专栏6.6展示了巴西学校供应伙食项目的一个案例研究，该项目侧重于通过各参与者的包容性参与来提高公共服务的质量。

专栏6.6 巴西全国性学校喂养计划

几十年来，巴西一直有一项全国性的学校供应伙食项目。多年来，这一项目也发展得很快。该方案被认为是公共服务对健康直接影响的一个很好的案例，通过广泛的参与者建立伙伴关系并采取集体行动来实现。该计划将学校与当地农民联系起来，为学生提供高质量的饭菜。它强调了不同层次行为者的参与——孩子在学校吃什么有了发言权；学校食物质量反馈机制得以实现；并且选择合作方也变得透明。有趣的是，即使是在同一个国家，根据基础设施发展水平、当地农民合作社的组织程度和能力以及其他因素的不同，实施该方案的最佳方式也不同。该案例表明，一个整合健康公共项目的成功，取决于经常被忽略的因素,如公众参与、政府的支持和真诚的合作机制，这种合作机制能够帮助小农户达到组织的水平和能力，并且使他们有能力去竞争公共合同。

资料来源：Kei Otsuki（2011）[163]。

6.5 健康整合方法的主要推动者

6.5.1 健康筹资

各国在以下几方面都面临着和健康有关的挑战：（1）非传染性疾病发病率的增加，（2）医疗保健的方式正在改变或将要改变，（3）许多中、高收入国家的人口老龄化。这些趋势反过来又导致公共卫生服务的成本和风险增加。非传染性疾病的出现进一步加重了发达国家和发展中国家国民健康的负担。据估计，加拿大每年因肥胖引起的成本为70亿美元，部分是由于相对廉价的过度加工糖和食品的供应增加所致[164]。这增加了纳税人和那些支付私人医疗保险的个体每年的医疗费用，也导致了生产力的损失。

在几乎所有的欧洲国家，公共部门仍然是卫生筹资的主要来源，健康筹资来源分公共部门和个人两类。然而，私人支出的比例在各国之间差别很大，有的国家比例不到1%，有的则超过50%。2014年，全球45%的健康消费是自掏腰包的[165]。在一些国家，包括欧洲和中亚的一些国家，增强私人筹资来源的作用是经过深思熟虑的，以确保可持续性。欧洲国家在调节自身的公共健康系统时存在以下两种差异，一种是通过社会保险机构（通过社会保险缴款和一般的税收转移支付），另一种是严格依赖一般税收收入，后者是由行政单位来支付公共健康部分。从不同的公共资金来源获得的联合预算是一种跨部门结构，可以促进与健康有关的活动的筹资。在英国和瑞典都有使用联合预算的案例。同意并建立联合问责制是许多国家的政府部门在发展联合预算方面的障碍。[166、167]跨部门的财政分配制度有助于促进政治整合[168]。例如，在荷兰，有一项关于国家环境与健康行动方案的研究和政策活动的联合预算[169]。在瑞典，政府设定的目标跨越了部门和预算的界限以及预算系统，至少在一开始，是根据政策领域分配资金，而不是分配给部门[170]。在健康问题上采取整合措施的一个例子是对烟草和酒精征收一定比例的税，以建立健康促进机构[171]。专栏6.7是菲律宾执行和实施“罪恶税”的案例。

专栏6.7 菲律宾执行和实施“罪恶税”的案例

2012年，菲律宾精心制定并实施了对酒精和烟草消费的“罪恶税”立法。来自其他国家的证据强有力地支持了医疗保健的好处，但却不足以得到菲律宾立法的政治支持。相反，转折点出现的时候，改革被认为是一种健康措施，其额外收入来自为全民医疗保健计划提供资金的更高的罪恶税。卫生部和财政部联合民间团体联盟，争取国会和其他政治领导人的支持。这个财政和卫生部门设立的“罪恶税”是很成功的多部门协作的案例，并在其他管辖区域内得以复制。然而，目前这两个部门在改善健康结果方面的合作是否会带来持续进步还尚不可知。

资料来源：Kaiser K, Bredenkamp C, Iglesias R.（2016）[172], Rasanathan, K.et al.（2017）[173]。

6.5.2 能力建设

多部门卫生工作的能力建设对于各级政府部门以及社区来说都是必不可少的。能力建设涉及信息、资源和交流，特别是教育、培训、研究、行政和提供与健康有关的基础设施。需要在国家和地方两级建立整合卫生行动的能力，这需要将其制度化。整合或联合工作需要通过不同部门之间以及国家和地方政府之间的共同语言来进行有效沟通。鼓励数据收集、分析与研究和创新的开放和交流也是很重要的。如果缺乏能力和权限，它们可能会在与其他关键机构或者行动者建立伙伴关系时犹豫不决，而这种关系有可能填补发展和实施整合健康政策的间隙。

有人认为，为了支持一项综合健康议程，公共健康专业人员应具有更广泛的思维模式，并加强了解各种可持续发展领域的知识，包括经济、社会和环境方面的知识，以及他们在健康方面的部门专长[174]。在不同利益、合法性和权力的不同群体之间进行谈判需要新的技能。除了传统的健康技术技能和知识外，公共健康专业还需要一些新的技能，如批判性思维和创造力，对教育、交通、气候变化等相关部门及其他目标的理解；以及诸如外交沟通和政治能力等软技能，及良好的经济和健康经济的常识[175]。

此外，卫生部门是技术移民劳动力的主要来源，卫生工作者的国际移徙也在增加。在过去的十年里，在经合组织（OECD）国家工作的移民医生和护士的数量增加了60%[176]。虽然卫生人员的移徙可使来源国和目的地国相互受益，如增加发展中国家的汇款，但是这对那些正在经历发展自身卫生劳动力的国家会引起许多挑战，因为这可能会进一步削弱本就已经脆弱的健康系统。鉴于这一挑战的严重性，2010年世界卫生大会通过了《国际卫生人员招募工作守则》，为国际征聘提供了伦理原则，以加强发展中国家的健康系统[177]。关于卫生工作者的能力建设和改善发展中国家的卫生设施的情况见专栏6.8。

专栏6.8 卫生工作者的能力建设和改善发展中国家的卫生设施

许多国家的卫生系统面临着人力资源的限制。许多当地社区，特别是在撒哈拉以南的非洲地区，健康系统和卫生工作者严重不足，部分原因归咎于移民[178、179]。世界卫生组织（WHO）设立了每10 000万人中要配备23名专业卫生医务人员的基准门槛，但是仍然有83个国家没有能够达到此标准。[180]这个问题很重要，也很广泛，以至于产生了由世界卫生组织在2010年制定的（自愿的）《全球实践守则》。

为应对卫生部门的人力资源短缺挑战，需要多管齐下的综合战略[181]。一项关键政策是通过长期教育，以及针对现有卫生医务专业人员的短期、广泛的培训。激励和留住卫生工作者是解决短缺问题的关键，以防止本已严重缺乏的高素质卫生医务人员移居国外。对此进行积极干预的一个例子是马拉维的《紧急人力资源计划》，该方案采取了一些措施，例如为高级医务工作中提高52%的工资，并扩大研究生的医疗培训[182]。然而，这需要外部捐助者和组织的大量帮助[183]。困难不仅存在于培训卫生医务人员，更在于当其他国家有更好的综合卫生设施、工作环境和工资留住这些人员，这就需要原国家的健康系统的深入改革以及和目标国家的合作。

资料来源：作者根据不同来源整理。

6.5.3 数据、信息和科学政策的结合

及时收集和使用高质量的健康数据在许多国家仍是一项挑战，尤其是在资源稀缺的低收入国家。与此同时，卫生部门数据常常与其他非健康数据有关。健康信息系统可以作为收集、分析、报告和利用卫生信息和其他知识的综合努力，以影响决策、方案行动和研究[184]。这类系统包括广泛的人口型和设施型数据来源，无论其是否与健康相关，包括人口普查、家庭调查、从卫生设施获得的服务生成的数据，以及包括医疗质量方面的医患互动。这样的数据库可以包括地理数据。一个例子是马达加斯加的营养数据多部门报告系统，它通过五个层次的分散结构进行，并通过国家一级的区域营养供应办公室发布[185]。

对指标的有效监测需要运作良好的国家健康信息系统，该系统整合来自民事登记和重要统计资料、家庭和其他人口调查、日常卫生设施报告系统和卫生设施调查、行政数据系统和监测系统等来源的数据[186]。图6.5展示了孟加拉国在国家一级的实时健康信息指示板，除了卫生部门之外，还有来自多个部门的数据（例如儿童营养不良、水和卫生、清洁能源、死亡登记等）；以及在地方各级分类的数据（分部门和地区）。

各国可能希望建立一种机制，以方便地共享与卫生有关的数据，在综合决策中实现数据利用的最大化，例如通过建立多部门健康数据指示板和门户网站的方式。与此同时，在与其他部门交

图6.5

孟加拉国在国家一级的实时健康信息指示板的截图

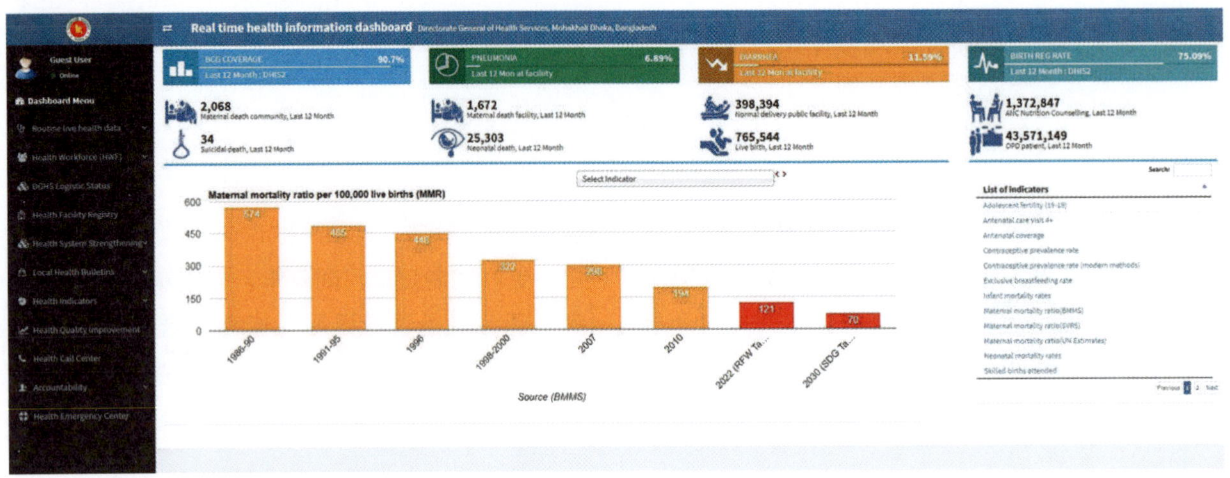

资料来源：孟加拉国政府（2017）。实时健康信息仪表板[187]。

换个人健康数据方面需要谨慎行事，因为这在一些领域，例如就业筛查、基因治疗和潜在的歧视等方面会产生伦理问题[188]。为了保障健康数据的交换，需要法律和管理框架，例如在不同部门之间为保障个人隐私和权利提供适当的防火墙。

信息交换应该要不止于数据库的技术连接。为了支持健康的整合方法，还必须将健康数据和分析跨部门结合起来，通过将健康、社会经济和环境指标集中在各个部门，产生促进健康和福祉的综合效益。与整合健康方法相关的数据和分析集成工具包括以下内容：（1）健康棱镜分析[189]；（2）预见机制[190]，例如芬兰预见机制[191]《展望2030报告》，该报告横跨数个选举周期，包括卫生和其他部门的交叉合作机制；（3）方案规划；（4）系统思维和长期分析；（5）健康公平影响评估[192]；（6）健康技术评估[193]；（7）健康分析和学习分析[194]；（8）健康决策支持系统[195]。

综合健康政策需要科学研究，包括社会科学、流行病学、生态学、微生物学、经济学和其他学科[196]。所有的健康和福祉涉及多部门决定因素的复杂交互作用，系统思维可以提高对各种健康决定因素之间相互作用的理解，并提出实际的方法。

学术机构可以扮演可信的召集者和中间人的角色，不仅可以为健康政策问题带来实证、数据和分析，还可以提供空间和平台，让不同的社会参与者以一种明智和包容的方式参与对这些问题的辩论[197]。

健康目标的实现还有赖于社会科学、卫生科学和信息传播技术领域可靠的多学科科学研究和创新手段。政府内部的动机和能力，以及通过区域或国家卫生政策分析研究所，例如欧洲健康协会、国家健康协会（例如芬兰、秘鲁、韩国、美国）、加拿大健康研究协会[198]制定的政策建议，促进卫生部门间政策的成功。支持这些机构的因素包括支持性的政策环境、在治理和融资方面的一些独立性，以及与促进信任和影响的政策制定者的密切联系。这样的机构在未来可能会变得更加重要，归因于健康保健费用的增加，以及人们对计划和执行政策决定的透明度和问责制的需求增加[199]。

除国家层面之外，在地方层面有效的“科学与政策”的连接也具有相关性，可以解决当地的健康问题。有能力的国家智囊团和学术机构在这一过程中发挥着重要作用。然而，正如同行评议和灰色文献等大多数文献所示，大部分关注健康的智库和学术机构都来自北美和欧洲。尽管智库往往被认为对社会的责任制和多元化辩论有所贡献，但重要的是要记住潜在的利益冲突，尤其是在行业资金支持研究的地方[200]。例如，关于酒精管制的研究揭示了酒精工业在多大程度上使用智库来影响政策商讨[201]。这强调了一个独立的筹资基础和可靠的程序的重要性，以便智库识别中间的利益冲突，保障它们的不偏不倚。

6.5.4 健康技术和创新

科学、技术和创新（STI）的新范例，诸如微电子、纳米技术、生物技术和信息技术等领域在卫生部门有集中的开发和应用[202]。科学、技术和创新被视为实现可持续发展目标最基础的跨领域项目，因此《2030年议程》提出了全球科技促进机制（TFM），旨在促进知识协同与交流，并发挥可持续发展目标中与健康、科学、技术和创新有关的潜力[203]。巴西将学术研究和实施创新政策联系在一起的“健康保健产业经济综合设施”的经验表明了科学、技术和创新在健康方法创新中存在的潜力巨大[204]。

一般来说，健康或数字健康方面的合适技术，不应该再被视为高收入国家才有的奢侈品，而是应该在追求健康的综合方法的同时，尤其是在低收入国家，都可以为了跨越技术障碍而进行多方面探索。颠覆性的创新和技术的使用可以被看作是应对挑战的手段，比如重新定义全民医疗保障在资源有限的环境中如何发挥作用，并探讨如何更好地制定部门间政策，以解决非传染性疾病的源头。通过远程医疗或移动健康或虚拟医学，向偏远人群和服务不足的社区提供服务，这些未被使用的创新机会可以帮助国家加速实现健康目标。

在适当的有利条件下，创新和技术的战略部署也有可能大大改善多部门健康保障系统的财务和运作效率[205]。传感器、移动应用程序和数据分析技术允许在线为最贫穷的人和弱势群体提供健康服务。节约成本的创新可以降低医疗支出的压力，数字医疗也可以帮助预防医疗错误，通过多部门的方法来启动快速反应和更好地跟踪健康事件[206]。专栏6.9描述了旨在实现“在合适的地方安老”这项举措的特点，即老年人的健康可以在自己的家中监测，而不是在养老院。

专栏6.9 利用科技支持“在合适的地方安老”

虽然传统的制度化护理模式（养老院）在为需要此类服务的老年人提供长期护理方面是必不可少的，但一些国家由于人口老龄化问题而导致设施短缺。养老院不仅会让老人和其家庭成员承担昂贵的费用和不喜的结果，还会经常切断那些在养老院的人和其他人的联系。

通过数字健康计划，老年人的护理点可以从昂贵的医疗设施转移到家庭和社区，或“在合适的地方安老”，也就是说将城市情况和健康因素相结合。近年来，家庭和社区保健的迅速发展使老年人能够住在舒适的家中和他们熟悉的社区中，并对他们的生活和活动造成最小的破坏。这使他们能够优雅地、安全地、舒适地在他们居住的社区中养老，并且可以通过积极的方式来获得一系列老年护理设施和参与其他社会活动。在新加坡，一个国家愿景是通过技术实现整体和个性化的老龄化，以及形成响应性和先发式的护理和干预模式[207]。该模式的效率、有效性和响应性依赖于社会和卫生服务、全社会的集体努力以及可接受的技术解决方案的一体化。为了支持老年人的需求，使他们能够在合适的地方安老，目前正在进行几项政府发起的计划，集中在个人、社区和城市各级。它们包括推出措施以确保老年人能够从医疗保健提供者那里得到更好的服务，使他们更容易出行，享受公共空间，如对老年人有利的公共人行道和其他公共场所和设施。

同样，在澳大利亚，一种使用人工智能和传感器技术的数字辅助生活解决方案正在试用，以支持老年人独立生活[208]。这种非侵入性的解决方案监测老年居民的行为，并在需要时与家庭成员或健康提供者进行联系。该技术的主要用户界面是通过低成本传感器、基于家庭的计算设备和具有语音和扬声器的多模式终端用户界面，没有新的线路或复杂的安装。该系统的目标是给予提醒（饮水，服药）、发布预警例如天气预报、识别潜在的安全风险（后门忘记关）、识别异常情况并自动改变物理环境（供暖、供冷）。

泰国Khaoprangram市以“优秀幸福的家庭病房”获得了联合国公共服务奖（UNPSA），这是向患有慢性病的老年人提供综合健康和社会服务的一个例子[209]。因此，人们对老年人的需要有了更好的了解，社区、家庭和病人本身也参与了支持和社会关怀的网络。

资料来源：作者根据不同来源整理。

6.6 结论

人们认识到健康和其他可持续发展目标之间的多重联系，这使得公共机构采取综合办法更加具有信服力。本章说明了健康的多重决定因素、各种问题的联系和如何通过政策和制度安排在实践中应对相关的挑战和机会。本章重点讨论了三个维度的整合——跨部门的横向整合、跨各级政府的纵向整合以及人们和社区参与规划和实施与自身健康和福祉有关的政策。

本章已经展示了许多关于健康整合实际操作方法的例子，包括与可持续发展目标相关的多种横向和纵向联系。这在政策和制度方面都是有效的。与其他部门相比，整合办法似乎相当普遍并发展良好。可持续发展目标其他领域，可以汲取类似工作方式。

然而，实现健康的整合方法虽然引人注目，却并不容易。采用和实施整合方法已被证明是困难的，部分是由于健康的多部门决定因素的复杂性造成的，需要多方的参与。关于如何最好地启动整合方法仍然存在许多问题：如关于如何在特定的国家环境中消除优先事项，以更好地解决多部门问题，如何打破围绕健康不公平的惯性，以及如何可持续地推动政府全力解决健康问题的根源。

目前没有充分的系统证据可以揭示最有效的政策过程和体制安排，它们能够成功地将可持续发展目标的整合方法付诸实施，例如拟订卫生和城市化的整合政策。有必要进一步梳理有关政策试验和制定适当政策研究框架，这有助于制定必要的标准和证据基础，以寻求与健康问题相关的整合方法。

尾注

1. 世界卫生组织，1946，“Constitution of the World Health Organisation”，日内瓦。
2. 国际科学理事会，2017，“A Guide to SDG Interactions: from Science to Implementation”，International Council for Science, Paris, DOI: 10.24948/2017.01。
3. 世界卫生组织，2016，“Shanghai Declaration on Health Promotion in the 2030 Agenda for Sustainable Development”，9th Global Conference on Health Promotion, Shanghai, 21–24 November 2016, pp. 1–2， 参 见 http://www.who.int/healthpromotion/conferences/9gchp/shanghai-declaration.pdf?ua=1 [Last accessed on 25 September 2017]。
4. 联 合 国，2017. “Ministerial declaration of the 2017 high-level political forum on sustainable development, convened under the auspices of the Economic and Social Council, on the theme Eradicating poverty and promoting prosperity in a changing world” ,E/2017/L.29–E/HLPF/2017/L.2。
5. 世界卫生组织，1978. “Declaration of Alma-Ata”，International Conference on Primary Health Care, Alma-Ata, USSR, 6–12 September 1978。
6. 联合国经济和社会事务部，2017. “Expert Group Meeting on Integrated Approaches to Implementing Sustainable Development Goal 3 in preparation for the 2017 HLPF”，June 16 2017, pp. 1–5。
7. 世界卫生组织，2014. “PMNCH's 2014 studies on Success Factors for Women's, Children's and Adolescents' Health”，Te Partnership for Maternal, Newborn, & Child Health. 参见 http://www.who.int/pmnch/knowledge/publications/successfactors/en [Last accessed on 25 September 2017]。
8. Lim, S. S. et al. 2016. “Measuring the health-related Sustainable Development Goals in 188 countries: a baseline analysis from the Global Burden of Disease Study 2015”，The Lancet. doi: 10.1016/S0140-6736(16)31467–2.
9. Rasanathan, K. et al. 2017. “Governing multisectoral action for health in low- and middle-income countries”，PLoS Medicine, 14(4), pp. 1–9. doi: 10.1371/journal.pmed.1002285.
10. Baum, F. E. et al. 2009. “Changes not for the fainthearted: Reorienting health care systems toward health equity through action on the social determinants of health”，American Journal of Public Health, 99(11), pp. 1967–1974. doi: 10.2105/AJPH.2008.154856.
11. Weitz, N. et al. 2014. “Cross-sectoral integration in the Sustainable Development Goals: A nexus approach”，PLoS Medicine, 14(4), p. 8. doi: 10.1371/journal.pmed.1002285.
12. 注：基于McKeown从英格兰和威尔士人口统计数据推导得出的结论。McKeown认为，从18世纪晚期开始的人口增长原因主要是由于经济增长和社会条件的改善，而不是医疗进步。(参阅：McKeown, T.1976. “Te Role of Medicine: Dream, Mirage, or Nemesis?” London:Nufeld Provincial Hospitals Trust. Mechanic, D. 2002. Disadva; Rogut,L. B., Knickman, J. R., Mechanic, D., & Colby, D. 2005. “Policy Challenges in Modern Health Care”. Chapter 5 Fundamental Sources of Health nequalities, page 71)
13. Bharmal, N; Pitkin Derose, K; Felician, M; Weden, M. 2015. “Understanding the Social Determinants of Health”，Working Paper: RAND Social Determinants of Health Interest Group, May 2015, pp. 1–18.
14. 世界卫生组织，2009，“Reducing health inequities through action on the social determinants of health”，WHA62.14, 22 May 2009。
15. 世界卫生组织，2011，“Rio Political Declaration on Social Determinants of Health”，World Conference on Social Determinants of Health。
16. 健康社会决定因素委员会，2015，“A Review of Frameworks on the Determinants of Health Canadian Council on Social Determinants of Health”，参见 http://ccsdh.ca/images/uploads/Frameworks_Report_English.pdf [Last accessed on 25 September 2017]。
17. Bhugra, D. 2014. “All medicine is social”，Journal of the Royal Society of Medicine, 107 (5), 183–186. http://doi.org/10.1177/0141076814525069 [Last accessed on 25 September 2017] .
18. 世界卫生组织，2016，“Preventing disease through healthy environments: a global assessment of the burden of disease from environmental risks” [Prüss-Ustün, A. et al. (2016)], p. 147。参见 http://www.who.int/quantifying_ehimpacts/publications/ preventing-disease/en/ [Last accessed on 25 September 2017]。
19. Street, M. and Nsw, S. 2016. “The Royal Australasian College of Physicians Health in All Policies Position Statement December 2016”，(December), pp. 1–30.
20. Göran Dahlgren & Margaret Whitehead 2007. “Policies and Strategies to Promote Social Equity in Health”; Institute for Futures Studies,Working Paper 2007.

21. Göran Dahlgren & Margaret Whitehead 2007. “Policies and Strategies to Promote Social Equity in Health”, Institute for Futures Studies, Working Paper 2007.

22. Schram, A. and Labonté, R. 2017. “Trade and public health”, Canadian Medical Association Journal, 189（26）, pp. E879–E880. doi: 10.1503/cmaj.170089.

23. Johan P. Mackenbach 2014. “Political determinants of health”, European Journal of Public Health, Volume 24, Issue 1, 1 February 2014, Pages 2, https://doi.org/10.1093/eurpub/ckt183［Last accessed on 25 September2017］.

24. 世界卫生组织，2017，“Adelaide Statement I, Outcome Statement from the 2017 International Conference Health in All Policies: Progressing the Sustainable Development Goals”。

25. Barlow P, McKee M, Basu S, et al. 2017. “Impact of the North American Free Trade Agreement on high-fructose corn syrup supply in Canada: a natural experiment using synthetic control methods”. CMAJ 2017;189:E881–7.

26. Lomazzi, M., Jenkins, C. and Borisch, B. 2016. “Global public health today: Connecting the dots”, Global Health Action, 9（1）. doi: 10.3402/gha.v9.28772.

27. Cairns G, Angus K, Hastings G, Caraher M. 2013. “Systematic reviews of the evidence on the nature, extent and effects of food marketing to children: a retrospective summary”. Appetite 2013; 62: 209–15.

28. Kickbusch, I., Allen, L. and Franz, C. 2016. “The commercial determinants of health”, Te Lancet Global Health, 4（12）, pp. e895–e896.doi: 10.1016/S2214-109X（16）30217-0.

29. 世界卫生组织，2011，“Background paper. Prevention and control of NCDs: priorities for investment”, April 2011。

30. Gerard Hastings 2012. “Why Corporate Is Public Health Priority”, British Medical Journal, vol 345（7871）, pp. 26–29.

31. Weitz, N. et al. 2014. “Cross-sectoral integration in the Sustainable Development Goals: A nexus approach”, PLoS Medicine, 14（4）, p. 8. doi: 10.1371/journal.pmed.1002285.

32. Ottersen OP, Dasgupta J, Blouin C, et al. 2014. “Te political origins of health inequity: prospects for change”. Te Lancet 2014;383:630–67. doi:10.1016/S0140-6736（13）62407-1pmid:24524782.

33. Rasanathan, K. et al. 2017. “Governing multisectoral action for health in low- and middle-income countries”, PLoS Medicine, 14（4）, pp. 1–9. doi: 10.1371/journal.pmed.1002285.

34. Marmot M, Wilkinson R. 2010. “Social Determinants of Health”. 2nd edition. Oxford: Oxford University Press.

35. Raphael D., 2006. “Social determinants of health: present status, unanswered questions, and future directions”. Int J Health Serv 2006, 36（4）:651–677.

36. Carey, G., Crammond, B. and Keast, R. 2014. “Creating change in government to address the social determinants of health: how can efforts be improved?”, BMC public health, 14（p 205）, p. 1087. doi:10.1186/1471-2458-14-1087.

37. 联合国经济和社会事务部，2017，“Expert Group Meeting on Integrated Approaches to Implementing Sustainable Development Goal 3 in preparation for the 2017 HLPF”, June 16 2017。

38. 国际科学理事会，2017，“A Guide to SDG Interactions: from Science to Implementation”. International Council for Science, Paris. DOI: 10.24948/2017.01。

39. Humphries DL, Behrman JR, Crookston BT, et al. 2014，“Householdsacross all income quintiles, especially the poorest, increased animal source food expenditures substantially during recent Peruvian economic growth”. PLoS One. 2014 Nov 5;9（11）:e110961。

40. 注：食品系统是指食物从农场到餐桌上的所有环节，包括生产、处理、分配、准备、销售、获得、食用和处理。食品系统还包括人、农场、企业、社区、干预措施、政策和政治。（参阅：Sobal J, Khan LK, Bisogni C. 1998. “A conceptual model of the food and nutrition system”. Soc Sci Med. 1998;47:853–863）

41. Andrew Jacobs and Matt Richtel 2017. “How Big Business Got Brazil Hooked on Junk Food — As growth slows in wealthy countries, Western food companies are aggressively expanding in developing nations, contributing to obesity and health problems”, New York Times, 16 September 2017.

42. Foley JA, Ramankutty N, Brauman KA, et al. 2012. “Solutions for a cultivated planet”. Nature. 2011 Oct 12;478（7369）:337–342.

43. Gustavsson J, Cederberg C, Sonesson U, van Otterdijk R, Meybeck A. 2011. “Global food losses and food waste: extent, causes and prevention”, Food and Agriculture

Organization.

44. Neff, R. A., Kanter, R. and Vandevijvere, S. 2015. "Reducing food loss and waste while improving the public's health", Health Affairs, 34 (11), pp. 1821–1829. doi: 10.1377/hlthaff.2015.0647.

45. 农业和食品系统营养全球小组，2016，"Food Systems and Diets: Facing the Challenges of the 21st Century", Global Panel on Agriculture and Food Systems for Nutrition, London。https://www.glopan.org/foresight [Last accessed on 25 September 2017].

46. 美国疾病控制和预防中心，2010，"State-specifc trends in fruit and vegetable consumption among adults—United States, 2000–2009". Morbidity and Mortality Weekly Report, 59 (35) :1125–1130。http://www.cdc.gov/mmwr/pdf/wk/mm5935. pdf [Last accessed on 25 September 2017].

47. Andrew Jacobs and Matt Richtel 2017. "How Big Business Got Brazil Hooked on Junk Food", New York Times, 16 September 2017.

48. Bell, J., and V. Rubin. 2007. "Why place matters: Building a movement for healthy communities", Oakland, CA: PolicyLink.

49. Neff, R. A., Palmer, A. M., McKenzie, S. E., & Lawrence, R. S. 2009. "Food Systems and Public Health Disparities". Journal of Hunger & Environmental Nutrition. https://doi.org/10.1080/19320240903337041 [Last accessed on 25 September 2017].

50. Dinour LM, Bergen D, Yeh MC 2007. "Te food insecurity-obesity paradox: a review of the literature and the role food stamps may play". J Am Diet Assoc. 2007;107: 2071–2076.

51. Majowicz, S. E. et al. 2016. "Food, health, and complexity: towards a conceptual understanding to guide collaborative public health action", BMC Public Health, 16(1), p. 487. doi: 10.1186/s12889-016-3142-6.

52. Majowicz, S. E. et al. 2016. "Food, health, and complexity: towards a conceptual understanding to guide collaborative public health action", BMC Public Health, 16(1), p. 487. doi: 10.1186/s12889-016-3142-6.

53. Frieden TR. 2010. "A framework for public health action: the health impact pyramid". Am J Public Health. 2010;100 (4) : 590.

54. 国际科学理事会，2017，"A Guide To SDG Interactions: From Science To Implementation", doi: 10.24948/2017.01. ImplementationA。

55. 世界卫生组织，2017，Children's environmental health — Air pollution，参见http://www.who.int/ceh/risks/cehair/en/ [Last accessed on 25 September 2017]。

56. 联合国经济和社会事务部，2017，"Te Sustainable Development Goals Report 2017", pp. 1–56。

57. Abdelkarim OB, Ben Youssef A, M' Henni H, Rault C 2014. "Testing the causality between electricity consumption, energy use and education in Africa (Working Paper No. 1084)". William Davidson Institute at the University of Michigan.

58. Khandker SR, Barnes DF, Samad HA 2013. "Welfare impacts of rural electrifcation: a panel data analysis from Vietnam". Econ Dev Cult Change 61 (3) :659–692.

59. Collste, D., Pedercini, M. and Cornell, S. E. 2017. "Policy coherence to achieve the SDGs: using integrated simulation models to assess effective policies", Sustainability Science. Springer Japan, pp. 1–11. doi:10.1007/s11625-017-0457-x.

60. 2015年世界银行和世界卫生组织联合报告，"Tracking universal health coverage: First global monitoring report"。

61. 世界卫生组织，2017年全球健康统计。

62. Rumbold, B. et al. 2017. "Universal health coverage, priority setting, and the human right to health", Te Lancet. Elsevier Ltd, 390 (10095) ,pp. 712–714. doi: 10.1016/S0140-6736 (17) 30931-5.

63. Ottersen, O. P. et al. 2014. "Te political origins of health inequity: Prospects for change", Te Lancet, 383 (9917), pp. 630–667. doi: 10.1016/S0140-6736 (13) 62407-1.

64. Skoufis E. 2005. "Progress and its impact on the welfare of rural households in Mexico". Research Report 139. Washington, DC: IFPRI,2005.

65. 世界卫生组织，2011，Education: shared interests in wellbeing and development, p. 10。

66. Abiiro, G. A. and De Allegri, M. 2015. "Universal health coverage from multiple perspectives: a synthesis of conceptual literature and global debates", BMC International Health and Human Rights. doi: 10.1186/s12914-015-0056-9.

67. 世界卫生组织，2016，"Monitoring Universal Health Coverage", available online: https://unstats.un.org/sdgs/

fles/meetings/iaeg-sdgs-meeting-03/3rd-IAEG-SDGs-presentation-WHO — 3.8.1–and-3.8.2.pdf [Last accessed on 25 September 2017]。

68. Boutilier, Z. and Development, I. 2017. SDGs and health : A vision for public policy, pp. 1–7.

69. 联合国经济和社会事务部，2017，“Expert Group Meeting on Integrated Approaches to Implementing Sustainable Development Goal 3 in preparation for the 2017 HLPF, June 16 2017”, pp. 1–5。

70. Kilpela, K. et al. 2016. “Finnish experiences of health monitoring: local, regional, and national data sources for policy evaluation”, 1（August 2017）. doi: 10.3402/gha.v9.28824.

71. Kontunen, K. et al. 2014. “Ensuring health equity of marginalized populations: Experiences from mainstreaming the health of migrants”, Health Promotion International. doi: 10.1093/heapro/dau042.

72. Kontunen, K. et al. 2014. “Ensuring health equity of marginalized populations: Experiences from mainstreaming the health of migrants”, Health Promotion International. doi: 10.1093/heapro/dau042.

73. Kontunen, K. et al. 2014. “Ensuring health equity of marginalized populations: Experiences from mainstreaming the health of migrants”, Health Promotion International. doi: 10.1093/heapro/dau042.

74. Tangcharoensathien, V., Twin, A. A. and Patcharanarumol, W. 2017. “Lessons from the feld Implementing health insurance for migrants, Tailand”, Bull World Health Organ, 95（May 2016）, pp. 146–151. doi:10.2471/BLT.16.179606.

75. Wudan Yan 2016. “Only One Country Offers Universal Health Care To All Migrants”. NPR.org, 31 March 2016, 参见 http://www.npr.org/sections/goatsandsoda/2016/03/31/469608931/only-onecountry-offers-universal-health-care-to-undocumented-migrants [Lastaccessed on 25 September 2017]。

76. 联合国经济和社会事务部，2017，“Expert Group Meeting on Integrated Approaches to Implementing Sustainable Development Goal 3 in preparation for the 2017 HLPF, June 16 2017”, pp. 1–5。

77. 联合国经济和社会事务部，2011, Good Practices and Innovations in Public Governance United Nations Public Service Awards Winners, 2003–2011; United Nations Department of Economic and Social Affairs 2013. Good Practices and Innovations in Public Governance United Nations Public Service Awards Winners, 2012–2013; UN Public Service Awards 2014, 2015 and 2017, 参见 https://publicadministration.un.org/en/UNPSA [Last accessed on 25 September 2017]。

78. Frenk, J. and Gómez-Dantés, O. 2017. “False dichotomies in global health: the need for integrative thinking”, Te Lancet. doi: 10.1016/ S0140–6736（16）30181–7.

79. Porter M. 2009. “A strategy for health care reform. Toward a valuebased system”. N Engl J Med 2009; 361: 109–12.

80. Sepúlveda J. Foreword. In: Jamison DT, Breman JG, Measham AR, et al, eds. 2006. Disease control priorities in developing countries（2nd edn）. New York: Oxford University Press for Te World Bank, 2006: xiii-xv.

81. Murray CJL, Frenk J. 2000. “A framework for assessing the performance of health systems”. Bull World Health Organ 2000; 78: 717–31.

82. Fazey, I. et al. 2014. “Evaluating knowledge exchange in interdisciplinary and multi-stakeholder research”, Global Environmental Change. Elsevier Ltd, 25（1）, pp. 204–220. doi: 10.1016/j.gloenvcha.2013.12.012.

83. Ghebreyesus, T. A. 2017. “All roads lead to universal health coverage”, Te Lancet Global Health. World Health Organisation,（17）, pp. 2–3. doi: 10.1016/S2214–109X（17）30295–4.

84. Frenk, J. and Gómez-Dantés, O. 2017. “False dichotomies in global health: the need for integrative thinking”, Te Lancet. doi: 10.1016/ S0140–6736（16）30181–7.

85. Porter M. 2009. “A strategy for health care reform. Toward a valuebased system”. N Engl J Med 2009; 361: 109–12.

86. Sepúlveda J. Foreword. In: Jamison DT, Breman JG, Measham AR, et al, eds. 2006. Disease control priorities in developing countries（2nd edn）. New York: Oxford University Press for Te World Bank, 2006: xiii-xv.

87. Murray CJL, Frenk J. 2000. “A framework for assessing the performance of health systems”, Bull World Health Organ 2000; 78: 717–31.

88. Boutilier, Z. and Development, I. 2017. SDGs and health: A vision for public policy, pp. 1–7.

89. Edmonton Newspaper 2012. “Highlights From An Australian Interview With Sir Michael Marmot And His

Recent Canadian Presentation To Health Economists”，参 见http://www.epimonitor.net/ Michael_Marmot_Interview.htm [Last accessed on 25 September 2017]。

90. 爱尔兰国家健康可持续性办公室，2016，Sustainability Strategy for Health 2017–2019。

91. Black D., 1982. Inequalities in Health: The Black Report. London: Penguine.

92. 中国共产党中央委员会和国务院，2016. “Healthy China 2030” Development Plan, 参 见http://www.gov.cn/zhengce/2016–10/25/content_5124174.htm [Last accessed on 25 September 2017]。

93. 世界卫生组织，2016，“Healthy China 2030 (from vision to action)”，参 见 http://www.who.int/healthpromotion/conferences/9gchp/healthy-china/en/ [Last accessed on 25 September 2017]。

94. Storm, I. et al. 2016. “How to improve collaboration between the public health sector and other policy sectors to reduce health inequalities? — A study in sixteen municipalities in the Netherlands.”，International journal for equity in health, 15, p. 97. doi: 10.1186/s12939–016–0384–y.

95. Rudolph, L. et al. 2013. Health in All Policies: Improving Health Trough Intersectoral Collaboration.

96. 世界卫生组织，2016，Resolutions and Decision, 69th World Health Assembly, Geneva, 23–28 May 2016, 参见 http://apps.who.int/gb/ebwha/pdf_fles/WHA69–REC1/A69_2016_REC1–en.pdf#page=27 [Last accessed on 25 September 2017]。

97. 注 :《上海宣言》强调：只有通过可持续发展目标促进健康和动员全社会参与健康发展的进程，才有可能让所有年龄段的人们享受健康生活和增进福祉。(参阅World Health Organisation 2016. “Shanghai Declaration on Health Promotion in the 2030 Agenda for Sustainable Development”，9th Global Conference on Health Promotion: Shanghai 21–24 November 2016, pp. 1–2。 参 见http://www.who.int/healthpromotion/conferences/9gchp/shanghaideclaration.pdf?ua=1 [Last accessed on 25 September 2017])。

98. 世界卫生组织，2013，Health in All Policies, 参见 http://www.healthpromotion2013. org/health — promotion/health-in-allpolicies [Last accessed on 25 September 2017]。

99. Agenda, S. D. and Policies, A. 2017. “Adelaide Statement I Implementing the Sustainable Development Agenda through good governance for health and wellbeing: building on the experience of Health in All Policies”.

100. Leppo K., Ollila E., Pena S.,Wismar M., Cook S. 2013. “Health in All Policies—Seizing Opportunities, Implementing Policies”. STM, Ministry of Social Affairs and Health, Helsinki, Finland.

101. Greaves L. J., Bialystok L. R. 2011. “Health in All Policies—all talk and little action?”，Canadian Journal of Public Health/ Revue Canadienne de Sante’e Publique, 102, 407–409.

102. Boutilier, Z. and Development, I. 2017. “SDGs and health : A vision for public policy”，G20 Insights, G20 Germany 2017. pp. 1–7.

103. 世界卫生组织和芬兰公共事务和卫生部，2013，“The Helsinki Statement on Health in All Policies”，(June 2013). 参见http://www.who.int/healthpromotion/conferences/8gchp/8gchp_helsinki_statement.pdf?ua=1 [Last accessed on 25 September 2017]。

104. Rudolph, L. et al. 2013. Health in All Policies: Improving Health Trough Intersectoral Collaboration.

105. Baum, F. et al. 2014. “Evaluation of Health in All Policies: Concept, theory and application”，Health Promotion International, 29, pp. i130–i142. doi: 10.1093/heapro/dau032.

106. Ollila, E. 2011. “Health in All Policies: from rhetoric to action”. Scandinavian Journal of Public Health, 39 (Suppl. 6), 11–18.

107. 澳大利亚卫生部，2010，Health in All Policies: background and practical guide, 参见http://www.sahealth.sa.gov.au/wps/wcm/connect/public+content/sa+health+internet/resources/the+south+australian+approach+to+health+in+all+policies+background+and+practical+guide. [Last accessed on 25 September 2017]。

108. Pinto, A. D. et al. 2015. “Economic considerations and health in all policies initiatives: evidence from interviews with key informants in Sweden, Quebec and South Australia”，BMC public health, 15 (1), p.171. doi: 10.1186/s12889–015–1350–0.

109. Baum, F. et al. 2014. “Evaluation of Health in All Policies: Concept, theory and application”，Health Promotion International, 29, pp. i130–i142. doi: 10.1093/heapro/dau032.

110. Becerra-Posada, F. 2015. “Health in all polices: A strategy to support the Sustainable Development Goals”，Te Lancet Global Health. Pan American Health Organization, 3 (7), p. e360. http://www.paho.org/

[Last accessed on 25 September 2017] .

111. Khayatzadeh-Mahani, A. et al. 2016, "How Health in all policies are developed and implemented in a developing country? A case study of a HiAP initiative in Iran" , Health Promotion International, 31 (4) , pp.769–781. doi: 10.1093/heapro/dav062.

112. 纳米比亚共和国卫生和社会服务部，2010，"Plan for national multi-sectoral monitoring and evaluation of HIV and AIDS" , 2010/11–2015/16 /; Windhoek, Namibia, Directorate of Special Programs, Division Expanded National HIV and AIDS Coordination, Response Monitoring and Evaluation Subdivision. NYPL call number: Sc G 13–8 no. 1。

113. 纳米比亚共和国卫生和社会服务部，2010，"Plan for national multi-sectoral monitoring and evaluation of HIV and AIDS" , 2010/11–2015/16 /; Windhoek, Namibia, Directorate of Special Programs, Division Expanded National HIV and AIDS Coordination, Response Monitoring and Evaluation Subdivision. NYPL call number: Sc G 13–8 no. 1。

114. 世界卫生组织，2016，"Progress in the implementation of the 2030 Agenda for Sustainable Development"。参见：https://www.newsd.admin.ch/newsd/message/attachments/44877.pdf [Last accessed on 25 September 2017]。

115. 联合国经济和社会事务部，2017，"Multi-stakeholder forum on science, technology and innovation for the Sustainable Development Goals" , High-level political forum on sustainable development, E/HLPF/201 (E/HLPF/2017/4)。

116. Lebov, J. et al. 2017, "A framework for One Health research" , One Health. doi: 10.1016/j.onehlt.2017.03.004.

117. 注：已经采取一体化健康政策的国家包括：瑞士、泰国、乌干达。

118. 欧盟委员会，2017，A European One Health Action Plan against Antimicrobial Resistance。

119. Weitz, N. et al. 2014. "Cross-sectoral integration in the Sustainable Development Goals: A nexus approach" , PLoS Medicine, 14 (4) , p. 8. doi: 10.1371/journal.pmed.1002285.

120. Höög, E. 2013. "Challenges in managing a multi-sectoral health promotion program" , Leadership in Health Services, 26 (4) , pp. 368–386.doi: 10.1108/LHS-12–2011–0048.

121. Rosen, Bruce 2011. The role of the Government in Israel in containing costs and promoting better services and outcomes of care.

122. Knesset (Israel's unicameral parliament) , State of Israel 2017. "Labor, Welfare and Health Committee" , 参见 https://knesset.gov.il/committees/eng/committee_eng.asp?c_id=28. [Last accessed: 25 September 2017]。

123. Organization, W. H. and Office, R. 2012. Preliminary review of institutional models for delivering essential public health operations in Europe.

124. 英国，2017，All-Party Parliamentary Health Group, 参见 http://www.healthinparliament.org.uk/about-us. [Last accessed: 25 September 2017]。

125. Khayatzadeh-Mahani, A. et al. 2016. "How Health in all policies are developed and implemented in a developing country? A case study of a HiAP initiative in Iran" , Health Promotion International, 31 (4) , pp.769–781. doi: 10.1093/heapro/dav062.

126. Phua K. 2016. Health care: What Brazil, Thailand are doing right, 参见 http://www.asiaone.com/health/health-care-what-brazilthailand-are-doing-right [Last accessed on 25 September 2017]。

127. Edwards, N. and Cohen, E. R. M. 2012. "Joining up action to address social determinants of health and health inequities in Canada" , Healthcare Management Forum. Elsevier Inc., 25 (3) , pp. 151–154. doi: 10.1016/j.hcmf.2012.07.002.

128. Aluttis C, Baer B,Barnhoorn F, Brand H, van den Broucke S, Chiotan C, Costongs C, Jelfs E, Levin-Zamir D, Michelsen K, Otok R and Rechel B 2012. "Reviewing public health capacity in the EU" . Maastricht, Maastricht University.

129. Tangcharoensathien, V., Walaiporn, P. and Panichkriangkrai, W. 2016. "Health system review: Achievements and challenges Tailand Health Systems in Transition" , pp. 1–11, 参见 http://www.wpro.who.int/asia_pacifc_observatory/hits/thailand-hit-policy-notes-2016.pdf [Last accessed on 25 September 2017]。

130. Keast R 2011. "Joined-Up governance in Australia: How the past Can inform the future" . Int J Public Adm 2011, 34 (4) :221–231.; Ross S, Frere M, Healey L, Humphreys C 2011. "A whole of government strategy for family violence reform: a whole of government strategy for family violence reform" , Aust J Public Adm 2011, 70 (2) :131–142.

131. Carey, G., Crammond, B. and Keast, R. 2014. “Creating change in government to address the social determinants of health: how can efforts be improved?” , BMC public health, 14（p 205）, p. 1087. doi:10.1186/1471–2458–14–1087.

132. Browne, G. R., Davern, M. T. and Giles-Corti, B. 2016. “An analysis of local government health policy against state priorities and a social determinants framework” , Australian and New Zealand Journal of Public Health, 40（2）, pp. 126–131. doi: 10.1111/1753–6405.12463.

133. 联合国经济和社会事务部，2014，Te 2014 Revision of the World Population Prospects，参见http://esa.un.org/unpd/wup/Publications/Files/WUP2014–Report.pdf[Last accessed on 25 September 2017]。

134. State of African cities 2014. “Re-imagining sustainable urban transitions” .UN-Habitat, 参见http://unhabitat.org/wpdmpackage/state-of-african-cities-2014–re-imagining-sustainable-urbantransitions/?wpdmdl=111948 [Last accessed on 25 September 2017]。

135. 世界卫生组织，2015. Global Health Observatory data: urban health, 参见http:// www.who.int/gho/urban_health/en/ [Last accessed on 25 September 2017]。

136. McIlwaine, C. 2013. “Urbanization and gender-based violence: exploring the paradoxes in the global South” , Environment and Urbanization, 25（1）, pp. 65–79. doi: 10.1177/0956247813477359.

137. Corburn, J. and Sverdlik, A. 2017. “Slum upgrading and health equity” , International Journal of Environmental Research and Public Health, 14（4）, pp. 1–12. doi: 10.3390/ijerph14040342.

138. Boutilier, Z. and Development, I. 2017. SDGs and health : A vision for public policy, pp. 1–7.

139. Dubowitz, T. et al. 2016. “Creating healthier, more equitable communities by improving governance and policy” , Health Affairs, 35（11）, pp. 1970–1975. doi: 10.1377/hlthaff.2016.0608.

140. 俄克拉荷马城，2017，“MAPS history. Oklahoma City”。参见https://www.okc.gov [Last accessed on 25 September 2017]。

141. 世界卫生组织，1978，Declaration of Alma-Ata International Conference on Primary Health Care, para 3. 6–12 September 1978。

142. Baatiema, L. et al. 2013. “Assessing participation in a community-based health planning and services programme in Ghana.” , BMC health services research, 13(1), pp. 1–13. doi: 10.1186/1472–6963–13–233.

143. Goodman R, et al 1998. “Identifying and defning the dimensions of community capacity to provide a basis for measurement” , Health Educ Behav 1998, 25:258–278.

144. Hernández, A. et al. 2017. “Engaging with complexity to improve the health of indigenous people: a call for the use of systems thinking to tackle health inequity” , International Journal for Equity in Health. International Journal for Equity in Health, 16（1）, p. 26. doi: 10.1186/s12939–017–0521–2.

145. Arnstein S 1969. “A ladder of citizen participation” , J Am Plann Assoc 1969, 35（4）:216–224.

146. 加纳卫生部，2007，Te Ghana National Health Policy: Creating Wealth Trough Health。

147. Rifkin S, Muller F, Bichmann W 1988. “Primary Health Care: On Measuring Participation” , Soc Sci Med 1988, 26(9):931–940.

148. Andrew Jack 2017. “Te long road to elimination of neglected tropical diseases” . Financial Times, 18 April 2017.

149. Baatiema, L. et al. 2013. “Assessing participation in a community-based health planning and services programme in Ghana.” , BMC health services research, 13(1), pp. 1–13. doi: 10.1186/1472–6963–13–233.

150 Andersson, N. et al. 2015. “Evidence based community mobilization for dengue prevention in Nicaragua and Mexico (Camino Verde, the Green Way): cluster randomized controlled trial” , BMJ, p. h3267. doi:10.1136/bmj.h3267.

151. Tsoukias, A. et al. 2013. “Policy analytics: an agenda for research and practice” , EURO Journal on Decision Processes, 1(1), pp. 115–134. doi: 10.1007/s40070–013–0008–3.

152. 联合国, 2016, “Report of the Secretary-General: Strengthening the global health architecture: implementation of the recommendations of the High-level Panel on the Global Response to Health Crises” , A/70/824, 8 April 2016。

153. Blair, R. A., Morse, B. S. and Tsai, L. L. 2017. “Public health and public trust: Survey evidence from the Ebola Virus Disease epidemic in Liberia” , Social Science & Medicine. Elsevier Ltd, 172, pp. 89–97.doi: 10.1016/j.socscimed.2016.11.016.

154. Tornicroft G. 2013. “Premature death among people with mental illness. At best a failure to act on evidence; at worst a form of lethal discrimination”, British Medical Journal 2013; 346: f2969. doi:10.1136/bmj.f2969.

155. Te BMJ 2013. Life expectancy gap widens between those with mental illness and general population, published 21 May 2013, 参 见 http://www.bmj.com/press-releases/2013/05/21/life-expectancy-gapwidens-between-those-mental-illness-and-general-popula [Last accessed on 25 September 2017]。

156. Roberts, R. 2017, “Integrating rural health care - Editorial”. doi: 10.1111/ajr.12350.

157. Petesch P, Smulovitz A, Walton M 2005. “Evaluating empowerment: a framework with cases from Latin America. In Measuring empowerment: cross-disciplinary perspectives”, edited by Narayan D. Washington, DC: Te World Bank; 2005:39–67.

158. Hernández, A. et al. 2017. “Engaging with complexity to improve the health of indigenous people: a call for the use of systems thinking to tackle health inequity”, International Journal for Equity in Health, 16（1）,p. 26. doi: 10.1186/s12939–017–0521–2.

159. Degeling, C. et al. 2015. “Implementing a One Health approach to emerging infectious disease: reflections on the socio-political, ethical and legal dimensions”, BMC Public Health, 15（1）, p. 1307. doi: 10.1186/s12889–015–2617–1.

160. Weitz, N. et al. 2014, “Cross-sectoral integration in the Sustainable Development Goals: A nexus approach”, PLoS Medicine, 14（4）, p. 8. doi: 10.1371/journal.pmed.1002285.

161. 世界卫生组织，2012，“Preliminary review of institutional models for delivering essential public health operations in Europe”，WHO Regional Office for Europe。

162. 世界经济论坛，2016，“Health Systems Leapfrogging in Emerging Economies Ecosystem of Partnerships for Leapfrogging”，WEF and Boston Consulting Group 2016 Industry Agenda, May，2016。

163. Otsuki, K. 2011. “Sustainable partnerships for a green economy: A case study of public procurement for home-grown school feeding”. Natural Resources Forum, 35: 213–222. doi:10.1111/j.1477–8947.2011.01392.x

164. Picard A. 2011. “Obesity costs economy up to $7–billion a year”. The Globe and Mail [Toronto] 2011 June 20, 参 见 www.theglobeandmail.com/life/health-and-ftness/health/ conditions/obesitycosts-economy-up-to-7–billion-a-year/article583803 [Last accessed on25 September 2017]。

165. 世界卫生组织，2017，Global Health Observatory (GHO) data, 参 见 http://www.who.int/gho/health_financing/out_pocket_expenditure/en/ [Last accessed on 25 September 2017]。

166. McDaid D 2012. “Joint budgets. In: McQueen D et al., eds. Intersectoral governance for Health in All Policies (forthcoming)”. Copenhagen, WHO Regional Ofce for Europe on behalf of the European Observatory for Health Systems and Policies.

167. Wismar M and Martin-Moreno JM 2013. “Intersectoral working. In: Rechel B and McKee M, eds. Facets of public health (forthcoming)”, Copenhagen, World Health Organisation, on behalf of the European Observatory on Health Systems and Policies.

168. Stead, D. 2008. “Institutional aspects of integrating transport, environment and health policies”, Transport Policy, 15(3), pp. 139–148. doi: 10.1016/j.tranpol.2007.12.001.

169. Stead, D. 2008. “Institutional aspects of integrating transport, environment and health policies”, Transport Policy, 15(3), pp. 139–148. doi: 10.1016/j.tranpol.2007.12.001.

170. Pinto, A. D. et al. 2015. “Economic considerations and health in all policies initiatives: evidence from interviews with key informants in Sweden, Quebec and South Australia.”, BMC public health, 15(1), p.171. doi: 10.1186/s12889–015–1350–0.

171. 世界卫生组织，2016，“Health Promotion Track 5: Building capacity for health promotion”，参见：http://www.who.int/healthpromotion/conferences/7gchp/track5/en/ [Last accessed on 25 September 2017]。

172. Kaiser K, Bredenkamp C, Iglesias R. 2016. “Sin tax reform in the Philippines: transforming public fnance, health, and governance for more inclusive development”，Washington, D.C.: World Bank.

173. Rasanathan, K. et al. 2017. “Governing multisectoral action for health in low- and middle-income countries”, PLoS Medicine, 14(4), pp. 1–9. doi: 10.1371/journal.pmed.1002285.

174. McKee M. 2013. “Seven goals for public health training in the 21st century”, Eur J Public Health 2013; 23:

186?

175. Lomazzi, M., Jenkins, C. and Borisch, B. 2016. "Global public health today: Connecting the dots" , Global Health Action, 9(1). doi: 10.3402/gha.v9.28772.

176. OECD, 2017. International Migration Outlook 2017, 参 见 http://www.oecd.org/migration/international-migration-outlook-1999124x.htm [Lastaccessed on 25 September 2017]。

177. 世界卫生组织，2010. "WHO Global Code of Practice on the International Recruitment of Health Personnel" , Sixty-third World Health Assembly - WHA63, 16 May 2010, 参 见 http://www.who.int/hrh/migration/code/code_en.pdf [Last accessed on 25 September2017]。

178. 联合国经济和社会事务部，2014，World Economic and Social Survey 2014/2015: Learning from National Policies Supporting MDG Implementation。

179. Gillam, S. 2008. "Is the declaration of Alma Ata still relevant to primary health care?" , BMJ : British Medical Journal, 336(7643), pp. 536–538. doi: 10.1136/bmj.39469.432118.AD.

180. 世界卫生组织，2013，Global health workforce shortage to reach 12.9 million in coming decades, 参见 http://www.who.int/mediacentre/news/releases/2013/health-workforce-shortage/en/ [Lastaccessed on 25 September 2017]。

181. 联合国经济和社会事务部，2014，World Economic and Social Survey 2014/2015: Learning from National Policies Supporting MDG Implementation。

182. Cometto, G. et al. 2013. "Health Workforce Brain Drain: From Denouncing the Challenge to Solving the Problem" , PLoS Medicine, 10(9), pp. 10–12. doi: 10.1371/journal.pmed.1001514.

183. Management Sciences for Health 2010. Evaluation of Malawi's Emergency Human Resources Programme, 参 见 http://www.msh.org/news-bureau/msh-publishes-evaluation-of-malawi-human-resource-program.cfm. [Last accessed on 25 September 2017] .

184. Glenn Laverack 2014. A-Z of Public Health (Professional Keywords.).

185. Scaling Up Nutrition in Practice 2014. Information Systems for Nutrition, Issue 2, April 2014, available online: https://scalingupnutrition.org/wp-content/uploads/2012/10/Green_External_InPractice_second_ENG_20140806_web-spreads.pdf Last accessed on 25 September2017] .

186. 世界卫生组织，2017. World Health Statistics 2017: Monitoring Health for Te SDGs, doi: 10.1017/CBO9781107415324.004.

187. 孟加拉国政府，2017，Real-time health information dashboard, 参见 http://103.247.238.81/webportal/pages/index.php [Lastaccessed on 25 September 2017]。

188. Carter, S. M. et al. 2011. "Evidence, Ethics, and values: A Framework for Health promotion" , American Journal of Public Health. doi: 10.2105/AJPH.2010.195545.

189. Lawless, A. et al. 2012. "Health in all policies: Evaluating the South Australian approach to intersectoral action for health" , Canadian Journal of Public Health, 103, pp. S15–S19. doi: 10.17269/cjph.103.2969.

190. 注：例如，也可参阅 "Agent-based Modeling for Korean Strategic Foresight" , International Institute for Applied Systems Analysis (IIASA), 参见 www.iiasa.ac.at; "The World in 2050 (TWI2050), 参见 www. twi2050.org [Last accessed on 25 September 2017]。

191. Nilsson, M. 2017. Important interactions among the Sustainable Development Goals under review at the High-Level Political Forum 2017, 参 见 www.sei-international.org [Last accessed on 25 September 2017]。

192. Harris-Roxas, B. F. et al. 2011. "A rapid equity focused health impact assessment of a policy implementation plan: An Australian case study and impact evaluation." , International journal for equity in health. doi:10.1186/1475–9276–10–6.

193. Allen, J. et al. 2013.. "Delivering Value in Healthcare: A MultiStakeholder Vision for Innovation" , Avalere Health LLC. 2013 (March), pp. 2–27.

194. Buckingham Shum S 2012. "Learning analytics" , UNESCO Policy Brief.

195. González C, López DM, Blobel B. 2013. Case-based reasoning in Intelligent Health Decision Support Systems; Joseph K. H. Tan and Samuel Sheps 1998, Health Decision Support Systems.

196. Cardona, C. et al. 2015. "Advancing One Health Policy and Implementation through the Concept of One Medicine One Science" , Global Advances in Health and Medicine, 4(5), pp. 50–54. doi: 10.7453/gahmj.2015.053.

197. Boutilier, Z. and Development, I. 2017. "SDGs and health: A vision for public policy" , G20 Insights, G20

Germany 2017. pp. 1–7.

198. Edwards, N. and Cohen, E. R. M. 2012. "Joining up action to address social determinants of health and health inequities in Canada", Healthcare Management Forum. Elsevier Inc., 25(3), pp. 151–154. doi: 10.1016/j.hcmf.2012.07.002.

199. Jeremy Lim 2017. "Health care: What Brazil, Thailand are doing right", Te Straits Times, 参见 http://www.asiaone.com/health/health-care-what-brazil-thailand-are-doing-right [Last accessed on 25 September 2017]。

200. Shaw SE, Russell J, Greenhalgh T, Korica M. 2014. "Tinking about think tanks in health care: a call for a new research agenda", Sociol Health Illn 2014;36:447–61. doi:10.1111/1467– 9566.12071pmid:24111597.

201. Hawkins B, McCambridge J. 2014. "Industry actors, think tanks, and alcohol policy in the United Kingdom", Am J Public Health 2014;104:1363–9. doi:10.2105/AJPH.2013.301858pmid: 24922137.

202. 联合国经济和社会事务部，2016，"Harnessing the Contribution of Science, Technology, and Innovation For Achieving the 2030 Agenda and the 17 Sustainable Development Goals. — Prepared by the 10–Member Group to support Technology Facilitation Mechanism", June 4th, 2016。

203. 联合国经济和社会事务部，2017，Technology Facilitation Mechanism (TFM)，参见 https://sustainabledevelopment.un.org/TFM/ [Last accessed on 25 September 2017]。

204. Gadelha, C. et al. 2013. "Te health care economic-industrial complex: Concepts and general characteristics", Health, 5(10), pp. 1607–1621.doi: 10.4236/health.2013.510217.

205. 世界卫生组织，2015，"Global Observatory for eHealth", the third global survey on e-health conducted by WHO Global Observatory for eHealth in 2015。

206. 欧盟委员会，2007，"eHealth for Safety - Impact of ICT on Patient Safety and Risk Management", Digital Single Market。

207. 新加坡管理大学，2016，"Technologies for Ageing-inPlace: Te Singapore Context", White Paper published in March 2016。

208. 迪肯大学，2010，"Smart Homes Can Help to Alleviate Loneliness among Senior Citizens." Deakin Software & Innovation Laboratory。

209. 联合国经济和社会事务部，2017，United Nations Public Service Awards，参见 https://publicadministration.un.org/en/UNPSA [Last accessed on 25 September 2017]。

第7章

在冲突后局势中实现可持续发展目标：对国家的挑战

7.1 引言

本章探讨了在冲突后局势中实现可持续发展目标所面临的挑战及其对促进可持续发展与和平的综合方法的影响。在全球范围内，有15亿—20亿人[1]生活在受冲突、暴力和局势不稳定的国家。这些国家面临着全球发展赤字最大的份额。事实上，由于冲突，一个国家的国内生产总值增长率平均每年降低2%[2]。在这种情况下，人们更容易贫困，无法上学，无法获得基本的卫生服务和体面的生活[3]。

令人担忧的趋势是，受冲突影响/局势不稳定的国家和其他发展中国家之间的差距正在扩大[4]。据估计，摆脱冲突的国家常因缺乏根治性方法和创新而无法达成可持续发展目标。[5]例如，全球10个孕妇死亡率最高的国家都受到过冲突影响，而基于性别的排斥和暴力是冲突持久性的残余影响[6]。

联合国安全理事会强调"维持和平"的概念是"建立一个社会共同愿景的目标和过程，确保考虑到所有人民的需要"[7]。《2030年议程》，特别是可持续发展目标5、目标10和目标16包含了决议的精神，并将维持和平视为可持续发展面临的一项固有挑战[8]。《2030年议程》再次强调必须以一致方法应对冲突后相互关联的挑战。可持续发展目标实施的综合框架必须确保旨在维持和平（包括保护人权）和发展的干预措施相辅相成。《2030年议程》还强调，加强公共行政和治理体制[9]是确保和平与实现可持续发展的关键，是防止再次陷入冲突的关键因素[10]。

由于冲突后国家面临许多紧迫问题，实现长期发展目标对他们来说更加困难[11]。面对多重、长期和短期的优先事项，整合方法比和平环境更为重要。国家公共机构和公共行政，通常是在冲突中破碎的，必须以这个目的进行重建。本章以最近的例子为基础，探讨如何做到这一点。

《世界公共部门报告（2010）》深入探讨了在冲突后重建公共行政的问题。报告的大部分内容及其结论在今天和当时一样有效，本章的目的不是重新审查这个问题。作为本报告的剩余章节，本章从公共行政的角度关注整合维度。研究的问题是，在冲突后环境中，与其他因素相比，整合是如何不同的，以及如何切实地促进和支持整合。

本章的其余部分如下所述：第2节概述了冲突后国家实施可持续发展目标所面临的挑战。第三节探讨了允许冲突后国家推进可持续发展与和平的治理和制度方法。第四节分析了冲突后设置的横向整合、纵向整合和参与的维度。本章总结了在冲突发生后可持续发展目标实施的关键领域。

7.2 在冲突后环境中实现可持续发展目标的挑战

在冲突后治理中提出了几个直接影响各国实施可持续发展目标的挑战。简言之，在冲突后环境中实现可持续发展目标比在不受冲突影响的国家更为复杂。最引人注目的是，冲突及其余波使在和平社会中实现可持续发展目标16下的每个具体目标更加困难。例如，冲突后环境中的腐败现象往往很常见（具体目标16.5）。在后冲突情况下做到为所有人提供合法身份（具体目标16.9）更难。同样重要的是，冲突后国家也必须以不同的方式考虑具体的可持续发展目标领域，如健康、教育和许多其他领域（见专栏7.2）。

此外，在冲突后环境中，必须处理长期的可持续发展目标，同时处理具体的紧急和中期优先事项。一般而言，冲突后国家必须同时处理三类问题：确保迅速取得进展，重建国家基本职能和迈向可持续发展（见图7.2）。

专栏7.1 冲突后的定义

尽管各国在冲突后面临常见的挑战，但“冲突后”一词仍然缺乏精确的定义，因为在冲突开始或结束时，以及冲突的性质发生变化时，在界定冲突的条件方面存在困难[12]。最近，体制弱点，治理和暴力之间的重要联系已经在“脆弱性”的概念中得到了体现（见图7.1）。薄弱的能力，问责制和机构的合法性是许多脆弱性定义的基础[13]。尽管在定义上仍有困难，但本章依旧使用“冲突后局势”一词来指代暴力冲突结束时，允许国家运作的资产、技能和系统（物理、金融、经济、技术、组织、政治、社会）在一定程度上遭到破坏的情况[14]。

图7.1

根据不同分类，脆弱国家和冲突后国家情况

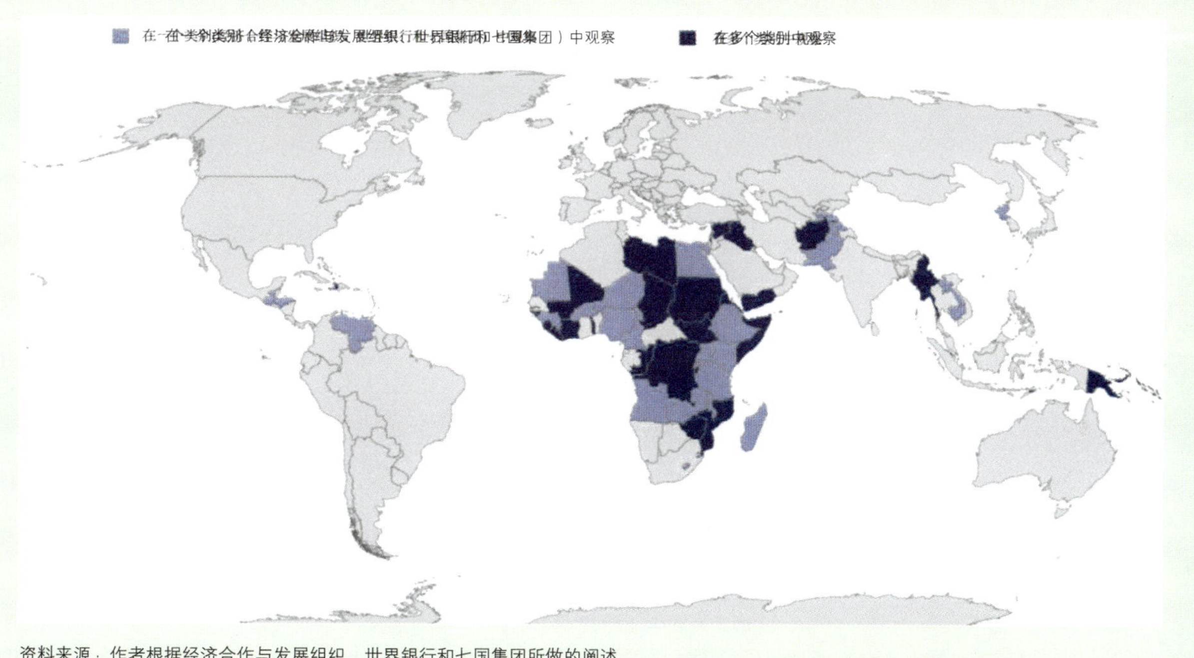

资料来源：作者根据经济合作与发展组织、世界银行和七国集团所做的阐述。

取得明显进展对于重建政府的信任和避免陷入冲突的风险至关重要[17]，尤其是当人们因得不到服务、就业机会和其他机会而产生不满引发冲突的时候[18]。因此，重要的是要实现快速、明显的进展，并在减轻贫困的同时确保基本的安全与稳定。行动可能包括快速稳定经济，为长期发展多元化经济奠定基础[19]，提供基本的公共服务和改善生计。

虽然冲突后情况在性质和破坏程度上各不相同，但在绝大多数情况下，一场暴力冲突会造成实质性的、体制性的和组织性的破坏，包括财务和人力资源的丧失，这可能会使治理机构陷于瘫痪。根据具体情况，处于稳定情况下的公共机构（例如中央银行、公务员组织等）可能在冲突后不再存在，可能需要完全重建或恢复[20]。因此，第二个挑战是建立或重建国家及其公共行政的基

专栏7.2　在冲突后背景下，对具体的可持续发展目标领域的思考是不同的

教育是促进和平的一个重要手段，也是建设和平与可持续发展目标的有力工具。课程（即课程反映了社会的多个部分的观点）和学校（即没有种族隔离的学校）的整合是一个具体的例子，说明了在过去由于冲突，如何以不同的方式来思考特定的可持续发展目标。它也体现了公共机构（学校）和公共行政在冲突后维持和平方面的作用。这种方法的实施方式可能在不同国家有较大差异，主要取决于教育系统的管理方式。

利比里亚的埃博拉危机也是一个例子，说明在冲突后环境中需要有不同的思考方式。尽管该国在危机之前已经建立了卫生系统和基础设施，但民众对政府岗位的信任程度较低，导致他们对政府卫生工作人员的指示感到怀疑，这加剧了危机的恶化。因此，在这种情况下，可能足以应付其他情况下的疾病暴发的体制办法在先前冲突所造成的社会条件下是不够的[15]。

另一个例子是所罗门群岛，它在自然资源管理框架内建立了冲突解决机制，以防止自然资源冲突的再次发生。

资料来源：报告中的专家意见。[16]

图7.2

冲突后情况下的多重治理挑战

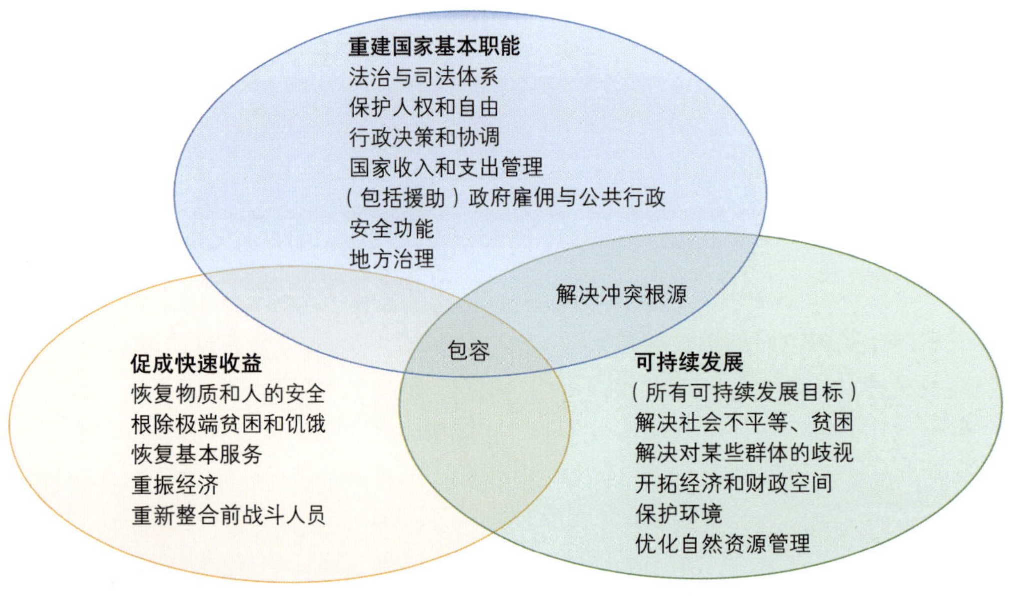

资料来源：作者阐述。

本职能。由世界银行和联合国开发计划署界定的“核心政府职能”包括六项主要职责：(1)在政府中心进行行政决策和协调，(2)公共收入和支出管理，(3)政府就业和公共行政，(4)安全部门(缓解和遏制内部安全威胁)，(5)地方治理，(6)援助管理[21]。此外，诸如加强法治、重建司法制度、保护人权和自由等职能是促进冲突后的发展的必要条件。在冲突后的环境中，由于它们的复杂性、波动性和高度脆弱性极易重新陷入新的冲突，因此对机构能力的要求更高[22]。重要的是，公共行政可能是暴力冲突的根源之一。在这种情况下，恢复国家能力需要避免重新创建时引发冲突的相同情况。

第三个挑战是可持续发展。同其他国家一样，从冲突中崛起的国家必须制定和执行符合其特定背景和情况的长期发展战略。与稳定的国家相比，冲突后国家面临着额外的挑战，它们必须解决暴力和不稳定的根源，因为不这样做会使国家面临重新陷入冲突的高风险。

这三个优先事项是相互关联的，必须同时考虑。只有有能力的国家机构才能解决冲突的根源，同时解决短期和长期的可持续发展需要。考虑到建立有效机构所需的时长[23]，改革的范围和速度可能是风险因素——试图做得太多太快可能也会增加恢复冲突的风险[24]。反过来，可持续发展目标的进展只有通过各种治理和恢复行动的战略一致性才能实现。例如，在尼日利亚，很明显的是，2016年复苏与和平建设工作需要与在国内开展的人道主义援助同时进行。随后，恢复与和平建设战略与人道主义应对计划密切协调，以取得成就并避免重叠[25]。

专栏7.3 将吉尔吉斯斯坦的长期愿景与重建相结合

在吉尔吉斯斯坦，在2010年6月种族冲突后，由捐助方资助的以工换粮的活动(短期食品短缺救济)将多民族当地社区聚集在一起，以修复用于灌溉作物的运河。长期修复运河有利于增加小农场的生产和就业机会。它还有助于通过社会影响和种族间合作缓和冲突的根源[26]。这个例子表明，旨在提供人道主义援助和促进后冲突环境恢复的行动最有效，因为它们对人民的发展和社会产生积极的影响，并防止冲突的复发。这证明了将前瞻性的可持续发展远景和战略与恢复、重建和维持和平的必要性结合起来的重要性。

资料来源：作者的阐述。

专栏7.4 在冲突后情况下发展的多重权衡

冲突后国家试图在严格的约束下平衡预期的冲突和紧张局势的例子包括：

(1)通过“导入”解决方案以快速、可见的结果为目标或者投入时间和资源建设国家能力；

(2)重建国家职能或者恢复公共服务；

(3)将资源和时间用于加强参与或者迅速恢复公共服务；

(4)重建和修复原有的机构或者创建新的机构；

(5)增加公民的参与性和合法性或者重建政府权威；

（6）加强地方政府还是支持中央政府。

所有的选择都有利有弊。选择任意一种取决于国家的环境——没有千篇一律的解决方案。

资料来源：专家对报告的解读。

然而，在冲突后情况中采取整合战略和政策会比其他情况更为复杂。在可持续发展目标领域给资源进行优先排序和分配的任务面临着另外两组优先事项的竞争。这种情况发生在国家预算不足的情况下，与狭窄的财政空间、由于资产被摧毁而导致的财政基础减少以及与公共行政部门的收入动员能力较低有关，往往伴随着大量债务，所有这些都限制了处理多项优先事项的能力。

有限的资源可能因为腐败而加剧。非法的金融和资本流动可能会进一步加剧冲突。此外，在冲突开始的最初几年里，预算的一个重要部分可能由外部行为者提供。当这些人离开时，国家通常会面临“财政问题”，国家预算急剧下降，而公众的预期仍然很高。因此，很显然冲突后国家不能期望在所有方面取得立竿见影的进展，特别是在建立有效、负责任和包容的机构方面。

7.3 冲突后治理转型要推进可持续发展与和平

冲突后治理转型对于国家社会关系[27]和治理改革有着重要的意义。这一转型的目标是实现所有人的可持续和平与发展。为此，全球可持续发展的愿望可以成为未来共同愿景的灵感[28]。这一愿景需要转化为具有前瞻性、包容性、一致性和综合性的国家政策，可以促进政府和社会之间的伙伴关系与得到国家和国际伙伴的支持。

7.3.1 政治的首要地位和包容的重要性

专家们强调，从政治意义上来说，包容性是所有建设可持续和平与发展努力的中心[29]。国家本身可以是排外的，也可以是包容的。首先如果排斥产生了冲突，不解决冲突，那就很可能会导致冲突再次发生。对冲突后可持续性进行的一个重要考验是和平协议的条款是否在国家法律框架中得到有效理解。如果情况并非如此，那么原来引发冲突的首要条件很有可能仍然盛行。

促进融合可能需要改变以前分裂的对立政治格局[30]，而这又需要冲突管理能力，对不同参与者的了解，以及确定纠正信任赤字的正确激励措施，并有意义地吸引每个利益相关方群体。一些专家认为，在某些情况下，要想不破坏参与进程又能使所有利益相关方参与决策是不可取的或不可能的，例如，当人们认为由于过去的滥用行为，某一特定群体“可能被合法地排除在外”[31]。其他专家警告说，如果由于政治原因将利益相关方排除在外，这有很大的风险，会影响合作和机构的合法性[32]。除了政治解决方案的“交易”方面来结束冲突之外，从长远来看，最重要的是改变国家的政治文化。如果政治文化保持不变，或者政治机构被精英所占领，那么新机构本身不会改变政治结果。

不管政治差异如何，国家对冲突后发展道路的所有权必须具有包容性，并且需要广泛的利益相关方参与，以创造一种归属感和包容感。通过有意义地在冲突管理、监督和问责的进程中引入不同的声音以建立信任，有助于增强机构的合法性和它们的可信性。因此，包容既是实现发展与维持和平的目标，也是以结果为导向的“战略”。卢旺达举办了愿景研讨会，作为培训最高领导层以促进包容的有用工具。这些研讨会汇集了来自不同部门和各级政府的领导人，让他们“体会协作，伙伴关系和集体影响的价值”[33]，同时制定恢复策略。

冲突后的重建往往侧重于结构和制度的重建，在这种情况下，人们很容易忘记他们的维度。在冲突后的环境中，可靠的申诉机制是增加公民对政府信任的关键。然而，大多数重建方案并不考虑赔偿在暴力期间个人失去的东西[34]。相反，乌干达实施了一项在农村地区重新放养牲畜的方案。卢旺达和南非实施了旨在解决住房问题的方案。这些方案伴随着社会服务以及包容和平等措施，可以帮助确保受暴力侵害的人的生活水平不会落在后面。

此外，促进制度化的能力和协作以查明、分析和解决人们不满的可能原因[35]，这有助于巩固和平的基础，并建立一种协同机制，以避免再次陷入冲突的危险。包容性原则是在冲突后局势中面临的三种挑战的交叉点（见图7.2），它还要求作为社会缩影的公共服务构成具有平衡性。与稳定的发展背景相比，这在冲突后环境中更为迫切[36]。

7.3.2 使用可持续发展目标来调整策略和行动

我们有理由认为，《2030年议程》可能有助于对冲突后局势采取整合办法。这是由于可持续发展目标的范围很广，其中包括对冲突后干预的所有组成部分至关重要的领域，从人道主义行动到重建国家的长期发展战略的基本能力。因此，可持续发展目标提供了一个便利的共同框架，在这个框架中可以制定不同层次的战略。

在冲突后的环境中，基于可持续发展目标之间协同作用的整合政策是令人畏惧的。虽然可持续发展目标被认为是不可分割的，并且鼓励联合国成员国保持框架的完整性，但一些国家可能会根据“适宜性”，在各自的国家和地方发展计划中优先考虑和采用可持续发展目标[37]。然而，忽视某些发展优先事项可能会对可持续发展目标框架的整体一致性产生负面影响。例如，尽管会有长期影响，但环境方面可能会被认为是较低的优先级。如果“适合性”的选择是由政治经济驱动的，并不是以包容性的方式决定的，那么负面影响也会显现[38]。

与不受冲突影响的国家相比，在冲突后的环境中确定国家可持续发展战略的要素需要考虑其他因素。它们包括了解冲突的关键背景因素和驱动因素，以解决根本原因；评估所需的机构发展程度[39]；以及恢复需求的映射。这通常是通过对所有治理机构的评估[40]来实现的，以确保它们适合促进发展、和平与社会凝聚力，有效地提供公共服务和保持稳定。评估还有助于分析是否有必要重新定义公共行政的作用，以及它与公民社会、私营部门和其他国家和国际利益相关方之间的关系。制度弹性的一个重要因素与建立“和平基础设施”有关，也就是说，建立促进对话、调解争端和避免冲突复发风险的机制[41]。

为了解决干预冲突后局势的国际行动者之间的竞争问题，联合国呼吁建立“全面联合和多学科的映射和评估，包括人道主义、安全、法治、人权、社会和经济部门”[42]。共同的多行动者框架和采用契约约束政府、捐助者和民间团体以实施单一计划，这是七国集团推动的解决方案，旨在鼓励国际社会提供由国家领导的[43]、一致的、可预测的和及时的援助。例如，在也门，根据2014年5月该国通过的建设和平优先计划，联合国实体参与了一个联合方案，该方案与生活在受冲突影响社区的人们的可持续生计和就业问题有关。

一些国家已将可持续发展目标作为一个框架，以调整其长期发展战略和计划，以及预算程序等其他工具（见本报告第2章）。在遭受冲突的国家中，乍得、哥伦比亚、塞拉利昂、所罗门群岛和索马里这些实例说明了如何在国家计划和战略中与可持续发展目标建立联系（见表7.1至表7.5）。很难将这种映射的结果与各国进行比较，因为用于制作这些映射的方法并不统一。

表7.1 乍得国家发展计划支柱与可持续发展目标之间的联系

优先级/可持续发展目标	1	2	3	4	5	6	7	8	9	10	11	12	13	14	15	16	17
加强和巩固国家统一/和平/正义/平等和社会凝聚力																●	
促进和平治理/巩固和加强内部和外部安全																●	●
促进强劲、多元、包容和可持续的经济增长	●	●			●		●	●	●	●							
为更好的生活和可持续发展创造条件			●	●		●					●	●	●	●	●		

资料来源：乍得总统，经济和发展规划部，2017年。国家发展计划（PND 2017—2021）：http://pnd.td/wp-content/uploads/2017/08/PND-2017-2021.pdf。

表7.2 哥伦比亚国家发展计划与可持续发展目标之间的联系

优先级/可持续发展目标	1	2	3	4	5	6	7	8	9	10	11	12	13	14	15	16	17
基础设施和经济增长的竞争力								●	●								
通过更好的教育和卫生系统实现社会流动			●	●													
农村转型和绿色增长旨在缩小城乡差距										●	●		●				
巩固福利国家			●	●		●				●							
变成一个更加现代化、透明、高效和有效的国家																●	

资料来源：哥伦比亚国家规划部门，《国家发展计划：每个国家都有一个新的国家》卷1和卷2，2014年，哥伦比亚国家印刷。

表7.3 塞拉利昂繁荣议程与可持续发展目标之间的联系

优先级/可持续发展目标	1	2	3	4	5	6	7	8	9	10	11	12	13	14	15	16	17
多元化的经济增长							●	●	●								
自然资源管理												●	●	●	●		
加速人类发展			●	●		●											
国际竞争力							●	●	●								
劳动力和就业																	
社会保障	●	●								●							
治理和公共部门改革																●	
性别和女性权益				●	●												

资料来源：塞拉利昂政府，财政和经济发展部，《关于塞拉利昂目标适应问题的高级报告草案》，2016年7月。

表7.4 所罗门群岛国家发展战略与可持续发展目标之间的联系

优先级/可持续发展目标	1	2	3	4	5	6	7	8	9	10	11	12	13	14	15	16	17
持续和包容的经济增长						●	●	●	●		●			●	●		
全国扶贫开局，基本需求得到解决，粮食安全得到改善；发展的好处更公平地分配	●	●		●	●		●	●		●	●						
所有所罗门群岛居民都可以获得包括教育和健康在内的优质社会服务			●	●											●		
通过有效的灾难风险管理实现有弹性和环境可持续的发展													●	●	●		
国家统一，治理有序，公共秩序井然				●	●			●								●	●

资料来源：所罗门群岛政府，2016年。所罗门群岛2016—2035年国家发展战略，霍尼拉亚：发展规划和协调部。网址：https://www.adb.org/sites/default/files/linked-documents/cobp-sol-2017—2019—ld-01.pdf。

表7.5 索马里国家发展计划与可持续发展目标之间的联系

优先级/可持续发展目标	1	2	3	4	5	6	7	8	9	10	11	12	13	14	15	16	17
和平，包容性政治，安全和法治																●	
宏观经济和贫穷	●							●									●
建立有效和高效的机构	●	●	●	●	●	●	●	●	●	●	●	●	●	●	●	●	●
经济发展－私营部门								●	●								●
生产部门	●	●						●						●			
人类社会发展		●	●	●		●		●								●	
基础设施							●	●	●								●
建立韧性能力	●	●						●			●				●		
援助管理与合作																	●
性别主流化					●												

资料来源：索马里联邦政府，2016年。索马里国家发展计划（SNDP）——争取复苏，民主和繁荣（2017—2019），网址：http://mopic.gov.so/wp-content/uploads/2016/12/somalia-national-development-plan-2017-2019final14dec.pdf。

7.3.3 冲突后重建公共行政

正如《世界公共部门报告（2010）》中所阐述的，有能力、有效和具有包容性的机构和公共行政，除了对一个充分运作的国家具有约束力之外，还有助于解决短期和长期发展的挑战。它们有助于形成可持续发展与和平的整合国家愿景，确保公民服务的响应性（包括司法和安全），并超越冲突后建设和平。

建立或改革机构可以影响现有的权力结构，从而使其成为事实上的政治进程。在和平进程以及冲突后，控制国家机构的行为者掌握着重要的权力。在保持经济和政治权力方面，精英们通常拥有既得的利益——这可以通过建立联盟以获得大量的变革推动力来抵消。正如一些国家所见，恢复旧的机构而不是改造它们可能会产生脆弱性，降低信任程度，甚至在冲突结束几十年之后导致贫困加剧[44]。

根据发达国家的经验重建公共行政管理体制，可能会产生没有相应功能的空洞结构[45]。从业人员呼吁采取适合各国政治现实，机构能力和不安全水平的选择[46]。领导和公职人员所倡导的规范、价值观和行为以及他们的专业能力——尤其是一线提供者[47]（所谓的“软”技能，而不是“硬”因素，如形式或职能）——是机构力量的基本组成部分。然而，大多数机构发展计划并未关注这些因素。在利比里亚，联合国特派团（联海特派团）离开后，机构能力不足，财政空间有限，无法继续维持整个国家的安全。解决办法是建立小型训练有素和装备精良的警察单位，并将它们作为容易发生冲突地区的枢纽，以当地社区为中心。该国还建立了对话平台，特别是在地方一级，包括民间社会组织和私营部门[48]。

与此相关的一个关键挑战是，确保政府和公共服务的过渡策略能够保持现有的能力，同时也要更新人员。如何从可能在冲突阶段发挥作用的“老警卫”的知识中获益，同时支持新一代完全推进冲突后进程的公务员是一个困难的问题。青年可以在公共管理方面带来世代更新，使其更符合社区服务的需要（见本章第7.4节）。

与以往的做法不同的是，在处理体制挑战之前，各国鼓励集中精力于机构能力，而冲突后的国家在其他关键的恢复努力中，也解决了效率和责任问题[49]。

例如，布隆迪在2009年设立了财政收入办公室，以解决公共行政的透明度，打击腐败和逃税，保护发展资源。这一行动有助于恢复公平和财政正义，增强人们对社会正义的认识[50]。尼泊尔在其冲突后的重建中建立了一个反腐败中心，成立了一个调查滥用职权的委员会，它有权调查任何公职人员及其同伙之间的不法行为。利比里亚采取了全面的四重国家反腐败战略，其中包括：（1）查明该国腐败的原因和态度，（2）减少腐败机会的措施，（3）绘制该国的腐败状况，（4）制定打破腐败行为的方式[51]。此外，一些国家如乌干达设立了专门机构来处理特别容易受到腐败影响的部门[52]，例如可能会加剧冲突的管理自然资源的部门。独立的最高审计机构（SAIs）在后冲突的环境中运作，可以对国家建设做出重大贡献。通过开展审计并提高对其调查结果和建议的认识，最高审计机构充当政府与人民之间的中介[53]，以了解脆弱性的关键来源并促进包容性，透明度和问责制文化[54]。

在尼泊尔，国家行政学院、和平与重建部、尼泊尔警察和军队参加了强制培训，以帮助他们将冲突敏感纳入公共事务。冲突敏感性也包括在尼泊尔行政人员学院（NASC）和当地发展培训学院（LDTA）的课程中。国家规划委员会（NPC）也将冲突敏感因素纳入其规划指导方针。缅甸和东帝汶也采取了类似的做法。

冲突后国家的公共机构和公共行政当局，甚至比不受冲突影响的国家更要致力于包容和落实《2030年议程》，不让任何人掉队。公共机构需要通过改变其制度、结构和做法以及核心信念，来揭示这一原则的全部内涵。公务员必须接受民间社会、私营部门和其他利益相关方共同生产的想法。在这样做的过程中，他们需要利用社会中可能愿意承担风险的领导者，同时促进对话和融合[55]。

在暴力冲突之后维持公共服务改革需要加强公共行政和管理发展机构以及相关大学的执行能力。这些机构的任务通常是加强和维持公务员的能力，以培养国家的所有权和协调能力。例如，乌干达和加纳成功地实施了和平与发展敏感型改革，设法提高了它们的公共行政机构的形象和能力。后者作为公共部门的能力建设机构进行了根本性转变，并伴随着改革进程[56]。

7.3.4 预算流程的重要性

特别是在后冲突环境中，国家预算的有效管理对于确保政策实施以及加强国家合法性和问责制至关重要。一项协调一致、国家主导的全国性方案能够促进综合的财务管理办法，并将投资引导至各部委行政骨干服务不足的领域（如人力资源、行政、采购、运营等），这是提高国家能力的关键，例如东帝汶和阿富汗[57]。在利比里亚，为了解决“财政悬崖”的问题（见本章第2节），国际社会进行了干预，以增加财政空间，为重建提供资源。国家预算从8，000万增加到6亿[58]美元。然而，大量外部资源的注入需要国家小心控制，以防止腐败。

正如其他国家所做的那样，一些处于冲突后局势的国家已经采取措施，通过调整预算程序及其与可持续发展目标框架相一致的周期，为可持续发展目标执行提供资金[59]。例如，在塞拉利昂，可持续发展目标已纳入2016年国家预算[60]。地方政府财政资源的一定程度的可预见性，对于支持地方创举、建立激励机制、加强问责制是至关重要的。哥伦比亚、莫桑比克或阿富汗等受冲突影响的国家，逐步增加了地方政府的财政资源[61]。

外部参与者都有不同的议程，这可能与政府或其他利益相关方的优先事项不一致。由于它们在冲突后设置中具有系统重要性，这常常会给整合带来额外的挑战。尽管存在发展有效性原则，要求与具有不同的授权机构进行互补，但连贯性和一体化往往难以实现。一个连贯的国家愿景，国家可持续发展战略和实施计划可以帮助调整外部干预措施与国家优先事项（见专栏7.5）。

专栏7.5　将外部参与者的干预与国家优先事项结合起来的挑战

专家们似乎同意，在后冲突的环境中，无论是在财政支持、技术援助还是能力建设方面，国际援助应由国家所有权的原则推动。他们也认同要实现这一目标还有很长的路要走。所罗门群岛是七国集团的成员之一，2016—2035年国家开发计划（NDP）被用作调整所有多边合作伙伴支持的工具。国家开发计划五项目标之一是实现与可持续发展目标一致的有效治理，政府非常重视公共机构与国家、区域和国际机构建立联系、合作以及伙伴关系，以便获得必要的支持和专业支持，促进和平建设。

资料来源：专家对报告的解读。

7.3.5　防止重新陷入冲突

专家们一致认为，维持和平比获得和平更困难，并强调最成功的预防战略具备内生性和局部性，由地方和国家的行为者通过内部政治进程进行。

特别是，为了预防冲突发生，促进风险评估和管理的集体方法、建立地方能力、致力于共同理解和密切监测可能导致脆弱性的条件至关重要。明确管理风险的责任（捐赠者、政府、利益相关方）也很重要[62]。这种预防的方法包括评估风险如何影响可持续发展方案的执行、保护可持续发展成果和促进恢复能力[63]。

监测可能需要建立由数据和分析支持的早期预警系统[64、65]。政府内部和非国家行为者之间的协作可以帮助识别与冲突、气候变化、灾难、健康等相关的多层面风险[66]。例如，2002年，尼日利亚开展了一项由和平与解决冲突研究所领导的包容性战略冲突评估，该机构由外交部负责管理。一年后，各国利益相关方和利益集团进一步讨论分析了早期预警和预防冲突的因素。这一过程最终形成了一项国家行动计划，概述了将冲突敏感性纳入政府机构的战略[67]。此外，阿富汗在2014年财政部援助管理理事会的领导下，促进了包容性利益相关方分析。分析结果反映了进展指标的脆弱性评估和识别[68]。

7.4　在冲突后环境下的横向整合、纵向整合和参与

7.4.1　横向整合

在冲突后环境中采取政策整合策略是至关重要

的。例如，卢旺达、刚果民主共和国、东帝汶和尼泊尔等国促进了各部门之间的机构协调，以执行更加综合的国家可持续发展战略[69]。哥伦比亚政府设立了一个高级别部际委员会，负责制定国家和区域一级的可持续发展目标执行战略和行动计划。该委员会由总统和政府指导，由国家规划部门负责人担任主席，负责监督、跟踪和评估可持续发展目标的完成情况。在所罗门群岛，特别设立了民族团结和解与和平部，以强调和平建设对国家社会和经济发展的重要性。该部促进不同部委和政府机构之间的横向整合（例如在安全或经济发展方面的任务），以确保建设和平行动的一致性[70]。

专栏7.6 哥伦比亚的政策整合和包容性

哥伦比亚政府于2014年通过的国家发展计划制定了基于和平、平等和教育三大支柱的政府战略和公共政策。

除了国家一级的政策整合机制之外，哥伦比亚政府还努力为地方决策提供一个包容性平台，为以前处于边缘地位的群体发声，并支持他们作为候选人参加地方选举。在部长顾问对冲突后人权和安全部门的领导下，为实现区域和平，政府还采取措施建立了法律和体制架构，同时制订了快速反应计划，并预先选定了高度优先的部门和市政当局。中央和地方各级政府之间的协调性通过机构间冲突后理事会得到保证。

以建设和平为重点的区域发展计划，从重新融合和协调活动到经济发展，都在市政一级得到了推广。这些计划还为冲突后时期建立了投资参数。中央政府和各部门之间签署了多年具有约束力的协议，作为促进国家和国家以下各级实体互动并帮助实施区域发展政策的关键工具。

哥伦比亚国家发展计划的四个重点中的两个是深化民主和人民参与影响他们的决策，重建人民与国家之间的信任。该计划指出，建设和平是一个参与性进程，必须从政府、国家机构、社会组织、社区、私营部门和企业的对话中发展起来。通过与受害者有关的国家和区域论坛，冲突的幸存者为政府与反政府组织之间的和平谈判提供了自己的观点。妇女和女孩是武装战斗人员、冲突受害者和当地和平建设者，是哥伦比亚和平与发展关系的主要参与者。年轻妇女也参与到促进该国和平谈判的进程中。

作为和平进程的一部分，起草的协定反映了受害者对获得基本服务的诉求和建议，包括将土地归还给土著社区。这是一项关键的建设和平行动，考虑到该国冲突的一个驱动因素（其他因素包括经济和收入差距、管理薄弱和在偏远地区缺乏安全）是农村人口是否能获得土地和自然资源，特别是对妇女而言。解决这一不满被认为是防止哥伦比亚再次陷入冲突的优先事项之一。因此，缩小城乡环境之间的差距被列入国家发展计划的五个优先领域（见表7.2）

发展与和平方案（PDPs）促进了该国的多方利益相关方参与（2015年制定了23个此类的方案，覆盖了哥伦比亚近50%的城市）。在基层和宗教组织的领导下，发展与和平方案召集了各种各样的行动者，制定处理人道主义保护、经济发展和治理的区域议程。一些发展与和平方案也设法整合许多机构，包括地方、国家和国际层面的私营和公共实体机构。然而，在某些情况下，这些由民间团体主导的倡议缺乏改变地方决策的必要权力、权威和合法性。一些社区抱怨说没有落实通过对话集体参与制定和平与发展议程。和平事务高级专员办事处从这一经验中吸取了教训，大力支持和平进程，并参与当地社区讨论与和平议程相关的项目。

资料来源：见尾注71。

7.4.2 纵向整合

促进纵向整合和一致性需要平衡政治和技术要求，以及协调中央层面的政治决定与实地情况。在冲突后的环境中，确保国家和地方各级政府之间的一致性和融合更具挑战性，因为地方利益和权力可能会抵制中央权威。当地居民可能认为国家权力结构“遥远且往往与他们的担忧和期望无关”[72]。例如，就也门而言，中心外围的整合是极其复杂的，因为在管理水资源方面，还有其他方面的利益[73]。挑战还包括国家的难以触及和向领土偏远地区提供基本服务，这将对合法性产生负面影响[74]。

在国家与社区领导人[75]合作的地方层面建立联盟可能有助于防止进一步的暴力[76]。一些国家已经投资当地政府的工作人员，并训练社区成员担任市政官员或社区助理，以加强国家当局和当地居民之间的联系[77]。例如，利比里亚的治理改革委员会在其推进政治、社会和经济权力下放的战略行动中，已经确定了适当的机构来促进基层代表和参与[78]。

捐助者面临的一个关键问题就是如何支持不同级别的政府。答案很可能取决于实现不同目标的优先次序，例如恢复大多数人口（特别是受冲突影响最严重的群体）的公共服务，重建核心政府职能。在某些情况下，地方政府可能在短期内有更多的能力来提供服务，并且在政府结构中始终存在尽可能低的“推动”服务实现的诱惑力。在许多情况下，实行全国性的方案需要以一种分散的方式进行管理。

权力下放地方政府并不总能解决纵向整合的问题。从长远来看，支持地方政府以加强中央政府的利益，可能会导致负面结果。在某些地方，国家的分权与分裂之间的界限很微妙。权力下放也可能被精英们视为一种威胁，这些精英在冲突后对政治稳定至关重要[79]。为了确保系统的一致性和一体化，权力下放可以与教育、卫生、农业等相关部门的其他改革一起进行[80]，并通过谨慎的行动依次进行。如果实施权力下放，就应该妥善管理（阻碍地方精英的参与），以加强中央和地方当局之间的联系和凝聚力。例如，为此目的，危地马拉建立了一个地方、区域和全国社会理事会的制度，允许当地社区讨论问题，并通过自下而上的程序进入国家预算过程。

专家强调，这个问题不是分权和集权的问题，而是要在每个环境中找到最有效的方法[81]。例如，在索马里，不同部族和小部族之间的不平等权力和资源共享被认为是冲突的主要根源之一。最初该国采用了一种自上而下的方式，从高层领导层开始形成的集中管理制，但由于索马里部族之间的怀疑，它们面临阻力，后来提出了自下而上的过程，其中包括基层机构的发展，没有宗族派别和军阀的干涉，以提高公众的觉悟来支持地方自治[82]。

为确保中央和外围需求之间的一致性和平衡，需要协调分配给联邦、省和市各级的能力和资源[83]。特别是，国家和国家以下各级的能力建设应以一致的方式平行进行[84]。例如，2003年莫桑比克政府采取措施建立了领土和平的法律和体制架构，将区域政府作为法律实体，它们有义务以参与性的方式编制战略和运营发展计划，通过国家分散规划和财政方案确保地方政府与中央政府的协调一致性，于2010年启动并受中央政府管理。这项国家性项目促进了地方政府在所有128个地区宣传包容性发展（见专栏7.7）。

中央政府和地方当局可以通过契约或其他责任制框架加强国家和地方一级的行动整合（这种契约也可能涉及关键的国家和国际伙伴）。地方协定、协议和谅解备忘录可以在区域和地方一级同时进行[85]。这些协定还允许各部门和市政府协调不同级别政府的不同收入来源。

7.4.3 参与

利益相关方的参与是后冲突治理成功的关

专栏7.7 在莫桑比克重建地方政府的合法性

莫桑比克自1992年冲突结束以来经历了显著的转变，经历了20多年的和平、稳定和经济增长时期。在此期间，中央政府机构逐步实施关键的立法和治理改革，重新确立了地方政府的合法性和权威性，并有助于维护和平与安全。

从1998年起，政府通过参与制订当地发展计划，努力改善当地的服务提供情况，并促进当地的发展。建立咨询委员会是阐明当地优先事项和当地社区与地方政府互动的手段。2003年实行的立法将区政府作为法人实体，负责以参与方式制定战略和运营发展计划。地方政府成为财政转移的预算单位。2005年，各地区首次获得投入预算。

政府随后采取措施加强地方税收征管，改善财务管理，提高公众问责制，并设计了一种地方经济发展的方法，通过地区政府投资预算让基于社区的企业参与建设公共基础设施。2007年，政府邀请发展伙伴参与建设国家分散规划和财政方案。这个国家计划于2010年启动，由政府管理，支持地方政府在所有128个地区宣传包容性发展。最后，在2013年，政府批准了一项权力下放的政策和战略。莫桑比克在冲突后过渡到分散管理的主要经验包括：

（1）在后冲突的环境中进行敏感的分权改革试点工作是建立国家和地方机构之间以及政府与发展伙伴之间建立信任的有效手段。

（2）采用自下而上的方法，通过地方政府重新建立国家的合法性，是地方治理干预的一个可管理和有效的切入点。

（3）参与性规划是动员各方围绕发展优先事项达成共识，促进利益攸关方之间的对话，促进包容性发展，并减少再次发生冲突的风险的重要工具。

（4）地方发展基金对加强地方政府规划和财务管理能力至关重要；他们鼓励以参与性的方式编制发展计划，并有助于使规划过程合法化。然而，这些资金最终被纳入国家预算，以保证可持续性是非常重要的。

（5）即使在复苏似乎得到巩固的情况下，地方政府机构的基础脆弱性可能仍然存在，并会因自然灾害或冲突再次爆发而迅速暴露。需要建立永久和有力的对话和参与机制来克服这一点。

（6）成功的权力下放过程需要时间，在莫桑比克的情况下需要20年。在冲突后局势中迅速下放权力很少是正确的解决办法，因为它将任务和责任转移到缺乏训练和资源的地方政府的脆弱基础上。

资料来源：UNDP—BPPS写入《世界公共部门报告（2017）》。

键因素。让所有社会群体参与进来，不仅符合《2030年议程》的承诺，不让任何一个人落后，而且还可以塑造反映人民愿望和需要的国家的未来共同愿景。利益相关方参与冲突后评估、关于公民需求和优先事项的协商，以及设计、实施、审查和评价与可持续发展目标有关的行动，可以帮助解决冲突的决定因素，促进向可持续发展转变。

在冲突后的情况下，让人们参与可持续发展目标实施的决策是非常关键的，但也是非常具有挑战性的。基础设施的中断、后勤方面的不足以及安全威胁都可能对参与构成挑战。社区通常受过创伤，出现社会分化，并且时常弥漫着不信任的氛围。在后冲突的环境中，找出那些可能被边缘化的弱势群体，也更具挑战性。在决策过程中加入先前被边缘化的群体可能会威胁到现有的权力拥有者[86]。社会团体也可能因资源竞争而分裂。当缺乏合法性是冲突的根源之一时，人民和国家之间缺乏信任就更加严重[87]。

哥伦比亚等国的经验表明（见专栏7.5），允许人们参与冲突后的重建和转型以及制定包容性的政策和战略是非常重要的。一些国家建立了基于包容性参与的法律和宪法框架，为和平发展奠定了愿景和基础。例如，在南非，载有该国改革提案的白皮书已向公众分发，并得到广泛的评论。这一进程确保了公众参与，是实现国家更大统一的有效工具。

冲突后的环境为非国家行为者提供了参与和制订各国可持续发展目标国家行动计划或战略发展的机会，并让各国政府负责执行这些计划。参与式预算在后冲突的环境中得到了发展，使当地社区有能力与地方政府合作，加强服务提供，并确保支出用到那些最需要的地方。例如，尼泊尔于1999年通过了“地方自治法”开始实施参与式预算，从那时起便成功地培训了当地社区并使地方机构更多地参与到当地的决策过程[88]。

联合国一直强调地方政府的重要作用，以便让少数群体发声，加强他们参与重建和建设和平的努力，并在冲突后的公共行政方面投入资金[89]。各级公共行政部门在确立体制安排方面具有关键作用，这些安排在尊重人权的基础上使少数群体、土著地区和其他弱势群体参与影响其生活的决定。

可持续发展目标的实施提供了一个打破根深蒂固不平等的机会。特定群体，特别是那些被经济发展过程边缘化的个人和社区，可以通过精心设计的激励措施积极参与。例如，尼泊尔通过向宗教领袖提供预防冲突方面的能力发展，以减少不同社区之间的紧张关系，在冲突多发地区促进了多方利益相关方的相互关切对话。主要由女性和受排斥群体组成的社区参与阻止了国家政治僵局期间的冲突升级。它还允许进行关于土地改革的包容性对话，这是实现稳定和减少贫穷的关键因素，同时可以解决包括性别暴力在内的社会问题[90]。

2012年，东帝汶政府通过了一项国家乡村发展计划，这个计划旨在通过社区管理的基础设施建设来改善人们的社会和经济状况。这个项目给社区提供了一个机会来决定（并全权负责）他们村庄的重点发展项目。同时通过培训加强了社区群众对财务问题的理解[91]。

一些政府努力让传统机构及其领导人参与冲突后的治理，他们可以为冲突后的重建创造一个包容性的愿景。像酋长们这样的传统机构的领导在当地社区交往中发挥着关键作用，他们往往会对社区人民产生深远的影响。在某些情况下，他们可能比正式的机构更有能力运作。因此，让他们参与冲突后的治理是至关重要的，尽管这些机构可能并不总是按照外部参与者希望看到的标准行事。在所罗门群岛，政府认识到传统结构和制度在阻止村级小冲突方面至关重要，因此正在制定立法来赋予这些传统结构权利并使之制度化。

性别平等和各种利益相关方（青年、老年人、残疾人等）的决策参与也对建立社区弹性，防止武装冲突和暴力极端主义至关重要[92]。例如，卢旺达的经验表明制度化地参与促进了对话，共同致力于解决共同需要，共同努力寻找解决办法以达成共同商定的发展目标。这也有助于建立持久的民族间信任，加快社会结构的重建，并最终促进社区对发展进程的作用[93]。妇女参与决策过程中所会面临的冲突挑战包括：（1）缺乏安全感；（2）基于性别的暴力；（3）重新考虑妇女在社会中的角色定位；（4）妇女同时参与创业和护理活动带来的挑战；（5）缺乏包容性政策。

2000年，联合国安全理事会确认了妇女参与和平建设和冲突后改革（例如裁军、安全、司法、宪政和选举进程）的重要性[94]。妇女参与制定冲突后的决策对于扩大联盟和确保决策服务于更广泛的人口群体至关重要[95]。例如，妇女在重建利比亚方面所发挥的重要政治作用是众所周知的。在2012年塞内加尔全国大选期间，当该国面临与选举有关的暴力前景时，妇女领导组建和实施了“预警应对”中心[97]。2010—2013年，在斐济举行的和平与发展圆桌会议也见证了女性领导人在促进民间领袖与军事临时政府达成协议方面所发挥的突出作用[98]。

有效的参与战略确保男女权利平等[99]和机会平等。这包括解决因缺乏教育机会[100]、土地和其他生产资料而造成的社会文化障碍，以及在冲突后妇女所面临的不成比例的保健负担和给妇女赋权[101]。为了确保妇女参与的长期影响，加强妇女参与预算编制过程是至关重要的（这是在阿富汗进行的，旨在促进性别敏感的预算编制）[102]，她们也可以通过参与地方政府和社区单位，负责监督冲突后所产生的民间社会组织[103]。

妇女协会可以集体发声，参与不同的决策过程来维持和平。南苏丹[104]马诺河妇女和平网络的情况就是这样，该网络与来自非洲各邻国的青年和妇女接触，以维持马诺河次区域的和平。利比里亚的女律师协会帮助敏感的冲突后社会提高了性别敏感度[105]。

让妇女作为公共行政机构的决策者，可以更好地实现注重性别敏感的规划[106]和预算编制流程以及满足妇女的需求[107]。布隆迪、科索沃、卢旺达、东帝汶和乌干达的做法是通过设定配额来提高妇女在制定后冲突国家治理战略的地位，因为她们也是公共机构的决策者。经验还表明，妇女参与安全和司法部门对将妇女问题纳入地方治理，扩大公众对作为公共权力持有者的妇女的信心以及打击对妇女的犯罪（特别是性暴力）具有积极影响[108]。例如，在阿富汗、利比里亚和乌干达，努力增加警察中的女性代表人数[109]。

应对冲突后传统文化障碍重新崛起的情况，需要将领导能力发展措施与旨在解决社会对妇女的成见和促进妇女参与媒体、社会动员、网络和宣传活动的行动结合起来[110]。例如，巴基斯坦妇女和青年的广泛参与旨在改变关于妇女在社会中角色的不公看法，并将她们描绘成社区中重要的和平行动者和变革推动者。总而言之，在冲突后促进性别平等和赋予妇女权利，需要在地方和国家当局的发展规划中有系统地将性别平等目标纳入主流[111]。

在冲突后国家中，很大一部分人口是由遭受战争祸害的年轻女孩和男孩组成的[112]。有些人可能是作为儿童或青年士兵参与暴力活动。发展与和平专家普遍认为，允许青年表达自己的需求和愿望并参与决策是使为和平与发展所做出的努力得到成功的关键[113]。

两年前，安全理事会第2250号决议[114]呼吁青年在地方、国家、区域和国际各级可以有更大的决策权，并鼓励各国政府建立机制，使青年人有意义地参与和平进程。安全理事会2016年第2282号决议进一步强调了青年在预防和解决冲突方面可以发挥的重要作用[115]。该决议还强调青年组织作为维持和平努力的伙伴作用。

让青年参与是一项挑战，需要消除冲突后社会中对青年的陈旧的观念。一方面，青年可能被视为“潜在的危险和暴力”，另一方面则可能被认为是“冷漠、脆弱、无力和需要保护的人”[116]。虽然青年常常渴望能够参与决策，为建设和平做出努力，但是公共机构和行政部门往往无法让他们有效地参与其中。从业人员强调，要扭转这一趋势，需要强有力的国家领导，这些领导必须具有坚定的公平感和社会正义理念[117]。因此，在查明和处理导致社会排斥年轻人的因素之后[118]，公共机构可以让他们积极参与，成为重建社会和平的贡献者[119]。

经验表明，在冲突后环境下，青年可以成为可持续发展目标实施者[120]和变革的积极推动者[121]，并具有在社区之间搭建桥梁的强大潜力[122]。在地方一级，国家权力在暴力冲突后可能会减弱，国家经验[123]表明以青年为重点和青年领导的运动、网络、行动和组织为维持和平与发展作出了贡献。例如，一个年轻的前战斗人员组成的网络为促进利比亚的和平做出了宣传努力。一些国家政府已采取措施，通过有针对性的政策和体制改革，解决青年在决策方面的有限参与。例如，伊拉克政府已经设立了一个青年咨询理事会，由20世纪90年代的青年组成。此外，卢旺达政府还向街头青年和其他弱势群体提供了有针对性的职业培训和心理社会支持，以加强他们在冲突后恢复方面的参与[124]。

青年还可以参与旨在促进创业的活动，利用他们倾向的创新性技术，来为加强可持续发展做出努力。将解决人们问题的创新解决方案转化为适销对路的服务，将有助于促进青年就业和生产参与，降低激进化的风险。

公共机构和行政部门在制定和执行政策方面发挥关键作用，这些政策可以解决教育差距问题，创造就业机会，让青年充分参与冲突后的环境。例如，在巴尔干地区，青年教育不仅被认为是培养青年进入劳动力市场的关键，而且还有助于长期的社会重建和理解由暴力造成的社会分裂。南非的非政府组织支持政府通过青年教育解决冲突后的分歧。

青年领袖促进计划可以建立下一代公务员的领导地位。例如，在阿富汗（70%的人年龄在30岁以下），政府在努力任命500名年轻人担任领导职位（副部长和一些部长级职位）。

7.5 结论

本章探讨了在冲突后局势中实现可持续发展目标所面临的挑战及其对促进可持续发展与和平的整合方法的影响。

一般来说，遭受冲突后的国家会面临对以下三组相互关联的问题进行优先排序的问题：获取快速收益，恢复国家的基本职能，朝可持续发展方向发展。这种情况发生在国家预算不足的情况下，与狭隘的财政空间，由于资产遭到破坏而导致财政基础减少，公共行政部门的收入动员能力较低有关，经常会伴随着大量的债务。有限的资源可能会因腐败和非法的金融以及资本流动而变得更加稀缺，从而可能进一步助长冲突。

由于公共机构和公共行政当局经常遭受严重的冲突，因此可持续发展目标，特别是关于和平和包容性社会的可持续发展目标16更加难以实现。重要的是，诸如教育、基础设施、卫生、社会保障和基本服务等可持续发展目标领域可以为解决不同群体的不满问题提供关键工具，并有助于在可持续发展道路上重新促进经济和社会发展。

在冲突后环境中采取整合策略是至关重要的。许多国家都采用了跨部门协调结构，专门用于执行冲突后恢复与长期可持续发展目标相结合的广泛战略。《2030年议程》通过可以促进解决冲突后局势的整合办法。这是由于可持续发展目标范围广泛，它包括对冲突后干预的所有至关重要的组成领域，从人道主义行动到重建国家的基本能力到长期发展。一些国家已将可持续发展目标作为框架，以调整其长期发展战略和计划以及预算程序等其他工具。然而，制定基于可持续发展目标之间协同增效的综合政策虽然至关重要，但在冲突后环境中仍是困难重重。各国可以根据"适宜性"，在其国家和地方发展计划中按优先级和顺序采用可持续发展目标，如果"适宜性"的选择是由政治经济因素驱动而不是以包容性的方式决定的，则可能会产生负面影响。

国家对冲突后发展道路的所有权必须具有包容性，并涉及广泛的利益相关方。从长远来看，国家需要变革政治文化以使包容性置于中心地位。冲突后国家的公共机构和公共行政部门要比不受冲突影响的国家更加致力于落实《2030年议程》，不让任何人掉队。各国对可持续发展目标国家行动计划的发展为非国家行为者参与和制订这些计划提供了机会，并且使政府对实施这些计划负有责任。在冲突后环境中特别重要的是少数群体参与重建和建设和平的努力。

有能力、有效和包容性的机构和公共行政部门除了对一个充分运作的国家具有约束力之外，还有助于解决短期和长期发展的挑战。它们有助于形成可持续发展与和平的综合国家愿景，确保及时提供公民服务（包括司法和安全），并在遭受冲突之后建设和平。

公务员必须要与民间社会、私营部门和其他利益相关方共同合作，并提供公共服务。为了促进利益相关方的参与，他们需要利用社会中可能愿意承担风险的领导者，同时促进对话和融合，这是成功实施冲突后治理的关键因素。

此外，促进制度化的能力建设与协作以查明和处理民众的不满，有助于避免重新陷入冲突，特别是当由于排斥产生冲突时。建立或改革机构可以影响现有的权力结构，从而使其成为实际上的政治进程。在保持经济和政治权力方面，精英们通常有既得利益——这可以通过建立联盟以获得关键的变革推动者来抵消。

特别是在冲突后设置中，国家预算的有效管理对于确保政策执行以及加强国家合法性和问责制至关重要。如本章所述，将国家方案变得协调一致，促进财务管理办法整合，并将投资导向各部委的行政骨干服务不足的领域（如人力资源、行政、采购、运营等），这是加强国家能力的关键因素。

外部参与者都有不同的议程，这可能与政府或其他利益相关方的优先事项不一样。因为他们对冲突后治理非常重视，所以这常常会给整合带来额外的挑战。一致的国家愿景，国家可持续发展战略和实施计划有助于使外部干预与国家优先事项协调一致。

在冲突后环境中，确保国家和地方各级政府之间的一致性和整合具有挑战性，因为地方利益和权力可能会抵制中央权威。将权力下放给地方政府（即放权）并不总能解决纵向整合问题，若支持地方政府的代价是强化中央政府，最终可能会产生负面结果。如果实施权力下放，就应该妥善管理（阻碍地方精英的参与），以加强中央和地方当局之间的联系和凝聚力。通过中央政府和地方当局之间的契约或其他问责框架，国家和地方层面的行动整合可能会加强。

尾注

1. 世界银行，http://www.worldbank.org/en/topic/fragilityconflictviolence/ overview.
2. 世界银行，http://www.worldbank.org/en/topic/fragilityconflictviolence/ overview.
3. 西亚经济和社会委员会的研究表明，阿拉伯地区的冲突严重破坏了几代儿童的人力资本积累。United Nations, ESCWA, The Impact of Conflict Over the Life Cycle Evidence for the Arab Region. Trends and Impacts, forthcoming.
4. 世界银行, 2011, Conflict Security, and Development, World Development Report 2011, Washington DC。
5. 特别是在撒哈拉以南非洲国家，见ODI Development Progress, 2015, Reaching the SDGs by 2030。
6. Chandran, Cooper, Ivanovic, 2015, Managing risks to sustainable development: Conflict, disaster, the SDGs and the United Nations —— 这是联合国大学政策研究中心为联合国经社部2016年QCPR准备的报告。
7. 可持续的和平被定义为“旨在防止冲突的爆发、升级、继续和再次发生，解决问题根源，协助冲突各方结束敌对行动，确保民族和解以及走向恢复、重建和发展的活动”。
8. UNDP–BPPS 向《世界公共部门报告（2018）》提供。
9. 联合国大会，Transforming our world: the 2030 Agenda for Sustainable Development, A/RES/70/1, October 2015。
10. 《2030年议程》认识到有必要建立和平、公正和包容的社会，以尊重人权、有效法治和各级良好治理为基础，提供平等的司法机会。可持续发展目标16特别强调有效的公共部门的重要性，从而加强促进发展与和平成果的体制能力（尤其体现在目标16.6和目标16.a）。因此，这是对和平与发展之间存在联系的正式认可。然而，早在1992年,《环境与发展宣言》就强调“和平、发展和环境保护是相互依存和不可分割的”（原则25）。此外，DESA的《世界公共部门报告》在2010年强调：大多数震撼世界、阻碍发展的暴力冲突是治理和公共行政体系失败的结果。
11. 联合国, Reconstructing public administration after conflict: challenges, practices and lessons learned, World Public Sector Report, ST/ESA/PAD/SER.E/135, 2010。
12. 联合国, 2010, Reconstructing public administration after conflict: challenges, practices and lessons learned, World Public Sector Report, ST/ESA/PAD/SER.E/135, 2010。
13. 世界银行, 2011, Conflict Security, and Development, World Development Report 2011, Washington DC。
14. United Nations Development Programme, 2010, Capacity Development in Post-Conflict Countries.
15. Civil Society Platform for Peacebuilding and Statebuilding（CSPPS）, 2016, Safeguarding Inclusivity and the Role of Civil Society in Conflict Affected States: Lessons from the New Deal for SDG Implementation. 见http://www.cspps.org/documents/130616042/131257080/11159– 02+Room+document+-+WB+Forum+-+Civil+Society+and+Inclusivity%282b-HiRes%29.pdf/d5800f02–1d28–4726–972a-62bb3f4594fc。
16. 见“关于在冲突后局势中将可持续发展与和平结合起来的专家组会议的报告：公共机构和公共行政的作用，联合国总部，纽约，2017年10月25日”。
17. Open Society Foundation and the Blavatnik School of Government, 2016, Rebuilding Public Administration In Post-Conflict States: Roundtable Report, Oxford, UK, October.
18. UNDP–BPPS向《世界公共部门报告（2018）》提供。
19. United Nations, OROLSI, Stabilization, early peacebuilding and sustaining peace in United Nations peace operations: principles, elements and options.
20. United Nations Development Programme, 2014, Restore or Reform:UN Support to Core Government Functions in the Aftermath of Conflict, United Nations Department of Public Information.
21. 联合国/世界银行, 2017,（Re）Building Core Government Functions in Fragile and Conflict Affected Settings, May。
22. 研究表明，21世纪90％的内战都发生在已经发生过冲突的国家。World Bank, 2011, Conflict Security, and Development, World Development Report 2011, Washington DC, page 2.
23. 世界银行估计，冲突后重建公共行政需要20—40年。见World Bank, 2011, Conflict Security, and Development, World Development Report 2011, Washington DC。
24. 世界银行, 2011, Conflict Security, and Development, World Development Report 2011, Washington DC。
25. 世界银行, 2016, North-East Nigeria, Recovery and Peace Building Assessment, Synthesis Report, Washington DC。
26. Diloro Kadirova, Implementation of Post-Conflict Reconstruction and Development Aid Initiatives:

Evidence from Afghanistan, Department of Politics and International Relations, University of Oxford.

27. UNDP–BPPS向《世界公共部门报告（2018年）》提供。

28. 联合国，2010, Reconstructing public administration after conflict: challenges, practices and lessons learned, World Public Sector Report, ST/ESA/PAD/SER.E/135, New York。

29. 关于在冲突后局势中将可持续发展与和平结合起来的专家组会议的报告：公共机构和公共行政的作用，联合国总部，纽约，2017年10月25日。

30. 联合国，2010, Reconstructing public administration after conflict: challenges, practices and lessons learned, World Public Sector Report, ST/ESA/PAD/SER.E/135, New York。

31. 世界银行，2011, Conflict Security, and Development, World Development Report 2011, Washington DC。

32. Fatiha Serour在2017年10月25日"关于在冲突后局势中将可持续发展与和平结合起来的专家组会议的报告：公共机构和公共行政的作用"中提出。

33. John-Mary Kauzya在"2016年冲突后国家重建公共行政"圆桌会议上的发言。

34. 关于在冲突后局势中将可持续发展与和平结合起来的专家组会议的报告：公共机构和公共行政的作用，联合国总部，纽约，2017年10月25日。

35. 造成人们不满（风险因素）的原因可能与社会经济、政治或环境问题有关（例如失业、贫困、社会经济差距，政治不平衡，获取资源的机会不平等）。社会中不同群体之间的紧张关系或国家与非国家行为者之间的紧张关系可能会在各种情况下恶化为暴力冲突，包括对资源的获取和控制的竞争，不负责任或不负责任的领导，腐败等。

36. 例如，UNDP建议"促进将妇女和迄今为止受到排斥的群体纳入公共行政部门，通常是在种族和/或宗教的基础上，因为这有利于政治问题的解决，也有助于提供更多的服响应不同群体的需求"去维持和平。UNDP–BPPS向《世界公共部门报告（2018）》提供。

37. 联合国开发计划署2017年关于在脆弱环境中实施可持续发展目标的提议。一些人认为，在脆弱的环境中"避免""政府全揽"的做法可能是明智的，因为这些人经常与他们的政治竞争对手背道而驰，与各部门合作，专注于核心政府职能。如果在履行这些职能的有效性和问责制方面没有切实进展，基于部门的服务提供，经济发展和环境管理的进展将会放缓，并有可能出现挫折，特别是在重新受到冲击和冲突时。UNDP–BPPS向《世界公共部门报告（2018）》提供。

38. 联合国开发计划署2017年关于在脆弱环境中实施可持续发展目标的提议。

39. 联合国，2010, Reconstructing public administration after conflict: challenges, practices and lessons learned, World Public Sector Report, ST/ESA/PAD/SER.E/135, New York。

40. 评估的目的是了解冲突和其他因素造成的脆弱性背景。脆弱性是多维的，需要整合多种分析工具才能完全理解其维度。这包括了解权力关系和脆弱性的驱动因素，以及识别和分析冲突、制度和制度背景、自然灾害以及灾害暴露和脆弱性相关的驱动因素。UNDP–BPPS向《世界公共部门报告（2018）》提供。

41. 联合国，2010, Reconstructing public administration after conflict: challenges, practices and lessons learned, World Public Sector Report, ST/ESA/PAD/SER.E/135, New York. 最近，安理会强调了维持和平基础设施的八个要素：(1）包容性对话和调解；(2）诉诸司法和过渡时期司法；(3）问责制；(4）善政；(5）民主；(6）负责任的机构；(7）性别平等；(8）尊重和保护人权和基本自由。这种新观点使"和平建设"走出了从20世纪90年代以来被认为是由于外来入侵者造成的"冲突后"演习。"持续性和平"的概念还要求打破现有的建设和平和解决冲突的部门方法，并更好地整合联合国的三大基本支柱（和平与安全、发展及人权）及其各自的治理结构。

42. 联合国，维和部/ OROLSI-稳定，早期建设和平及维持联合国和平行动：原则、要素和选择。

43. 联合国安理会2016年第2282号决议S / RES / 2282指出：国家政府和当局在"确定，推动和指导优先事项、战略和活动"方面负有主要责任，尽管结果可能与"所有其他国家利益攸关方"相关。

44. 关于在冲突后局势中将可持续发展与和平结合起来的专家组会议的报告：公共机构和公共行政的作用，联合国总部，纽约，2017年10月25日。

45. 联合国开发计划署，2014年，恢复或改革。UNDP–BPPS在《世界公共部门报告（2018）》中也指出：改革不一定要以引进的规范和模式为基础；冲突后环境下的改革在基于实践（包括反复试验）和遵循增量过程的基础上能更好地经受时间和未来潜在冲击和紧张局势的考验。

46. 世界银行，2011, Conflict Security, and Development, World Development Report 2011, Washington DC。

47. Marika Theros在2017年10月25日“关于在冲突后局势中将可持续发展与和平结合起来的专家组会议的报告：公共机构和公共行政的作用”间提出。

48. Amara Koneh在2017年10月25日“关于在冲突后局势中将可持续发展与和平结合起来的专家组会议的报告：公共机构和公共行政的作用”中提出。

49. UNDP–BPPS在《世界公共部门报告（2018）》中指出：“新政”通过的“建设和平与国家建设的5个目标”将政治稳定、体制强化和服务提供目标结合了起来，表明要使公共机构实现更负责任、更高效的目标，仅靠孤立的政治和安全方面取得进展是不可能的。

50. 公共行政和发展管理联合国公共服务奖，https://publicadministration.un.org/en/Research/Case-Studies/unpsacases/ctl/ NominationProfilev2014 / mid / 1170 / id / 2304。

51. 联合国，2010, Reconstructing public administration after conflict: challenges, practices and lessons learned, World Public Sector Report, ST/ESA/PAD/SER.E/135, New York。

52. 联合国，2010, Reconstructing public administration after conflict: challenges, practices and lessons learned, World Public Sector Report, ST/ESA/PAD/SER.E/135, New York。

53. UNDESA，2009年，“非洲冲突后国家可持续发展战略报告”（未发表），第121页强调了卢旺达监察办的例子，该办公室开展宣传活动，培训地方官员和其他利益相关方以遏制腐败。

54. Goldsworthy, D. & Stefanoni, S., State building in fragile situations: The role of Supreme Audit Institutions and their international partners, page 5.

55. UNDP–BPPS向《世界公共部门报告（2018）》提供。

56. John-Mary Kauzya在“2016年冲突后国家重建公共行政”圆桌会议上的发言。

57. Ashcroft, Laing, Lockhart, 2016, State Building in conflict affected and fragile states: a comparative study. Institute for State effectiveness（ISE）, and g7+ Foundation, Public Finance and National Accountability in Timor Leste and Afghanistan.

58. Amara Konneh在2017年10月25日“关于在冲突后局势中将可持续发展与和平结合起来的专家组会议的报告：公共机构和公共行政的作用”中提出。

59. UNDP–BPPS向《世界公共部门报告（2018）》提供。

60. 塞拉利昂政府，2016年，财政和经济发展部，关于塞拉利昂目标调整的高级报告草稿，7月，弗里敦。

61. UNDP–BPPS向《世界公共部门报告（2018）》提供。

62. OECD —— 环境，冲突与和平之间的联系概述：发展方法。

63. UNDP–BPPS向《世界公共部门报告（2018）》提供。

64. UNDP强调在社会各阶层建立预警和早期行动基础设施的重要性，特别注重支持妇女团体作为冲突和灾害的主要预警行动者。UNDP–BPPS向《世界公共部门报告（2018）》提供。

65. 联合数据管理平台有助于在政府机构之间分享预警信息。

66. 联合国开发计划署2017年关于在脆弱环境中实施可持续发展目标的提议。

67. OECD —— 对发展、人道主义援助与和平建设的冲突敏感方法：促进和平和冲突影响评估的工具。

68. United Nations Development Programme, 2015, Crisis Prevention and Recovery Thematic Trust Fund: 2014 Annual Report.

69. 联合国，2009, Analysis of the challenges and capacity gaps in the area of comprehensive development planning in post-conflict context。

70. Peter Mae, 2017, Implications for Sustaining Peace, Solomon Islands, Discussion Paper, Ministry of National Unity, Reconciliation and Peace.

71. Departamento Nacional de Planeación Colombia; United Nations Development Programme, 2015, Crisis Prevention and Recovery Thematic Trust Fund: 2014 Annual Report. UNDP–BPPSUNDP–BPPS向《世界公共部门报告（2017）》提供。OECD，2015年，哥伦比亚包容性发展的政策优先事项。

72. United Nations Peacebuilding Support Office, 2012, Peace Dividends and Beyond: Contributions of Administrative and Social Services to Peacebuilding.

73. 联合国，2009年，分析冲突后背景下综合发展规划领域的挑战和能力差距。

74. 地方一级是局势不稳定和受冲突影响人口的未满足需求以及国家体制弱点以最具爆炸性的方式相互作用的地方。见UNDP–BPPS《世界公共部门报告（2017）》。

75. 世界银行，2011, Conflict Security, and Development, World Development Report 2011, Washington DC。

76. 世界银行, 2011, Conflict Security, and Development, World Development Report 2011, Washington DC。

77. 联合国，维和部/OROLSI——稳定、早期建设和平与维持联合国和平行动：原则，要素和选择。

78. 联合国经社部，2009年，“非洲冲突后国家可持续发展战略报告”（未发表），第142页。

79. UNDESA，关于在冲突后局势中将可持续发展与和平结合起来的专家组会议的报告：公共机构和公共行政的作用，联合国总部，纽约，2017年10月25日。

80. United Nations Peacebuilding Support Office, 2012, Peace Dividends and Beyond: Contributions of Administrative and Social Services to Peacebuilding.

81. UNDESA，“关于在冲突后局势中将可持续发展与和平结合起来的专家组会议的报告：公共机构和公共行政的作用”，联合国总部，纽约，2017年10月25日。

82. Nuredin Netabay, Bottom-Up Approach: A Viable Strategy in Solving the Somali Conflict, 2007 available at: http://www.beyondintractability. org/casestudy/netabay-bottom.

83. 拉丁美洲发展中心和哥伦比亚（国家公共行政部国家规划部）组织的伊比利亚美洲公共行政可持续发展目标论坛，2017年7月27日。

84. 联合国，2016年，经社理事会与建设和平委员会关于2030年可持续发展和维持和平议程的联席会议非正式摘要，6月。

85. 联合国，维和部/OROLSI，2017年，1月，“全球思考，地方行动”和平行动——地方和社区对安全，稳定和预防的影响。

86. 世界银行, 2011, Conflict Security, and Development, World Development Report 2011, Washington DC。

87. UNDP——冲突后国家的能力发展：冲突和局势不稳定性对治理能力的影响。

88. 联合国资本发展基金，2017年，Financing Sustainable Urban Development in the Least Developed Countries, United Nations, page 41.

89. 联合国, 2010, Reconstructing public administration after conflict: challenges, practices and lessons learned, World Public Sector Report, ST/ESA/PAD/SER.E/135, New York。

90. United Nations Development Programme, 2015, Crisis Prevention and Recovery Thematic Trust Fund: 2014 Annual Report.

91. 东帝汶国家行政部，联合国公共服务奖候选，2014年，见https:// publicadministration.un.org/en/Research/Case-Studies/unpsacases/ctl/ NominationProfilev2014 / mid / 1170 / id/2987。

92. Antonio Guterres于2017年6月9日在中亚首脑会议上发表的S-G演讲。

93. 联合国，北非国家参与性治理的挑战和机遇研讨会：通过适当的机构让公民及其组织参与公共发展事务，2011年10月。

94. 联合国安全理事会，“第1325号妇女和平与安全决议”，2000年。

95. 世界银行, 2011, Conflict Security, and Development, World Development Report 2011, Washington DC。

96. 2017年1月“全民可持续和平：2030年可持续发展议程与维持和平之间的协同作用”高级别对话。

97. UNDP–BPPS向《世界公共部门报告（2018）》提供。

98. UNDP–BPPS向《世界公共部门报告（2018）》提供。

99. 结构性性别不平等（可持续发展目标5和目标10）将破坏冲突后环境中可持续发展目标的实现。

100. 虽然饱受战争蹂躏的国家在提供教育服务方面可能面临严峻的困难，但教育在冲突后国家的经济复苏中起着关键作用。对人力资本的倾斜投资可能使冲突长期存在，增加群体间的不平等并引起不满。另见：西亚经济社会委员会，The Impact of Conflict Over the Life Cycle Evidence for the Arab Region: Trends and Impacts, forthcoming。

101. 性别分析对于响应性政策制定和有效参与至关重要。另见：Myrttinen, H., Naujoks, J. & ElBushra, J., Rethinking Gender & Peace-building, International Alert, available at http://www.international-alert.org/sites/default/files/Gender_RethinkingGenderPeacebuilding_EN_2014.pdf。

102. 这符合可持续发展目标5.5:“确保妇女在政治、经济和公共生活的各级决策中充分有效地参与和平等领导机会。”

103. 妇女通常更容易影响决策，特别是在地方一级，在冲突后的环境中，通过公民参与倡导，参与和社会问责程序，为传统上男性以外的公共问题提供参与的渠道——主导渠道。妇女的公民行动主义可以对社会态度产生重大影响，例如性暴力和基于性别的暴力和家庭暴力，或者获得更好的服务和进入就业市场的能力，或在地方选举中投票。但是，与国家（精英）组织相比，当地妇女组织在获得技术和资金援助方面面临更多困难，因此可能会从更广泛的建设和平与国家建设议程中被削减。UNDP–BPPS向

《世界公共部门报告（2018）》提供。

104. 全球妇女和平建设者网络（GNWP），马诺河妇女和平网络（MARWOPNET）。可见以下网址：http://gnwp.peacegeeks.org/incident-report/mano-river-women%E2%80%99s-peace-network-marwopnet［访问时间为2017年11月13日］。

105. 利比里亚女律师协会（AFELL）。参见网址：http：//afell.org/，2017年11月13日。

106. 联合国开发计划署，恢复或改革：联合国新闻部在联合国冲突后对联合国核心政府职能的支持，2014年。

107. 然而，即使妇女在当地政府当选，地方政策议程的性别响应也并不能保障，因为妇女代表在决策期间将同样面临反对她们建议的结构性阻碍，在执行过程中这种阻碍仍会出现。此外，与男性官员相比，女性官员有时不会将女性问题放在首要议程上，或者对女性的权利和需求采取相对保守的立场。UNDP–BPPS向《世界公共部门报告（2018）》提供。

108. UNDP–BPPS向《世界公共部门报告（2018）》提供。

109. United Nations Development Programme, 2015, Crisis Prevention and Recovery Thematic Trust Fund: 2014 Annual Report.

110. 由于在冲突后的环境中，制度上的混合和在国家中展现的虚弱状态往往是一个普遍的特征，性别响应机制不能只关注正式的国家机构或民间社会组织。与非正式机构和社区一级的机构合作，可以为解决性别不平等和歧视问题提供最有效的切入点，并能重新审视妇女在治理中起到的作用。UNDP–BPPS向《世界公共部门报告（2018）》提供。

111. UNDP–BPPS向《世界公共部门报告（2018）》提供。

112. 根据UNDP的"年轻人战略"报告所得，2014—2017年，超过6亿青年（15—24岁）生活在局势不稳定和受危机影响的环境中。

113. 联合国，Inter-Agency Network on Youth Development, Working Group on Youth and Peacebuilding & Peace. Nexus Foundation, 2016. Young People's Participation in Peace Building: A Practice Note。见http://www.un.org/en/peacebuilding/pbso/pdf/Practice%20Note%20Youth%20&%20Peacebuilding%20–%20January%202016.pdf。

114. 联合国安全理事会2015年12月9日第2250号决议，S / RES / 2250（2015），于2016年1月5日重新印发。

115. 联合国安理会2016年第2282号决议，S / RES / 2282。

116. 青年在建设和平中的作用：挑战与机遇　可持续安全。

117. Sarah Freedman教授在本报告中提出。

118. 例如，中非共和国、塞拉利昂和吉尔吉斯斯坦等国家要求立法选举的教育和/或识字水平最低，而支付的竞选费用却很高。这些政策不成比例地剥夺了农村和服务欠缺地区中青年的权利。局势不稳定和受冲突影响地区的青年也更容易感染艾滋病毒和遭受性暴力。UNDP–BPPS向《世界公共部门报告（2018）》提供。

119. United nations, International Youth Day, Youth Building Peace, August 2017. 见https://www.un.org/development/desa/youth/international-youth-day-2017.html。

120. 例如，通过支持在受冲突影响的环境中有关性别歧视和与年轻人相关的暴力减少战略（可持续发展目标16.1），特别是针对性暴力和基于性别的暴力（SDG 5.2）以及大男子主义。UNDP–BPPS向《世界公共部门报告（2018）》提供。

121. 联合国开发计划署2017年关于在脆弱环境中实施可持续发展目标的提议。

122. UNDP–BPPS向《世界公共部门报告（2018年）》提供。

123. 世界银行，2014，突尼斯：打破青年包容性障碍，见http://www.worldbank.org/en/country/tunisia/publication/tunisia-breaking-the-barriers-to-youth-inclusion。

124. 这一有针对性的支持已纳入2002—2008年的联合国发展援助框架。

图书在版编目（CIP）数据

共同协作：可持续发展目标、整合办法与机制：世界公共部门报告：2018/联合国经济和社会事务部编；上海社会科学院信息研究所译.—上海：上海社会科学院出版社，2019

ISBN 978-7-5520-2490-6

Ⅰ.①共… Ⅱ.①联… ②上… Ⅲ.①公共部门—研究报告—世界—2018 Ⅳ.①D523

中国版本图书馆CIP数据核字（2018）第237268号

共同协作：可持续发展目标、整合办法与机制

——世界公共部门报告（2018）

主　　编：联合国经济和社会事务部
责任编辑：熊　艳
封面设计：周清华
出版发行：上海社会科学院出版社
上海顺昌路622号　邮编200025
电话总机021-63315900　销售热线021-53063735
http: //www. sassp. org. cn　E-mail: sassp@sass. org. cn
排　　版：南京展望文化有限公司
印　　刷：上海盛通时代印刷有限公司
开　　本：889×1194毫米　1/16开
印　　张：14
字　　数：348千字
版　　次：2019年3月第1版　　2019年3月第1次印刷

ISBN 978-7-5520-2490-6 / D · 512　　定价：108.00元